西村高等法務研究所　理論と実務の架橋シリーズ

デジタルエコノミーと課税のフロンティアⅡ

Frontiers of Taxation on Digital Economy II

中里　実
[監修]

太田　洋
吉村政穂
伊藤剛志
中村真由子
[編著]

有斐閣

巻頭言——はしがきに代えて

中 里 　 実

本書の背景としての「デジタル課税研究会」

　本書は，西村高等法務研究所において2021年3月11日から2年間をかけて行われた「デジタル課税研究会」における議論を基に，参加者が，それぞれの立場から考えるところをまとめたものである。この研究会は，選りすぐりの実務家と研究者をメンバーとして，それぞれが最新のテーマについて自由な立場で自らの考えを述べることを目的とするものであった。

　コロナ禍で対面の研究会を開くことが困難であった最中の，今後の社会・経済がどのようになっていくかという点について誰も想像がつかなかった時期に，あえて，このような研究会を組織したのは，まさにその，

- 「誰も想像もつかなかった時代」が到来したことを自覚し，
- 「今後も，すべてを見通すことは困難」であるという時代状況の中で，

日々刻々と変化する世の中を見据えて，そのような不確定な状況に対する法的対応をどのようにしたら的確に行っていくことができるか，という点について，研究会のメンバーの間で真剣に悩んだ上での結論であった。

デジタル技術の四段階と法の対応

　デジタル技術の急速な進展により，その経済取引への影響は，以下のように拡大してきており，とどまるところを知らない。

　第一段階としての情報処理については，コンピュータの有する情報処理能力に依存するが，技術的進歩によりその速度は飛躍的に上昇してきている。

　第二段階としての通信については，インターネット等を用いてありとあらゆるものがネットワークの中に組み込まれ，私達の生活に革命的な変化をもたら

している。

　第三段階としての財産権創出については，ブロックチェーンの技術を用いた仮想通貨やNFTの利用の拡大により，経済活動の中身が根本的に変化しつつある。

　その上で，第四段階としての知的活動については，人間がほぼ独占的に行ってきた知的活動がAI等により行われるようになるという，少し前には信じられなかったような状況が現実に出現した点が重要である。産業革命により人間の労働が大幅に機械に置き換えられたように，デジタル技術の進展により，人間の知的活動がデジタル技術を用いた手段に置き換えられつつあることのインパクトはきわめて大きい。

　そして，これらのそれぞれの段階において，引き起こされる変化に伴う法制度の対応が急務となるのである。

課税の対応

　以上のような，デジタル技術の進展により生ずる経済的・社会的変化と，それに伴う法制度の変化は，必然的にそれらに対する課税の対応の必要性をもたらす。この点を解明しようというのが本書の目的である。

　租税制度の対応如何で，デジタル技術の進展により産み出される各種の新たな財産権の活用が大きな影響を受けることになることは明白である。このあたりのことについては，新たな財産権の私法上の性格を前提として適切な課税のあり方を冷静に考えるべきであろう。

　また，課税当局の関心として，デジタル技術の進展により納税者についての情報収集が困難となり，執行が混乱するという問題意識が強いのではなかろうかと思われる。この点については，当局とマーケットの間の透明なかたちの情報交換を通じて，納税者にとって効率的で，課税庁にとって円滑な執行体制というものを構築していくことは不可能ではないはずである。

　他方，デジタル技術の進展が課税に対して及ぼす影響の中で，もっとも困難な問題を引き起こすのは，課税管轄権に関連する国際的な課題である。この点は，国際政治の荒波の中で紆余曲折が予想される分野である。その場合であっ

ても，日本の当局，企業，専門職業人の能力を高めることにより，適切な対応が可能になるのではないかと考えられる。

アドホックな対応の必然性

　新しい状況に対応した租税制度構築のためには，当初から体系的で首尾一貫した完全な制度を構築することはきわめて困難であるから，必然的に一つ一つ段階をふんだアドホックな対応が不可避となる。すなわち，とりあえず喫緊の課題に対する対応を考え，後に，状況に合わせてその修正を考えるという態度が必要であるが故に，ある程度の試行錯誤は必然的なものといえよう。

《西村高等法務研究所　デジタル課税研究会》（敬称略）
（メンバー）中里　実，吉村政穂，長戸貴之，藤岡祐治，藤原健太郎，保坂雅樹，太田　洋，錦織康高，伊藤剛志，佐々木　秀，中村真由子，増田貴都，佐藤英典，西　海人，小田嶋清治，中村慈美，秋元秀仁，森高厚胤

目　次

巻頭言――はしがきに代えて………………………………中里　実…i

第 1 章　デジタルエコノミーが引き起こした租税制度の変容　1

1　《座談会》国際課税の潮流と日本の租税制度への影響
……………中里　実＝太田　洋＝伊藤剛志＝中村真由子＝吉村政穂…2

Ⅰ　漂流する国際課税改革　2
　1　国際合意の実施状況（2）　2　米国の態度（3）　3　グローバルサウスの台頭（7）　4　日本の状況（8）　5　今後の課題（9）

Ⅱ　日本での実施状況と企業への影響　15
　1　第 2 の柱の国内法制化（15）　2　民主主義との関係（18）　3　既存法制との整合性（19）　4　第 1 の柱（21）

Ⅲ　タックスヘイブン対策税制の簡素化　22
　1　最近の裁判例（22）　2　過剰課税の問題（23）　3　国際的事業再編への影響（24）

Ⅳ　結　語　26

2　デジタル化と AI の浸透に伴う経済社会の変容と課税
……………………………………………………………太田　洋…27

Ⅰ　はじめに　27

Ⅱ　デジタル化・AI 化による経済社会の変容と課税への影響　33
　1　デジタル化・AI 化による経済社会の変容の特徴（33）　2　デジタル化・AI 化による課税への影響（37）

Ⅲ　市場国における「消費」を捉えた課税　40
　1　市場国における「消費」を捉えた課税の手法（40）　2　インバウンドの電子役務提供取引と VAT（42）

Ⅳ　アフター・コロナで予想されるさらなるデジタル化・AI 化と課税　52
　1　リモートワークの浸透と課税問題（52）　2　ペーパーレス化

　　　　の進展と課税問題（54）　3　IoTの急速な拡大と課税問題（55）
　　　　4　メタバースと課税問題（57）
　　Ⅴ　中長期的課題としてのAI・ロボット税　60

3 国際最低課税額に対する法人税制度（グローバル・ミニマム課税制度）………………………………………………秋元秀仁…69
　　Ⅰ　国際最低課税額制度の創設　69
　　　　1　制度創設の背景（69）　2　グローバル・ミニマム課税とGloBEルール（70）　3　国際最低課税額に対する法人税の創設（72）　4　特定基準法人税額に対する地方法人税の創設（74）
　　Ⅱ　制度における論点とポイント　74
　　　　1　IIRと法人税法（74）　2　IIRの全体像（75）　3　CFCとIIR（76）　4　グローバルスタンダードと課税のミスマッチ（76）　5　会計ベースの規定（78）　6　トップアップ課税（79）　7　計算場面・単位が多様（79）　8　適用・適用免除の検証場面が多様（79）　9　対象グループの特定とETR（80）　10　地方法人税課税の創設（82）　11　新たな情報申告（GIR）制度の導入（82）
　　Ⅲ　国際最低課税額に対する法人税制度の概要　84
　　　　1　納税義務者・課税の範囲・対象会計年度（84）　2　特定多国籍企業グループ等（84）　3　制度対象企業グループの全体像（91）　4　国際最低課税額の具体的計算（94）　5　恒久的適用免除（デミニマス除外）（103）　6　経過的適用免除（適格CbCRセーフ・ハーバー）（104）　7　課税標準（106）　8　税額の計算（106）

4 グローバル・ミニマム課税とCFC税制……………中村真由子…107
　　Ⅰ　はじめに　107
　　Ⅱ　グローバル・ミニマム課税とCFC税制の比較　108
　　　　1　CFC税制の沿革（108）　2　グローバル・ミニマム課税とCFC税制（110）
　　Ⅲ　CFC税制の見直しの動き　114
　　　　1　デジタル経済下における国際課税研究会中間報告書（114）　2　最低税率課税制度及び外国子会社合算税制のあり方に関する研究会報告書（115）　3　令和5年度税制改正（120）　4　令和6年度税制改正（121）　5　我が国のCFC税制の課題（122）　6　我

　　　　が国のCFC税制見直しの方向性（125）　　7　各国／OECDの動
　　　　き（127）
　　Ⅳ　お わ り に　128

5　GloBEとインセンティブ税制……………………………長戸貴之…129
　　Ⅰ　は じ め に　129
　　Ⅱ　グローバル・ミニマム課税の額の算出プロセスと各種インセンティ
　　　　ブ税制　130
　　　　1　インセンティブ税制の類型（130）　　2　GloBEの構造とイン
　　　　センティブ税制（130）
　　Ⅲ　日本のインセンティブ税制への影響：研究開発税制とIPボック
　　　　ス　147
　　Ⅳ　お わ り に　149

6　第2の柱は租税競争に「底」を設けることに成功するのか？
　　──適格国内ミニマムトップアップ税（Qualified Domestic Minimum Top-up
　　Tax）がもたらす変容……………………………………吉村政穂…150
　　Ⅰ　は じ め に　150
　　Ⅱ　GloBEルール導入のドミノ効果　152
　　Ⅲ　QDMTTに関する位置付けの変遷　155
　　Ⅳ　QDMTTをめぐる議論　159
　　Ⅴ　結　　語　162

7　軽課税所得ルール（UTPR）と租税条約の抵触を巡る議論動向
　　………………………………………………………………増田貴都…164
　　Ⅰ　は じ め に　164
　　Ⅱ　背景・経緯　165
　　　　1　UTPRによるグローバル・ミニマム課税の徹底（165）　　2
　　　　グローバル・ミニマム課税の実現を阻止するためのUTPR無効化
　　　　の試み（167）　　3　UTPRを巡る紛争を回避するためにUTPR実
　　　　施条約を試みるべきか？（170）　　4　小　括（172）
　　Ⅲ　UTPRと租税条約の抵触を巡る議論動向　173
　　　　1　事業所得条項（173）　　2　セービング条項（179）　　3　租税
　　　　条約の誠実履行義務・誠実解釈義務（居住者課税の課税ベース恣意
　　　　的拡大への規制？）（182）　　4　配当源泉課税の限度税率規定

　　　　　（185）　　5　PE 帰属所得規定（186）　　6　資本無差別規定
　　　　　（189）　　7　PE 無差別規定（193）　　8　実務上の課題（196）
　　Ⅳ　おわりに　199

第2章　デジタル課税の諸相　203

8　暗号資産取引の情報申告と自動的情報交換…………藤岡祐治…204

　　Ⅰ　はじめに　204
　　Ⅱ　暗号資産に係る税の透明性　205
　　　　1　暗号資産市場について（205）　　2　CARF 制定に至る背景
　　　　（206）
　　Ⅲ　CARF の概要　209
　　　　1　CARF の必要性（209）　　2　CARF の内容（209）　　3
　　　　CARF と CRS の関係（219）　　4　自動的情報交換（220）
　　Ⅳ　各国対応　220
　　　　1　日　本（220）　　2　欧　州（221）　　3　米　国（224）
　　Ⅴ　今後の課題　226
　　　　1　仲介機関に着目した仕組みとしての CARF（226）　　2　仲介機
　　　　関に着目することに伴う課題（226）　　3　執行上の課題（228）

9　シェアリングエコノミー・ギグエコノミーが付加価値税制に与える影響……………………………………………………伊藤剛志…232

　　Ⅰ　シェアリング／ギグエコノミー（sharing/gig economy）とは
　　　　232
　　Ⅱ　シェアリングエコノミー・ギグエコノミーの特徴とビジネスモデ
　　　　ル　234
　　　　1　宿泊施設サービス分野（accommodation sector）（235）　　2
　　　　輸送手段サービス分野（transportation sector）（238）
　　Ⅲ　シェアリングエコノミー・ギグエコノミーの付加価値税制に対す
　　　　る潜在的影響　239
　　　　1　付加価値税制に関連するシェアリングエコノミー・ギグエコノ
　　　　ミーの重要な特徴（239）　　2　シェアリングエコノミー・ギグエ
　　　　コノミーのサプライチェーンの基本的な建付け——付加価値税制に
　　　　関連する重要なプレイヤーとその関係（241）　　3　付加価値税制
　　　　に関連する運営上の特徴から見たタイプ分類（243）　　4　付加価

値税制へのプラスとマイナス（243）
- IV 租税政策対応・行政対応の選択肢とデジタルプラットフォームの役割　248
  - 1 付加価値税・物品サービス税の既存の租税政策・制度管理手法と政策上の考慮事項（249）　2 シェアリングエコノミー・ギグエコノミーにおける付加価値税・物品サービス税の課題対応におけるデジタルプラットフォーム企業の潜在的な役割（257）
- V 日本の租税制度への影響の検討　260
  - 1 消費税（261）　2 所得課税（264）　3 適正申告を実現するための環境整備（265）
- VI おわりに　266

10 NFT に関する現状整理と今後の課題 …………… 西　海人…268

- I はじめに　268
- II NFT とは　268
- III NFT に関する本邦における税務上の議論の動き　270
  - 1 ホワイトペーパー（270）　2 国税庁タックスアンサー（271）　3 国税庁 FAQ（273）
- IV 国税庁 FAQ で示された考え方　274
  - 1 はじめに（274）　2 所得区分について（問1との関係）（275）　3 贈与との関係（問2との関係）（277）　4 非居住者との関係（問3との関係）（279）　5 その他の回答（NFT の価値に係る回答）について（285）
- V NFT に係る取引に関する課税上の取扱いにおける今後の課題　289
- VI さいごに　292

11 税務分野への AI 補助の導入の可能性 ………………… 佐藤英典…293

- I はじめに──AI の現状，及び税務分野への導入可能性　293
  - 1 近時の AI の活用とその性質（293）　2 AI の適用例とその特徴（295）
- II 課税庁側での AI 導入の可能性　297
  - 1 現状の検討（297）　2 AI に基づく税務調査①──一般的許容性（298）　3 AI に基づく税務調査②──納税者の権利侵害の可能性（300）　4 AI に基づく税務調査③──犯則調査等の司法

　　　　審査との関係（302）
　Ⅲ　納税者側でのAIの利用　304
　　　　1　我が国における申告書作成へのコンピュータシステムの利用（304）　2　米国における「TurboTaxの抗弁」（305）　3　我が国におけるソフトウェアの瑕疵とユーザの救済（308）　4　申告書作成ソフトウェアへのAI導入の可能性（309）　5　コンピュータシステムに起因するトラブルの特殊性（310）
　Ⅳ　おわりに　311

12　**メタバースと課税** ……………………………………… 太田　洋 … 312
　Ⅰ　はじめに　312
　Ⅱ　Web 2.0/3.0と課税　312
　　　　1　Web 2.0による課税への影響（312）　2　市場国における「消費」を捉えた課税へ（313）　3　インバウンドの電子的役務提供取引と課税（315）　4　アフター・コロナで加速するデジタル化・AI化と課税問題（317）　5　Web 3.0/メタバースによる租税法の世界へのインパクト（318）
　Ⅲ　メタバースとは何か　319
　　　　1　メタバース（Metaverse）とは何か（319）　2　メタバースの将来性（320）　3　メタバースの特質（321）　4　メタバースの実例（323）　5　プラットフォーム・ビジネスとしてのメタバース（325）　6　メタバース・プラットフォーマーのビジネスモデル（326）
　Ⅳ　メタバースの課税問題　327
　　　　1　はじめに（327）　2　メタバースの課税問題（327）
　Ⅴ　メタバース内取引への課税提案　332
　　　　1　Young Ran Kim教授によるメタバース内取引への課税提案（332）　2　ULTRA（Unliquidated Tax Reverse Account: 未実現課税保留勘定）方式（334）　3　メタバース内取引への課税についてのULTRA方式の利用（335）　4　ULTRA方式による富裕層に対する資産課税（337）　5　メタバース内での取引の課税問題（日本の場合）（337）
　Ⅵ　参考文献について　339

監修者紹介・編著者紹介・執筆者紹介

第1章
デジタルエコノミーが引き起こした租税制度の変容

1 《座談会》国際課税の潮流と日本の租税制度への影響

中里実，太田洋，伊藤剛志，中村真由子，吉村政穂（司会）

I 漂流する国際課税改革

1 国際合意の実施状況

吉村 それではこれから座談会を始めたいと思います。本書ではいくつかの研究を収録しておりますが，執筆スケジュールの関係で，やはりアップデートが間に合わなかった最近の動きがありますので，そういったものにも触れつつ，お集まりの先生方のお考えを伺っていきたいと思います。宜しくお願い致します。

それではまず，最近の国際課税の動向について大まかに説明をしていきます。国際合意の概要については既に皆様ご存知かと思います。市場国への新たな課税権の配分を中核とする第1の柱は，2023年10月に多数国間条約の案文が公表され，2024年3月には条約文言の確定，そして同年6月末までの署名が予定されていました。

しかしながら，7月に入りましても，いまだ多数国間条約の確定文は公表されていませんし，署名式がいつ実施されるか分からない状況です。G20，G7および包摂的枠組みといった国際会議の声明等において，依然としてプロジェクトへのコミットメントは確認されているものの，その進捗については思うように進んでいません。また利益Bについては，報告書が2024年2月に公表され，今後作業が進んでいけば，移転価格ガイドラインに反映されることになります。後で紹介しますように，現時点では選択適用になりますので，各国のポジションも今後明らかになり，企業としては適用のメリット・デメリットを評価していくことになろうかと思います。

これに対して，グローバル・ミニマム課税を実現する第2の柱については，

すでにモデルルールおよびコメンタリーを基に各国で法制化が進められています。また，包摂的枠組みから執行ガイダンスが発出されることで，細かいルールの具体化や新たなセーフハーバーの創設などが続いています。

2　米国の態度

吉村　このような実施状況をめぐる国際情勢として，やはり一番注目すべき国は米国ということになるかと思います。先ほど触れましたとおり，2024年6月に多数国間条約の署名式が予定されていましたが，それに先立って，米国が署名する3条件が交渉担当者による講演で明らかにされていたところです。簡単に紹介しますと，1つは多数国間条約について，テクニカルな論点も含めた合意が関係国間で成立していること。そして，米国は利益Bの実施によって移転価格ルールの簡素化が進むことへの期待を表明してきましたが，利益Aの多数国間条約に署名するか否かについても，利益Bの導入が税の確実性をもたらすこと，もっと言えば各国の導入が義務となることを2つ目の条件として求めています。もう1つの条件は，属領プエルトリコについて，利益Aの適用上，これが米国の一部として扱われることを要求していました。

このうち利益Bについては，2月に公表された方式は納税者による選択適用を採用国の選択肢として認めるものであり，さらに，利益Bの採否についても各国の判断に委ねられております。この点について米国の交渉担当者は不満を表明していました。米国が多数国間条約の署名に関する態度を決するに当たり，この3条件との関係をどのように判断したのかはまだ分かりません。

また米国の隣国であり，また経済的にも非常に結び付きが強いカナダにおいては，DSTを導入する法改正が成立しました。米国としては，通商問題の一環としてDSTの広がりに制裁関税で対応する方針です。「2本の柱に関する成果声明（2023年7月12日）」では，当初スケジュールとして，対象グローバル企業グループの最終親会社の60%以上を占める30以上の国が2023年末までに署名することを条件として，2024年末までDSTの停止期間を延長するというパッケージが示されていました。ところが，現状2023年中の署名は実現していない，延期後の署名式の見通しも立たないという状況ですから，DSTが今後ますます広がりを見せるのではないかと予想されます。これが米国の態

度にどう影響するかというところも，後程お考えをお伺いできればと思っております。

また，2024年11月には大統領選挙及び上下院の選挙が予定されております。現在，大統領は民主党から出ていますが，選挙の結果によって，国際交渉に大きな影響を与えるものと予想されます。国内事情としても，2017年に共和党政権，トランプ政権の下で大きな税制改革がありましたが，その際に盛り込まれていた期限付きの措置が2025年に切れることになります。企業については，GILTI軽減の縮減，FDIIの税率引き上げといった影響もありますが，それだけではなく，個人についても，引き下げられている所得税率が復元する，増額された基礎控除が復元するといった影響が生じるのです。ほかにも，2017年改正により受動的事業所得について20％控除が認められていますが，これも廃止されることで税負担増をもたらします。つまり，企業のみならず個人にとっても増税になってしまうのです。

【2025年末で期限切れとなる措置】
・GILTI軽減の縮減（控除率50％→37.5％），FDII税率引上げ（13.125％→16.406％）
・所得税率引下げ措置の復元（例，最高税率37％→39.6％）
・パススルー事業所得の20％控除制度（→廃止）
・地方税額の所得控除制限の創設（上限$10,000→廃止）

その結果，政治的には，2025年に減税措置のいくつかを維持するための税制改正が行われるだろうと予測されております。その税制改正がどのような姿になるかは，先ほど申し上げたとおり，2024年11月の選挙結果によって大きく方向性が異なってくるかと思います。

次に，2つの柱に対しての評価に当たって，米国政府は，利益Aの多数国間条約に署名するための3条件を提示していますが，そもそも議会の反応が非常に芳しくない状況です。両院合同租税委員会（JCT）事務局が2024年3月に報告書を出していますが，米国に14億ドルの税収喪失を生じるといった推計を示しているところで，もろ手を挙げて多数国間条約を歓迎するような状況にありません。利益Bについても，先ほど触れましたとおり，採否が各国の判

断に委ねられ，米国政府の不満の背景には，議会を説得する材料にならないという事情があります。税の安定性・確実性という観点から，紛争解決含めて税の確実性が確保されるかという点を重視して，米国は要求をしていることになります。

　第2の柱についても，ミニマム課税と共存する条件を満たしたGILTI改正が2025年に実現するか否かが気になりますが，これも選挙結果次第という状況です。さらに，共和党は，UTPRによって米国内の企業に対して与えられている優遇措置の効果が剥奪されることに強い不信感を表明してきています。この不信感に対しては，OECDあるいは包摂的枠組み側の対応として，親会社所在地国の法定税率を基準とした移行期間UTPRセーフハーバーによる防御措置を当面は認めておりますし，また米国政府の交渉担当者からは，非給付付きの税額控除であっても研究開発税制の恩恵が保持できるようなルール改正を働きかけていくことが講演の場などで表明されております。こうした対応が身を結び，議会の不信感を解くことができるかというのは1つのキーになるかと思います。

　2025年以降，バイデン・ハリス政権あるいはトランプ政権のいずれが誕生するかによって，国際合意の未来及び米国税制の方向性が異なるわけですから，それぞれが掲げる目標を簡単に見ていきます。まず，バイデン政権2期目の目標として表明された（そして，ハリス政権にても引き継がれるであろう）予算教書の内容を簡単に紹介します。1つ目に，給付の拡大によって福祉を増進させることを目標として掲げ，今後10年間で3兆ドル以上の新規支出を見込んでいます。そしてその財源として，企業と富裕層に対する増税によって賄うことにしています。ですから，バイデン大統領の政策を引き継ぐであろうハリスの当選及び民主党優位の議会体制が選挙結果として生じた場合には，企業及び富裕層に対する増税が予想され，その一環としてGloBEルールとの共存条件を満たすGILTI改正が実現するかもしれません。また，米国が国際合意の枠内にとどまって，米国が受入可能な方向に議論を主導していくことが予想されます。

　これに対して，共和党優位な形で選挙結果が出た場合にはまったく異なった方向があり得ます。「もしトラ」という言葉が流行りましたが，トランプ政権

が再び成立した場合，大まかな方向としては，法人税率は21％のまま維持した上で，国内製造については15％まで減税するし，所得減税も延長することを公言しています。もっとも，米国における税制改正の議会プロセスを考慮した場合，たとえ上下院の多数を共和党が押さえたとしても，すべての公約を実現するには減税額が大きくなりすぎてしまうため，税制改正の予想として現実的ではありません。上院の財政ルールの下では，赤字幅を一定額以下に収めないとフィリバスター（議事妨害）に阻止され，それを覆すには3分の2以上の賛成が必要となるために，あれもこれもと減税を盛り込むことはできないのです。

　そういった意味で，仮にトランプ政権が復活し，さらに共和党が議会を支配した場合であっても，どういった税制改正にたどり着くのかは現時点では読めないのです。

　1つの可能性として，第1期のトランプ政権においても，デジタル課税をめぐる国際交渉の中で，ムニューシン前財務長官がミニマム課税に対する賛意を一貫して表明していたことを受けて，そういった前政権時代の交渉姿勢が引き継がれるかもしれません。すなわち，第1の柱（利益A）はもう無理でしょうが，既に各国で実施に動いている現状を睨みつつ，ミニマム課税については，なお米国にとって存在意義を認め，GILTI改正による増税（赤字幅の縮小）を図るというのも，可能性としてあるところです。

　しかしながら，第1期トランプ政権の交渉時と異なっている点が幾つかあります。第1に，UTPRが，当初は，国内にある構成会社について，損金算入を否認することでトップアップ課税の負担を強いる仕組み（Undertaxed payment rules）として提案されていたものの，2020年にモデルルールが公表された段階では，割当方式による課税を許容する（Undertaxed profit rules）ということで，国内構成会社に対する損金算入の否認にとどまらず，域外の構成会社のトップアップ税額に係る納税義務を国内の構成会社に割り当てる方式を認めるルールとして，大きく変容しています。これを認めるかどうかは正直分かりません。そして，ムニューシン前長官が賛成の意向を表明していた頃というのは，2017年に導入されたGILTIが新しいミニマム課税と同等のものと位置付けられるという前提で米国は考えていたのではないでしょうか。現在のように

共存に厳しい条件を付けられたときに，自分たちが導入した GILTI を今以上に厳格にする方向で改正するのは少し難しいのではないかと思います。

ただ，かつては共和党といえば，やはり企業フレンドリー，ビジネスフレンドリーな税制改正を優先するイメージがありましたけれども，最近の傾向として，ポピュリズム的な性格を強めております。仮に二者択一を迫られた場合には，個人減税のほうを法人税優遇よりも優先するかもしれないと考えています。

正直言いまして，選挙結果がどちらに転ぶかは分からない状況ですし，米国についてはここまでにいたします。

3　グローバルサウスの台頭

吉村　次は，最近活動が活発になっているグローバルサウスの動きについても簡単に紹介をします。2023 年 11 月に国連総会決議がありまして，現在，国連に国際課税の協力を議論する枠組みを設置するための付託条項の議論が行われているところです（2024 年 8 月採択）。これについては，OECD を中心に包摂的枠組みで行っている議論とのダブルトラックになってしまうということで，EU はじめ先進国は強く反対しています。一方，中国，インド，ブラジルといった国々は，国連の場での，あるいは国際的な場面での影響力を非常に強めておりますので，ダブルトラックになるというのは現在の議論に途上国の声が反映されていないからだという反論で揺さぶりをかけてきます。もし国連がダブルトラックで独自のルールを議論していくことになりますと，これまで積み上げてきた包摂的枠組みでの議論の正統性はどうしても落ちてしまいます。

現在の国際合意，ひいては現在の枠組みを維持しようと思えば，包摂性を高めるための一層の努力が必要なのでしょうが，それは米国などの反発を招きかねません。例えば，今年 G20 の議長国を務めているブラジルは，国際課税の課題として格差是正を押し出し，ピケティ教授が提案している富裕層課税の強化，個人版のミニマム課税を G20 の課題として取り上げるべきだと主張していますが，米国には受け入れられない提案です。先進国主導での国際課税の議論は曲がり角に来ているのかもしれません。

4 日本の状況

吉村 このような状況で，日本として，どのように現状を受け止め，評価すればいいかということを考えてみます。第1に，国際合意の成果がどのように税収に影響を与えるかという点について，信頼できる推計が現時点で公表されているわけではありません。日本へのインパクトを定量的に評価するのは少し難しいと思います。ただ，定性的な側面でいくつか考えていきますと，日本の現状として，経済のデジタル化によって，日本は税収を取り損ねているのかどうかというのは考える必要があるのだろうと思います。コンテンツを海外から購入したり，海外に設置されたサーバーを利用したクラウドサービスを利用したりする形で，デジタル経済において，日本が海外から多くのサービスを購入していることは間違いありません。もしデジタル課税が導入される，すなわち多数国間条約が発効して利益Aが配分されることによって，恩恵を受ける面はありそうです。プロジェクトの成否に日本も関心を有する理由があることになります。

第2に，OECDが進めてきたこのプロジェクトに対する概括的な評価です。OECDは，これまで掛け声として，この国際合意をまとめないと，途上国を中心としてバラバラに源泉地国課税を強化し，その結果として混沌が生じるのだと訴えてきました。しかしながら，日本企業は，経済のデジタル化に対応した源泉地国課税の強化といった動きからはそれほど影響を受けていないではないかという見方もできるでしょうか。伝統的なメーカー中心の目線ですが，デジタルサービス税という形で源泉地国課税が強化されても，それほどインパクトはなかったのではないかと思います。それでも，混沌が避けられるのであればと経済界も協力してきたものの，グローバルサウスを中心として，そして米国において，多数国間条約を評価する雰囲気は出てきていない現状があります。ここで一旦立ち止まって，これまでのプロジェクトは，果たして日本にとってプラスだったのかマイナスだったのかといった評価について，ご意見を頂ければと考えています。

第3に，法人税では今のような状況ですが，消費税については令和6年度税制改正で消費税のプラットフォーム課税が導入され，国際標準に従う形で，デジタル取引に関する消費税の執行は一面では強化されているところです。また

CARFに基づいた暗号資産に係る情報交換にも日本は対応しております。情報交換を含めて，プラットフォーム事業者及びゲートキーパーに対する執行面の義務強化は進んでいますので，今後日本にとって何が課題なのかという点を含めて皆様のお考えをお伺いできればと思っております。

最後に，今後企業に求められることとして，不透明な状況下で交渉の行方は見通せない，また米国での11月の選挙結果もどうなるのか分からないということで，何に注目して，どのような備えをしていけばいいかといったアドバイスなどありましたらお願いいたします。またここで挙げていない事柄についても，何かお気づきの点がありましたら，ぜひ問題提起をして頂ければと思います。

5　今後の課題

伊藤　吉村先生ありがとうございます。私からは2点，述べさせて頂きたいと思います。1つはBEPSプロジェクトから端を発した国際協調的な行動によりデジタル課税をはじめとする，各国による源泉地課税強化の動きが本当は避けられたのか，という点に関しては，おそらくまだ，それを評価するには「途上」ということではないかと思います。私が国際課税を勉強した時に，また今でも実務を通じて感じているものとして，増井良啓先生・宮崎裕子先生の共著の『国際租税法〔第4版〕』(東京大学出版会，2019年)の教科書の一番最初に記載されていますが，「経済はグローバル，課税はローカル」という言葉があります。課税権は，主権国家による主権行使の一場面であり，租税制度の定立というのは，各主権国がイニシアチブを持っている。それをBEPSプロジェクト以降の国際的な流れは，国家間の中で一定の合意をすることによって，その主権を一部制限しながら，調和を図りましょうというものであり，その結実がPillar 1・Pillar 2という制度だと思います。今，吉村先生からご説明頂いたような，Pillar 1がどうなるか，アメリカがどうなるかという問題は多分にありますが，それがうまくいけば，1つの国際的な調和ルールが形成はされる可能性がまだある，というのが現時点での状況かと思います。

吉村　なるほど。希望は失われてないということですね。

伊藤　ただその一方で，楽観的にはなれないとも思っておりまして，やはり

第1章　デジタルエコノミーが引き起こした租税制度の変容

Pillar 1 を「やるぞ，やるぞ」と言いながら未だ実現していない現状があり，Pillar 2 に関しても，日本を含め制度は導入されましたが，今後の重要な問題は，その制度がどのように執行されるかという局面に移っていきますので，その執行を通じて各国がどのように対応するかという点は，今後も注視する必要がある。どこかの時点で各国が「やっぱり駄目なんじゃないか」と諦める可能性や未来もあるように思います。そうなったときには，Pillar 1 や Pillar 2 の一部が残るのか，それらが全くなくなるのかという点を別にしても，おそらく，各国が DST などの単独措置を導入していく応酬の過程の中で，別の形での国際的な調和ルール，国際課税のスタンダードが形成されてしまうのかもしれない，といった気もしてまして，その意味で，まだ過渡期であり，混沌が避けられたという評価ができるかどうかも，まだ，わからないという状況ではないかと感じております。それが1点目のコメントです。もう1点は，日本との関係という点で，これはテーマとして挙げて頂いた今の中では，消費税のプラットフォーム課税などが該当すると思うのですが，国際的な枠組みや議論の中で，課税権確保，税収確保，タックスベース確保のために，これこれの課税制度が必要ですよね，というのはよく分かるし，それを国内法制化するというのも必要だし，実施すべきとは思うのですが，他方で，その必要性の議論が先行しているがために，国内のこれまでの伝統的な租税法に関する法制度や法解釈の観点との関係で，そのような税制度が許容されるのか，整合的なのか，との議論や検討が十分にされているか，という点が，個人的には気になっております。令和6年度税制改正にて消費税のプラットフォーム課税が新たに導入されましたが，これはある意味，外国事業者の消費税の申告納税義務を特定プラットフォーム事業者に変えるという制度と思います。伝統的な租税法の制度として，他人の所得についてその所得の支払者が納税義務を負うこととなる源泉徴収制度がありますが，源泉徴収制度も理論的には憲法適合性が議論されるように，プラットフォーム課税についても，そのようなものとの対比で整合的に考えることができるのか，など，本当はもう少し議論されても良いのではないかと思います。私が不勉強なだけかもしれないのですが，あまり議論されていないようにも思われ，今後，紛争化したときに，裁判所にて，どのようなポイントがどのように勘案されるのか，といった点は注視する必要があるように思います。

吉村 確かに，神戸大学の渕教授もその点を指摘されていたように記憶しています。ありがとうございます。

太田 今の伊藤先生のコメントしたトピックについて，一言述べさせて頂きます。私は，伊藤先生とは真逆の見立てでして，BEPS プロジェクトは元々 2012 年から始まってきたと思いますが，BEPS プロジェクトは，リーマンショックのあとに一時的に国際協調が深まった時代があり，中国も金融危機の克服のためにかなりの役割を果たしたという状況の下で進んだプロジェクトであり，その成果が BEPS の 1.0 と 2.0 の合意であったと思います。しかし，ロシアのウクライナ侵攻の前後ぐらい，ないしは，トランプ政権の誕生やブレグジット辺りからかもしれないですが，国際協調の時代の終焉が始まっているのではないかと思われ，各国がそれぞれ自国の国益を前面に出して動く傾向が益々強まってきているように思います。象徴的なのはグローバルサウスの動きで，グローバルサウスは，かなり自国の利益を前面に出して動いてきていると思われます。このような中，今年の 11 月のアメリカの大統領選挙は，非常に大事だと思いますが，現状ではかなりの確率でトランプ大統領復活ということになると思われ，そうすると，本格的に国際協調の時代が終わりを迎えるのではないかと思います。もちろん，完全にその流れが消えるということではないと思いますが，それでも，相当に振り子が逆に振れてくるのではないか，と思われます。Pillar 2 だけでも何とか残ってほしいなと思っていますが，Pillar 1 は非常に難しくなりつつある中で，おそらく，一時的には世界各国による DST の導入競争みたいな状況が再び始まるのではないかと思われます。カナダは今年の 6 月に DST が成立しており，2022 年 1 月 1 日から遡及適用をするようです。2 年前から遡及適用というのは一体どのように実施するのだろうかという疑問は生じるのですが，今後，そのようなものも含めて，DST の導入競争が始まってくる可能性が高いように思われます。日本はどちらかというと，「デジタル小作人」と揶揄されているように，デジタル化が遅れているがゆえに，デジタルなビジネスを展開する GAFAM 等に相当利益を「搾り取られている」実態があるように思われます。逆に言うと，国際協調の時代が終焉を迎えて，Pillar 1 が倒れると，日本はかなり悪影響を受けるのではないかと危惧されます。元々 Pillar 1 によって相当利益を享受すると言われていた国の一つ

が日本でしたので，Pillar 1 が倒れた場合には，日本はそのような DST の導入競争が始まるような状況に対応していかなければならないと思われます。そういった観点からは，私は，令和6年度税制改正で入ったインバウンドの消費者向け電気通信利用役務取引についての消費税のプラットフォーマー課税を横展開し，強化していくことが必要なのではないかと思っています。消費税のプラットフォーマー課税はあまり議論もなく，スムーズに導入されましたが，現在の制度は，インバウンドの消費者向け電気通信利用役務の提供に係る対価の額が50億円超のプラットフォーム事業者という，かなり高い閾値となっています。今後，これを足がかりにして，プラットフォーム課税を強化していかないと，国際的な租税獲得競争の中では，相当，後れを取るのではないかと思います。私は，プラットフォーマー課税は，そもそも，消費税のリバースチャージが可能というところで，ある意味で舵を切ったものと思いますので，伊藤先生の仰ってることは分かるのですが，私はプラグマティストなので，取れるものは取ったほうが良いと思っています。EU などを含め，国際的にもプラットフォーマー課税が広がってきている中で，この令和6年度税制改正を突破口にして，今後，日本でも，消費税についてのプラットフォーマー課税もそうだと思いますし，例えば，メタバースみたいな国境なきデジタル経済圏における取引に対する課税についても広くプラットフォーマー課税を導入していかないと，税収確保の面では相当苦しい状況に追い込まれるのではないかと思います。私は，日本はこの方向をもう少し追求していくべきではないかと思っています。

吉村 ありがとうございます。先ほど伊藤先生のご紹介の中でも，「経済はグローバル，課税はローカル」という話がありましたが，これからのデジタルの時代を考えると，国内ルールもグローバルなものに合わせていかないと，実効性が確保されないのではないかというご指摘とお伺いしました。

中村 Pillar 1 についてはもう国際合意が難しい可能性があり，これが実現しなかった場合にどうなるか，各国で DST が乱立するのか，国連でこれに代わる新たな枠組みが用意されるのか等，いろいろと注目されるところですが，それがカオスの始まりになるのではないかと思います。これに対して，Pillar 2 については，日本を含めた各国で実施に向けて法制化が着々と進んでいるかと思われますが，執行の段階で混乱が起きることは避けがたいのではないかと感

じております。すなわち，Pillar 2 は，条約ではなく各国の国内法で実施されることになっており，これが Pillar 2 の導入が進みやすい要因でもあるわけですが，OECD で決まったルールを各国が粛々と法制化して粛々と執行することが期待されていると思います。しかし，各国が国内法として立法し，かつ各国で執行する以上は，それを統一的に適用して執行することが本当にどこまでできるのか，多分これから執行の段階で問われていくことなるように思います。

中里 何か……，あれこれ言うのもなんなんですけど，政治的な流れで考えると，昨今の政治情勢から言ってちょっと難しいというい感じが漠然としています。こつこつやるのは様子見であり，とてもじゃないけれども，具体的な成果をここ 1，2 年のうちに出すという余裕はないのではないかと思うわけですよね。

　以上は国内的な話ですけれど，外国の話ですと，ヨーロッパ税理士連盟というのがあるんですよ。CFE っていうんですけど。Confédération Fiscale Européenne と，フランス語なんですけど。その中に GTAP, Global Tax Advisers Platform っていうのがあって，私はそれに出ています。で，何を議論してるかと言ったら，ずっと AI の議論をしています。この前ブリュッセルに行ってきましたが，それを見てると，今のような話をあんまり具体的な問題として捉えていない……。だから，ヨーロッパの人たちがどうなのかな……っていう感じをもちつつ，そういう外から様子を見てると，ちょっとしばらくこれどうにもならないのではないかなと感じています。あと，アメリカの大統領選の結果によっては，Pillar 1 だけでなく，国際関係のいろいろな枠組みが困難になってしまう可能性もあると思っています。そのリスクへの準備はしとかなきゃいけないでしょう。

吉村 確かに，当局者あるいは実務家が直面する環境として，かなり不確実性が増しているというのは感じます。日本の場合は，特にこの国際交渉について，政治的な強いコミットメントがあって進めているわけではないように思われるので，どうしても受け身になってしまっている印象はありますね。その一方で，源泉地への割当てを強く求めてきたフランスのマクロン大統領も政治的な基盤は揺らいでいますし，米国が先ほど紹介したような状況というところで，政治的モメンタム自体が停滞を迎えつつあるように思います。

中里 この前のG20でも，何か主に議論されたのは超富裕層に対する個人版ミニマム課税でしょう。フランスも左派連合が第一党になり，イギリスも労働党が政権をとった。

吉村 そうですね。だから個人の格差のほうに政治的な関心は移ってきてるといえるかもしれないですね。

中里 結局企業も重要ですが，最終的には個人に行くのだろうから，それをどうにか課税したいという方向になってしまうのかな。そのほうが途上国も税収を取れるでしょ，きっと。

吉村 ただ，個人課税の場合であっても，アメリカが乗らない限りは執行が回らないので。

中里 そうですね。アメリカは12月にならないとわからないけれども，おそらく，乗らないでしょう。

吉村 そうですね。金融危機の後は，大きな資本を動かしている多国籍企業が資本規制の自由化の受益者であり，租税競争に苦しむ国家と対比する形で政治的な批判のやり玉に上ったわけですが，現在では，むしろポピュリズム的というか，インフレの影響で個人間の格差が広がってきている点に政治の関心が移ってきていることの反映かもしれません。AI活用による雇用環境の変化に対する不安といった問題も含めて。

中里 だから太田先生がメタバースの講演をなさっているでしょ（本書 12 「メタバースと課税」）。メタバースとかAIとか。そのように，具体的な興味は，そっちに行っているのではないかな。9月に僕ミュンヘンに行ってきますけど，そういった雰囲気を感じます。

太田 ChatGPT等の急速な進化の結果，2023年はAI元年といわれるような状況になっているように思われますが，AIは今後さらに急速に進化していくのではないでしょうか。それに対して税，そして租税法がどこまで対応できるかという点は，将来的にかなり大きなテーマになってくると考えられます。

Ⅱ　日本での実施状況と企業への影響

1　第2の柱の国内法制化

吉村　次に，日本での具体的な実施状況につきまして，こちらも私のほうで簡単に紹介をしたいと思います。

　まず第2の柱に関する国内法制化の現状について整理をしますと，IIR については令和5年度税制改正において法制化済みですし，2024年4月以降の事業年度から適用ということで，対象企業の担当者は既に対応を進めているところかと思います。目下，GloBE 情報申告書（GIR）の情報交換に関する様式の制定等も進められておりますので，今後は執行に向けた具体的な詰めが行われていくかと思います。その一方で，国際的なスケジュールとの関係では，2025年1月から適用がスタートするはずの UTPR は依然として法制化が行われていません。令和7年度税制改正以降の法制化ということになっております。また国内ミニマム課税についても，法人税率が高い日本において導入するか否かは1つ論点になり得るところです。

　次に，コンプライアンスコストとして考えられる事務負担については，いくつか私のほうで挙げておきますが，何よりもルールが非常に複雑であるということでしょう。連結財務諸表の作成プロセスに準拠する形でルール簡素化への配慮をしているという説明になっておりますが，会計上の数字を GloBE ルールに基づくトップアップ税額計算に利用するに当たって，細かな調整項目が用意されています。そもそもそれを読み解いて具体的な会計処理に適用していくというのが非常に難しい。また先ほども話題に出ましたが，英語でのモデルルールを国内受容する段階で，日本の法体系に合致するように大きな組替えが行われておりますし，国内法の体系に合致するためにモデルルールと異なった微調整がされている個所もあります。企業の方にとっては，英語で新たなルールが整備されても，結局国内で手当てされるのを待たなければならないという戸惑いもあると聞いております。また，仮に QDMTT が日本国内で導入されることになりますと，国際的な文脈にとどまらず日本国内においても複雑な GloBE 所得，実効税率の計算をしなければいけないことになります。企業の

事務負担はさらに大きくなるのではないでしょうか。タックスヘイブン対策税制とGloBEルールが併存するため，企業の事務負担に配慮して，タックスヘイブン対策税制の簡素化を進めると謳われていますが，これまでのところ，具体的な措置としては限定的です。そのため，トータルでの企業負担はかなり重いのではないかと思います。

なお，QDMTTが国際的に実施されていく，各国で導入されることになりますと，現在は，本社主導でGloBEルールに対応した準備作業を進めていますが，今後はQDMTTが導入されているローカルでの対応が基軸になっていくかと思います。一旦中央集権的にGloBEルール対応の体制作りをした後で，またローカルの業務として切り出していくことになりますので，構築した体制をQDMTTの広がりに応じて再整理していく難しさも出てきます。

また，QDMTTの適格性判定も含めて，国際的な整合性への懸念がつきまとうところです。建前的にはモデルルール，コメンタリーによって統一的なルールが策定されていますが，それぞれの国で国内法化され，またそれがどのように解釈されるかといった問題で，国ごとの乖離が生じる可能性は残りますし，具体的な紛争になった場合にどのように解決されるかも懸念が残るところです。

このほか，テクニカルな論点になりますが，連結財務諸表の作成プロセスにおいて，日本企業はサブ連結を多用していると聞きます。その場合，本社が直接子会社情報を吸い上げてきて，本社で連携調整を行うのではなく，地域単位や歴史的な経緯によって存在しているサブグループを単位としてサブ連結財務諸表を作成し，さらに上位に上げていくといったプロセスをたどります。そのため，OECDの議論で想定されているような，最終親会社が構成会社の情報を直接把握し得る連結財務諸表プロセスとはズレが生じています。ルールを文字どおり適用すると，GloBEルールを適用して国ごとの実効税率を計算するためには，結局連結財務諸表の作成プロセスをもう1回やり直さないといけないような，そのような状況になってしまっているとも聞きます。また執行ガイダンスを見ますと，例えば資産の簿価について，GloBEルールとしての整合性を高める観点から会計及び現地税法ルールからの乖離も見られるところです。会計ルールを出発点として簡素化を進めると言っておきながら，技術的な項目について，GloBEルールとしての整合性という観点から乖離を要請する方向

に進んでいるので非常に気になります。また，先ほどの紛争解決の問題と同じで，今後調査が現実に執行される中で，その対応も企業の負担になっていくものと思われます。

中村 Pillar 2は可能な限り簡素なルールとなるよう配慮されたということではありますが，我々専門家の目から見てもかなり複雑性の高いルールになってしまっているように思います。日本のような真面目な国だと，OECDのルールどおり粛々と，きっちり執行していくと思うのですけど，執行能力のより低い途上国などでこれを一体どのように執行できるのか。しかも，各国で国内法を作る制度でありながら，他の国と連動して適用される仕組みになっているので，各国で解釈適用が違った場合の紛争解決をどう協調していくのかということの枠組みが，必ずしもきちんとした形では存在していないように思います。したがって，相互協議で解決できず，紛争が国内裁判所に持ち込まれてその解釈が裁判官により判断されるときに，そこで参照される法源というのは本来的には国内法しかないはずで，そのときにOECDのモデル規則やコメンタリーというのは本来的には租税法律主義の観点からは法源にはならないはずです。日本の裁判所であれば，OECDのルールを読み込んで，これに従うのが国内法の趣旨なんだという目的論的解釈を示すのかもしれないですが，他の国々の裁判所でどう判断されるのかということは担保されていない。このように，各国で生じうるPillar 2関連の税務紛争に対して統一的な紛争解決を担保する枠組みが必ずしも用意されていない不安というのがあります。

　ですので，そういった解釈適用，執行の段階でのカオスというのは，Pillar 2に関しては，やはり懸念としてどうしても残ってしまうように感じています。その意味で，Pillar 1についてはもしかして税収面で日本にメリットがあるのかもしれないですが，Pillar 2に関しては，導入することで日本に本当にメリットがあるのか，コンプライアンスコストや紛争解決の懸念のこと考えると実はよく分からないと思うこともあります。

吉村 そうですよね。途中でお話しがありましたが，OECDが英語でルールを公表して，それが日本で日本語で法令化されるというプロセスが取られています。モデルルールで書かれている内容を国内法に落とし込む段階で微調整が加えられていることもあるので，そうすると企業としてはどちらに従えば良い

んだと悩む局面も出てくるでしょう。日本で申告する場合には日本ルールに従わなければいけないのですが，海外に行けば OECD のモデルルールがスタンダードになってルール整備が進んでいる以上，両にらみで対応する可能性がありますよね。

2　民主主義との関係

中村　この第1の柱，第2の柱の動きを見ていて，あるいは BEPS プロジェクトの頃からそうかもしれないのですが，だんだん国際課税については，あるいは国際課税に限らず，各国独自の政策なり民主主義的正統性みたいなものがどんどん失われていく方向にあるんだなということを感じています。それが良いとか悪いというわけではないのですが，もう OECD で合意してきたことを，粛々と国内法にして，それを国会はただ通すのみで，国内で何か議論して修正したりすることは想定されてない。財務省も第1の柱と第2柱の法制化作業で手一杯で，他の政策目的の国際課税に関する税制改正は難しい状態なわけですよね。また，各国が投資を引きつけるためにやるような政策税制も，どんどん Pillar 2 に合うような形に改正したり廃止したりしなければならない。OECD でこう議論されているからこうしなければならないということが全てで良いのだろうかと思うことはあります。第1の柱，第2の柱のルール制定も OECD で行われ，解釈権限も OECD が実質的に有するという状態の国際課税の立法あるいは政策のあり方が，この第1の柱，第2の柱の動きで問われているようにも思います。日本は，国際合意をそのとおりに実施することが政策的に正しいのだという考えを疑う人はほとんどいないと思いますが，もう少しこの点について疑問を持たれても本来的には良いはずなのかなと思います。

吉村　そうですね。今の点は，特に米国で，下院で多数を占める共和党が政府を攻撃する，非難するといった形で表面化しております。日本は議院内閣制なので，政府と与党が一体で政策を進めていますから，通常の国際交渉と同様，日本国内で民主的正統性に対する批判は顕在化していません。けれども，いざ国際協調の薔薇色の未来が陰りを見せるようになってくると，果たして従来の方針に従ってこのまま進んで良いのかといった疑問は議論されて然るべきだと思います。多分 EU 加盟国であれば既にそういった国内法化の経験を積んでき

ていますから，ブリュッセルで物事が決まることに対する反感を含め，どのように政治的に受容するかもある程度習熟してきてるのかもしれません。日本だとまだこれから考えなければいけない課題なのではないかと思います。

3　既存法制との整合性

伊藤　1つは，今回，法人税法の中に Pillar 2 の国際最低課税額制度を入れたことが適切だったのかという点は，きちんと考えなければならないのではないか，という気がしております。というのは，法人税法の枠組みは，本来，所得に対する課税と捉えるべきではないかと思われ，今回の国際最低課税額制度は，会計の数字を使って課税しますというものになっており，所得とは異なる概念を課税標準にするものになっていると思います。

中里　秋元秀仁先生も，それを指摘していましたね（本書3「国際最低課税額に対する法人税制度（グローバル・ミニマム課税制度）」）。会計ばかりだと。

伊藤　そうなんです。法人税法における法人所得の計算は，会計制度をそのまま準用する形で所得を計算をしていないので，法人税法の解釈・適用においては，特に裁判所に対して，会計ではこのようになっていますこのような考え方をします，と納税者が主張をしても，裁判所がそれをそのまま認めてくれるかどうか。大竹貿易事件[1]がリーディング・ケースと思いますが，裁判所は会計基準を法人税法の観点から独自に解釈しようとする姿勢があるように思われ，法人税法に規定された国際最低課税額制度が，執行や裁判所による解釈・適用という場面で，今後どのように理解されるのかという点は，注目する必要があるように考えております。

　もう1点が，国際最低課税額制度の中で，令和6年度税制改正にて UTPR (UnderTaxed Profits Rules) の立法措置がされなかった理由の1つに，外国にある親会社や兄弟会社に対する課税が軽課税の状態にあるときに，なぜその子会社等である日本の会社に対して，軽課税の親会社や兄弟会社に課税されるべき税額を課税できるのか，という点についての根本的な疑問が提起されていたと聞いております。これも伝統的な所得課税の議論からすれば，子会社に利益が

---

[1]　最判平成5年11月25日民集47巻9号5278頁．

発生すれば，子会社への出資の価値が上がる，包括的所得概念からすれば，所得＝消費＋純資産増加であり，未実現の所得でも所得課税の対象となり得る，と考えられているので，外国子会社合算税制（タックスヘイブン対策税制，CFC税制）も含めて，子会社に発生した所得を親会社の所得とみなして課税するという制度も許容されるのではないか，という感覚で捉えられていると思います。UTPRはそれが全く逆の状況になってしまっていて，そうすると，そもそも国際最低課税額制度は所得課税なのか否か，本来，検討されるべき問題かもしれないとも思います。

吉村 法人税法の中に規定が設けられたということで，従来の法人税法の考え方と整合しているのかという点を，法制化に当たって慎重に検討しているとも聞きます。そもそも従来の法人税法は法人格ごとの課税を原則としてきているところ，先ほど伊藤先生からもご指摘あったように，UTPRはグループ内の他国の構成会社にトップアップ税額が発生した場合に，所定の基準に基づいその税額を国内企業に割り当て，納税義務を課すという形で構成されています。国際交渉の文脈を離れ，国内法の整合性を図る観点から，その正当性がどのように基礎付けられるのかを詰めるのが難しいようです。

　既存の類似制度としてはタックスヘイブン対策税制があるものの，こちらは資本関係で下位にある会社の所得を合算する仕組みです。持分を有している会社について所得を合算する制度は従来からあり，IIRはその延長として認められる一方，UTPRは，親会社や姉妹会社のトップアップ税額を日本に割り当てる制度なので，これはどのように正当化されるのかという指摘があるようです。さらに，今ご指摘があったように，UTPR適用の結果として税負担の増加する国内企業は，構成会社の定義上，連結対象に入っているか否かによって決まり，100％の資本関係で繋がれているわけではありません。すなわち，少数株主が存在する場合，グループ内のトップアップ税額を負担することによって，少数株主が得られたはずの利益が減少することとなるから，少数株主を保護する必要があるのではないかといった意見もあり，その検証が作業の遅れを招いているとも仄聞するところです。

伊藤 そのような観点をいろいろ考えていくと，この国際最低課税額に対する法人税は，法律上の「租税」の定義，すなわち「国家が，特別の給付に対する

反対給付としてではなく，公共サービスを提供するための資金を調達する目的で，法律の定めに基づいて私人に課する金銭給付」[2]に該当するのか，特に「公共サービスを提供するための資金を調達する目的」で課するものか，という点にも議論があるように思われます。

中里 それこそ，いわゆる「環境税」ではないけれど，課徴金ではないかって。
伊藤 そういうポイントです。そのような点を，今後，国内法の考え方としてどのように整理するべきか，整理されるのかということを考えるべきかもしれません。
吉村 そうですね。そのほか，細かいところですが，法人税法の中に規定されているので，同族会社の行為計算否認規定が適用されるのかという問題もありましょうか。どういった適用例があるか想像しにくいですが。

4 第1の柱

吉村 第1の柱については，そもそも実現の見通しが不明なので，私の雑感のみで簡単に済ませてしまいます。そもそも利益Aの対象となる日本企業はごくわずかですから，日本企業全体へのインパクトは少ないと言えます。ただ，非常に複雑なルールが予定されていますから，いざ実施となれば対象企業は相当な事務負担を覚悟しなければなりません。発効するかどうかは分からない段階であっても，日本国として署名，批准と進めば否応なく対応せざるを得ないわけで，まあ大変だろうと思います。また，税収上のインパクトが明らかでない点は，先ほどもご指摘のあった民主主義や国内議論との関係でやはり問題ではないかと思います。

　利益Bに関しては，もう採用を表明している国もありますが，各国の対応が出揃ったところで，企業として移転価格リスクとの関係で対応を考えていくことになるんだと思います。納税者による選択適用の場合だとセーフハーバー的に使えるので，企業としてはもう使うメリットしかないように見えますが，相手国側を拘束せず，結局移転価格リスクが消えないので，気休め程度にしかならないかもしれません。初めに言及したように，米国がどれぐらい強制導入

---

[2] 金子宏『租税法〔第24版〕』(弘文堂，2021年) 9頁。

へのプレッシャーをかけるかによって，今後の議論の流れも変わるかもしれません。

Ⅲ　タックスヘイブン対策税制の簡素化

1　最近の裁判例

吉村　国際課税に関する最近の裁判例として，この座談会では，みずほCFC事件（最判令和5年11月6日民集77巻8号1933頁）と日産キャプティブ子会社事件（最判令和6年7月18日判例集未登載）の2つを取り上げたいと考えています。

　いずれもタックスヘイブン対策税制の適用の可否が争われた事案です。みずほCFC事件では，資金調達のためにケイマン諸島に設立したSPCについて，優先出資証券の配当と償還のタイミングが同一事業年度になってしまったことで，普通株式を有する納税者に多額の合算対象所得が発生し，これを不服として争ったものです。納税者は，利益を留保しても分配可能性がないことを中核として，タックスヘイブン対策税制を適用する実質的根拠がないことを主張しました。日産キャプティブ子会社事件では，タックスヘイブン対策税制の適用要件の1つである非関連者基準の充足の有無を判定するに当たって，再保険契約が政令上定められた第三者経由取引に該当するか否かが争われました。どちらの事件についても，高裁段階で裁判所が政令の適用を排除し，納税者が勝訴したことで注目を浴びました。国際課税事案において裁判所が積極的な役割を果たしたことには賛否あり得ると思いますし，その後の最高裁の判断を含めて，議論を深めるべき事案ではないかと考えています。

太田　みずほCFC事件では，最高裁は，課税執行の安定性を重視する判断であったと思います。その意味で，裁判所は，個別事情を重視した納税者の個別救済よりも税務執行の安定性を重視する姿勢を鮮明に示したところですので，グローバルに事業展開する日本企業としては，国際課税の動向も含めてきちんとフォローして対応していかなければならないと思われます。そうしないと，CFC税制でも足をすくわれることになるし，今後は，国際最低課税額制度や他の制度でも足をすくわれる可能性があるので，企業にとっての税務コンプライアンスの負担は重くなってくるだろうと思います。

2 過剰課税の問題

伊藤 みずほCFC事件の場合，ケイマンSPCを含めたグループ全体での資金調達とみれば，いわゆるハイブリット証券による資金調達であり，外部投資家からの資金をエクイティー性のある証券（ケイマンSPCの優先出資証券）により調達し，国内では劣後ローンの利払いとして損金の額に算入している形になっており，結局エクイティー性の資金調達に係る支払いだから，損金の額に算入するのは適切ではないので，CFC税制による合算課税により，損金算入の効果を打ち消した，といった見方をすれば，その結論の妥当性を理解できないわけではないように感じます。ただ，現行のCFC税制において，過少課税・過剰課税が発生し得るものになっている旨の草野裁判官の指摘は，気になります。

そこで指摘されている過剰課税は，先ほどの所得課税の議論と同様の問題があるように思っています。CFC税制が何を目的として制定されたのかという点にも関わるところかもしれません。日本企業が海外で稼得した利益や所得に対して，国内で法人税を課税するとしても，その背後には，海外で稼得した利益や所得が将来的には配当や保有株式の価値の上昇という形で，国内法人の所得になると考えられるから，法人税法の特別措置としてCFC税制が許容されるのではないかというのが，一般的な感覚ではないかと思われます。そうすると，みずほCFC事件の最高裁判決は，結局，「過剰課税」ではあるけれども，所得がなくても課税しても構わない，と割り切っているように思えて，本当にそういう制度でよかったのか，ちょっと引っかかります。

中里 最初聞いた時，このような取引は課税の対象外だよという感覚でしたね。そうであるからこそ高裁で勝てたのかもしれません。

伊藤 大阪大学名誉教授の谷口勢津夫先生が「文理解釈の過形成」や「司法判断の行政判断化」とおっしゃってますが[3]，裁判所による文理解釈の行き過ぎの面が生じていないか，という視点も必要かと思います。「質の良い」立法，すなわち，規定の趣旨・目的が妥当であって，これと当該規定の文言との間にズレや乖離のない法令であれば，文理解釈により妥当な結論が導かれますが，「質の悪い」法令を文理解釈しても，不当・不合理な結論が生じてしまうわけ

---

[3] 谷口勢津夫「租税法律主義と司法的救済保障原則——裁判官による文理解釈の『適正化』のための法創造根拠理由の研究」税法学586号（2021年）377頁。

です。国際課税制度の複雑化，租税法令の複雑化はもう不可避で，避けられない。しかし，すべての企業の活動や取引の場面を想定して適切な立法ができるわけではありませんので，租税法令の内容や射程が合理的でない場合の修正・変更のルートというのが，毎年の税制改正を要望して法令改正をしてもらうというルートだけで良いのかという点は，やはり，我が国の租税制度のあり方として適切なのか，考えなくてはならない状況ではないかとも思われます。特に，最近の租税立法・法令を見ていて思うのは，租税回避に対処しなければいけないという意識が立法担当者に強いせいか，問題のありそうな事例に広く課税の網をかけて，問題のないものだけ，個別に課税対象から外すという形をとっているものが多いように感じています。子会社株式簿価減額特例などは，まさにそのような規定になっているように感じております。その結果何が起きるかというと，立法趣旨・制度趣旨から考えたら課税対象外だよねと思われるものが課税対象になっている，落とし穴がそこらかしこに，たくさんできている状況になっているのではないかと感じられます。

中里 だから，不完全な立法を文理解釈と言われると，ちょっと気の毒だという思いがありますね。

伊藤 太田先生の仰るように，企業が十分に注意して検討していかなければならないというのは，ご指摘のとおりなのですが，他方で落とし穴みたいなものがいろいろなところにある中で，意図せずに，そういうところにはまってしまった納税者の救済が文理解釈だからという形で退けられてしまって良いのかどうか，考えなければならない問題だと思います。

中里 いろいろな局面で，今言ったようなことが出ていますよね。

3 国際的事業再編への影響

吉村 国際的な場面における税務コンプライアンスの重要性に関しては，例えば，ルネサスがシーカンスの買収に関する基本合意を解除したという報道が最近ありました。やはり日本国内のタックスヘイブン対策税制が日本企業の海外での活動に予期せぬ落とし穴となっている……何て言うのかな，予期したから解除を可能とする条項が入っていたわけではありますが……。

伊藤 太田先生が以前にご指摘をされていたと思うのですが，日本のCFC税

制が日本企業のクロスボーダーM＆Aの障害となっているという実例が生じているのだと思います。

中里 確かに障害になっていますね。

伊藤 買収対象の企業は，買収対象の企業が経済活動を行っている国・地域の法制・税制に最適な形で企業グループのストラクチャリングをしているので，それを日本企業が買収したとき，日本企業の傘下に入ったときに，日本のCFC税制がいろいろな問題を起こす。平成30年度税制改正によって，CFC税制にPMI（Post Merger Integration）特例が導入されましたが，やはりそれだけでは不十分だったという状況が明らかになっているのだと思います。Pillar 2との絡みもありますし，CFC税制の整理・合理化を進めないと，日本企業の国際的な競争力が削がれかねない状況になりつつあるのではないでしょうか。

吉村 そうですね。特にヨーロッパを中心に，国際的な事業再編に対する課税繰延べ，あるいは様々な税制上の優遇措置が導入されていますので，日本のタックスヘイブン対策税制の目から見て，それがすべて非課税所得に落ち込んでしまうことが実務感覚とのズレを生む局面もあるってことですよね。

中村 令和6年度の税制改正大綱では，令和7年度税制改正以降に見込まれる更なる「第2の柱」の法制化を踏まえて，企業の事務負担の軽減に資する限度でのCFC税制の改正というのは引き続き見込まれていることが示唆されています。海外M＆A促進のためのCFC税制の合理化といった積極的な改正についても踏み込んで頂きたいところですが，こういった改正まで財務省で検討してもらえるかは，2つの柱関連の一連の法制化が落ち着くまでは難しいのかもしれません。

伊藤 このようなM＆Aの局面では，買収対象企業のデューディリジェンスを実施するにしても，時間的な制約と得られる情報の範囲に限度があり，最後はエイヤーで思い切ってやらざるを得ない，という状況になると思います。ルネサスの件は，そのような状況だからこそ解除条項を入れていた，ということと思うのですが，それにしても，税制がM＆Aの障害になるというところに関しては，何らか税制改正等による対応が望まれます。

Ⅳ　結　語

吉村　ここまで皆様と議論してきたことをまとめたいと思います。1つ目としては，国際協調の未来がどうなるかの分かれ道，岐路に国際社会が直面しているというのが皆様の共通の認識かと思います。国際課税に関する国際合意が今後どのような運命を辿るかは，まさにそうした大きな流れに左右されることであろうと思います。

　2つ目に，主要国の政治的な関心として，かつて多国籍企業の租税回避がセンセーショナルに取り上げられ，それを何とかしなければという盛り上がりがあってBEPSプロジェクトが始まりましたが，最近の各国の選挙結果などを見ますと，格差是正といった個人の問題に関心が移ってきているのではないでしょうか。今後も企業課税を中心とした国際課税改革のモメンタムが維持されるのかはわからないということでありました。

　また3点目としまして，消費税のプラットフォーム課税の例で見られたとおり，実効性という観点からは，国際ルールを積極的に国内法化していくことが必要なわけですが，それが国内法の従来の体系との関係で摩擦を生む可能性があるとのご指摘もあったかと思います。

　最後に，このような形で国際課税ルールが非常に複雑化していく中，企業にとっての税務コンプライアンスの負担，そして税務リスクがますます増してくるとの見通しもありました。最新の研究を収録した本書が，読者の皆様方の備えの一助になれば幸いであると参加者一同考えております。以上をもちまして，座談会を締めさせていただきます。どうもありがとうございました。

　　※　本座談会は2024年7月8日に収録した。収録後の状況を踏まえて校正をしたが，同年9月30日に校了とした。

2 デジタル化と AI の浸透に伴う経済社会の変容と課税

太　田　　洋

I　はじめに

　1991年に CERN の Tim Berners-Lee 氏が World Wide Web（WWW）を開発し，1993年に最初のウェブ閲覧ソフト（ウェブブラウザ）である NCSA Mosaic がリリースされてから，インターネットを通じた経済・社会のデジタル化は，より大量かつ高速に情報を伝達することができる 4G[1]，さらには 5G[2] などの通信技術の高度化と相俟って，凄まじいスピードで進展を続けており，遂には，現実世界とは別にサイバー空間なるものが観念されるに至っている。

　そして，デジタルデータの改竄を防いでデジタルデータの安全性を確保すると共に，中央集権的な管理者である国家のシステムに依拠することなく，サイバー空間において取引可能な仮想通貨（暗号資産）や非代替性トークン（Non-Fungible Token。以下「NFT」という）その他の財（デジタルアセット）を創出し，その取引を記録することができるブロックチェーン（分散型台帳）の技術が開発されたことで，そのような仮想通貨や NFT その他のデジタルアセットを構成要素として構築されたインターネット上の三次元仮想空間である「メタバース」が登場することとなった（なお，NFT に固有の課税上の問題については，本書10「NFT に関する現状整理と今後の課題」参照）。

　このような近年におけるデジタル化の進展により，現在，我々は，デジタル化の第三段階ないしは Web 3 の時代に突入したともいわれている。これは，

＊　本稿の執筆に当たっては，事務所の同僚である佐々木将也弁護士から資料収集等について多大な協力を得た。ここに特に記して謝意を表したい。
1)　第 4 世代移動通信システムの略称である。
2)　第 5 世代移動通信システムの略称である。

第1章　デジタルエコノミーが引き起こした租税制度の変容

【図 2-1】 デジタル化の進展の三段階

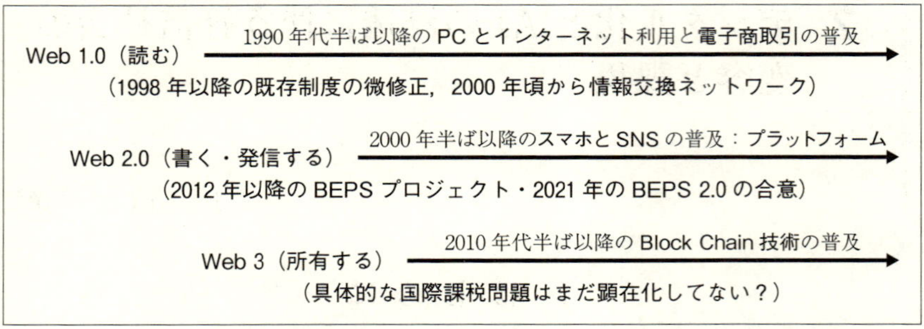

```
Web 1.0（読む）    ──1990年代半ば以降のPCとインターネット利用と電子商取引の普及──→
                  （1998年以降の既存制度の微修正，2000年頃から情報交換ネットワーク）

Web 2.0（書く・発信する）  ──2000年半ば以降のスマホとSNSの普及：プラットフォーム──→
                          （2012年以降のBEPSプロジェクト・2021年のBEPS 2.0の合意）

Web 3（所有する）  ──2010年代半ば以降のBlock Chain技術の普及──→
                  （具体的な国際課税問題はまだ顕在化してない？）
```

出典：渡辺智之「Web 3と国際課税」（日本機械輸出組合，2023年3月）2頁

　【図 2-1】 のとおり，1990年代半ば以降のPCとインターネットの普及によって，一般人が，ウェブページの閲覧等により，インターネットを通じて情報を「一方通行」的に「読む」ことが可能となったWeb 1.0の時代，そして，2000年代半ば以降のスマートフォンとSNSの普及によって，一般人が，SNS等を通じて，自ら世界に向けて情報を「双方向」的に「書く」ないし「発信する」ことが可能になったWeb 2.0の時代に続く時代であって，2010年代半ば以降の，ブロックチェーン技術によって，メタバースのような分散型のオンラインエコシステムを構築することが可能となった時代である[3]。

　また，このようなインターネットによる経済・社会のデジタル化と，通信技術の飛躍的発展による国境を越えた大容量通信のコストの著しい低減及びスマートフォンの普及とが相俟って，GAFAM（Alphabet傘下のGoogle，Apple，Meta Platforms傘下のFacebook，Amazon及びMicrosoft）を始めとするデジタル・プラットフォーマー（後述）が急速に経済・社会におけるプレゼンスを高め，それによって，デジタル・プラットフォーマーを通じて遊休資産等を提供するシェアリング・エコノミー（例えば，Airbnb等がプラットフォーマーの役割を果たしている民泊事業が典型例である）や単発の業務委託契約等に基づいて労務を提供するギグ・エコノミー（例えば，Uber等がプラットフォーマーの役割を果たしている宅配事業が典型例である）[4]といった新しいビジネスモデルが次々と登場する

---

[3]　渡辺智之「Web 3と国際課税」（日本機械輸出組合，2023年3月）（《https://www.jmcti.org/trade/bull/zeimu/book/web3.pdf》にて閲覧可能）2-8頁。

に至っている。

　さらに，2006年に深層学習（deep learning）の技術が開発され，ニューラルネットワークの深層化が可能になったことで，人工知能（Artificial Intelligence。以下「AI」という）が飛躍的な発展を遂げ，2022年11月30日に米国のOpen AI社が大規模言語モデル（Large-scale Language Model: 以下「LLM」という）を用いた対話型のGererative AI（以下「生成AI」という）であるChatGPTを無料公開して2023年にそれが世界中に爆発的に普及し，それと連動して，DALL・E2などの画像生成AIも急速に一般に広まったことで，2023年は「生成AI元年」と称されるに至った。このようなAI技術の驚くべきスピードによる進化によって，2005年に未来学者・思想家のレイ・カーツワイルが *The Singularity is Near: When Humans Transcend Biology*（邦題『ポスト・ヒューマン誕生──コンピュータが人類の知性を超えるとき』）[5]で述べた，2045年にもテクノロジカル・シンギュラリティ（技術的特異点。人工知能が人間の知能を大幅に凌駕する時点）が到来するとの「予言」も，次第に現実味を帯び始めているように思われる。

　このようなデジタル化・AI化による経済社会の巨大な変革は，巨視的な観点からは，農業革命（狩猟社会から農業社会へ），産業革命（工業化社会へ）に匹敵する情報革命（IT社会・脱工業化社会へ）[6]，さらには，それに続く「第四の革命」（サイバー社会へ）とも譬えられており[7]，当然ながら，その巨大な変革の波は，課税の在り方にも大きな課題を突き付けている。

　この点，デジタル経済が従来の経済社会とどのような点で本質的に異なっているかについては，2018年3月にOECDが「デジタル化から生じる課税上の課題」と題する中間報告書（以下「OECD中間報告書」という）[8]において，経済

4）　シェアリング・エコノミーやギグワーカーに関する課税問題については，例えば，森信茂樹「シェアリング・エコノミー，ギグ・エコノミーの発達と税制の課題」フィナンシャル・レビュー143号（2020年）9頁以下，渡辺徹也「プラットフォームワーカー・ギグワーカーと課税」ジュリスト1572号（2022年）35頁以下，北澤一郎「ギグワーカー等に係る課税の在り方について」税務大学校論叢110号（2023年）1頁以下などを参照。

5）　邦訳は，レイ・カーツワイル（井上健監訳・小野木明恵ほか訳）『ポスト・ヒューマン誕生──コンピュータが人類の知性を超えるとき』（NHK出版，2007年）。

6）　アルビン・トフラー（鈴木健次ほか訳）『第三の波』（日本放送出版協会，1980年）。

7）　大前研一『第4の波──大前流「21世紀型経済理論」』（小学館，2023年）。

のデジタル化を主導する高度にデジタル化されたビジネス（Highly Digitalized Business。以下「HDB」という）の特徴として指摘した，①市場国（ユーザー又は顧客が所在する国）に支店等の物理的拠点を設けずに事業規模を拡大できること，即ち，（物質的な）「質量」なしに国境を越えたスケールを確保できること，②知的財産権（以下「IP」という）などの無形資産に大きく依存していること，③データ及びユーザーの参加が経済的な価値の創出（価値創造）に重要な役割を果たし，さらにデータ及びユーザーの参加の増加と IP の価値向上との間で相乗効果がみられる，という３点[9]がしばしば引用される[10][11]。そして，HDB が非デジタル事業よりも高い利益率を確保できる理由についても，OECD 中間報告書が指摘する，以下で述べるような HDB を営むプラットフォーム企業（以下，場合により「デジタル・プラットフォーマー」ということがある）が事業を展開する市場の特質が引用されることが多い。

即ち，プラットフォーム企業は，一般に，「ネットワーク効果が存在する２つの市場の両面と取引を行う企業」と定義されている。例えば，Facebook であれば，一方に投稿等を行うユーザーの市場があって，他方に広告主の市場があり，その両者を結びつけるプラットフォームを提供している。プラットフォーム企業は，このように複数の市場においてそれぞれの市場の参加者と取引を行い，それら参加者を市場の枠を超えて仲介することで，競争優位を発揮し，利益を上げているが，このようなプラットフォーム企業が取り扱う市場の特徴は，「二面市場（two-sided market）」ないし「多面市場（multi-sided market）」と呼ばれている。そして，このような多面市場を仲介するプラットフォーム企業は，特定のサービスの利用によってユーザーが得られる便益は他のユーザーの

---

[8] OECD, Tax Challenges Arising From Digitalisation-Interim Report 2018 (2018).
[9] See OECD, supra note 8, at 51-59.
[10] 岡村忠生「〈報告〉デジタル経済の進展と国際租税の今後」日本租税研究協会編『財政のフューチャー・デザインとデジタル経済の進展に伴う国際租税の今後（（公社）日本租税研究協会・第 71 回（創立 70 周年）租税研究大会記録）』（日本租税研究協会，2019 年）188 頁，吉村政穂「デジタル課税の議論がもたらす国際課税の変革」租税研究 2019 年 6 月号 233-234 頁参照。
[11] もっとも，この①〜③のうち，①と②は，高いブランド力を背景に国際的な事業展開をしているビジネスにも当てはまり，必ずしも HDB だけの特徴ではないと指摘される（吉村・前掲注 10）233 頁）。

数に依存する，という「直接ネットワーク外部性（direct network externalities）」ないし「直接的ネットワーク効果（direct network effects）」を超えて，一方の市場の拡大が他方の市場の拡大を促す，という「間接ネットワーク外部性（indirect network externalities）」ないし「間接的ネットワーク効果（indirect network effects）」を享受することができる。そのため，そのようなプラットフォーマー企業は，2つの市場のうち一方の市場（便宜上，以下「ユーザー市場」という）を無料ないしディスカウント価格にしてユーザーを拡大することで，他方の市場（便宜上，以下「収益市場」という）において収益を得る，という「非中立的価格戦略（non-neutral pricing strategies）」を採用することができ，これによって収益を確保することが可能となる。このような多面市場を仲介するプラットフォーム企業は，HDBに限らず，テレビや新聞などの非デジタル事業の分野でも見られるが，デジタル・プラットフォーマーの場合には，一度プラットフォームを構築し，いずれかの市場で多数のユーザーを獲得してしまえば，ユーザーを追加的に獲得して（それにより収益市場で顧客を獲得して）事業を拡大するための限界費用がゼロに近いだけでなく，AIなどのデジタル技術を利用することで，収益市場において顧客を差別化した価格設定が容易にできること等から，高い利益率を確保することが可能となる点が特徴的である[12]。この点，OECD中間報告書は，デジタル事業において非デジタル事業よりも高い利益率が得られる理由を，①直接的ネットワーク効果，②多面市場における間接的ネットワーク効果，③規模によるコスト削減及び追加コストの不発生，④OS（Operating System）とアプリなど複数の補完財が取引されること，といったデジタル市場の特質から説明している[13]。

　このような特徴を有するHDBを営むデジタル・プラットフォーマー等の多国籍企業は，ユーザーによる価値創造に着目した課税の枠組みが存在せず，また，国家・地域が事業拠点や雇用，税収などを他の国家・地域から奪うためにそれぞれ税制面において制度間競争を繰り広げる「底辺への競争（race to the bottom）」の中で，無形資産を移転したり，フレキシブルな事業再編を行うこ

---

12) このパラグラフ全体につき，篠田剛「デジタルエコノミーと課税——プラットフォーム企業と国際課税レジーム」立命館経済学67巻5・6号（2019年）120頁参照。
13) 岡村・前掲注10) 190頁参照。

とで，非デジタル事業を営む企業と比較して，実効税率を非常に低く抑えることに成功しており，そのことが国際的に深刻な課税上の問題となっていることは周知のとおりである。

このような国際的な課税上の問題に各国が協調して取り組むために，2012年頃からOECDを事務局として本格的にスタートしたのが，「BEPSプロジェクト」と呼ばれる国際的な議論（「税源浸食と利益移転」を意味するBase Erosion and Profit Shifting／BEPSへの対抗策を提言するための検討プロジェクト）であり，その成果である2015年のBEPSプロジェクト最終報告書の公表後に，BEPSプロジェクトを引き継いでOECDやG20加盟国の枠を超えて139の国・地域の参加を得て創設された国際的なフォーラムが，「BEPS包摂的枠組み（OECD/G20 Inclusive Framework on Base Erosion and Profit Shifting）」である。そして，2021年7月1日，「OECD/G20 BEPS包摂的枠組み」の参加国のうち130の国・地域の賛同を得て，「経済のデジタル化に伴う課税上の課題に対応する2つの柱の解決策に関する声明（Statement on a Two-Pillar Solution to Address the Tax Challenges Arising From the Digitalisation of the Economy）」が公表され，当該声明は，同月10日にG20財務大臣・中央銀行総裁会議によって承認された（以下，この声明及びG20財務大臣・中央銀行総裁会議によって承認された合意を「BEPS2.0合意」という）。

もっとも，BEPS2.0合意は，デジタル化・AIの浸透による経済・社会の変容によって生じる課税上の課題のうち，ごく一部のみに対処しようとするものに過ぎない。デジタル化・AI化による経済・社会の変容に対処するための課税上の処方箋としては，BEPS2.0合意のPillar 1（第一の柱）に代表されるような①デジタル税，即ち，デジタル・プラットフォーマー等の所得ないしそれに準じたものに対する課税や，デジタル・サービス等に対する付加価値税（Value Added Tax: 以下「VAT」という）や物品・サービス税（Goods and Services Tax: 以下「GST」という）課税の導入[14]，及び②AI・ロボット税の導入等が考

---

14) インボイス制度導入前の執筆に係るものではあるが，わが国の消費税を他国のVAT及びGSTとの国際比較の観点から位置付けた論考として，増井良啓「日本の消費税はどこへいくか——国際比較からの展望」『日税研論集70号（日本税務研究センター公益財団法人移行5周年記念号・消費税の研究）』（2017年）515頁以下参照。

えられるが[15)16)]，それらについては様々な課題が指摘されている。

そこで，以下では，デジタル化・AI化による経済・社会の変容の特徴を概観すると共に，それによって生じる課税上の問題に対処するための（各国の国内税制における）課税上の取組みのうち，短期的・中期的にわが国においても検討に値すると思われるものを，特に取り上げて論じることとしたい。

II デジタル化・AI化による経済社会の変容と課税への影響

1 デジタル化・AI化による経済社会の変容の特徴

上記Iで概説した点も踏まえて，筆者なりに，デジタル化・AI化による経済・社会の変容の特徴を挙げると，以下のように整理できると思われる。

第1は，経済の「ボーダーレス化」と「無形サービス化」である。4G，さらには5Gなどの通信技術の飛躍的発展によって，国境を越えた大容量通信のコストが著しく低減され，インターネット・サービスとスマートフォンが世界的に普及したため，デジタル・コンテンツの配信（iTunesやSpotifyによる音楽の配信や，YouTubeによる動画の配信，Netflixによる番組の配信等が典型である）といった無形のサービスを，世界中のどこからでも，インターネット経由で，世界中のどこに対しても，極めて低いコストで提供することができるようになり，それによって莫大な収益を上げることが可能となった。そのため，特に無形のサービスについては，市場が，主権国家の領域内からグローバルに拡大することとなった。もちろん，経済のグローバル化に伴って，有体物である商品の販売市場もグローバルに広がったが，有体物である商品の販売に際しては，商品をその製造元（工場）から消費者に届けるまでの輸送コストや日数がそれなり

---

15) *See* Rossana Merola, *Inclusive Growth in the Era of Automation and AI: How Can Taxation Help?*, FRONT. ARTIF. INTELL. 5: 867832 (May 31, 2022), https://www.frontiersin.org/articles/10.3389/frai.2022.867832/full.

16) この他，G20に本店が所在する上場会社の株式に課税する新しい租税（この租税は新株の発行を以て支払ってもよいとされる）を課すべきとの提案もなされている。この提案は，グローバル化が進む現在では，一部の大企業は市場支配力を強め，莫大な利益を上げているところ，株式の所有は富裕層の手に集中していることを根拠とする。*See* Emmanuel Saez & Gabriel Zucman, *A Wealth Tax on Corporations' Stock*, 37 ECONOMIC POLICY 213 (2022), https://doi.org/10.1093/epolic/eiac026.

にかかるため，デジタル・コンテンツその他のサービスをその配信元から消費者に届けるまでのコストが廉価な通信コストのみで，しかも，配信が瞬時に完了する無形のサービスの提供の方が，有体物である商品の販売と比べて価格面等で優位に立つことは明らかである。このため，経済のデジタル化は，経済の「ボーダーレス化」と「無形サービス化」をもたらすこととなった[17]。

　第2は，「物理的な制約からの解放」である。例えば，小売業界でいえば，伝統的な小売業においては，商品を展示・陳列するための物理的な「売り場」（や店舗のバックヤード倉庫）を確保することが必要であるため，店舗の不動産賃借等のコストとの関係から，取扱い商品はどうしても売れ筋のものに限られることとなりやすい。しかし，eコマースは，このような「売り場等の面積」の制約から解放されることになるため，マーケティング理論でいういわゆる「ロングテール戦略」（多数のマイナーないしニッチな製品の売上げの積み上げで相当程度の売上げを確保する戦略）が可能となる。

　第3は，「データが価値の源泉になる」という点である。例えば，個々の消費者の属性・嗜好等のパーソナルデータについては，それ自体ではさほど価値はないものの，それらを膨大に集積し，分析することで，そのようなパーソナルデータ（の分析結果）の全体から大きな経済的価値を創出することができる。しかも，ユーザーと直接つながることができるデジタル・プラットフォーマーは，一定のサービスを提供することで，このようなパーソナルデータ（検索履歴や行動履歴等も含まれる）を無償で取得することが可能であり，そのようなパーソナルデータ（の分析結果）の利用と間接的ネットワーク効果との相乗効果によって，莫大な利益を上げることができる。このように，パーソナルデータをマネタイズするビジネスモデルとしては，例えば，Googleが，その検索サービスの利用と引換えに収集する検索履歴等を利用して提供している行動ターゲティング広告事業や，中国のアリペイが，収集した購買履歴等を利用して提供している「芝麻信用」という信用スコアリング事業等が挙げられる[18]。

---

17) 「無形サービス化」の典型例としては，音楽業界におけるCD販売からネット配信への転換や，映画業界におけるDVD販売からネット配信への転換を挙げることができるであろう。

18) この他にも，電力会社が従来の消費電力の検針器の代わりに設置しているスマートメーターは，どの時間帯にどの程度電気が使われているかの情報を把握することができるた

2　デジタル化とAIの浸透に伴う経済社会の変容と課税

2022年に，Amazonが家庭用ロボット掃除機「ルンバ」を販売しているiRobotを17億ドルで買収することを発表したが，これは，家庭内における「間取りデータ」等のデータをビッグデータの形で集積してマネタイズすることが狙いではないかと指摘されており[19]，Internet of Things（以下「IoT」という）と5Gによってあらゆる機器がインターネットに接続されていく中で，従来のスマートフォンやPC等の情報端末だけでなく，もはやあらゆる家電や機器をインターフェイスにしてパーソナルデータが収集され，それがビッグデータとして分析・加工されてマネタイズされる時代が到来しているといっても過言ではない。さらに，生成AIが飛躍的に進化していく中で，既にインターネット上に流通しているあらゆる情報が，AIの進化のためにその深層学習に利用されており，この面では，AIの深層学習のためにインプットされるデータが，パーソナルデータの分析結果をマーケティングに利用することによって得られる利益を遥かに超える莫大な価値を現に生み出しているだけでなく，今後益々莫大な価値を創出するものと予想される[20]。

第4は，上記の第3の点と関連するが，「利益の源泉地が，生産者・供給者が所在する場所から消費者が所在する場所に移っている」という点である。これは，パーソナルデータが価値の源泉となり，しかも，無形のサービスのユーザー自身の属性・嗜好等に関する情報や，ユーザー自身の行動に関する情報（例えば，検索履歴，行動履歴）が価値の源泉として重要性を増してきていること

め，この情報を分析すれば，それが設置された住戸の居住者の所得や嗜好などが推測できるといわれている。

19)　コヤマタカヒロ「米アマゾンがアイロボットを買収，その狙いは何か？」ITmediaビジネスオンライン（2022年8月30日）（《https://www.itmedia.co.jp/business/articles/2208/30/news035.html》にて閲覧可能）。なお，欧州の競争法当局の承認が得られない見込みとなったため，Amazonは最終的にiRobotの買収を断念し，撤回した（2024年1月29日付け日本経済新聞電子版記事参照）。

20)　米起業家で旧Twitter（現X）を買収したイーロン・マスク氏は，AI開発のスタートアップであるxAIを既に立ち上げているところ，Xのプライバシーポリシーが2023年8月31日に改訂され，「本ポリシーで概説されている目的のため，当社が収集した情報や一般公開された情報を，機械学習または人工知能のトレーニングに使用することがあります」との文言が新たに明記されたため，マスク氏が旧Twitter（現X）を買収した目的の一つとして，Xに投稿されたポスト等から得られる膨大なデータをAIの学習のために利用する目的があったのではないかとも指摘されている（Gigazineの2023年9月4日付け「XのデータをAI開発のトレーニングに使うことが規約で明言されイーロン・マスクもコメント」と題する記事参照）。

の結果である。

　第5は，「個々の製品やサービスそのものの良し悪しよりも，むしろ全体を統合したビジネスモデルが重要になる」という点である。かつて，日本のソニーはウォークマンを世に送り出すことで世界市場を席巻したが，Apple は，音楽配信サービスである iTunes と記憶端末である iPod，さらにはそれを携帯電話及びカメラと融合させた iPhone とを組み合わせたビジネスモデルをつくり上げることで，グローバルに，音楽配信市場だけでなく，携帯電話市場やカメラ市場まで席巻するに至ったが，この例が典型である。ビジネスモデルがいかに重要であるかは，月間利用ユーザー数が一時5億4000万人（2023年7月時点）にまで達しながら[21]，収益モデルが確立できず，赤字に苦しみ続けているSNS大手のX（旧Twitter）の例と，無料の検索サービスと検索履歴等を利用した行動ターゲティング広告事業とを組み合わせて巨大なインターネット広告市場を開拓した Google や，無料の SNS とその利用から収集できるパーソナルデータや位置情報等を利用した個人別に最適化されたターゲティング広告事業とを組み合わせて GAFAM の一角を占めるまでに成長した Facebook の例との比較からも，明らかであろう。

　第6は，「人と人とを『繋げる』ことで価値を生み出すデジタル・プラットフォーマーが急速に台頭している」という点である。上記Ⅰでも述べたとおり，デジタル・プラットフォーマーは，通信技術の飛躍的な発展とスマートフォンの普及を背景に，二面市場のうちの一方の市場（ユーザー市場）において無料（ないし格安）でサービスを提供し，間接的ネットワーク効果を利用して，他方の市場（収益市場）で高い収益率を達成しているが，ユーザー市場におけるユーザーの拡大に際しては，人間の「他の人と繋がりたい」という本能的に備わっている欲求を利用することで，直接的ネットワーク効果を最大限に発揮している。デジタル化の一つの特徴は，「人と人とが繋がる」ためのコミュニケーション・コストが極めて低い点であり（例えば，手紙と LINE とを比較すると，相手に手紙を出して連絡を取る場合には，封筒と便箋を用意して手紙を書き，切手を買って，それを貼った手紙を郵便ポストに投函し，自宅や職場の郵便受けに届いた返信の手

---

[21]　ロイターの2023年7月29日付け「旧ツイッターの『X』，月間利用者5.4億人超『過去最高』＝マスク氏」と題する記事参照。

紙を回収する，という一連の手間がかかるが，LINE で連絡を取る場合には，相手の LINE ID 宛てにメッセージを書いて送信するという手間しかかからない），さらに，アルゴリズムや AI を駆使すれば，デジタル・コンテンツや無形のサービスを欲している消費者とそのベンダーとをウェブ上のハイパーリンク等を用いてマッチングすることも低コストで可能であるし，マッチングができた場合に購買行動に誘導するプロセス（例えば，広告の閲覧から購買に至るまでのプロセス）も，スマートフォンや PC 上で一気通貫に完結する点で簡易である。デジタル・プラットフォーマーは，その利点を最大限生かして，膨大なユーザーを獲得すると共に，収益市場も効率よく拡大している。このように，デジタル・プラットフォーマーは，極めて低いコストにより，デジタル・コンテンツや無形のサービスを提供したい多数のベンダーとそれを消費したい多数のユーザーとを「多」対「多」でマッチングすることで，非常に効率よく莫大な利益を上げている（YouTube, Instagram, TikTok, Uber, Airbnb などは正にこのようなモデルで収益を上げている）。従って，経済・社会のデジタル化・AI 化が進むにつれてデジタル・プラットフォーマーが台頭してくることは極めて自然であると思われる。

2　デジタル化・AI 化による課税への影響

それでは，このような特徴を有する経済・社会のデジタル化・AI 化は，課税の在り方にどのような課題を突き付けているのであろうか。

第 1 の，経済の「ボーダーレス化」と「無形サービス化」による課税への影響であるが，有体物であれば，国境を物理的に通過する際に関税を課すことや外国貨物に対する輸入消費税（付加価値税）を課すことが可能である（わが国でも，外国貨物の輸入，即ち，保税地域から引き取られる外国貨物には，その引取り時に消費税がかかる[22]）が，デジタル・コンテンツの配信などの電子的な役務提供については，国境の物理的通過を課税のトリガーとすることが事実上不可能であるため，経済の「ボーダレス化」が進んで役務の提供者が国内事業者から海外事業者にシフトする中で「無形サービス化」が進むと，（国内取引であれば役

---

[22]　消税 2 条 1 項 2 号・4 条 2 項・5 条 2 項等。

務のような無形のサービスに対しても課されることになる）内国消費税（付加価値税）の役割が低下する一方で，関税及び外国貨物に対する輸入消費税（付加価値税）の役割は大きく低下することになる。また，経済の「ボーダーレス化」と「無形サービス化」により，世界中どこからでも低コストでサービスを提供することができるため，多国籍企業が，サービス提供拠点を課税や社会的インフラの観点から最も効率的な国・地域に設けるといったグローバルな機能・リスクの分散化を推し進めることが可能となり，各国の課税当局が所得を把握・補足することが困難になるばかりか，高課税国から軽課税国・地域への課税ベースの流出が進むことになる。

　第2の，「物理的な制約からの解放」による課税への影響であるが，物理的な制約から解放されることにより，無形のサービスであればインターネットを通じて世界中どこからでも提供でき，有体物たる物品の販売の場合にも，商品は，地価の高い市場国の都市に立地する店舗ではなく，地価の安い非市場国や市場国の郊外に設けられた倉庫等の物流拠点から直接顧客に対して配送すればよくなるため，従来の「恒久的施設（PE）[23]なければ課税なし」という国際課税の原則（OECDモデル租税条約7条1項参照）が機能不全に陥ることになる。また，物理的な拠点が国内にないか，あっても単なる倉庫のようなものである場合には，課税のための調査も非常に困難になるものと思われる。

　第3の，「データが価値の源泉になる」ことによる課税への影響であるが，パーソナルデータやIoTによって収集される「モノ」のデータ等は，特許やノウハウなどと違い，それ自体として何か価値を有するものではなく，それらを集積したビッグデータを分析・解析することによって初めて価値が生み出されるものであって，少なくとも現時点においては，基本的に比較対照取引を見出すことが困難であるという特徴があるため，移転価格税制の実効性が大きく

---

23)　しかも，単なる倉庫等の物流拠点は，通常はPEに該当しないものとされる（2010年改正前OECDモデル条約5条4項は「(a) 企業に属する物品又は商品の保管，展示又は引渡しのためにのみ施設を使用すること」はPEとはみなされないとしていた。もっとも，2010年のOECDモデル条約の改正で，同条4項に「但し，このような行為〔注：同項(a) 乃至(e) に定める行為を指す〕又は(f) については事業に係る一定の場所における活動の全体が，準備的又は補助的な性格を有する場合に限る」という文言が付加され，オートメーション化された高度な仕分け機能等を有する「物流拠点」については，PEに該当する余地が生じることとなった）。

低下するという点が挙げられるであろう。

　第4の,「利益の源泉地が,生産者・供給者が所在する場所から消費者が所在する場所に移ってきている」ことによる課税への影響であるが,利益の源泉地,即ち,価値創造が行われる場所が供給者の所在地国から消費者の所在地国(市場国)に移転することに伴い,価値創造が市場国のインフラ(高速・大容量の通信網など)や消費者の行動(それによって得られるビッグデータなど)をも利用して行われることにより,従来の国際課税の原則である居住者課税や所得の源泉地国課税の考え方[24]だけでは,市場国における価値創造の部分について,市場国において十分に課税がなされないという問題が生じることになる。

　第5の「個々の製品やサービスそのものの良し悪しよりも,むしろ全体を統合したビジネスモデルが重要になる」こと,及び第6の「人と人とを『繋げる』ことで価値を生み出すデジタル・プラットフォーマーが急速に台頭している」ことによる課税への影響としては,これらにより,優れたビジネスモデルを構築したデジタル・プラットフォーマーが,多国籍企業としてグローバル市場で圧倒的なシェアを確保し,それによって得られる寡占化の利益をつぎ込んで,課税上の効率性(つまりは実効税率の可及的な軽減)及び事業の効率性の観点(言い換えれば,税引後利益の極大化の観点)から,グローバルな機能・リスクの最適配置を行うことが容易になるため,高課税国から軽課税国・地域への課税ベースの流出が進むだけでなく,各国の課税当局による課税所得の把握・補足が困難になるという点が挙げられよう。

　以上を大雑把にまとめると,経済・社会のデジタル化・AI化が進むと,所得の発生・稼得に貢献する要素が,インターネットを介して(課税面を含めて)世界中の「最も効率的な場所(言い換えれば,税引後の利益を極大化できる場所)」

---

24) わが国の租税法では,非居住者及び外国法人に対して課税できるのは国内源泉所得のみとされているところ(所税7条1項3号,法税8条),国内源泉所得は,PEに帰属する所得や,国内にある資産の運用又は保有により生じる所得,国内にある資産の譲渡により生じる所得,国内で行う人的役務の提供を事業とする者の,その人的役務の提供に係る対価,及び,国内で業務を行う者から受ける,工業所有権等の使用料若しくはその譲渡の対価,著作権の使用料若しくはその譲渡の対価又は機械装置等の使用料で国内業務に係るもの等に限定されている(所税161条1項,法税138条1項)。なお,OECDモデル租税条約7条1項では,企業の利得(事業所得)については,「PEなければ課税なし」の原則が採用されている。

に分散されることになるため，所得が地理的にどこで発生しているかということを一義的に確定することが極めて困難になるということである。従って，世界政府というものが存在せず，各主権国家が課税権を有しているという状態を所与の前提とする限り，「所得の発生・稼得」を taxable event（課税可能な事象）として所得課税をするという手法に頼ったままでは，各主権国家の課税ベースは大きく浸食されることにならざるを得ないと思われる。

このような点に鑑みると，各主権国家がそれぞれの国民に対して「安全・安心」を確保するための公的なサービスを提供していくのに必要な財源確保のための手段として課税の確保は不可欠であるとの前提に立脚する限り，その発生・稼得の地理的な「場所」を一義的に確定し難い「所得」よりも，生身の人間と結びついているが故にそれがなされている地理的な「場所」を相対的に確定しやすく[25]，相対的に捕捉が容易な「消費」を taxable event として課税を行う方が，税の公平性を担保しやすいのではないかと思われる。従って，経済のデジタル化・AI 化が進む中においては，生産者・供給者の「所得」に焦点を合わせる課税（特に法人税）よりも，市場国における「消費」を正面から捉えた課税の方が，課税の公平性や効率性の観点から，相対的に優れているように思われる[26]。

III 市場国における「消費」を捉えた課税

1 市場国における「消費」を捉えた課税の手法

上記 II 2 で述べた観点から，近時，市場国における「消費」を正面から捉えた課税に関する関心が世界的に高まっている。このような税の代表的なものとしては，英国やフランスなどが既に法制化したデジタルサービス税（Digital

---

[25] もちろん，デジタルな世界では，あくまで，ある端末の IP アドレスを通じてデジタル・コンテンツなどの無形のサービスが「消費」されていることが認識できるだけで（それすらも Tor を利用して VPN 接続をしてしまうなどすれば，捕捉は極めて困難ではあるが），その端末を誰が使用しているかまでは確定できないため，消費の「場所」を確定しやすいとはいっても，それは相対的なものに過ぎない。

[26] 太田洋「〈特集：岐路に立つ法人所得課税〉企画趣旨」法律時報 90 巻 2 号（2018 年）7 頁以下，渕圭吾「法人税の課題と未来」同 52 頁参照。

Service Tax：以下「DST」という）が挙げられる。DST については，BEPS2.0 の Pillar 1 についての国際合意により，Pillar 1 を具体化する多国間条約が発効する日又は 2023 年 12 月 31 日のいずれか早い日までは新規導入が禁止されており，かかる多国間条約の発効後は既存の DST は廃止されることになっているが，そもそも米国が連邦議会上院でこの多国間条約を批准できるのかについては相当不透明であり，今後の状況は予断を許さない。

この Pillar 1 に関する多国間条約及び DST については，わが国は英国やフランス等と異なり DST を導入していないので，紙幅の関係上，本稿では取り上げないが，デジタルサービスについては，所得税に類似した税である DST を課すという方法以外に，その「消費」の側面に着目して付加価値税を課すという方法もあり，下記 2 で詳述するとおり，そのような課税を導入している国も相当数に上る。市場国における「消費」を正面から捉えた課税としては，このような，デジタルサービスに対する付加価値税も考え得る。

この点，わが国でも，下記 2 で述べるとおり，インバウンドの電子役務提供取引，即ち，電気通信回線（インターネット等）を介して国内の事業者・消費者に対して行われる電子書籍の配信等の役務提供取引（以下「電気通信利用役務提供取引」という）に対して，国内取引として消費税を課税する制度が，平成 27 年度税制改正で導入されている。

この他，米国等では，法人所得税の変型版ではあるが，仕向地主義により法人のキャッシュフローをターゲットに課税をするという仕向地主義キャッシュフロー法人税（Destination-based Cash Flow Tax：以下「DBCFT」という）が提唱されており[27]，わが国では，佐藤主光教授により付加価値型取引税が提唱されているが[28]，これらはいずれも，「所得」よりも市場国における「消費」（的なもの）に着目して課税権を確保していこうという方向の議論であるとも考えら

---

27) 例えば，藤岡祐治「法人所得税における仕向地原則の採用とその実現可能性」法律時報 90 巻 2 号 15 頁以下，長戸貴之「キャッシュ・フロー法人税の理論と課題」同 21 頁以下，鈴木将覚「国際課税の長期的な方向性」経済産業省「デジタル経済下における国際課税研究会」第 4 回会合（2021 年 6 月 2 日）資料 3（《/https://www.meti.go.jp/shingikai/external_economy/international_taxation/pdf/004_03_00.pdf》にて閲覧可能）など参照。
28) 佐藤主光「付加価値型取引税の提案」フィナンシャル・レビュー 143 号（2020 年）30 頁以下。

れよう。

2 インバウンドの電子役務提供取引とVAT
(1) わが国におけるインバウンドの電子提供役務取引と消費税

　上記1で述べたとおり，市場国における「消費」を正面から捉えた課税の方法が，インバウンドのデジタルサービスに対する付加価値税であり，わが国でも，インバウンドの電気通信利用役務提供取引について，国内取引として消費税を課税する制度が，平成27年度税制改正で導入されているところである。

　そして，わが国では，この制度の下で，国外事業者が行う，国内事業者向けの電気通信利用役務提供取引（サービスの性質や取引条件等から，B to Bであることが明らかな電気通信利用役務提供取引。例えば，広告配信等。以下「事業者向け電気通信利用役務提供取引」という）については，徴税の実効性確保のため，いわゆるリバースチャージ方式が採用され，かかる役務提供取引については，（サービス提供者が申告納税義務を負う通常の場合と異なり）役務の提供を受けた国内事業者が納税義務者として申告納税義務を負い，その反面として，当該役務提供（「特定課税仕入れ」と呼ばれる）については仕入税額控除を受けることができるものとされている。他方，事業者向け電気通信利用役務提供取引でない電気通信利用役務提供取引（大雑把にいえば，B to Cの電気通信利用役務提供取引。例えば，電子書籍や音楽配信等。以下「非事業者向け電気通信利用役務提供取引」という）については，平成27年度税制改正で，国外事業者に，国内に納税管理人を置くこと等を条件とした登録制度（以下「旧登録国外事業者制度」という）を設け，国外事業者が非事業者向け電気通信利用役務提供取引について申告・納税を行うことを促すと共に，国外事業者から提供を受けた当該取引のサービスについては，顧客は，当該国外事業者が登録を行っている場合のみ仕入税額控除を認めるものとされた。そして，この旧登録国外事業者制度は，2023年10月1日から適格請求書保存方式（いわゆるインボイス制度）に移行され，同年9月1日時点で登録国外事業者である者であって，同日において「登録国外事業者の登録の取消しを求める旨の届出書」を提出していない者（以下「移行登録国外事業者」という）は，同年10月1日付けで適格請求書発行事業者の登録を受けたものとみなされている。結果として，適格請求書発行事業者の登録を受けておらず，

2 デジタル化と AI の浸透に伴う経済社会の変容と課税

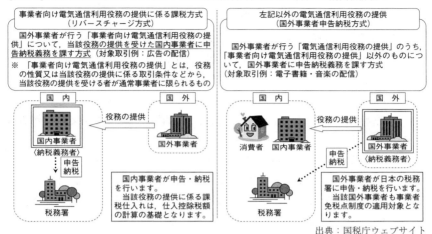

【図 2-2】 わが国におけるインバウンドの電気通信利用役務提供取引への消費税課税

出典：国税庁ウェブサイト

移行登録国外事業者でもない国外事業者（要するに，「非適格請求書発行事業者」ということになる）からサービスの提供を受けた顧客は，旧登録国外事業者制度の下で非登録国外事業者からサービスの提供を受けた場合と同様に，仕入税額控除を受けられないものとされているが，これは，一般のインボイス制度の下で，非適格請求書発行事業者から物品や役務を購入した顧客が仕入税額控除を受けられないのと全く同様である。

　結局のところ，現行法の下では，非事業者向け電気通信利用役務提供取引（上記のとおり，大雑把にいえば，B to C の電気通信利用役務提供取引）については，国外事業者が任意に適格請求書発行事業者の登録を受けず，自ら当該取引に係る消費税の申告・納税をしない限り，役務の提供を受けた者が最終消費者である場合には，当該役務提供取引に課されるべき消費税は誰からも納付されない結果となる（他方，役務の提供を受けた者がたまたま国内事業者であれば，当該役務提供取引につき仕入税額控除を受けることができないので，実質的に，当該国内事業者が，上記国外事業者が納付すべき消費税を代わりに納付していることになる）。その意味で，わが国の消費税制度は，国境を越えたインバウンドの B to C の電気通信利用役務提供取引について，徴税の執行面でループホールの問題を抱えているということになる。

43

(2) EU その他の諸国におけるインバウンドの電子提供役務取引と VAT（プラットフォーマーへの VAT 課税）

この点，EU，英国，豪州，タイ，台湾など複数の諸外国においては，国外事業者から，インバウンドの電子的役務提供等が（特に B to C 取引として）なされている場合，国外事業者による VAT に係る登録や VAT の申告・納付がなされていないときに備えて，マーケットプレイス，ポータル，プラットフォーム等を運営するプラットフォーマーに VAT の納税義務を負わせる制度が導入されている[29]。

例えば，EU では，仕向地原則（輸入取引などインバウンド取引には課税され，輸出取引などアウトバウンドの取引は免税とする旨の原則[30]）の下で，加盟各国において，EU 域外からの物品やサービス等の輸入その他のインバウンド取引についても，それが B to B 取引であるか B to C 取引であるかを問わず，様々な税率で VAT が課されているが[31]，EU では，現在，大要，EU 域内に拠点を持たない事業者（域外事業者）は，e-commerce や遠距離通信，放送サービスを含むあらゆるインバウンドの B to C 取引（物品又はサービスを EU 域内の消費者に対して販売する取引）を行うに際して，原則として，VAT の申告・納税義務

---

29) なお，米国では，連邦レベルの VAT や売上税はないが，各州の小売売上税（Retail Sales Tax）に関して，多数の州において，州外の事業者による州内の最終消費者に対する電子的役務提供取引について，州外事業者の代わりに（又は州外事業者との関係で補完的に）プラットフォーマー等に対して課税する Market Facilitator Law が制定されている。即ち，現在，米国各州のうち，少なくともアラバマ，アラスカ，アリゾナ，アーカンソー，カリフォルニア，コロラド，コネティカット，フロリダ，ジョージア，コロンビア特別区，ハワイ，アイダホ，インディアナ，イリノイ，アイオワ，カンザス，ケンタッキー，ルイジアナ，メーン，メリーランド，マサチューセッツ，ミシガン，ミネソタ，ミシシッピ，ミズーリ，ネブラスカ，ネヴァダ，ニュージャージー，ニューメキシコ，ニューヨーク，ノースカロライナ，ノースダコタ，オハイオ，オクラホマ，ペンシルベニア，ロードアイランド，サウスカロライナ，サウスダコタ，テネシー，テキサス，ユタ，バーモント，ヴァージニア，ワシントン，ウエストヴァージニア，ウィスコンシン，ワイオミングの 47 州，及びプエルトリコで，Market Facilitator Law が制定されているようである。*See.* Jennifer Dunn, *Marketplace Facilitator Laws Explained,* TAXJAR (Jan. 1, 2020), https://www.taxjar.com/sales-tax/2020-10-marketplace-facilitator.

30) この反対が原産地原則。

31) インバウンド取引につき仕向地原則が採用されている理由は，EU 各国において VAT の課税標準及び税率が異なる中で，EU 域内の事業者・消費者に供給される物品及びサービスについて，EU 域外事業者と EU 域内事業者との間における競争の課税上の中立性を確保するためであるとされている。

を負うものとされている（他方，インバウンドのBtoB取引の場合には，リバースチャージ方式が採用されており，物品又はサービスの買い手であるEU域内事業者がVATの申告・納税を行うものとされている[32]）。そして，EU域外事業者のVATの申告・納税に係る事務の煩雑さを解消するため，One Stop Shop制度（以下「OSS制度」という）[33]が設けられており，域外事業者を含む事業者がEU各国において納付すべきVATは，事業者がOSS制度を利用してEU加盟国のどれか一つに登録すれば，当該登録国の課税当局が，申告・納税されたVATのEU加盟各国への配分を行うものとされている（なお，登録した場合でも，VATの税率は消費国＝買い手の所在地国の税率による）。即ち，OSS制度を利用することで，VATの申告・納税に係る登録国が窓口となって，EU加盟各国で納付すべきVATを一元的に申告・納税することができるものとされている[34]。

　もっとも，OSS制度の利用は任意であるため，OSS制度を利用しない場合，EU域外事業者は，原則どおり，物品又はサービスの供給を受ける消費者が所在する各加盟国（消費国）において，VATを申告・納税するものとされている。そのため，従来から，わが国の現行の消費税と同様に，インバウンドのB

---

32) 売り手のEU域外事業者はVAT相当額の価格上乗せと申告・納税が免除されている。
33) なお，2015年1月1日から，それまでのEU域外事業者のためのワンストップでの登録制度であったOSS制度に加えて，EU域内事業者が，BtoC取引により，自らが所在するEU加盟国（所在地国）から他のEU加盟国の消費者（消費国）に対して物品又はサービスを供給する場合（消費者側から見て域内インバウンド取引の場合）にも仕向地原則が適用されることとなったことに伴って，EU域内事業者のうち，電気通信，放送，電子供給（TBE）サービスのプロバイダーは，所在地国でVAT登録を行い，消費国で支払うべきVATの申告・納税を行うことができるMini-one Stop Shop (MOSS)制度が設けられていたが，この制度は，2021年7月1日から，拡大されたOSS制度の中に取り込まれた。他方，2021年7月1日から，従来存在したEU域外からのインバウンド取引についてのVATの少額免除措置（22ユーロ以下の物品又はサービスにつきVATの申告・納税を免除する措置）が廃止された一方，輸入関税に関しては内在価値150ユーロ以下の商品につき少額免除措置が残ることから，課税価額150ユーロ以下のEU域外から輸入される商品の販売に課せられるVATの申告・納税を簡素化するため，OSS制度の特例として，新たにImport One Stop Shop制度（以下「IOSS制度」という）が創設され，EU域外事業者は，消費者への請求の際に商品価格にVATの金額を上乗せした価格を徴収し，徴収したVATをIOSSのポータルを通じて月次でまとめて納付することができるものとされている。
34) EUにおける2013年までの状況については，普家弘行「電子的サービス取引に対する消費課税に関する一考察——国際間電子的サービス取引への対応」税務大学校論叢77号（2013年）326-351頁参照。《https: //www.jetro.go.jp/world/qa/F-220812.html》参照。

第1章 デジタルエコノミーが引き起こした租税制度の変容

to C 取引（物品又はサービスを EU 域内の消費者に対して販売する取引）については，EU 域外事業者が，OSS による登録を行わず，VAT の申告・納税も行わないことによる課税逃れが問題となっていた[35]。この問題に対処するため，EU においては，2021 年 7 月 1 日から施行された 2021 年電子取引 VAT パッケージ（e-commerce VAT Package）の下で，第三国からの輸入による，又は EU 域外事業者による EU 域内の消費者に対する商品[36]の供給（B to C 商品供給）を促進・斡旋する（facilitate）マーケットプレイスやポータルサイト，プラットフォームその他これに類する電子的インターフェース（以下「マーケットプレイス等」という）は，「みなし供給者」として，それら EU 域外事業者に代わって（消費国における）VAT を申告・納税する義務を負うものとされている（テクニカルには，EU 域外事業者等＝原供給者からマーケットプレイス等への供給は「みなし B to B 供給」とされ，マーケットプレイス等から EU 域内消費者への商品供給は「みなし B to C 供給」とされて，それぞれ関連の VAT 規則が適用されるものとされ，マーケットプレイス等は，前者については IOSS 制度，後者については EU 域内 OSS 制度が，それぞれ利用できるものとされている）[37]。

なお，2025 年 1 月 1 日からは，マーケットプレイス等[38]は，EU 域外事業者からの商品供給だけでなく，EU 域内事業者からの商品供給についても，また，EU 域内の消費者に対するもののみならず，EU 域内事業者に対する商品供給（B to B 商品供給）についても，その商品供給を斡旋・促進していれば，「みなし供給者」として，それら EU 域外・域内の事業者（原供給者）に代わって（消費国における）VAT を申告・納税する義務を負うことが予定されている[39]。

---

35) 普家・前掲注 34) 339 頁参照。
36) 第三国からの輸入による商品供給については，輸入関税が賦課されない，内在価値 150 ユーロ以下の商品に限られている。
37) 詳細については，溝口史子「EU の付加価値税に係る 2020 年以降の諸改正の概要」国際税務 40 巻 6 号（2020 年）19-20 頁参照。
38) 但し，自らが所在する特定の加盟国内における商品供給のみに関与しているようなローカルなマーケットプレイス等は除かれる。
39) See Deloitte, *VAT in the Digital Age: Platform economy and e-commerce changes*, VAT ALERT (Dec. 11, 2022), https://www2.deloitte.com/content/dam/Deloitte/be/Documents/tax/TaxAlerts/VATAlerts/20221211-VAT-in-the-Digital%20Age%20_Platform-economy-and-single-VAT-registration.pdf.

2 デジタル化とAIの浸透に伴う経済社会の変容と課税

　また，タイでは，2021年9月1日から，インターネット等を介した電子的役務提供事業者及び電子的役務提供のプラットフォームとして用いられている電子的プラットフォーム運営者に対してVATの申告・納税義務が課されるものとされている。具体的には，電子的役務提供を行う国外事業者は，タイにおいて登録が要求されて，VATの申告・納税義務を負うものとされ，電子的プラットフォーム運営者は，電子的役務提供を行う国外事業者のためにVATを納付する義務を負うものとされている[40]。

　豪州でも，2017年7月1日以降，国外事業者が，GST登録義務の閾値である「12か月間に7万5,000豪ドル」を超える規模で国内の消費者向けに商品を販売し又は電子的役務を提供する場合には，GST登録を行い，税率10%のGSTを申告・納税しなければならないものとされており[41]，また，Amazon，Google Play，Apple Musicなどの電子的ディストリビューションプラットフォーム運営業者は，国内の消費者に対して電子的役務提供を行う国外事業者の代わりに，「みなし供給者」として，GSTを申告・納税する義務を負うものとされている[42]。

　台湾でも，2017年5月1日から，インターネット等で消費者に対して電子的役務提供を行う，国内にPEを有しない国外事業者[43]は，財務省に登録が要求され，税率5%のVAT（台湾では付加価値税型営業税と呼ばれる）の申告・納税義務を負うものとされている。また，国外の電子的役務提供事業者からのインバウンドのB to C取引において，国外のオンラインプラットフォーム事業者が台湾の消費者から直接代金を受け取るような場合には，それら国外の電子的役務提供事業者は取引に際して顧客や取引に関する正確な情報を把握していないため，上記の国外オンラインプラットフォーム事業者が財務省に税籍登録

---

40) See Varapa Aurat, *Thailand Enacts Law Imposing VAT on Foreign e-Services and e-Platforms,* Tilleke & Gibbins (Feb. 11, 2021), https://www.tilleke.com/insights/thailand-enacts-law-imposing-vat-on-foreign-e-services-and-e-platforms/.
41) 2018年7月1日からは，少額商品（1,000豪ドル）についての免税措置が撤廃された。
42) See Richard Asquith, *Australia GST on digital services by non-residents,* VATCalc (Mar. 10, 2023), https://www.vatcalc.com/australia/australia-gst-on-digital-services-by-non-residents/.
43) 年間売上高48万台湾ドル以上の事業者に限られる。Confirmation of business tax to non-resident digital service providers.

を行い，それら国外の電子的役務提供事業者のために，受領した代金の 5% を VAT として申告・納付する義務を負うものとされている[44]。

さらに，2025 年からは，スイスでも，現在の EU の制度（2021 年電子取引 VAT パッケージ）と同様に，国外からの商品の輸入を促進・斡旋するマーケットプレイス等に，当該商品についての VAT を納付する義務を課す制度を導入することが予定されていると報じられている[45]。

(3) アルゼンチン等の諸国におけるインバウンドの電子提供役務取引と VAT（支払仲介者に対する VAT の源泉徴収義務の賦課）

上記(2)で述べた，プラットフォーマーに VAT の申告・納税義務を課す方法の他に，アルゼンチン，チリ，ベトナムなどいくつかの国では，インバウンドで電子的役務提供等を行う国外事業者への支払を仲介する者（Intermediary Payment Service Provider: 以下「支払仲介者」という）に対して源泉徴収義務を課す制度を採用している。

例えば，アルゼンチンは，国内の最終消費者に対してインバウンドで電子的役務提供を行う国外事業者のリストを告示した上で，それら国外事業者からのインバウンドの電子提供役務取引について，それら国外事業者に申告・納税義務を課すのではなく，支払仲介者に対して源泉徴収義務を課している[46]。他方，チリは，国内の最終消費者に対してインバウンドで電子的役務提供を行う国外事業者及びその斡旋・促進を行うマーケットプレイス等に対して VAT の登録・納税義務を課す一方で，それら国外事業者等が登録・申告を行わない場

---

44) *See* Jacinta Caragher, *Taiwan VAT foreign digital services; business tax update*, VATCALC (Dec. 11, 2023), https://www.vatcalc.com/taiwan/taiwan-vat-on-foreign-digital-services-update/. この他，加藤雅規ほか「台湾の 2018 年度所得税法改正案，及び BEPS ——租税回避防止に関する重要な最新情報について」国際税務 38 巻 2 号（2018 年）88-89 頁も参照。

45) *See* SIMPLYVAT, *Switzerland to introduce platform taxation from 2025*, EUROPEAN VAT (May 10, 2023), https://simplyvat.com/switzerland-to-introduce-platform-taxation-from-2025/.

46) アルゼンチンでは，2019 年末の税制改正で，売上収入（gross amount invoiced）に対して 30% の税率で課されるデジタルサービス税を創設したが，そのうち VAT（税率 21%）が課される国外事業者からの電子的役務提供に対する税率は 8% に軽減されている。*See* VERTEX, *New Argentina tax to impact sales of digital services by non-residents*, ARTICLE (Sep. 30, 2020), https://www.vertexinc.com/resources/resource-library/argentina-tax-impact-sales-digital-services-non-residents.

合に，補完的に，それら国外事業者からのインバウンドの電子提供役務取引の支払仲介者に対して源泉徴収義務を課している[47]。

また，ベトナムも，国内の消費者にインバウンドで電子的役務提供や物品販売を行う国外事業者及びその斡旋・促進を行うマーケットプレイス等に対してVATの登録・申告義務を課しつつ，それら国外事業者等が登録・申告を行わない場合には，クレジット・カード会社等の支払仲介者に通知した上で，当該支払仲介者に源泉徴収義務を課している[48]。

(4) わが国消費税の改正の方向性と令和6年度税制改正

以上のとおり，わが国の消費税制度では，国境を越えたインバウンドのB to Cの電気通信利用役務提供取引について，国外事業者が任意に適格請求書発行事業者の登録を受けず，自ら当該取引に係る消費税の申告・納税をしない限り，消費税の課税漏れが生じることになるが，EUその他の諸外国では，このような課税上のループホールを塞ぐ措置が講じられている。

従って，平成27年度税制改正により，インバウンドの越境電気通信利用役務提供取引に対して国内取引として消費税を課す制度が創設されてから10年近くが経過した現在，上記のような課税上のループホールを塞ぐべく，わが国でも，EU，英国，タイ，台湾などの制度に倣って，インバウンドのB to Cの越境電気通信利用役務提供を行う国外事業者が，わが国で適格請求書発行事業者の登録を受けておらず，消費税の申告・納税を行っていない場合には，少なくとも補完的に，かかる電気通信利用役務提供を斡旋・促進するプラットフォーマー等に適格請求書発行事業者の登録を要求し，消費税の納税義務を負わせるべきものと思われる（EUのように，プラットフォーマー等を利用している国外事

---

47) チリでは，2020年7月1日から本文記載の電子的役務提供を行う国外事業者に対する税率19%のVAT課税がなされている。なお，かかる国外事業者の国内事業者に対する電子的役務提供については，リバースチャージ方式でVATの課税がなされている。See Jacinta Caragher, *Chile VAT digital services B2C non-residents update,* VATCALC (Jul. 16, 2023), https://www.vatcalc.com/chile/chile-vat-digital-services-b2c-non-residents-update/.

48) ベトナムでは，2021年1月1日から本文記載の電子的役務提供を行う国外事業者に対する税率10%のVAT課税がなされている。なお，支払仲介者に課される源泉徴収税の税率は5%である。See Richard Asquith, *Vietnam VAT on digital services update,* VATCALC (Apr. 7, 2023), https://www.vatcalc.com/vietnam/vietnam-vat-on-digital-services-december-2020/.

業者との関係では，それらプラットフォーマー等に，第一義的に消費税の申告・納税義務を課すことも検討に値するであろう）[49]。

　そして，消費税の徴収漏れを防止して，公正な競争環境を確保するために，①それら国外事業者が適格請求書発行事業者の登録を受けておらず，消費税の申告・納税を行っていない場合における補完的納付義務を負わせる場合には勿論，②それら国外事業者の代わりに第一義的な消費税の申告・納付義務を負わせる場合でも，プラットフォーマー等が運営するプラットフォームやポータル等を通じて国外事業者によってわが国の最終消費者に対して提供される電子通信利用役務に課されるべき消費税については，それらプラットフォーマー等に対して，英国が2016年に創設したオンラインマーケットプレイスを管理する者に対する連帯納付に係る責任に関する制度[50]や，フランスが2020年1月に導入した，サプライヤーが納税義務を履行しない場合にプラットフォーマー等に連帯責任を負う旨の制度[51]のように，それらプラットフォーマー等とそれら国外事業者に連帯納税義務若しくは連帯納付責任（相税34条参照）又は少なくとも第二次納税義務（税徴32条等）を負わせるべきように思われる。

　さらに，それら国外事業者やプラットフォーマー等が適格請求書発行事業者の登録を行わず，消費税の申告・納税を行わない場合には，ベトナムの制度等を参考に，クレジット・カード会社等の支払仲介者に通知した上で，当該支払仲介者に源泉徴収義務を課すことも検討に値するであろう[52]。

　然るに，令和6年度税制改正では，国外事業者がデジタルプラットフォームを介して国内向けに行うデジタルサービスについて，国外事業者との取引高が

---

49) わが国において，国境を越えたデジタルサービスに対してプラットフォーム課税を導入するにあたっての諸論点につき，考え方を整理したものとして，財務省・国境を越えたデジタルサービスに対する消費税の課税のあり方に関する研究会「国境を越えたデジタルサービスに対する消費税の課税のあり方について」（2023年11月）5頁，10-17頁参照。
50) 詳細については，野一色直人「消費税法上の連帯納付に係る責任の検討の意義と課題——英国において新たに創設されたVATの連帯納付に係る責任等を素材として」税法学580号（2018年）63頁以下参照。
51) 財務省・国境を越えたデジタルサービスに対する消費税の課税のあり方に関する研究会・前掲注49) 7-8頁参照。
52) この点，佐藤英明教授は，2018年の段階で，「プラットフォーム業者の業態は様々であろうが，当該業者が代金支払にも関与する場合には，支払者として，前述した補充的源泉徴収義務を負わせることも検討すべき」と述べている（佐藤英明「情報通信技術の進展と税務行政——沿革と現状」論究ジュリスト26号（2018年）74頁）。

50億円超のプラットフォーム事業者に対して消費税の納税義務を課す制度が導入されることとなった（2024年3月30日に公布された「所得税法等の一部を改正する法律」（令和6年法律第8号。以下「令和6年度税制改正法」という）5条による改正後の消費税法15条の2第2項）[53]。

また，国外事業者により，消費税の納税義務の免除（事業者免税点制度）の特例や簡易課税制度を利用した租税回避が行われている現状を是正するため，国外事業者に係る①消費税の納税義務の免除（事業者免税点制度）の特例及び②簡易課税制度等について適用の見直しが行われることとなった。即ち，①については，基準期間における課税売上高が1,000万円以下の場合であっても，国外分を含む収入金額が50億円超の事業者が直接・間接に設立した法人等，一定の要件に該当する場合には消費税の納税義務が免除されないこととなる（令和6年度税制改正法5条による改正後の消費税法12条の3第1項・4項）。また，②については，国内にPEを有しない国外事業者は，国内における課税仕入れ等が一般的には想定されず，みなし仕入率による仕入税額控除の適用が適切ではないため，課税期間の初日において国内にPEを有しない国外事業者は，簡易課税制度及びいわゆる2割特例（適格請求書発行事業者となる小規模事業者に対する負担軽減措置）の適用が認められないこととなった（令和6年度税制改正法5条による改正後の消費税法37条1項）[54]。

---

[53] 令和6年度税制改正によるプラットフォーム課税制度創設の背景及び同制度の詳細については，渕圭吾「プラットフォーム課税制度の創設」ジュリスト1603号（2024年）45頁以下参照。

[54] 従来のわが国の消費税の免税事業者制度は海外事業者にも適用されており，どんなに売上げの大きな海外事業者でも，基準期間（原則的に2年前の事業年度）において国内での課税売上がないと，2年間は免税事業者の恩恵を受けられてしまうという問題があった。デジタル企業については別タイトルのオンラインゲームを販売する等のために別法人を創設して同様の事業を行うことも不可能ではない中，これにより，海外事業者が国内で2年間免税事業者として販売ができ，同業の国内事業者との価格競争力が不公平となっていた。また，わが国の消費税制度は，輸入消費税の仕入税額控除権を処分権者に限定しておらず，輸入名義人であれば控除ができるため，例えば，越境ECにより海外事業者が日本へ物品を販売する場合に，海外事業者が免税事業者で，その会社が国内にサービス会社を有していて，そのサービス会社が輸入名義人になる場合は，そのサービス会社の方で輸入消費税の仕入税額控除が取れてしまい，2年間，免税で販売が可能という問題もあった（経済産業省・デジタル経済下における国際課税研究会「デジタル経済下における国際課税のあり方について（デジタル経済下における国際課税研究会中間報告書）」（2021年8月19日）23頁参照）。

今後も，特に上記のプラットフォーム事業者に対する消費税課税の制度については，国内事業者との競争中立性の確保や課税の実効性確保等の観点から，さらなる見直しが強く期待される。

Ⅳ　アフター・コロナで予想されるさらなるデジタル化・AI化と課税

COVID-19のパンデミックは，グローバルな経済・社会を大きく変え，感染拡大防止のための対面接触の制限は，経済・社会全体のデジタル化を一気に加速させるに至った。それでは，アフター・コロナの時代においては，特にどのような面でデジタル化・AI化が進展し，それによってどのような課税上の課題が生じると考えられるであろうか。

1　リモートワークの浸透と課税問題

コロナ禍で加速したデジタル化・AI化の潮流の中で，目につく現象の第一は，（ウェブ会議の普及に伴う）リモートワークの浸透であろう。コロナ禍の下で，感染拡大防止のために各国政府等によってリモートワークが推奨された結果，ZoomやMicrosoftのTeamsなどのウェブ会議アプリは一気に普及し，わが国でも，最もIT化が遅れているといわれていた裁判所関係の手続において，まず，書面による弁論準備においてTeamsを用いたウェブ出席が広く行われることとなり，次いで，2023年3月1日から，弁論準備期日及び和解期日でも当事者双方がウェブ会議ないし電話会議の方法により期日に出席することが可能となった[55]。コロナ禍が峠を越えて対面接触の制限が解除されるとともに，旧来のようにオフィスに出勤する人も多くなってはきたものの，各国において，対面での会議の代わりにウェブ会議が用いられる場面がかなり多く

---

55)　さらに，訴訟手続のIT化推進のための民事訴訟法（以下「民訴法」という）等の一部改正により，2023年3月1日から，民事訴訟・非訟手続において，当事者双方がウェブ会議ないし電話会議により弁論準備手続期日及び和解期日に参加することが可能となり（改正民訴法89条2項・3項，170条2項・3項，改正民訴規96条）。また，口頭弁論についてもウェブ会議等により開催することができるものとされた（改正民訴法87条の2第1項）。

2 デジタル化とAIの浸透に伴う経済社会の変容と課税

なったほか、多くの企業でリモートワークが（一定の限定が付されていることが多いものの）広く認められるようになって、リモートワークは多様な働き方の一つとして完全に定着した。これに伴って、先進諸国においては、高い累進所得税率や相続税率を避けてシンガポールやバハマなどの軽課税国・地域に移住する動きが従来からみられた富裕層・資産家に加えて、新たに、企業に勤務するサラリーマンの中でリモートワークをフルに活用できる高技能の高所得者層も、軽課税国・地域に生活の本拠を移転する動きが今後顕在化してくるのでないかと思われる。既に、デジタル技術者などの間では、インフレで物価高が進む米国を逃れてメキシコに移住する動きが顕在化していると報じられており[56]、今後は所得税率の高い国から軽課税国に移住する動きも生じてくるものと思われる。実際、全世界で約3500万人いると推計されている「デジタルノマド」（IT技術を活用し、場所に縛られず、ノマド（遊牧民）のように旅をしながら仕事をする人達）[57]を引き付けるため、マルタでは、リモートワーク・ビザでの地方所得税は完全免除とされ、マレーシアでは、海外企業による雇用やフリーランスから得た収入は不課税とされているほか[58]、スペインでは、2023年1月から外国人リモートワーカー向けの「デジタルノマド・ビザ」の発給が開始され、同ビザの保有者に対しては、最初の5年間、スペインでの年間収入のうち60万ユーロまでは所得税率を（非居住者向けの一般的な優遇税率である一律24%から）15%のフラット税率に引き下げる（但し、60万ユーロ超は47%のフラット税率で課税）ものとされている[59][60]。今後、世界各国でこのようなデジタ

---

56) 日本経済新聞電子版の2023年12月26日付け「米国人、在宅勤務はメキシコで『逆移民』で家賃急騰」と題する記事参照。

57) 勝野裕子「世界を旅するデジタルノマドの誘致可能性を考える」JTB総合研究所コラム（2022年9月22日更新）(《https://www.tourism.jp/tourism-database/column/2022/09/digital-nomad/》にて閲覧可能）参照。

58) 田中敦「デジタルノマドビザ制度導入に向けて、今、準備すべきこと（前編）——デジタルノマドビザの概要とデジタルノマドの特徴から」JTB総合研究所コラム（2023年8月24日更新。《https://www.tourism.jp/tourism-database/column/2023/08/digital-nomad-visa/》にて閲覧可能）参照。

59) See Spain's Digital Nomad Visa-can you apply and what are the tax benefits?, BLEVINS & FRANKS (Jan. 17, 2024), https://www.blevinsfranks.com/spain-digital-nomad-visa/.

60) わが国でも、2023年6月16日に閣議決定された「経済財政運営と改革の基本方針2023」（いわゆる骨太の方針2023）において、「国際的なリモートワーカー（いわゆる『デジタルノマド』）の呼び込みに向け、ビザ・在留資格など制度面も含めた課題について

53

ルノマドの争奪戦が激しくなるにつれ，デジタルノマドに対する所得税課税も「底辺への競争」の状況に陥ることが懸念される[61]。

2 ペーパーレス化の進展と課税問題

第2は，ペーパーレス化の浸透である。リモートワークの普及により，アフター・コロナの状況においても従業員のオフィスへの出社率が落ち込んだままである一方，経済・社会全体でデジタル・トランスメーション（以下「Dx」と

の把握，検討を行い，本年度中の制度化を行うこと」と明記された（上記同日付け「経済財政運営と改革の基本方針 2023 加速する新しい資本主義——未来への投資の拡大と構造的賃上げの実現」15 頁脚注 83。そして，これを受けて，出入国管理庁は，2024 年 2 月 3 日から同年 3 月 3 日までの間のパブリックコメント手続を経て，同月 31 日から，「ワーキングホリデー」や「スポーツ選手」等と同様に，①「外国の法令に準拠して設立された法人その他の外国の団体との雇用契約に基づいて，本邦において情報通信技術を用いて当該団体の外国にある事業所における業務に従事する活動又は外国にある者に対し，情報通信技術を用いて役務を有償で提供し，若しくは物品等を販売等する活動（本邦に入国しなければ提供又は販売等できないものを除く）」で収入を得る人材のうち，②ビザなしで往来でき，租税条約を結んでいる 49 か国・地域の国籍がある，③年収が 1,000 万円以上，④死亡，負傷及び疾病に係る医療保険に加入している等の要件を満たした「デジタルノマド」を，法務大臣が指定する「特定活動」に加え，6 か月間の滞在と就労を可能にするビザを発給する旨の「出入国管理及び難民認定法第七条第一項第二号の規定に基づき同法別表第一の五の表の下欄に掲げる活動を定める件」（法務省令告示第 80 号）が施行されている。

[61] もっとも，CRISTOBAL YOUNG, THE MYTH OF MILLIONAIRE TAX FLIGHT: HOW PLACE STILL MATTERS FOR THE RICH (2017) は，米国各州間における富豪の移住データや富豪の国際的な移住データから，富豪のうち，「可動性のあるエリート（mobile elite）」は 5～6% で，課税回避目的でオフショアに置かれるグローバル金融資産は 5% に過ぎず，億万長者の税目的による移住は統計的には小さな規模でしか観測されないとする。これに対して，IMF は，2022 年の Fiscal Monitor で，クロスボーダー・リモートワークの普及で，労働所得の課税ベースの可動性が増しているとして，COVID-19 のパンデミック後においては，リモートワークが可能な高スキル人材の獲得を狙って「デジタルノマド・ビザ」を発給する国が 16 か国から 40 か国に増加したことを指摘している。さらに，IMF は，ラフな試算ではあるが，個人所得税の税率の差異及びリモートワークのしやすさによって，グローバルに年間 400 億ドルに上る個人所得税の課税ベース（当該課税ベースの全体の 1.25%）が移転しており，国別では，平均で GDP の 0.1～0.2% の得喪が生じていると指摘している。以上を前提に，IMF は，現状ではクロスボーダー・リモートワークが引き起こす税収の問題は小さいが，アクティブな労働所得は雇用主の居住地国である源泉地国と被用者がリモートで働いている居住地国のどちらで課税されるべきかや，被用者がリモートで働いている場所は，当該被用者の居住地国における雇用主にとっての物理的プレゼンスを構成するか等々の問題についての，個人所得税に関する国際協調の重要性は増していると述べている。See IMF, *Fiscal Policy from Pandemic to War,* Fiscal Monitor (April, 2022) at 37-38.

2 デジタル化とAIの浸透に伴う経済社会の変容と課税

いう）が進展する中、わが国をはじめとする先進国においては、特にオフィスを中心に用いられる印刷・情報用紙の需要は減少傾向にある[62]。これと対照的に、わが国でも、総務省・法務省・経済産業省による、電子署名及び認証業務に関する法律（電子署名法）2条に関する2020年7月17日付け「利用者の指示に基づきサービス提供事業者自身の署名鍵により暗号化等を行う電子契約サービスに関するＱ＆Ａ」（いわゆる「第2条関係Ｑ＆Ａ」）や、同年9月4日付け「利用者の指示に基づきサービス提供事業者自身の署名鍵により暗号化等を行う電子契約サービスに関するＱ＆Ａ（電子署名法第3条関係）」（いわゆる「第3条関係Ｑ＆Ａ」）[63]の公表もあって、Dxがやや立ち遅れていたわが国企業の間でも、クラウドを通じた電子契約プラットフォームのサービス（例えば、DocusignによるeSignature、GMOグローバルサイン・ホールディングスによる電子印鑑GMOサイン、弁護士ドットコムによるクラウドサインなど）の利用や契約締結の電子化が急速に普及しつつある。

このような流れの中で、今後、紙の契約書の存在を前提としたわが国における印紙税の税収は急速に落ち込んでいくことになると考えられる。もっとも、インド[64]やシンガポール[65]、インドネシア[66]などでは電子契約の締結であっても印紙税が課されるものとされており、印紙税制度の再構築に当たって、わが国でも参考になると思われる。

3　IoTの急速な拡大と課税問題

第3は、5G（さらには将来の6G[67]）の普及に伴うIoTの急速な拡大である。

---

[62]　「製紙業界の動向──『相対的』に高まる板紙の存在感」三井住友信託銀行調査月報2022年2月号（《https://www.smtb.jp/-/media/tb/personal/useful/report-economy/pdf/118_3.pdf》にて閲覧可能）参照。

[63]　同Ｑ＆Ａは、2024年1月9日付けでデジタル庁・法務省により一部改定されている。

[64]　See Manish Kumar Sharma, Sudhanshu Gupta, *E-signing of contract and documents in India*, SINGHANIA & PARTNERS LLP（Aug. 5, 2021）, https://singhania.in/blog/e-signing-of-contract-and-documents-in-india.

[65]　See *Singapore stamp duty to be extended to electronic documents?*, CNPLAW LLP: CNPUPDATE（Sep. 28, 2018）, https://www.cnplaw.com/singapore-stamp-duty-to-be-extended-to-electronic-documents.

[66]　See One Asia Lawyers, *Stamp Duty on Electronic Contracts in Indonesia*, LEXOLOGY（Aug. 17 2023）, https://oneasia.legal/en/5121.

[67]　第6世代移動通信システムの略称である。

第1章　デジタルエコノミーが引き起こした租税制度の変容

　わが国では 2020 年 3 月に 5G の商用サービスが開始されたが，高速・大容量（2 時間の映画コンテンツを 3 秒でダウンロードすることが可能），超低遅延（通信遅延がほとんどなくなるためリアルタイムでの通信が可能），及び同時多数接続（1km^2 当たり 100 万台の端末が同時接続可能）という特徴を兼ね備えた 5G の登場により，家庭内・工場内・オフィス内のあらゆる機器や自動車等が全てインターネットを通じて繋がる IoT の時代が本格的に到来することとなった。これにより，車の自動運転，センサーを備えた工場機械の稼働状況や故障検知を遠隔で行うこと等を通じたファクトリーオートメーション，エアコンや照明器具など家庭内の機器を一括管理して電力の使用状況を見える化する HEMS[68]，さらには，一つの街全体でエネルギーや交通網などのインフラを管理・効率化することで生活の質を向上させるスマートシティ等が可能になる。
　従来は，価値を創出する源泉である「データ」としては基本的にパーソナルデータが想定されていたわけであるが，IoT の時代が到来することで，各家庭の家電製品等の作動履歴，工場機械の稼働・動作状況，自動車やバイクの走行履歴といった様々な機器や輸送機関が日々生み出す膨大なデータをビッグデータとして収集・活用することが可能となり，パーソナルデータをも超える莫大な価値を生み出すことになるものと予想される。
　その結果，BEPS プロジェクトの「第一の柱」が主として対象としていた，パーソナルデータが生み出す膨大な価値に対する課税を巡る問題が，より増幅した形で顕在化することになると考えられる。例えば，パーソナルデータであれば，基本的にはそれを生み出しているのは（アプリ等のユーザーである）各個人であるという意味で，構図は比較的単純であるが，IoT 技術で収集される「モノ」のデータについては，データの生成の局面だけをとってみても，その「モノ」の製造者，その利用者（さらには，「モノ」の利用者がその所有者とは異なる場合には，当該所有者），IoT 技術を用いたシステムを提供するベンダー等，様々なステークホルダーが入り乱れて存在していることが多いと考えられるため，かかるデータを収集・分析することで得られるビッグデータから生み出される価値に対してどのように課税すべきかという問題は，パーソナルデータの

---

[68]　Home Energy Management System の略。

場合と比較して，遥かに複雑化するように思われる。

4 メタバースと課税問題

第4は，メタバース・ビジネスの急速な拡大である。「メタバース」とは，「アバター」と呼ばれる自己の分身を介して入り込む3次元仮想世界のことであるが[69]，コロナ禍で，2020年から2022年にかけて，感染拡大防止のための行動制限・移動制限等によって，世界各国で多くの人々が外出せずに自宅に閉じ籠る日々を強いられることとなり，その中で，自宅に居ながらにして楽しめる娯楽として，「あつまれ どうぶつの森」（広義の意味ではメタバースといえる）や「Fortnite」「Second Life」「Entropia Universe」「Roblox」「The Sandbox」といったゲームを楽しむことができるメタバースやバーチャル・イベント等が急速に広がりをみせることとなった。

このように，コロナ禍を契機として，メタバース・プラットフォームの提供サービス，バーチャル・イベント等のメタバース・ビジネスは拡大を続けている[70]。2021年10月にGAFAMの一角を占める米Facebookが社名をMeta Platforms（以下「Meta」という）に変更したことは，メタバース・ビジネスの高い将来性・成長性を象徴する事象といえるであろう。実際，Metaは，「（VRヘッドセットである）Meta Questを通じて没入するメタバース」である「Horizon Worlds」をVR（仮想現実）プラットフォームとして構築し，このプラットフォームを利用してユーザー等に対して様々な課金をして収益を上げていくというメタバース・プラットフォーム事業に，社運を賭して取り組んでいる[71]。

---

69) メタバースという用語は「meta（超）」と「universe（宇宙）」を組み合わせた造語であり，元々は，米国のSF作家であるNeal Stephensonが1992年に発表したサイバーパンク小説である『スノウ・クラッシュ（*Snow Crash*）』に登場する架空の仮想空間サービスの名称であったが，その後，技術の発展で，実際に様々な仮想空間サービスが登場するに至って，仮想空間（Virtual Reality）自体の名称として用いられるようになった。

70) 2021年11月に公表されたEMERGEN Research社の調査によると，メタバース市場は，2028年にはグローバルで100兆円前後の規模になると予測されている。

71) Metaは，Meta Questを通じて没入できるメタバース・プラットフォームである「Horizon Worlds」内における取引について，47.5％の手数料を受け取ることができるようであり，これを自社のメタバース・プラットフォーム事業の収益の核として想定しているようである（伊藤公哉「デジタル経済の進展と新しい国際課税制度 メタバース時代のビジネスモデルから考察する新しい定式配賦のあり方」税務弘報2022年9月号149頁参照）。

これに対してAppleは、2023年6月5日、「デジタルコンテンツを現実の世界とシームレスに融合しながら、実世界や周囲の人とのつながりを保つことができる革新的な空間コンピュータ」と銘打ったApple Vision Proを発表し、デジタルコンテンツを現実の世界と融合させ、新たなアプリ体験をデザインしたり、既存のアプリを空間コンピューティングに合わせて再構築することを可能にするサービスの提供を進めており、メタバースのような仮想現実（VR）よりも、現実空間との融合に重点を置く拡張現実（AR）・複合現実（MR）向けのビジネスを重視する方針のようである[72]。

　このようなメタバース・ビジネスにおいては、メタバース・プラットフォームの利用取引のほか、仮想空間であるメタバース内におけるNFTを用いて生成された「土地」や各種のアイテムその他の仮想資産の売買取引といった様々な取引が行われ、多くの場合、その決済はメタバース内のみで使用可能な仮想通貨（Second LifeにおけるLindenやEntropia UniverseにおけるPED、Fortniteにおける V-Bucks、RobloxにおけるRobuxなど）を用いて行われる[73]。このように、メタバース内の「土地」や各種アイテム等は、現物の資産と紐付いていない、サイバー空間においてのみ存在する「仮想」資産である限り、その「引渡し」（一般的には、日本法的には著作物の使用許諾を前提にしたデータ・サービス利用権の付与に当たるであろう[74]）がオンラインないしブロックチェーン上で完結し、かつ、決済もメタバース内でのみ使用可能な仮想通貨で行われる。

　そして、メタバース・ビジネスが今後拡大していくにつれて、①そのような各種の取引のそれぞれについて、そもそもどの国がどのようなnexusを根拠に課税権を有するのか（メタバース用の仮想世界サーバの物理的所在地国か、参加者

---

72)　佐野正弘「メタバースとVRは生き残れるのか、『Vision Pro』でAR/VRシフトが鮮明に」日経ビジネス電子版（2023年7月10日）（《https://business.nikkei.com/atcl/gen/19/00297/062100131/》にて閲覧可能）参照。

73)　メタバースがメタバース内のみで使用できる独自の仮想通貨を導入するのは決済を高速化するためであるといわれる（法定通貨によるクレジット決済だと処理時間が長く、参加者にとってフラストレーションとなるため）。このような、メタバース内のみで使用可能で、現実世界の通貨（暗号資産を含む）との兌換性がない仮想通貨は"closed-loop" currenciesなどと呼ばれる。See Miles Brooks, *Will I have to Pay Taxes in the Metaverse?*, Coin Ledger, https://coinledger.io/blog/metaverse-taxes (last visited Nov. 3, 2024).

74)　AMTメタバース法務研究会「メタバースと法務（第5回）メタバースと税務」NBL1231号（2022年）78頁〔下尾裕＝中村美子〕参照。

の所在地国か，各種アイテムその他の仮想資産の販売者の所在地国か，プラットフォームの所有者の本社所在地国か，等々）[75]，②メタバース内の取引で創造された「価値」の源泉地はどこか，③メタバース上の「土地」等の不動産（仮想不動産）[76]や各種のアイテムその他の仮想資産がメタバース内のみで使用可能な仮想通貨と引換えに「譲渡」された場合において，その段階で課税所得が「実現」したものと考えるか，それとも，それら仮想資産やメタバース内のみで使用可能な仮想通貨が現実世界で使用可能な通貨（Bit Coin などの法定通貨と交換可能な暗号資産も含む）や資産と交換されたときに初めて課税所得が「実現」したものと考えるか[77]，④わが国の消費税法のように，その課税の可否が「国内において事業者が行った資産の譲渡等」（同法 4 条 1 項）に当たるか否かによって決せられる場合[78]に，仮想資産の「譲渡」が国内において行われたかどうかの判定（内外判定）をどのように考えるべきか（メタバース用の仮想世界サーバの物理的所在地か，参加者の所在地か，各種アイテムその他の仮想資産の販売者の所在地か，プラットフォーマーの本社所在地か，等々），⑤メタバース内でのみ使用可能な仮想通貨を課税上どのように取り扱うべきか，⑥メタバース内の経済活動に対する課税の実効性をどのように確保すべきか（例えば，プラットフォーマーに源泉徴収義務を課すべきか）等々の課税問題が，大きな問題になるものと思われる[79]。

---

75) See Young Ran (Christine) Kim, *Taxing the Metaverse,* 112 GEORGETOWN LAW JOURNAL, 787-839（Apr., 2024）.
76) メタバース・プラットフォームの一つである「Decentraland」では，仮想空間上に，東京の原宿の仮想バージョンである「Metajuku（メタジュク）」という街を構築して，その「メタジュク」内における「土地」が売買できるようになっているようであり，「メタジュク」内には，米国最大の商業銀行である JP モルガン・チェース銀行が開設した「Onyx lounge（オニキス・ラウンジ）」という名のラウンジも開設されている。以上につき，Natasha Dailey「JP モルガンもメタバースに進出……ディセントラランドにラウンジを開設」Tech Insider テックニュース（2022 年 2 月 17 日）（《https://www.businessinsider.jp/post-250645》にて閲覧可能）参照。
77) See Kim, *supra* note 75, at 1-12, 37-52.
78) わが国の消費税法では，この内外判定は，原則として「当該譲渡……が行われる時において当該資産が所在していた場所」（同法 4 条 3 項 1 号）を基準に行うものとされているため，仮想資産の発行者又は仮想資産の管理者が海外に所在する場合には，日本に所在する事業者間の取引であっても，当該デジタル資産の所在が海外であるとして不課税取引に当たる（消費税の課税対象となる「資産の譲渡等」には該当しない）という判断にならないかという問題が生じる。
79) 以上につき，全体的に，AMT メタバース法務研究会・前掲注 *74*）76-82 頁〔下尾＝中村〕参照。

さらに，メタバースを介した脱税行為の横行も深刻な問題となり得るのではないかと思われる。

以上のメタバースと課税に関する諸問題の詳細については，本書12「メタバースと課税」を参照されたい。

V　中長期的課題としてのAI・ロボット税[80][81]

最後に，AI・ロボット税についてごく簡単に言及して，本稿を締め括ることとしたい。AI・ロボット税は，マイクロソフトの創業者であるビル・ゲイツ氏が，2017年に「一時的に自動化のスピードを遅らせ，老人介護や幼児教育など人間しかできない分野に携わる人達を支援するため」として創設を提言したことで一躍注目を集めた[82][83][84]が，2022年11月30日にオープンAIが

---

80) 本項の全体について，野田昌毅＝西原隆雅「AI・ロボット課税について」中里実ほか編『デジタルエコノミーと課税のフロンティア』（有斐閣，2020年）224頁以下，泉絢也「AI・ロボット税の議論を始めよう――『雇用を奪うAI・ロボット』から『野良AI・ロボット』まで」千葉商大紀要59巻1号（2021年）25頁以下参照。

81) なお，文在寅政権下の韓国が2017年8月6日に導入した，オートメーション化投資に対する法人税額控除の控除率の3〜7％から2％への縮小が世界初の「ロボット税」といわれることがあるが（Greg Nichols（水書健司＝長谷睦訳・校正）「韓国，世界初の『ロボット税』を検討――控除の縮小で」CNET Japan（2017年8月10日）（《https://japan.cnet.com/article/35105613/》にて閲覧可能）），AI・ロボットの導入促進のための課税優遇措置の縮小までAI・ロボット税の範疇に入れてしまうと，外延が広がり過ぎるため，本稿では，一応，AI・ロボットの導入・利用に対する課税のみを「AI・ロボット税」と称することとする。

82) *See*, QUARTZ, *The robot that takes your job should pay taxes, says Bill Gates*, TECH & INNOVATION (Feb. 18, 2017), https://qz.com/911968/bill-gates-the-robot-that-takes-your-job-should-pay-taxes/.

83) 法学の分野においてロボット税という概念を初めて唱えたのは，ジョージ・ワシントン大学のSolomon教授が1987年に発表した論考（マイクロエレクトロニクス技術が仕事に与える影響を研究するもの）であるといわれているようである。*See* Kathryn Kisska-Schulze & Rodney P. Mock, *The Robotic Revolution: A Tax Policy Collision Course*, 93 TEMP. L. REV. 301, 313 (2021).

84) 森信茂樹「AIの発達とロボット・タックス――デジタル社会の分断を避ける公共政策――連載コラム『税の交差点』第97回」（2022年5月23日）（《https://www.tkfd.or.jp/research/detail.php?id=3998》にて閲覧可能）は，「AIやロボットの発達・普及によって生み出される莫大な富や所得は，アイデアや資本の出し手，それをビジネスに活用する優れた経営者に集中する。一方AIやロボットによって代替が進む一般労働者は所得が不安定で，社会は二分化されていく。このような社会の分断を防ぐには，短期的には，AI

2 デジタル化と AI の浸透に伴う経済社会の変容と課税

LLM を用いた対話型生成 AI（Gererative AI）である ChatGPT を無料公開し，2023 年にそれが一気に世界的に普及するなどして[85]，2023 年は「生成 AI 元年」とまで称されるに至った[86]ことなどから，この問題を取り巻く風景は大きく変わりつつあるように思われる。

　一つは，2017 年から 2020 年前後までの間は，AI やロボット技術の発展によって，どちらかといえばブルーカラーの就業者の雇用が奪われることを念頭に，それに伴う大量かつ急激な失業者の発生に対処するために（急激な失業増加に伴う一時的な「痛み」を緩和し，大量の失業者の発生による税収の落ち込みや失業対策等の財源[87]に充てるために）AI/ロボット税の創設が議論されていたところ，LLM や画像生成 AI[88]などの生成 AI の技術が 2023 年前後から急速な向上を遂げ，生成 AI によってホワイトカラーの就業者の雇用が奪われる蓋然性が誰の眼にも明らかに顕在化してきたという点である。この点，米国の大手投資銀行ゴールドマン・サックスが 2023 年 3 月 26 日に公表したリサーチレポートでは，【図 2-3】に示されているとおり，米国においては既存の職業の約 3 分の 2 が AI による自動化に直面し，影響を受ける職業では業務の 25～50％ が AI に代替される可能性があるとされているところ，最も影響を受けやすい職業は，ホワイトカラーの仕事そのものといってよい事務・管理職（Office and Adminis-

　　　やロボットにより職を失った者への生活保障，セーフティーネットが，中長期的には AI やロボットに職を奪われないよう，人間しかできない（ロボットに代替できない）分野を広げる教育や職業訓練を充実させることが必要となる。これらの政策（セーフティネットの構築と再教育）を実現するためには，相当規模の財源が必要となる。すでにインターネット上のプラットフォームを介して広がるギグ・ワーカーのセーフティーネットが脆弱なことが問題視され，また万人に最低限の生活を保障するベーシックインカムという考え方がでている」等として，AI・ロボット税を検討すべきことを主張している。
85)　公開当初から ChatGPT で使用可能であった LLM の GPT-3.5 に加えて，質疑応答やプログラムの生成など幅広いタスクに関して遥かに高い精度で実行できる新モデルである GPT-4 が 2023 年 3 月に公開されると，ChatGPT は，データ分析，画像や音声入力への対応など活躍できる範囲が急速に拡大し，ChatGPT は社会現象とまでいわれるようになった。
86)　新田尭之「生成 AI が日本の労働市場に与える影響①——労働市場に与えるメカニズムの整理と米国の研究や事例からの示唆」大和総研レポート（2023 年 12 月 8 日）2 頁。
87)　AI/ロボット技術の発展・革新によって多くの労働者の雇用が失われることを前提に，それに対する処方箋としてユニバーサル・ベーシック・インカム（UBI）制度の導入を唱える向きもあるが，財政支出の在り方は本章の対象を超えるので，ここでは取り上げない。
88)　オープン AI が 2023 年に公開した，拡散モデルを用いた DALL·E3 などが代表的である。

第1章　デジタルエコノミーが引き起こした租税制度の変容

【図2-3】職種別のAIによって自動化される割合（米国及び欧州）
Exhibit 5: One-Fourth of Current Work Tasks Could Be Automated by AI in the US and Europe

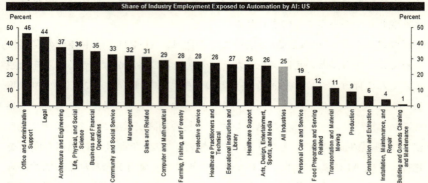

出典：Joseph Briggs & Devesh Kodnani, *The Potentially Large Effects of Artificial Intelligence on Economic Growth,* Goldman Sachs: Global Economics Analyst（2023）

trative Support）で，その業務の46％がAIによって自動化され，次に影響を受ける法務職では業務の44％，その他，経営・財務では35％が自動化されると指摘されている。他方，ブルーカラーの仕事である飲食関連，運輸・運搬，建設・採掘（Construction and Extraction），並びに清掃・メンテナンス（Building and Grounds Cleaning and Maintenance）では，AIによる自動化率が12％～1％と低い。このレポートでは，AIによる自動化率の全産業を通した平均は25％とされているので，それをそのまま置き換えれば既存の就業者の25％が失業することになるが，ほとんどの職種は部分的にしかAIによる自動化に晒されないため，AIによって完全に代替されることはないこと等を勘案すると，現在の米国における雇用の7％がAIによって代替され，63％が補完され，残りの30％が影響を受けないと結論付けられている[89]。

---

89) See Joseph Briggs & Devesh Kodnani, *The Potentially Large Effects of Artificial Intelligence on Economic Growth,* Goldman Sachs: Global Economics Analyst（Mar. 26, 2023, 9: 05PM）, https://www.gspublishing.com/content/research/en/reports/2023/03/27/d64e052b-0f6e-45d7-967b-d7be35fabd16.html. 同レポートの邦語による概説については，野口悠紀雄「日本は生成AI本格導入すれば『失業率25％』になる——影響がアメリカより高くなる可能性がある理由」東洋経済オンライン（2023年9月17日）（《https://toyo

62

2 デジタル化と AI の浸透に伴う経済社会の変容と課税

　もう一つは，AI 技術の発展・革新スピードの速さである。これだけ AI 技術の発展・革新スピードが速いと，人間の労働のうち，AI・ロボットによって置き換えられた部分を定量的に測定して，それに相当する便益について課税するという手法は実際上不可能であろう。

　従来，AI・ロボット税については，AI・ロボットが法人格を付与される前の段階と付与されるに至った後の段階とを区別して論じることが一般的であった[90]。そして，AI・ロボットが法人格を付与されることは近い将来にはないと考えた上で[91]，とりあえずは，それまでの間における課税の在り方を考える（そのように考えると必然的に AI・ロボットの所有者ないし利用者・使用者への課税を考えることになる）ことを前提に，大別して，① AI・ロボットが生み出す価値又はそれが価値を生み出し得る点に担税力を見出して課税するという考え方，② AI・ロボットが生み出す価値の全てに課税するのではなく，技術の発展・革新の阻害効果も勘案して，それらが生み出す超過収益力に対してのみ課税するという考え方，③ AI・ロボットが雇用を奪う側面に着目してその問題をできる限り抑制するために一種のピグー税[92]（的な税）として AI・ロボット

keizai.net/articles/-/701126》にて閲覧可能）参照。
90)　See Xavier Oberson, *Taxing Robots? From the Emergence of an Electric Ability to Pay to a Tax on Robots or the Use of Robots,* 9 World Tax Journal（May 2017）at 250-261.
91)　AI 自体に「人権」を認め，人間と同様に扱う世界が到来しない限り，AI 所有者が納税をすれば足り，AI 自身に納税させるという法制度を実現させる必要性は考え難いという見解として，野田＝西原・前掲注 80）229 頁参照。なお，ロバート・D・アトキンソン教授は，AI・ロボットに法人格を認めるというのであれば，ロボットが租税を支払わない場合には刑務所に入れたり，ロボットが社会保険料を支払って，退職後に社会保険給付を受けたり，壊れた場合に障害者給付を受けることになるのであろうか，と指摘している。See Robert D. Atkinson, *The Case Against Taxing Robots*（manuscript at 8）（May 29, 2019）, https://papers.ssrn.com/sol3/papers.cfm?abstract_id=3382824.
92)　ピグー税については，「市場にまかせておくと，この種の財・サービス〔注：生産時に環境悪化を招く財・サービス〕の場合は，外部不経済の費用（厳密には限界費用）を的確に反映した生産量 1 単位あたりの社会的費用（厳密には限界費用）が市場では評価されないため，……過大な生産・消費が促進されることになる。これを抑止するには，社会的限界費用と私的限界費用との乖離を何らかの公的手段で埋め，両者を一致させなければならない。……その公的手段の 1 つが，……単位生産量当たりの外部不経済の限界費用に相当する税額……を私的限界費用に付加して社会的限界費用に一致させ，税込み市場価格を……引き上げて，生産量……を抑制する生産物課税である。このタイプの生産物課税は，しばしば，最初の提唱者 A. C. ピグーにちなんでピグー税と呼ばれる（Pigou, 1918, Chapter 9）」と説明される（石弘光編・環境税研究会著『環境税』（東洋経済新報社，1993 年）32 頁）が，中里実東大名誉教授は，「ピグー税は，法理論的に見ても，実定租税法上も

税を構想する考え方が唱えられていた[93]）。

　そして，上記①については，理論的には，所得課税的なアプローチ，付加価値税的なアプローチ及び資産課税的なアプローチが考えられるところ，所得課税的なアプローチとしては，例えば，(i) 2017 年にグザヴィエ・オベルソン教授が言及していたみなし給与税（帰属給与税）の考え方[94]）が，付加価値税的なアプローチとしては，例えば，(ii) 同じく 2017 年にオベルソン教授が言及していた AI・ロボットが生み出す付加価値に課税する考え方[95]）が，資産課税的なアプローチとしては，例えば，(iii) 同じく 2017 年にオベルソン教授が言及していた AI・ロボットの所有者に対して固定資産的に課税する考え方[96]）が，それぞれあり得ると指摘されていた。

　また，上記②については，例えば，(i) 2019 年にオベルソン教授が提唱していた「AI・ロボットボックス」という考え方[97]）や，(ii) 2021 年 7 月の IMF に

　　　『租税』とはいえない可能性がある」と指摘する（中里実「地方環境税のあり方について」税 57 巻 1 号（2002 年）30-39 頁。なお，ピグー税については，諸富徹『環境税の理論と実際』（有斐閣，2000 年）6-13 頁も参照）。なお，グザヴィエ・オベルソン教授は，ピグー税のような課税に対しては，少なくとも長期的な観点からは適切な解決策であるとはいえないし，AI やロボットの発展を阻止したり制限したりすることが AI・ロボット税の目的ではないとの見解を示している。See Xavier Oberson, Taxing Robots: Helping the Economy to Adapt to the Use of Artificial Intelligence 25-26 (2019).

93) この①～③に関して，及び以下に述べる①～③のそれぞれについて唱えられている代表的な考え方に関しては，泉・前掲注 80) 38-43 頁が詳細に論じており，参考になる。

94) いわゆる帰属所得（自己の労働や所有資産の利用から生じ，市場を経ないで自己に直接帰属する所得）も課税の対象になり得るとする考え方を前提に，雇用喪失の原因である AI・ロボットが生み出す経済的価値を課税の対象とし，その経済的価値を人間が創出した場合に支払われるであろう給与相当額で評価して，その金額を課税標準として課税するという考え方。See Oberson, supra note 92, at 254-255. かかる考え方の邦語による紹介として，例えば，浅妻章如「AI やロボットに課税すべきか――Oberson 論文紹介」税経通信 73 巻 2 号（2018 年）2 頁以下，野田＝西原・前掲注 80) 229-233 頁参照。

95) See Oberson, supra note 92, at 256-257. なお，この方式については，単純化するために，全ての者に対して同一の税額で一回限りの課税をする（a lump-sum tax, payable at the same level by everyone）という考え方も提唱されている。See also Merola, supra note 15.

96) AI・ロボットの資産価値を，その生み出す経済的価値に基づいて評価して課税する考え方である。わが国の固定資産税では，償却資産を評価して課税しているが，それに類似した方法といえる。See Oberson, supra note 92, at 257-258. なお，野田＝西原・前掲注 80) 235-236 頁も参照。

97) イノベーションを奨励するための優遇税制であるパテントボックスの考え方を応用して，これとは逆に，AI を実装したロボットに基因する一定の対象所得に対して，異なる（潜在的には追加的な）税率で課税するという考え方。See Oberson, supra note 92, at

よるワーキングペーパー（以下「IMFワーキングペーパー」という）で提示された超過利潤に対するマークアップ税の考え方[98]）などが唱えられており，上記③については，例えば，(i) 2018年にライアン・アボット教授らが提示していた自動化税（Automation Tax）の考え方[99]）や，(ii) 2018年にアボット教授らが提唱した法人自営業者税（Corporate Self-employment Tax）の考え方[100]）など等が唱えられていたところである[101]）。

　しかしながら，上記①については，既に指摘されている様々な問題点[102]）に加えて，そもそも昨今の生成AIの急速な進化を踏まえると，上記で述べたとおり，日進月歩どころか秒進分歩で進化し続けるAI・ロボットの生み出す経済的価値を定量的に測定・評価すること自体がもはや実務上不可能に近いのではないかと思われる。

　他方，上記③については，AI・ロボットの技術革新を阻害するという問題のほか，少なくともわが国においてはピグー税は担税力なきところに課税する

122-123.
98)　See Andrew Berg, Lahcen Bounader, Nikolay Gueorguiev, Hiroaki Miyamoto, Kenji Moriyama, Ryota Nakatani & Luis-Felipe Zanna, For the Benefit of All: Fiscal Policies and Equity-Efficiency Trade-offs in the Age of Automation (IMF Working Paper No. 187, 2021), https://doi.org/10.5089/9781513592961.001. なお，ロボットを物理的な器として課税するのではなく，レントを生み出す情報財であるロボットのデザインやその動作プログラムに課税すべきであるという見解として，Anton Korinek, Taxation and the Vanishing Labor Market in the Age of AI, 16 Ohio St. Tec. L. J. 244 (2020) 参照。なお，森信・前掲注84）も参照。
99)　労働者を解雇することが多い企業は失業保険の保険料負担も増加するのと同様の仕組みにより，解雇が自動化によるものであると認められる場合には当該企業に追加的に自動化税を課すという考え方。See Ryan Abbott & Bret Bogenschneider, Should Robots Pay Taxes: Tax Policy in the Age of Automation, 12 Harv. L. & Policy Rev. 145, 153-156 (2018).
100)　人間の労働力を使わずに生産を行う企業に対して，当該企業が自動化によって負担を免れることになる社会保険料（税）の代替額等を追加的に課税するという考え方。上記(i) のみなし給与税と似ているが，人間の仕事に相当する理論上の給与ではなく，企業の自動化に対して，その自動化のレベルに連動する当該企業の利益に対する一定の比率に基づいて課税を行うような設計をすると，みなし給与税とはかなり異なってくるものとされている。See Abbott & Bogenschneider, supra note 99, at 171-172.
101)　この他，自動運転車税（Autonomous Vehicles Tax）を導入する動きも一部でみられる。例えば，2017年，ネヴァダ州は，完全自動運転車を導入した交通ネットワーク企業に対して物品税（exercise tax）を課す旨の法律を制定した。同様に，2018年に，カリフォルニア州は，サンフランシスコ市に対して，自動運転車を導入した交通ネットワーク企業に対して地方税を課すことを授権した。See also Merola, supra note 15.
102)　泉・前掲注80）38-43頁参照。

ものとして認められないと考えられており，その導入はわが国では現実的にみて困難であろう。IMF ワーキングペーパーが述べるとおり，AI・ロボット技術の発展・革新に対しては，それによる中長期的な生産効率の向上を一定程度犠牲にしながらも，雇用喪失等の問題が所得分配に与える悪影響を緩和するという，政治的・社会的選好を考慮した適度なバランスを追求する必要があるものと考えられ[103]，その観点からも，ピグー税的なアプローチはやや一方に偏しているとの誹りを免れないであろう。

以上からすると，IMF ワーキングペーパーが述べるとおり，AI・ロボットへの課税は資本に対する課税であって，短期的には雇用に良い影響を与えるが，中長期的には雇用に悪影響を及ぼすなど弊害が大きい可能性があり，時間軸を置いた便益と費用を勘案する必要があることに鑑みると，上記②の超過利潤に対するマークアップ税が，超過利潤を抑えることによる経済効率の改善が期待される一方，技術進歩に与える弊害が緩和されることになれば効率性の損失を抑えつつ不平等の縮小を達成できるものとして，課税の手法としては最も現実的であるように思われる[104]。また，BEPS2.0 における Pillar 1（第一の柱）の課税のように，一定の閾値を超えた超過利潤に対してのみ課税する方式を採用すれば，AI・ロボットの定義が多少「開かれた」要件となっていても課税の公平性との関係からは問題が生じにくいと考えられ，下記で述べる AI・ロボットの定義の困難さに伴う問題の多くも回避できるように思われる[105]。

なお，上記で触れたとおり，AI・ロボット税については，従来，夙に AI・ロボットの定義（特にその外延を画すること）の困難性が指摘されてきたところであるが，AI・ロボットの中でも，その生み出す経済的価値，そして超過利潤（レント）の大きさと雇用に与える潜在的なダメージの大きさに鑑みれば，まずは生成 AI の所有及び使用・利用から得られる利益に対する課税が喫緊の課題であると思われる。然るに，生成 AI は，オベルソン教授による「自律性」の基準を用いた AI・ロボットの定義，即ち，AI・ロボット税の対象とな

---

[103] 森信・前掲注 84) 参照。
[104] 森信・前掲注 84) は，この考え方は，ロボットや AI の導入により市場支配力が高まる結果発生する超過利潤に課税するという考え方であって，「ロボットの定義や評価の困難性の問題を避けた案といえよう」と積極的に評価している。
[105] 森信・前掲注 84) 参照。

るAI・ロボットとは「自ら処理し，計画し，行動する」能力を有するものであるとの定義[106]を完全に満たしており，他方で，他の一般的なソフトウェア及びクラウドないしコンピューティング技術等とも区別しやすい（外延も比較的明確である）と考えられるため，AI・ロボット税の課税対象として候補の筆頭に挙がるのではないかと思われる。

　そして，実際に，ChatGPTのように，クラウド経由で提供され，利用できるサービスに対して，課税する動きも出てきている。例えば，米国イリノイ州シカゴ市は，2015年から，その動産リース取引税（Personal Property Transaction Tax）を，オンライン経由で利用できるサービス，即ち，Saas（Software as a Service），PaaS（Platform as a Service），IaaS（Infrastructure as a Serve）に対しても課してきたところであるが[107]，2023年10月1日からは，生成AIのプラットフォームであるChatGPTの有料サービスの利用についても，その利用料金に対して9%の税率で上記動産リース取引税の課税を開始している[108]。このようなオンラインサービスに対する消費税的な課税であれば，ChatGPTその他の生成AIをオンライン経由で利用可能とする有料のサービスに対して課税することは実務上も容易であろう。もっとも，この方式では，生成AIを利用して生成されたプロダクトを外部に販売する事業が稼得する，（生成AIを利用せずに創作・創出されたプロダクトを外部に販売する事業と比較した場合における）超過利益や，生成AIを利用して自社の事業につき大幅な生産性の向上を実現することで得られる超過利益に対しては，課税することができない。

　従って，これらの超過利益を含めて生成AIを利用することで得られる莫大な超過利益に対して包括的に課税の網を掛ける方策を検討する必要があるが，

---

106) 泉・前掲注80) 34-36頁参照。
107) そのため，かねてから同税は別名「クラウド税」と呼ばれていた。
108) もっとも，この税は，ChatGPTの無料サービスの利用には課されず，その有料サービスの利用についても，シカゴ市外からの利用には課されないほか，政府・地方公共団体，保険会社，慈善団体，教育機関，宗教団体及び小規模事業者は免税とされている。*See* Editah Patrick, *Chicago Imposes 9% Tax on ChatGPT and AI Services,* Crypto Politan (Oct. 4, 2023), Dylan Sharley, *Chicago levies a 9% tax on leased computer software, which the city now claims includes artificial intelligence such as ChatGPT,* ILLINOIS POLICY (Oct. 3, 2023), https://www.illinoispolicy.org/chicago-starts-taxing-chatgpt-artificial-intelligence/.

課税対象となる生成AIの権利者や利用者をどのように特定し，その超過利益のうちどの部分を課税するかなど，課税のための実務上の課題は無数にある。しかしながら，特に生成AIがもたらす巨大な社会経済上のインパクトに鑑みれば，遠からず，AI・ロボット税のような課税制度を具体的に設計することが必須となるように思われる。

また，AI・ロボット税のような課税制度を導入する場合の課税方法としては，従来，上記①から③までで述べたような方法が提唱されてきたところであり，それらは基本的に，AI・ロボットが生み出す価値について，その所有者・利用者に対して課税するというアプローチに基づくものであった。しかしながら，今後，AI・ロボットがさらに進化を続け，完全な自律性を獲得するようになった場合，究極的にはいかなる個人ないし法人の所有にも属さないAIやロボットといったものが登場してくることもあり得る。そのように，いかなる個人ないし法人にも帰属しない所得というものが観念し得る状況になった場合に，かかる「所得」を課税上どのように取り扱うのか（そのようなAI・ロボットに何らかの法人格を認めて課税主体として取り扱うのか[109]），あるいは，そもそもそのようなAI・ロボットは主権国家に帰属するもの（つまりは国有財産）であって，それが生み出す所得も原始的に主権国家に帰属するものとして処理するのかという問題も，中長期的には考えていく必要があるように思われる。

---

[109] 前掲注 *91*) 参照。

3 国際最低課税額に対する法人税制度（グローバル・ミニマム課税制度）

秋 元 秀 仁

I 国際最低課税額制度の創設

1 制度創設の背景

　国際化が進展する中，近年，①市場国に物理的な拠点（PE: Permanent Establishment）を置かずにビジネスを行う企業が増加し，旧来型の国際課税原則に従った税務に支障が生じてきたこと，②無形固定資産を軽課税国に移転し税負担の軽減を図るケース（BEPS: Base Erosion and Profit Shifting）が増加してきたこと，③海外企業の誘致を狙った法人税引下げ競争が国際的に激化していること等が問題視されてきたところである。この点につき，国際課税ルール全体を見直す取組みとして2012年にOECDが立ち上げたBEPSプロジェクトにより2015年に「BEPS最終報告書」が公表され，これに基づきわが国でも税制改正が行われてきたところである。BEPSプロジェクトにおける行動1計画「電子経済の課税上の課題への対処」では，消費税課税の課題については見直しの提言がされたが，他方，法人税課税については合意されず，将来に向けて検討を継続することとされた。その後，更なる検討を経て，2021年10月，OECD/G20「BEPS包摂的枠組み（Inclusive Framework）」において，グローバル・ミニマム課税（BEPS2.0）について国際合意がされたところである。

　本合意は，約140の国・地域によるもので，OECDはその合意内容の「経済のデジタル化に伴う課税上の課題に対処するための2つの柱」のうち，第2の柱（Pillar Two）に関するモデルルールを同年12月20日に公表している[1]。

---

1) OECDモデルルール（2021. 12）Tax Challenges Arising from the Digitalisation of the Economy - Global Anti-Base Erosion Model Rules （Pillar Two）.
　（参考）https://www.oecd-ilibrary.org/taxation/tax-challenges-arising-from-digitalisation-

この「グローバル・ミニマム課税」は，全ての多国籍企業グループが世界中どこで利益を稼得しても，最終的にはグループで最低税率15％の法人税の負担をすることを柱に制度が構築されており，低い法人税率や優遇税制によって外国企業を誘致する法人税引下げ競争に歯止めをかけ，税制面における企業間の公平な競争条件を確保するための対応措置と位置付けられている[2]。

2 グローバル・ミニマム課税とGloBEルール

グローバル・ミニマム課税は，下記(1)～(3)のルールで構成されている。

このうち，(1)，(2)のルールを合わせてGloBE（Global Anti-Base Erosion）ルールといい，これは狭義のグローバル・ミニマム課税制度と整理することができる。

(1) 所得合算ルール（IIR）

所得合算ルール（IIR: Income Inclusion Rule）は，GloBEルールにおいて最も基本とされる課税ルールで，多国籍企業グループ（MNE Group）に属する子会社等（CE: Constituent Entity）の所在する国や地域（所在地国）におけるその国・地域単位の実効税率（ETR: Effective Tax Rate）が最低税率（15％）に満たない場合，これが15％に達するまでの不足分について，そのグループの親会社の所在地国でその親会社に対して課税するものである。

仮に，親会社の所在地国の税制上，このIIRが導入されていない場合，原則として，そのグループ企業の株式保有階層の高い会社（事業体）から優先してIIRを適用することとなり（トップダウンアプローチ課税），一般的には，その直下の階層企業（中間親会社）がIIRの適用対象となる。

わが国も令和5年度税制改正において，このIIRにつき，国際最低課税額に対する法人税制度として創設され，一定の内国法人について令和6年4月1日以後開始する対象会計年度から適用することとされた。

(2) 軽課税所得ルール（UTPR）

軽課税所得ルール（UTPR: Undertaxed Profits Rule）は，IIRの補完機能とされ

---

of-the-economy-global-anti-base-erosion-model-rules-pillar-two_782bac33-en

2) 財務省「令和5年度税制改正の解説『国際課税関係の改正（各対象会計年度の国際最低課税額に対する法人税の創設等関係）』」745頁。

るもので，多国籍企業グループの親会社等の所在地国における国単位の実効税率が最低税率（15%）に満たない場合，これが15%に達するまでの不足分について，そのグループの子会社等の所在地国で当該子会社等に対し課税できるとするものである。

UTPRは，IIRによる課税が行われない限定的な状況においてのみ適用されることが想定されている（IIRの補完機能）。例えば，IIRの課税対象となるべき親会社を軽課税国へ移転するなどの行動によりIIRの課税自体を回避することも想定されるが，このUTPRの適用によりこれを防止することが可能となる。

(3) 適格国内ミニマムトップアップ課税（QDMTT）

IIRとUTPRの2つのルールによって，多国籍企業グループが世界中のどこの国で利益を稼得しても，最終的には，同グループとして15%の税率による課税が確保されることになるが，これら2つのルールに先立って，自国所在の会社等について課税することができるとするルールが用意されている。適格国内ミニマムトップアップ課税（QDMTT: Qualified Domestic Minimum Top-up Tax）である。

これは，多国籍企業グループに属する会社等の所在地国の実効税率が15%を下回る場合に，当該所在地国（軽課税国等）自らがその親会社等へのIIR課税やUTPR課税が発動される前に自国所在の会社等に対し最低税率（15%）に至るまで課税する仕組みとされる。そして，このQDMTTの適用により15%まで当該国で課税がされた場合には，その課税額を他国のIIRやUTPRの課税額の計算上，控除できるとされている。

わが国においても優遇税制等の適用等により自国（日本）に所在する会社全体の実効税率が15%に満たない場合に，QDMTTを導入することで，他国において上乗せ課税（IIR, UTPR）がなされるのを防ぎ，自国（日本）で課税できるとされている。

わが国IIR（国際最低課税額制度）の計算規定においてもQDMTTと同様の概念が導入され，「自国内最低課税額に係る税」（法税82条31号）と規定されている。この「自国内」はその文言から「日本国内」と捉えがちであるが，この場面を「わが国親会社に属する軽課税国所在の子会社」と捉えて，「当該子会社がその所在地国において最低課税額として課された税」と整理することが適

当である。

　法律の規定も「我が国以外の国又は地域の租税に関する法令において，当該国又は地域を所在地国とする特定多国籍企業グループ等に属する構成会社等に対して課される税（……基準税率に満たない場合の……ものに限る。）……」（同条同号）とされている。

　（参考） 2023 年 7 月，OECD 公表の執行ガイダンス（Tax Challenges Arising from the Digitalisation of the Economy‐Administrative Guidance on the Global Anti-Base Erosion Model Rules (Pillar Two) July 2023 OECD）では，経過措置として「UTPR セーフ・ハーバー」導入の合意が明らかにされている[3]。これは，最終親会社の所在地国において表面税率で 20% 以上の法人所得税が課されている場合（地方税を含む），その最終親会社の所在地国に対する UTPR による課税額を一定期間（2025 年 12 月 31 日以前に開始し，2026 年 12 月 31 日までに終了する対象会計年度）零とするものである。この点，わが国は地方税を含め 20% 以上の税率で法人税等が課されているため，原則的にはこの期間，わが国では QDMTT 制度がなくても，他国の UTPR の適用によって課されることはないものと考える。

3　国際最低課税額に対する法人税の創設

　わが国においても，上記「BEPS 包摂的枠組み（Inclusive Framework）」の合意等を受け，また，国際的な議論の進展や諸外国の実施に向けた動向等を踏まえ，令和 5 年度税制改正において，グローバル・ミニマム課税ルールのうち，所得合算ルール（IIR）が「各対象会計年度の国際最低課税額に対する法人税」として法制化された。

　本制度は，内国法人の令和 6 (2024) 年 4 月 1 日以後に開始する対象会計年度の国際最低課税額に対する法人税について適用される（所得税法等の一部を改正する法律（以下「令和 5 年改正法」という）附則 11 条）。

---

[3]　OECD 執行ガイダンス（2023.7）Tax Challenges Arising from the Digitalisation of the Economy‐Administrative Guidance on the Global Anti-Base Erosion Model Rules (Pillar Two), July 2023 (5.2 Transitional UTPR Safe Harbour) 89 頁。
　　（参考）https://www.oecd.org/tax/beps/administrative-guidance-global-anti-base-erosion-rules-pillar-two-july-2023.pdf

3 国際最低課税額に対する法人税制度（グローバル・ミニマム課税制度）

《今後の見直しの方向性》

　OECD公表の各執行ガイダンスの内容等を踏まえ，また，明確化等の観点から「令和6年度税制改正大綱」[4]において，IIRに関し以下の見直しがされている。

(1)　構成会社等がその所在地国において一定の要件を満たす自国内最低課税額に係る税を課することとされている場合には，その所在地国に係るグループ国際最低課税額を零とする適用免除基準を設ける。

(2)　無国籍構成会社等が自国内最低課税額に係る税を課されている場合には，グループ国際最低課税額の計算においてその税の額を控除する。

(3)　個別計算所得等の金額から除外される一定の所有持分の時価評価損益等について，特定多国籍企業グループ等に係る国又は地域単位の選択により，個別計算所得等の金額に含める。

(4)　導管会社等に対する所有持分を有することにより適用を受けることができる税額控除の額（一定の要件を満たすものに限る）について，特定多国籍企業グループ等に係る国又は地域単位の選択により，調整後対象租税額に加算する。

　(1)は2023年7月公表のOECD執行ガイダンスにおいて，QDMTTセーフ・ハーバーの要件が合意されたこと[5]に伴い国内法上措置されるもの，(2)も同ガイダンスで，無国籍構成会社等（stateless entity）がQDMTTの対象となり得ることが明確化されたこと[6]に伴って措置されるもの，(3)及び(4)は，2023年2月公表のOECD執行ガイダンス記載の事項で，選択により，除外資本損益を個別計算所得等の金額に含めることができるとすることや適格所有持分（Qualified Ownership Interest）におけるタックスベネフィット等の計算をETR計算の分子の額に含めないことができるとすることを措置するものである[7]。

---

4)　自由民主党＝公明党「令和6年度税制改正大綱」（令和5年12月14日）「第二・五1」104頁。

5)　OECD・前掲注3)「5.1 QDMTT Safe Harbour」（パラ5）77-78頁。

6)　OECD・前掲注3)「4 Qualified Domestic Minimum Top-up Tax」（Treatment of Stateless Constituent Entities) Guidance（パラ17）60頁。

7)　OECD執行ガイダンス（2023.2）Tax Challenges Arising from the Digitalisation of the

なお，同税制改正大綱においては，QDMTT に関し，令和 7 年度以降の法制化の検討が明記されているが[8]，UTPR の法制化については触れられていない。その動向については注視する必要がある。

4　特定基準法人税額に対する地方法人税の創設

グローバル・ミニマム課税の導入に伴い，各対象会計年度の国際最低課税額に対する法人税の対象とされる特定多国籍企業グループ等に属する内国法人につき，「特定基準法人税額に対する地方法人税」が新たに創設された。

特定基準法人税額に対する地方法人税（国税）の額は，各課税対象会計年度の課税標準特定法人税額に 907 分の 93 の税率を乗じて計算した金額とされている（地方法人税 24 条の 3）。

本制度は，内国法人の令和 6（2024）年 4 月 1 日以後に開始する課税対象会計年度の特定基準法人税額に対する地方法人税について適用される（令和 5 年改正法附則 17 条）。

II　制度における論点とポイント

1　IIR と法人税法

本制度は，法人税法で規定された恒久的措置である。次の 2 にも関連するが，IIR は，その仕組みが CFC 税制（外国子会社合算税制，タックスヘイブン対策税制）に似通っている。国際課税における Profit Shifting への対応措置として CFC，TP（移転価格税制）がある。いずれも租税特別措置法で規定されているのがわが国の法体系であるが，この IIR は恒久的措置として法人税法で規定された点は意義深い。

　　Economy – Administrative Guidance on the Global Anti-Base Erosion Model Rules（Pillar Two）（2.9. Equity Gain or loss inclusion election and Qualified Flow-Through tax benefits）61 頁。
　　（参考）https://www.oecd.org/tax/beps/agreed-administrative-guidance-for-the-pillar-two-globe-rules.pdf

8)　自由民主党＝公明党・前掲注 4)「第一 3 (3)」15 頁。

2　IIRの全体像

　本制度は，一定の多国籍企業グループに属する子会社（構成会社等）がその所在地国（地域を含む）において稼得する一定の所得に対して，その所在地国（単位）の実効税率（ETR: Effective Tax Rate）が15％（最低税率・基準税率[9]）に満たない場合に，これが15％に至るまでそのグループの親会社に対して課税するものである。これは，子会社の所在地国で計算された不足税額を親会社に対し課税するもので，「トップアップ課税」と呼ばれる。

　この不足税額の計算は，グループ法人に係る恒久的施設等（PE）も含め，国・地域単位の実効税率と基準税率の差を使って計算される。この実効税率（ETR）の計算は，大まかに言って「国単位の所得金額」のうちに「国単位の納付税額」の占める割合となるが，法律上は，「国別グループ純所得の金額」（分母）のうちに「国別調整後対象租税額」（分子）の占める割合とされている（法税82条の2第2項1号イ(3)）。

　ここで，分母の額（合計所得）は基本的に，一の国又は地域に所在する全ての会社等の当期純損益金額の合計額とされる。他方，分子の額（合計税額）には，例えば，過去の対象年度に係る租税で当期に納税したもの等を含めるが，逆に，3年以内に支払う見込みのない租税の額や不確実な税務処理に係る法人税等の額等は含めないこととされている。このように，この加減算調整が，課税の閾値とされる15％計算の要素となるため，重要となる。

　IIRの全体イメージは，CFC税制（外国子会社合算税制）と捉えることができるが，その仕組みは大きく異なっている。CFC税制は，軽課税国にある子会社の所得をわが国の親会社の所得に合算する「所得合算課税」であり，その課される税率はわが国の法人税率の約30％である。他方，IIRは，15％に満たない不足税率につき，これを子会社の所得に乗じて（帰属額を加味した上）わが国で課税するものである。ただ，厳密にいうとある軽課税国に複数の子会社が存在する場合には，これらの子会社群を国単位で括り全体として不足税額を計算するため，必ずしも子会社単体の所得に対する課税額とはならない場合がある。このように，基本構造としては子会社群の総所得について，15％に満た

---

9)　いずれも，国単位で最低限負担すべきとされる税率15％を指すものであるが，法令上は「基準税率」と定義されている（法税82条の2第2項1号）。

ない不足税率を乗じて課税（税額合算）するものである。「所得合算ルール」と訳されるが，見方を変えるとこの課税制度は分離課税と捉えることもでき，子会社に係る不足税額を親会社に別課税（追加課税）するという見方もできる。

3　CFC と IIR

　CFC（外国子会社合算税制）と IIR は，それぞれ趣旨・目的が異なるもので，制度上併存することになる。ここで，同一の外国関係会社の同一対象年度について，CFC と IIR の双方課税はあり得るかという問題がある。この点に関し，IIR においては，CFC 子会社の所得の合算課税に対応する税額について，プッシュダウンと呼ばれる調整方法があり，一定の要件の下，その税額を CFC 子会社の実効税率の計算に加味することで二重課税が極力生じないような仕組みとされている。しかしながら，外国関係会社の所得について CFC 課税（所得合算課税）が行われ，さらにその所得に対し，IIR 課税が生じることは状況に応じてあり得る。CFC と IIR は別制度であるとしても同一の外国関係会社の所得に対して双方課税が同一年度で生じることは，制度上好ましくないことと考えるが，これら制度に係る適用要件の相違，親会社・子会社の決算期のタイミング，あるいは会計処理の相違等によってこの双方課税は，現行法上，あり得るものと考えている。

　なお，「BEPS 包摂的枠組み」の「第 2 の柱」とされるグローバル・ミニマム課税（IIR）と CFC の関係について，実務上の「追加的な事務負担」に対して配意しつつも，「外国子会社合算税制については，国際的なルールにおいても『第 2 の柱』に併存するものとされており，『第 2 の柱』の導入以降も，外国子会社を通じた租税回避を抑制するための措置としてその重要性は変わらない」[10]と整理されている。

4　グローバルスタンダードと課税のミスマッチ

(1)　OECD モデルルールとコメンタリー

　本制度は，2021 年 12 月及び 2022 年 3 月に OECD/G20「BEPS 包摂的枠組

---

10)　自由民主党＝公明党・前掲注 4)「第一 3 (3)」16 頁。

み」において承認されたモデルルール11)（以下「モデルルール」という）及びそのコメンタリー12)（以下「モデルルールコメンタリー」という）（以下2つ合わせて「モデルルール等」という）に則って法制化されている。モデルルール等は，各国又は地域に対してグローバル・ミニマム課税の導入を義務付けるものではなく，コモン・アプローチとしての位置付けとされているが，各国又は地域がグローバル・ミニマム課税を導入する場合には，モデルルール等が意図する結果と整合する形で導入・実施をすることとされており，モデルルール等に沿った運用が求められている13)。

このように本制度は，国際合意の「BEPS包摂的枠組み」で承認されたモデルルール等を柱とするもので，その制度フレーム，適用範囲，適用免除基準，計算構造等はグローバルスタンダードとなっている。

(2) 国内法との相違による課税のミスマッチ

本制度はこのようにグローバルスタンダードであるが故，各国の国内法制の相違や会計処理の相違を要因として，課税のミスマッチが起こる懸念がある。IIRにおいても数多くの税務調整があるが，この調整は，多くの国又は地域において重要で一般的なものに限って行うこととされている14)。このため，わが国の所得に対する法人税課税において求められる税務調整とIIR上求められる税務調整は，調整項目自体は同様なものであっても調整基準（ルール）が相違するものがあり，税務上ミスマッチが生じるケースがある。例えば，「外国子会社配当益金不算入制度」（法税23条の2）は，各国にも多く存在するが，配当を受ける法人（株主）が益金不算入となるわが国国内法の要件は，その外国子会社の所有持分割合が25％以上で，かつ，継続保有期間が6か月以上と定

---

11) OECD・前掲注1)参照。
12) OECDモデルルールコメンタリー（2022.3）「Tax Challenges Arising from the Digitalisation of the Economy-Commentary to the Global Anti-Base Erosion Model Rules (Pillar Two), First Edition」。
（参考）https://www.oecd-ilibrary.org/taxation/tax-challenges-arising-from-the-digitalisation-of-the-economy-commentary-to-the-global-anti-base-erosion-model-rules-pillar-two-first-edition_1e0e9cd8-en
13) 国税庁「令和5年9月21日付課法2-17ほか2課共同『法人税基本通達の一部改正について』（法令解釈通達）『法人税基本通達の主要改正項目について』」1頁。
14) OECD・前掲注12) Article 3.2 Adjustments to determine GloBE Income or Loss (3.2.1 para 21) 47頁。

められている。この益金不算入の税務調整を求める国は他にも存在するが、このための要件を、例えば、ある国は所有持分 10% 以上と定めたり、あるいは、継続保有期間を 1 年以上と定めたりと必ずしもわが国と同じではない。わが国 IIR は、GloBE ルールに合わせて、この要件を「所有持分割合 10% 以上又は継続保有期間 1 年以上」としており（法税令 155 条の 18 第 3 項 2 号）、わが国の所得に対する法人税におけるルールの「所有持分割合 25% 以上かつ継続保有期間 6 か月以上」（法税令 22 条の 4 第 1 項）と既に異なる要件となっている。このように同一取引について異なる要件での税務調整が求められる下において、このグローバル・ミニマム課税を捉えると、どうしても課税にミスマッチが起こる可能性がある。このことは、課税実務に影響を及ぼす要素となり得るため、本制度の適用上、認識しておく事項の 1 つと考える。

5 会計ベースの規定

従来の法人税法は、その課税計算のベースが確定決算と事業年度とされる。これに対し IIR は、法律の規定からもわかるとおり、連結等財務諸表ベース（会計ベース）で、その期間も会計年度ベース（対象会計年度）とされている。従来は会社法・商法に裏付けられた確定決算に係る利益が課税計算の発射台とされていた。

IIR は会計がベースで、しかも確立された特定の会計処理しか認めないとするものではなく、ある程度幅のある連結財務諸表の作成がベースとなっている。必ずしも国際会計基準（IFRS）に従ったものでなくとも、その所在地国において客観的にも妥当とされる「一般に公正妥当と認められる会計処理基準」（GAAP: Generally Accepted Accounting Principles）であれば認められるものとされている。一番オーソドックスなのものは Japan GAAP（J-GAAP）であるが、US-GAAP、中国 GAAP、韓国 GAAP もその対象とされており、具体的には省令で列挙されている（法税則 38 条の 4）。イメージとして、会計監査人による監査が担保され客観的にも認知度の高い財務諸表であれば、排除されない。しかし、連結等財務諸表の記載事項が課税の本質に影響を与えるものであることから、課税実務上は、一定程度の質が求められるはずである。なお、一般の会社等であることを前提に、排除される会計処理の例としては、管理会計ベース

のものが挙げられる。

6　トップアップ課税

　特定多国籍企業グループ等（連結グループ）の親会社を税法上は「最終親会社」と規定し（法税82条2号イ），また，OECDの執行ガイダンスでは「UPE (Ultimate Parent Entity)」とされている。グローバル・ミニマム課税は，当該親会社に対する課税を原則にしている。これをトップアップ課税と呼んでおり，わが国の税法上は「特定多国籍企業グループ等に属する内国法人に対する課税」として規定されている（法税6条の2）。

7　計算場面・単位が多様

　本制度は，計算場面が多様である。①グループ単位で計算する場面，②国単位で計算する場面，そして，③単体として計算する場面がある。単体とは一の子会社を指す概念で，法律では個々の会社や事業体（外国事業体を含む）を総称して「会社等」（法税82条1号ハ）とした上，企業グループ等の属する会社等を「構成会社等」（同条13号）と規定しており，この「会社等」「構成会社等」といった子会社単位での計算もある。そして，この会社等や構成会社等には，これに係る恒久的施設等（PE）も含むとした上，会社等が恒久的施設等を有する場合における実効税率の計算は，会社等の所在地国と恒久的施設等の所在地国のそれぞれについて行うこととされている（法税82条の2第2項1号イ(3)）。企業グループに属する会社等（事業体）に係るPEについても1社とカウントされ，所得，税額等の計算が求められる制度となっている。

　また，単一年度での計算，3年間平均での計算というように，計算の括りにも相違がある。適用場面をその都度確認し，そこで求められる単位や括りで計算を行う必要がある。

8　適用・適用免除の検証場面が多様

　本制度では，課税に至らないセーフ・ハーバーとしての適用免除基準（法税82条の2第6項）が用意されている（デミニマス除外）。これは国単位で計算，判定することになり，①収入金額要件と②所得金額要件のいずれも満たす必要が

ある。具体的には，構成会社等の「対象会計年度及びその直前の2対象会計年度」，すなわち当期（対象会計年度）を含め3年間が検証対象で，この3年間の国単位の総収入金額の平均額が1,000万ユーロ相当額に満たないことと，これに加え，利益又は損失が3年間平均で100万ユーロ相当額に満たないことの2つの要件を満たす場合は，その国のIIRの課税額（当期国別国際最低課税額）は零として取り扱われる。これは恒久的措置である。効果としては，この基準を満たせば，この国についての当期分のIIRの税額計算は不要となる（国別グループ国際最低課税額は，零でない場合あり）。

そして，この適用免除に関し，本制度導入後3年間の時限措置であるが，上記恒久的措置の基準より緩やかでかつ簡易とされるルール「適格CbCRセーフ・ハーバー（移行期間CbCRセーフ・ハーバー）[15]」が別に用意されている（令和5年改正法附則14条）。

これは「適格CbCR」の数値に基づいて判断されるが，この要件を満たす場合は，「構成会社等に係るグループ国際最低課税額」が零（上記デミニマスの場合は，「当期国別国際最低課税額」が零）となる。

この他にも，制度の対象とされる企業となるか否か等を判定する場面もあるなど，検証場面が多様である。制度対象の検証場面，適用免除の検証場面，部分的に免除対象とされる場面などである。その場面，場面で個別に用意されたルールを当てはめることになるが，その単位も対象企業グループの全体で判定する場面，個社ベースで判定する場面，さらには，国別で判定する場面と区々である。また，恒久的措置とされるものや，一定の特例期間についてのものなど，対象会計年度によって異なる検証作業が求められるため，その時々に応じた詳細な理解と区分整理が必要である。

9 対象グループの特定とETR

本制度の適用対象となる企業グループか否かの判定の最初の作業として，対象企業グループの範囲の特定が重要となる。まず，最終親会社の特定とその資

---

[15] 「適格CbCRセーフ・ハーバー」は，「移行期間CbCRセーフ・ハーバー」（財務省・前掲注2）919頁）と同義であるが，本書では，従来のCbCRとの違いを明確にする趣旨で「適格CbCRセーフ・ハーバー」と表現する。

3 国際最低課税額に対する法人税制度(グローバル・ミニマム課税制度)

【図1】 課税対象の企業グループ

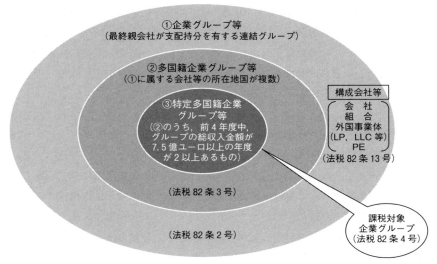

※法人税の納税義務者の範囲に「特定多国籍企業グループ等に属する場合の内国法人(公共法人を除く)」が新たに追加(法税4条1項・2項)

本系列(支配持分を直接又は間接に有するもの)に基づき自社の立ち位置はどこかということについて押さえておく必要がある。税法上,対象事業体についていくつかのカテゴリーがある。例えば,最終親会社等,被部分保有親会社等,中間親会社等,共同支配会社等,構成会社等である。また,この構成会社等には外国の多様な事業体(LLC,LPS等)も含まれ,これら事業体に係るPEの把握も必要である。そして,これらを体系的に把握・整理し,「多国籍企業グループ等」(法税82条3号)として認識しておく必要がある(【図1】)。

その上で,IIR制度の対象となる企業グループは,「特定多国籍企業グループ等」(法税82条4号)とされ,これは原則,企業グループに係る各対象会計年度の直前の4対象会計年度のうちその年間総収入金額が7.5億ユーロ相当額以上である年度が2以上ある場合の多国籍企業グループ等とされる。

このように,課税の対象となるか否かのポイントは,この「特定多国籍企業グループ等」に該当するか否かであるため,まずは,このグループ法人の対象範囲の認識とこれらに係る過去まで含めた収入金額の把握が必要となる。そし

て，次に必要な事項は，そのグループ法人の所在地国における国別実効税率（ETR）であり，この計算は大まかに言って，「国別グループの純所得の金額」（分母）に占める「国別グループの納付税額（国別調整後対象租税額）」（分子）とされる。さらに，この分母又は分子に含めるもの，含めないもののすみ分けと，分母又は分子のそれぞれにおける加減算調整が重要なポイントとなる。そして，この ETR が基準税率 15％ に至るか否かが課税対象の鍵となる。

10 地方法人税課税の創設

IIR に関し地方法人税課税が新たに創設された（地方法人税法）。「地方」という名称であっても国税であり，税法上は，「特定基準法人税額に対する地方法人税」とされている。これは，わが国 IIR の導入にあたり，法人税による課税と地方法人税による課税をあわせてその実効税率が基準税率に達するまでの課税を確保する仕組みとされたことによるものである。地方法人税は法人税の附加税であるため，特定多国籍企業グループ等に属する内国法人の各課税対象会計年度の特定基準法人税額には，特定基準法人税額に対する地方法人税を課することとされている（地方法人税 4 条・5 条 2 項）。IIR における法人税についてもその財源を直接地方に配分する必要があるとされたことから最終的な課税額（国際最低課税額）に一定の率を乗じて国と地方に配分するとされ，その配分比は法人税 907 に対し，地方法人税 93 とされている。地方法人税の額は，従来から法人税の額に 10.3 の率を乗じたものとされており，これとの平仄をあわせ，特定基準法人税額に対する地方法人税の額は，各課税対象会計年度の課税標準特定法人税額（国際最低課税額）に 907 分の 93 の税率を乗じて計算した金額とされる（地方法人税 24 条の 3）。

11 新たな情報申告（GIR）制度の導入

IIR の導入に伴い新たな情報申告制度が創設された。OECD のモデルルールやコメンタリーにおいては，「GloBE 情報申告書（GIR: GloBE Information Return）」と称され，わが国の法令上は「特定多国籍企業グループ等報告事項等」とされている（法税 150 条の 3 第 1 項）。特定多国籍企業グループ等に属する構成会社等である内国法人は，e-Tax（特定電子情報処理組織）を使用する方法で，

3 国際最低課税額に対する法人税制度（グローバル・ミニマム課税制度）

所轄税務署長にGIRを提供する必要がある（同条同項）。

　GIRの提出期限は，各対象会計年度終了の日の翌日から1年3か月と，法人税確定申告書の提出期限より長い（同条同項）。これは，国境を越えたデータに基づき情報申告するが故，膨大な作業が生ずることを考慮したものである。ただし，適用初年度は，一層の事務負担等を考慮し，特例として上記の期間に3か月プラスされ，1年6か月とされている（同条6項）。これは，国際最低課税額に係る納税申告書（国際最低課税額確定申告書）の提出期限やその納付期限（法税2条31号の2・82条の6第1項・2項）と同様である。また，GIRは情報交換により各国で共有されることが前提とされていることから，英語で，かつ，e-Taxでの提出が条件とされている。

　本制度の適用開始は，令和6（2024）年4月1日以後に開始する対象会計年度からであり，3月31日決算の法人の場合，令和7（2025）年3月期から適用対象となるので，最初のGIRの提出期限は，令和8（2026）年9月30日となる。

　実務上の観点からは，この申告書の作成に関する質・量の理解，それから段階的な実務対応への準備というものが重要になる。この情報申告については，国際最低課税額が算出されず，IIR自体の申告書の提出が必要ないとされる場合であっても，一定の要件を満たす多国籍企業グループに属する構成会社等については提出義務がある。

　情報申告には，移転価格税制に関する国別報告事項（CbCR: Country by Country Report，租特66条の4の4）が既にあるが，今後，移行期といわれるIIR導入後の3年間はこのCbCRをグレードアップさせた「適格CbCR」を移転価格対応とともに，IIRにおいても活用することになる。さらに，これに加えGIRがIIR対応として求められ，実務上の負担は増すものと考える。GIRを提出すれば，従来からあるCbCRの提出は不要との誤解もあるが，現行法上，GIRは，各対象会計年度の国際最低課税額の租税債務の正確性を評価するために提供されるものであるのに対し，CbCRは，主に移転価格リスクやその他のBEPSリスクに対するリスク評価・統計に用いられる手段として提供されるものとされている。このように，これらはそれぞれ別の目的を有するものであるから，仮に移行期の特例期間であったとしても適格CbCRに加え，GIRの作成は必要となる。

Ⅲ 国際最低課税額に対する法人税制度の概要

上記Ⅰのとおり，わが国においてはグローバル・ミニマム課税のルールのうち，所得合算ルール（IIR）が法制化され，「各対象会計年度の国際最低課税額に対する法人税」として創設された（令和5年度税制改正）。

この各対象会計年度の国際最低課税額に対する法人税の制度（日本版IIR）は，内国法人を親会社とする多国籍企業グループ全体の年間総収入金額が「7.5億ユーロ以上」のグループを対象にしており，実質ベースの所得除外額（支払給与等の額及び有形固定資産の額の一定額）を除く所得についてそのグループに属する子会社等の所在地国の租税負担が税率15%に至るまでの課税をわが国の親会社等に対して上乗せ（トップアップ）課税するものである。

1 納税義務者・課税の範囲・対象会計年度

「特定多国籍企業グループ等」に属する内国法人に対して，各対象会計年度の国際最低課税額について，各対象会計年度の国際最低課税額に対する法人税が課される（法税4条1項・6条の2）。ただし，公共法人についてはその対象とされていない（法税4条2項）。

なお，多国籍企業グループ等の最終親会社等（法税82条10号）の連結等財務諸表の作成に係る計算期間を法令上，「対象会計年度」としており（法税15条の2），これは個社の事業年度ではなく，最終親会社の連結等財務諸表の連結会計年度の期間とされる。

2 特定多国籍企業グループ等

上記1のとおり，本制度の対象企業グループは，「特定多国籍企業グループ等」である（【図1③】）。これは，「多国籍企業グループ等」（以下(4)）のうち，各対象会計年度の「直前の4対象会計年度」（以下(3)）のうち2以上の対象会計年度の「総収入金額」（以下(1)）が7.5億ユーロ相当額以上であるもの等（グループ内組織再編があった場合の判定は別）とされている（法税82条4号）【図2】）。

なお，上記「7.5億ユーロ」の円換算については，「欧州中央銀行の平均レ

③ 国際最低課税額に対する法人税制度（グローバル・ミニマム課税制度）

【図2】 特定多国籍企業グループ等の意義

■「特定多国籍企業グループ等」とは，多国籍企業グループ等で，①各対象会計年度の直前の4対象会計年度のうち2以上の対象会計年度の総収入金額が7.5億ユーロ相当額以上であるもの，②その他一定の多国籍企業グループ等［判定対象年度にグループ結合・分離があった場合の判定は，政令委任］（法税82条4号，法税令155条の6第3項）

（単位：ユーロ）

年度		2020	2021	2022	2023	2024	2025
Aグループ	総収入	6億	7億	8億	9億	10億	11億
	判定					○	○
Bグループ	総収入	8億	8億	6億	6億	6億	8億
	判定					○	×
Cグループ	総収入	4億	5億	7億	9億	10億	5億
	判定					×	○

※「特定多国籍企業グループ等報告事項等（GloBE情報申告書（GIR））」の提出対象にも影響
※対象会計年度が「1年に満たないもの」の総収入金額の判定は，月数按分（法税令155条の6第1項），「本邦通貨への換算」は，対象会計年度開始日の前年12月の欧州中央銀行レートの平均値による（法税則38条の3）

ート」を適用することとされている（法税則38条の3）。

以下，「特定多国籍企業グループ等」該当性の判断に際し，必要となる事項（用語の意義等）を掲げると(1)～(9)のとおり。

(1) 総収入金額

上記2の「総収入金額」は，多国籍企業グループ等に係る最終親会社等の「連結等財務諸表」（以下(2)）における売上金額，収入金額その他の収益の額の合計額とされ（法税則38条の6第1項），この「売上金額，収入金額その他の収益の額の合計額」には，売上高のほか，受取利息，有価証券利息，受取配当金，有価証券売却益，為替差益，貸倒引当金戻入益，持分法による投資利益，固定資産売却益及び負ののれん発生益の科目など，計算書類における全ての収益の額が含まれ（法基通18-1-7），「総収入金額」には，年金基金等の除外会社等（法税82条14号）に係る収益の額も含まれる（同通達(注)）。

「総収入金額」については，CbCRの提供基準となる総収入金額（租特66条の4の4第4項3号）についても上記と同様の税務通達（租特通66の4の4-1）があるが，当該通達に関する趣旨説明（国税庁）[16]では，有価証券や固定資産などの売却益の金額は純額（ネット金額）か，総額（グロス金額）かの問題につき，

連結等財務諸表における計上方法に従う旨が明らかにされている。これにつき，モデルルールコメンタリー（第1章パラ4b）では，特定多国籍企業グループ等の判定は，「CbCR ルールで用いられる収入基準に基づく判定」とされる一方で，2023（令和5）年12月 OECD 公表の執行ガイダンスでは，投資収益については，会計基準の計上方法により有利不利になる状況を避け，ネット金額によるものとされている[17]。IIR における総収入金額は，法令上，CbCR における総収入金額と同様の文言で規定され，また，法人税基本通達 18-1-7 においても「計算書類における全ての収益の額」とされていることから，この執行ガイダンスの内容と相違があり，これとの整合性が求められるところである。

(2) 連結等財務諸表

IIR が前提とする連結財務諸表は「連結等財務諸表」と定義され，以下のものとされている（法税82条1号）。

- （イ）国際的に共通した会計処理の基準等【特定財務会計基準】又は最終親会社等の所在地国で一般に公正妥当と認められる会計処理の基準（特定財務会計基準を除く）【適格財務会計基準】に従って作成された連結財務諸表や個別財務諸表
- （ロ）上記（イ）の連結財務諸表を作成していないグループについては，特定財務会計基準又は適格財務会計基準に従って暦年の財産及び損益の状況について作成するとしたならば作成されることとなる連結財務諸表
- （ハ）上記（イ）の個別財務諸表を作成していない会社等については，特定財務会計基準又は適格財務会計基準に従って暦年の財産及び損益の状況について作成するとしたならば作成されることとなる個別財務諸表

そして，IIR が対象とする会計処理の基準は，国際的に共通した基準として，国際会計基準（IFRS，連結財務諸表の用語，様式及び作成方法に関する規則93条）を

---

16) 国税庁「平成28年6月28日付課法 2-11 ほか1課共同『法人税基本通達等の一部改正について』(法令解釈通達) の趣旨説明」（租特通66の4の4-1）。

17) OECD 執行ガイダンス（2023. 12) Tax Challenges Arising from the Digitalisation of the Economy – Administrative Guidance on the Global Anti-Base Erosion Model Rules (Pillar Two), December 2023 (3.1. Consolidated revenue threshold) 23頁。
（参考）https://www.oecd.org/tax/beps/administrative-guidance-global-anti-base-erosion-rules-pillar-two-december-2023.pdf

掲げ（法税則38条の4第1項），さらに，これに準ずるものとして，わが国の会計基準（J-GAAP）のほか，以下の国における会計基準を指定している（同条2項）。

①アメリカ合衆国，②インド，③英国，④オーストラリア，⑤カナダ，⑥シンガポール，⑦スイス，⑧大韓民国，⑨中華人民共和国，⑩ニュージーランド，⑪ブラジル，⑫香港，⑬メキシコ，⑭ロシア，⑮欧州連合の加盟国，⑯欧州経済領域の加盟国（⑮に掲げる国を除く）

これらは，法令上「特定財務会計基準」とされ，これら指定された国以外の最終親会社等の所在地国で一般に公正妥当と認められる会計処理の基準を「適格財務会計基準」としている。

なお，OECDモデルルールによると，連結等財務諸表が特定財務会計基準に従って作成されていない場合には，「重要な競争上の歪み」（IFRSと比較して一会計年度において75百万ユーロを超える差異）を調整しなければならないとされている[18]が，現行IIRにおいてはその定めはなく，モデルルールとの相違が生じている。この点に関し，「重要な競争上の歪みの詳細及びその調整方法が明らかにされていないため」，令和5年度税制改正では織り込まず，「今後，重要な競争上の歪みの調整方法等について国際的な合意に至った後に，その合意を踏まえた対応を行っていく予定」とするアナウンスがある[19]。今後は，モデルルールとの整合性を踏まえた法改正が行われる可能性もあるため，注視が必要である。

(3) 直前の4対象会計年度

本制度の対象とされる「特定多国籍企業グループ等」の判定は，上記2のとおり，原則，「各対象会計年度の直前の4対象会計年度」のうち2以上の対象会計年度の総収入金額（7.5億ユーロ相当額以上）で行うが，「各対象会計年度の直前の4対象会計年度」のその直前の対象会計年度の数が3である場合は，その3の対象会計年度で判定を行い，また，その直前のこれが2である場合は，

---

18) OECD・前掲注1)「Article10. 1. Defined Term」では，10％未満の所有持分割合（Portfolio Shareholding）及び継続保有期間1年未満（Short-term Portfolio Shareholding）の配当が除外配当から除かれている。このため，所有持分割合10％以上又は継続保有期間1年以上であれば除外配当として所得計算から除外（益金不算入）されることとなる。

19) 財務省・前掲注2) 756頁。

その2の対象会計年度で判定する（【図2】）。

以上の判定により「特定多国籍企業グループ等」（法税82条4号）とされるものを「対象多国籍企業グループ等」（法税令155条の6第4項1号）とするが，特定多国籍企業グループ等の判定において，グループ結合*とグループ分離**が行われた場合には，別規定によって判定を行う（同条3項）。

すなわち，多国籍企業グループ等の各対象会計年度の直前の4対象会計年度までの間にグループ結合があった場合は，そのグループ結合に係る被支配企業グループ等の各会計年度の総収入金額をその多国籍企業グループ等の総収入金額に含めて判定することとされ（同項1号），他方，多国籍企業グループ等に係るグループ分離があった場合は，その分離後の最初の対象会計年度については当該年度の総収入金額が7.5億ユーロ以上であるかどうかにより判定し（同項2号），また，分離後最初の対象会計年度後の3対象会計年度のいずれかについては，その各年度のうち2以上の年度の総収入金額が7.5億ユーロ以上であるかどうかにより判定する（同項3号）ことになる。

*　グループ結合とは，異なる企業グループ等に属する会社等の全部又はおおむね全部と認められる部分の会社等が一の企業グループ等に属することとなることその他一定のものをいう（法税令155条の6第4項2号）。

**　グループ分離とは，多国籍企業グループ等に属する会社等のうち2以上の会社等がこれらの会社等から構成される他の企業グループ等に属することとなることその他一定のものをいう（同項5号）。

なお，直前の対象会計年度の数が1であるもの又はないものについては，「対象多国籍企業グループ等」（同項1号）に該当しないものとされる（法基通18-1-6（注））が，グループ結合又はグループ分離がある場合の判定上，「特定多国籍企業グループ等」に該当することがあるので注意が必要である。

(4)　**多国籍企業グループ等**

上記「多国籍企業グループ等」とは，次のものをいう（法税82条3号）（【図1②】）。

(イ)　以下(5)(イ)の企業グループ等に属する「会社等」の「所在地国」（その会社等の「恒久的施設等」がある場合には，その恒久的施設等の所在地国を含む）が2以上ある場合のその企業グループ等その他一定の企業グループ

3 国際最低課税額に対する法人税制度（グローバル・ミニマム課税制度）

等*
（ロ）　以下(5)(ロ)の企業グループ等
＊　その他一定の企業グループ等とは，上記の要件を満たさないもので，所在地国のない無国籍会社等が属する企業グループ等（パススルー収入（特定収入等）のみを有する導管会社等とその他の収入等のみを有する導管会社等以外の会社等があるものとみなした場合に該当することとなるものを含む）をいう。

(5)　企業グループ等
上記「企業グループ等」とは，次のものをいう（法税82条2号）。
（イ）　連結等財務諸表に財産及び損益の状況が連結して記載される又は記載されることとなる会社等に係る企業集団のうち，最終親会社*に係るもの
（ロ）　会社等（上記(イ)の企業集団に属する会社等を除く）のうち，その会社等の恒久的施設等の所在地国がその会社等の所在地国以外の国又は地域であるもの
（ハ）　重要性や譲渡保有目的により連結の範囲から除かれる又は除かれることとなるもの（議決権の過半数を所有していること等によりその会社等の財務及び営業又は事業の方針を決定する機関を支配している場合におけるその会社等に限る）
＊　「最終親会社」とは，他の会社等の支配持分を直接又は間接に有する会社等（他の会社等がその支配持分を直接又は間接に有しないものに限る）をいう（法税82条2号イ）。

(6)　会社等
上記「会社等」とは，会社，組合その他これらに準ずる事業体（外国におけるこれらに相当するものを含む）をいう（法税82条1号ハ）。
なお，「共同支配会社等」（同条15号）は，この会社等に含まれるが，当該共同支配会社等は企業グループ等に属する会社等には該当しないことから「構成会社等」（同条13号）には該当しない。
(7)　導管会社等
会社等について，課税上透明体（transparent）として取り扱われている会社

等は，他の会社等とは区別して，導管会社等とされる。税法上，導管会社等とは，①その会社等の設立国の税制上構成員課税（パススルー）とされるものと，②その会社等の設立国の税制上はパススルーとされるものではないが，実態上当該設立国では課税されず，その構成員の所在地国において構成員課税されるものがある（法税82条5号，法税令155条の7）。

(8) **恒久的施設等**

IIRでは，国ごとの実効税率の計算を適切に行うため，会社等と恒久的施設等（PE）の所在地国をそれぞれ別に判定することとされている。上記(4)(5)の「恒久的施設等」とは，会社等の所在地国以外の国又は地域（他方の国）において，その会社等の事業が行われる場合における場所をいい，おおむね次の4つに区分される（法税82条6号）。

（イ）租税条約等がある場合に，その条約に基づきPEとされるもの（同号イ）

（ロ）租税条約等がない場合に，会社等の，他方の国の税法においてPEとされるもの（同号ロ）

（ハ）他方の国に法人税制がない場合にOECDモデル租税条約に基づきPEとされるもの（同号ハ）

（ニ）いわゆる無国籍PEとされるもの（同号ニ）

これら租税条約等には，日台民間租税取決めも含まれ，OECDモデル租税条約に準拠したものだけでなく，国連モデル租税条約に準拠したものも含まれる（法基通18-1-11）。また，条約等に基づき，事業が行われる場合における場所のみならず，PEに相当するものとして取り扱われる代理人（代理人PE）も含まれる（法基通18-1-9）。

なお，これらのPEにつき，「会社等の所在地国以外の一の国又は地域に当該会社等の事業活動の拠点が複数ある場合には，複数の当該事業活動の拠点全体が一の恒久的施設等となる」（1国1PE）（法基通18-1-10）。

(9) **所在地国**

IIRの実効税率の計算は国・地域単位で行うため，企業グループ等に属する会社等の所在地国の決定が重要となる。上記(4)の「所在地国」とは，導管会社等を除く会社等で，本店若しくは主たる事務所又は事業の管理支配を行う場所

3 国際最低課税額に対する法人税制度（グローバル・ミニマム課税制度）

を有することその他これらに類する場所を有することで，法人税又は法人税に相当する税を課することとされる会社等については，これらの国又は地域をいい，それ以外の会社等については，その会社等の設立国をいう。恒久的施設等については，上記(8)の恒久的施設等の4つの区分に応じてその事業が行われる国又は地域（他方の国）とされている（法税82条7号イ・ハ）。

なお，導管会社等の場合，その事業体自体が課税主体でないものは，原則，その所在地国はないものとされ，無国籍会社等とされるが，その導管会社等が最終親会社等や国際最低課税額に対する法人税に相当する税を課されている場合には，その設立国とされる（同号ロ）。

また，所在地国の判定において，国又は地域が2以上となり，所在地国が定まらない場合があるが，実効税率の計算上はいずれかの国に決定する必要があるため，別途その決定ルールが定められている（法税令155条の8）。

3 制度対象企業グループの全体像

【図3】は，制度の対象となる企業グループの範囲を示すことを目的に，日本の親会社（A）とその子会社等との出資関係（所有持分関係）を示している。まず，税法上の「特定多国籍企業グループ等」の対象とされるもの（構成会社等）はAからG（スミベタ部分）である。一番シンプルな関係は，例えば，AとE，AとFの関係で，所有持分100％の関係である。本図は，基準税率の15％に満たない「軽課税国」をX国，Y国，Z国として，これらの国に所在する事業体についてAとの関係で国際最低課税額が算出される可能性があるものを表示している。そして，最終親会社であるA（原則）に対して軽課税国での不足税額がトップアップ課税（追加課税）されるという仕組みがこのIIR制度である。

親会社とされるAからの出資を辿って傘下の事業体との関係をみると，この軽課税国の会社等に辿り着くまでに様々な出資スタイルがある。Aが直接的に完全支配しているもの（E，F）や，途中，別の国（第三国）の会社等を介しているため，軽課税国の会社等への出資が間接出資となるもの（D，G，R）がある。

そのことを前提として，例えば，Dの不足税額（100）の課税先（課税主体）

第 1 章　デジタルエコノミーが引き起こした租税制度の変容

【図 3】対象グループの範囲と課税

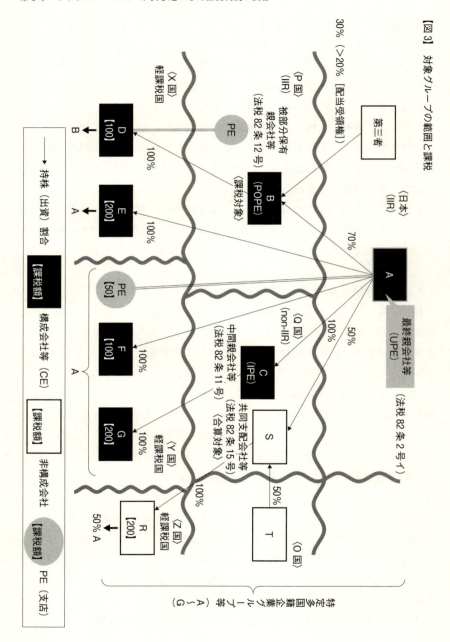

③ 国際最低課税額に対する法人税制度（グローバル・ミニマム課税制度）

を検討すると，その親会社であるBが所在するP国ではIIRが導入されているものの最終親会社がわが国所在のAであるため，一義的には，Aに対しトップアップ課税されることとなるが，AのBに対する所有持分割合（正確には，直接又は間接に有する所有持分に係る権利に基づき受けることができる金額の総額の割合［配当受領権の割合］）が70％（第三者が20％以上）であることからIIR上はAに対する課税は成立しないこととなる。その理由は，BがGloBEルール上のPOPE（Partially Owned Parent Entity）と呼ばれるものに該当するからであり，わが国税法上は，これを「被部分保有親会社等」（法税82条12号）と定義している。これに該当するか否かは，その事業体の株主に対する配当受領権の割合（20％ルール）で判定される。すなわち，この割合が20％超で，その主要株主（親会社）以外の第三者が有するものである場合には，この事業体は「被部分保有親会社等（POPE）」とされ，この場合のトップアップ課税の対象とされる会社等は，その最終親会社（A）ではなく，当該POPEとなる。本図Bの配当受領権を有する割合は，Aが70％，A以外の第三者が30％であることから，このBはPOPEに該当することになる。したがって，このBに100％所有されている軽課税国所在のDに係る不足税額はAではなくBに追加課税される（スプリット・オーナーシップ・ルール）。

また，Gの不足税額（200）の課税先を検討すると，その親会社であるCが所在するQ国ではIIRが導入されておらず，一義的にはこの不足税額はAに追加課税されることになる。

仮にQ国にIIRが導入されていたとしても，最終親会社Aの所在地国（日本）でIIRが導入されていれば，日本の最終親会社Aへの課税権が優先されるため，Cは課税対象とはならないことになる。そして，最終親会社の所在地国でIIRが導入されていない場合は，Cのような最終親会社の傘下に位置する事業体が課税対象になる（トップダウンアプローチ課税）。このように，関係各国におけるIIRの導入の有無を考慮して課税関係を考える必要がある。

なお，このCは，「中間親会社等」（同条11号）と定義され，GloBEルール上は，IPE（Intermediate Parent Entity）と呼ばれている。

次に，Q国に所在するSのように親会社Aが100％出資する事業体ではないが，これがいわゆるジョイント・ベンチャー（50％出資）の器として機能し

ているビークル（事業体）である場合，その株主（A）の当該事業体（S）に対する所有持分が 50% 以上である場合には，IIR の適用上検討が必要となる。すなわち，当該 S の傘下に軽課税国所在の R があり，この R に不足税額（200）があると，S は A グループの法人ではないが A の S に対する所有持分（50%）に応じて，当該 A に対し追加課税されることになる。この S は税法上，「共同支配会社等」（同条 15 号）と定義され，これに該当する場合は，これ自体が親会社であるとしてその傘下の法人（R）に係る不足税額につき，これを最終的には当該共同支配会社等の株主である法人（A）に対し，その所有持分に応じ，追加課税するという仕組みとなっている。

次に，親会社 A の PE が軽課税国 Y にあるが，この PE については，これがあたかも事業体であるかのように捉えて，本制度を適用していくことになる。

このように，IIR においては POPE のようなケースを除き，原則的には最終親会社に追加課税されることになり，この最終親会社（A）を，GloBE ルール上は，UPE（Ultimate Parent Entity）と呼ぶ。

4 国際最低課税額の具体的計算

国際最低課税額とは，構成会社等である内国法人が属する特定多国籍企業グループ等の「グループ国際最低課税額」のうち，その特定多国籍企業グループ等に属する構成会社等又は当該グループ等に係る共同支配会社等（わが国を所在地国とするものを除く）の個別計算所得金額に応じて配賦される会社等別国際最低課税額について，内国法人の所有持分等を勘案して計算した帰属割合を乗じて計算した金額（内国法人が他の構成会社等を通じて間接に有する一定の構成会社等又は共同支配会社等については，その計算した金額からその計算した金額のうち他の構成会社等に帰せられる部分の金額として計算した金額を控除した残額）の合計額とされている（法税 82 条の 2 第 1 項）。

なお，法令上，その対象となる会社の種別（事業体の類型）が「構成会社等」（法税 82 条 13 号），「無国籍構成会社等」（同条 18 号），「特定構成会社等」（法税 82 条の 2 第 3 項），「共同支配会社等」（法税 82 条 15 号），「無国籍共同支配会社等」（同条 22 号），「特定共同支配会社等」（法税 82 条の 2 第 5 項）のいずれであるかによって異なる適用条文が用意され，計算方法がそれぞれ異なる。以下は，

3 国際最低課税額に対する法人税制度（グローバル・ミニマム課税制度）

【図4】国際最低課税額の計算フロー

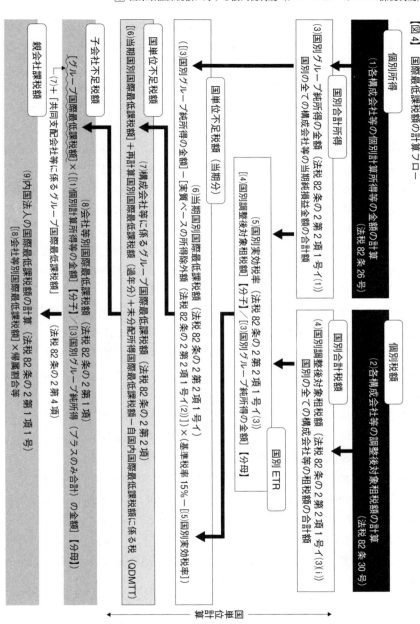

適用場面が多いとされる一般的な「構成会社等」を例に，その「国際最低課税額」を算出する際に必要な計算要素（計算事項）を示すものである。具体的計算フローは【図4】を参照されたい。

(1) 個別計算所得等の金額

ETR計算の分母となる個別計算所得等の金額（法税82条26号）は，構成会社等，共同支配会社等に区分して，まずは各個社の会計上の損益計算書（P/L）の当期純損益金額（(ア)）を出発点にして，当該当期純損益金額をIIRの規定に従い調整した金額（(イ)）にさらにIIR特有の加減算調整（(ウ)）を行うことで「特例適用前個別計算所得等の金額」を算出する。ここから，特定業種のみに適用される調整や特定多国籍企業グループ等の選択により適用できる調整等（(エ)）を行うことによって計算される。

このように，実効税率計算の分母となる個別計算所得等の金額の確定は，会計上の金額をベースに段階的に複雑かつ多岐にわたる調整作業が求められる。

（ア） 当期純損益金額

会社等の当期純損益金額は，各対象会計年度に係る特定連結等財務諸表（構成会社等にあっては①に掲げる連結等財務諸表をいい，共同支配会社等にあっては②に掲げる連結等財務諸表をいう）の作成の基礎となる構成会社等又は共同支配会社等の税引後当期純損益金額をいう（法税82条26号，法税令155条の16第1項1号）。

① その構成会社等に係る最終親会社等の連結等財務諸表
② その共同支配会社等に係る共同支配親会社等の連結等財務諸表

（イ） 当期純損益金額の調整

独立企業間価格に基づく当期純損益金額の調整（法税令155条の16第3項・4項），特定組織再編成により資産等の移転が行われた場合の当期純損益金額の調整（同条7項・8項），プッシュダウン会計が適用される場合の当期純損益金額の調整（同条10項），移行対象会計年度前のグループ内取引等に係る当期純損益金額の調整（法税則38条の15第4項・5項），恒久的施設等の当期純損益金額の調整（法税令155条の16第11項・12項）。

（ウ） 特例適用前個別計算所得等の金額のための加算・減算項目

税金費用純額，除外配当，除外資本損益（時価評価損益，持分法損益，譲渡損

益），再評価法による損益，非対称為替差損益，違法支出，5万ユーロ以上の罰金等，過去の誤びゅう訂正又は会計処理の基準の変更，発生年金費用・収益，適格給付付き税額控除・非適格給付付き税額控除，グループ内金融取引に係る費用。

　（エ）　特定業種のみの適用調整項目・特定多国籍企業グループ等の選択調整等項目

　国際海運業所得，連結等納税規定，保険会社特例，その他 Tier1 資本調整，株式報酬費用，資産等の時価評価損益，不動産譲渡，ヘッジ処理，ポートフォリオ株式配当，債務免除等，資産等の時価評価課税，PE特例，課税分配法，導管会社等である最終親会社等に係る特例，配当控除所得課税規定。

(2)　**対象租税**

　ETR計算の分子の要素となる調整後対象租税額（法税82条30号）を構成する対象租税（同条29号）は，例えば，資本に対して課されるものについてもその対象範囲に含まれるなど法人税が一般に捉える概念よりも対象範囲が広い。適切なETR計算を行うためにも，表面上は税とされるものがこの対象租税（Covered Taxes）に該当するのか否かの分類が重要となる。

《対象租税の範囲》（法税令155条の34第1項）

　（ア）　［1号］　所在地国の法令により構成会社等の所得に対して課された法人税，法人税に相当する税（例：法人税，地方法人税，法人住民税［法人税割］，法人事業税［所得割］，CFC税制により課される税，transparent の事業体（透明体）からの未分配利益持分に課される税，他の構成事業体からの分配に対し課される税）

　（イ）　［2号］　適格分配時課税制度＊の適用により，分配があった又は分配があったとみなされる利益に対して15％以上の税率で法人税に相当する税を課すとされる制度により課される税（エストニア，ラトビア，ジョージアの法人所得税）

　　＊　「適格分配時課税制度」に該当するためには，①その分配に対して基準税率以上の税率で法人税に相当する税を課することとされていること，②その法令の規定が令和3（2021）年7月1日以前に施行されたものであることの2つの要件を満た

す必要がある（法税則 38 条の 27 第 1 項）。

(ウ) ［3 号］ 構成会社等の特定所得につき，徴収上の便宜のため，所得に代えて収入金額等を課税標準として課されるもの（例：源泉所得税，復興所得税［源泉徴収］）

(エ) ［4 号］ 構成会社等の特定所得につき，所得を課税標準とする税に代え，構成会社等の収入金額等を課税標準として課される税（例：法人事業税［収入割]）

(オ) ［5 号］ 構成会社等の利益剰余金その他の純資産に対して課される税（例：法人事業税［資本割]）（法税則 38 条の 27 第 2 項）。

なお，対象租税から除かれるものとして，IIR，QDMTT 及び UTPR に係る税のほか，利益の配当を受ける者がその所得に対する税額から還付等を受けることができる税等がある（法税令 155 条の 34 第 2 項）。

(3) 調整後対象租税額の計算

「調整後対象租税額」は，国又は地域の構成会社等の各対象会計年度の当期純損益金額に係る対象租税の額その他の事情を勘案して次の(ア)～(ウ)の合計額を加算した金額とされている（法税 82 条 30 号，法税令 155 条の 35 第 1 項～3 項）。

(ア) ［1 号］ 当期対象租税額（①当期純損益金額に係る法人税等に被配分当期対象租税額（プッシュダウン，プッシュアップ）を加算した金額＋②加算額－③減算額）（法税令 155 条の 35 第 2 項）

(イ) ［2 号］ 一定の調整を加えた法人税等調整額［繰延対象租税額］（法税則 38 条の 28 第 1 項～6 項）

(ウ) ［3 号］ その他の包括利益等に含まれる対象租税の額（同条 7 項）

調整後対象租税額についても，個別計算所得等の金額の場合と同様，対象租税の額から数多くの調整計算が必要となる。例えば，上記(ア)の当期対象租税額は，当期純損益金額に係る法人税等の額（P/L の法人税等）からスタートするが，それに含まれていない対象租税（例えば法人事業税の資本割）を加算し，不確実な税務処理に係る法人税等の額や 3 年以内に支払われることが見込まれない金額を減算するなど，会計ベースの金額から数多くの調整が行われる。また，CFC 課税との二重課税を排除する仕組みとして，親会社に対するその

3 国際最低課税額に対する法人税制度（グローバル・ミニマム課税制度）

CFC子会社の合算所得に対応する税額について，プッシュダウンと呼ばれる調整方法が用意されている。これにより，そのCFCに係る税額がCFC子会社の実効税率の計算上加味されることとなる。このように国境を跨ぐ構成会社等間の調整計算も必要となる（PEの場合も同様）。

さらに，上記(イ)の繰延対象租税額については，会計上の税効果会計による法人税等調整額の金額がベースとなるが，基準税率（15％）への修正計算や不確実な税務処理に係るものの調整，評価性引当金の取扱いなど，IIR特有の調整計算が必要となる。

このように，ETR計算の分子の基となる調整後対象租税額についても，複雑かつ多岐に及ぶ計算を要する。

(4) 国別実効税率（ETR）

「国別実効税率（ETR: Effective Tax Rate）」は，以下の算式のとおりで，これが基準税率（15％）に満たない場合，IIRの課税対象となる。

【算式】

　国別実効税率＝国別調整後対象租税額＊／国別グループ純所得の金額＊＊

* 国別調整後対象租税額〘分子〙（法税82条の2第2項1号イ(3)(i)）
  その国又は地域を所在地国とする全ての構成会社等の調整後対象租税額の合計額（零を下回る場合は零とし，その下回る額は翌対象会計年度以降に繰り越して控除）
** 国別グループ純所得の金額〘分母〙（同号イ(3)(ii)）
  その国又は地域を所在地国とする全ての構成会社等の個別計算所得金額（法税82条27号）の合計額－その国又は地域を所在地国とする全ての構成会社等の個別計算損失金額（同条28号）の合計額

(5) 当期国別国際最低課税額

「当期国別国際最低課税額」は，国別グループ純所得の金額から実質ベースの所得除外額を控除した残額に，基準税率15％からその所在地国における国別実効税率を控除した割合を乗じて計算した金額（法税82条の2第2項1号イ）

【算式】
　　当期国別国際最低課税額〔(5)〕＝（国別グループ純所得の金額〔(4)(＊＊)〕－実質ベースの所得除外額〔(6)〕）×(15％－国別実効税率〔(4)〕)

(6) 実質ベースの所得除外額

　IIRにおける具体的課税額の計算（国別国際最低課税額の計算）は，基準税率（15％）を下回る実効税率の国（地域を含む）について，その下回る部分の税率（不足税率）を国単位の子会社群（構成会社等）に係る合計所得金額（国別グループ純所得の金額）に乗じて課税額を算出する仕組みであるが，その国単位の所得金額の全てが課税対象となるわけではなく，その国における一定の経済活動の実態を考慮して，一定額を控除（除外）する（carve-out）こととされている。

　この控除する金額は一般に「実質ベースの所得除外額（Substance-based Income Exclusion：SBIE）」といわれるが，これは①特定費用（法税令155条の38第1項1号）の額と②特定資産（同項2号）の額（帳簿価額の平均額）の合計額に一定の割合を乗じた金額とされている。これらは国単位で計算され，具体的には，その国に所在する構成会社等の対象会計年度に係る給与等の費用（特定費用）の額の合計額の5％相当額（初年度は9.8％，9年間で5％に逓減）と有形固定資産等（特定資産）の帳簿価額の合計額の5％相当額（初年度7.8％，9年間で5％に逓減）の合計額とされている（法税82条の2第2項1号イ(2)，令和5年改正法附則14条5項・6項）。

(7) グループ国際最低課税額

《構成会社等に係るグループ国際最低課税額》

　構成会社等に係るグループ国際最低課税額とは，次の(イ)から(ハ)までの区分に応じて計算した金額の合計額とされている（法税82条の2第2項）。

（イ）　ETR15％未満かつ国別グループ純所得あり

　構成会社等の所在地国における国別実効税率が基準税率15％を下回り，かつ，その所在地国に係る国別グループ純所得の金額がある場合の計算は，次のとおり（法税82条の2第2項1号）。

3 国際最低課税額に対する法人税制度（グローバル・ミニマム課税制度）

【算式】
　構成会社等に係るグループ国際最低課税額＝当期国別国際最低課税額［(5)］＋再計算国別国際最低課税額＋未分配所得国際最低課税額－自国内最低課税額に係る税の額（QDMTT）

　《再計算国別国際最低課税額》
　その対象会計年度開始の日前に開始した各対象会計年度（以下「過去対象会計年度」という）の構成会社等の所在地国に係る当期国別国際最低課税額につき再計算を行うことが求められる場合において、当初の当期国別国際最低課税額がその過去対象会計年度終了の日後に生じた一定の事情を勘案して再計算をした当期国別国際最低課税額に満たない金額で一定のものの合計額（法税82条の2第2項1号ロ、法税令155条の40第1項）。

　《未分配所得国際最低課税額》
　各種投資会社等（法税82条16号）である構成会社等に係る個別計算所得金額のうち、他の構成会社等に分配されなかった部分に対応する国際最低課税額として計算される一定の金額（法税82条の2第2項1号ハ、法税令155条の42第1項）。

　《自国内最低課税額に係る税の額》（QDMTT）
　わが国以外の国又は地域の租税に関する法令において、その国又は地域を所在地国とする特定多国籍企業グループ等に属する構成会社等に対して課される税（その国又は地域における国別実効税率に相当する割合が基準税率15％に満たない場合のその満たない部分の割合を基礎として計算される金額を課税標準とするものに限る）又はこれに相当する税の額（法税82条31号）。

（ロ）　ETR15％以上かつ国別グループ純所得あり
　構成会社等の所在地国における国別実効税率が基準税率15％以上であり、かつ、その所在地国に係る国別グループ純所得の金額がある場合の計算は、次のとおり（法税82条の2第2項2号）。

【算式】

構成会社等に係るグループ国際最低課税額＝再計算国別国際最低課税額＋未分配所得国際最低課税額－自国内最低課税額に係る税の額（QDMTT）

（ハ） 国別グループ純所得なし

構成会社等の所在地国に係る国別グループ純所得の金額がない場合についても，上記（ロ）のとおり計算することとなる（法税82条の2第2項3号）。

ただし，その国又は地域を所在地国とする全ての構成会社等の調整後対象租税額の合計額が零を下回る場合，その下回る額から「特定国別調整後対象租税額」＊を控除した残額（以下「永久差異調整のための国際最低課税額」という）があるときは，次のとおり計算することになる。

> ＊ その国又は地域を所在地国とする全ての構成会社等の個別計算損失金額の合計額からその国又は地域を所在地国とする全ての構成会社等の個別計算所得金額の合計額を控除した残額に基準税率15％を乗じて計算した金額（同号ハ）。

【算式】

構成会社等に係るグループ国際最低課税額＝再計算国別国際最低課税額＋未分配所得国際最低課税額＋永久差異調整のための国際最低課税額＊－自国内最低課税額に係る税の額

> ＊ 永久差異調整のための国際最低課税額については，その対象会計年度で加算せず，翌対象会計年度以降の当期国別国際最低課税額の計算において，国別実効税率の分子の計算上，控除することを選択できる（法税82条の2第2項1号イ(3)・9項）。

(8) 会社等別国際最低課税額

グループ国際最低課税額のうち，特定多国籍企業グループ等に属する構成会社等（わが国を所在地国とするものを除く）又はその特定多国籍企業グループ等に係る共同支配会社等（わが国を所在地国とするものを除く）の個別計算所得金額に応じてその構成会社等又は共同支配会社等に帰属する金額として一定の計算をした金額（法税82条の2第1項）。

3 国際最低課税額に対する法人税制度（グローバル・ミニマム課税制度）

(9) 内国法人の国際最低課税額

原則として，上記(8)の「会社等別国際最低課税額」にその構成会社等に対する帰属割合＊を乗じた金額とされる。

なお，当該内国法人がその所有持分を他の構成会社等を通じて間接に有する構成会社等である場合については，上記(8)の「会社等別国際最低課税額」にその構成会社等に対する帰属割合を乗じた金額から当該他の構成会社等に帰せられる部分の金額を控除した残額となる。

> ＊ 「帰属割合（Inclusion Ratio）」とは，構成会社等の個別計算所得金額のうちその内国法人が有するその構成会社等に対する持分に帰せられる金額がその個別計算所得金額に占める割合とされ（法税令155条の37第2項），連結財務諸表における親会社株主に帰属する当期純利益の計算の仕組みを用いて計算することとされている。具体的にはその持分に対応する金額以外の金額（非支配株主帰属額）を個別計算所得金額から控除して計算することとなる。

5 恒久的適用免除（デミニマス除外）

特定多国籍企業グループ等に属する構成会社等（各種投資会社等を除く）が各対象会計年度において次の(1)(2)の要件の全てを満たす場合には，その構成会社等の所在地国における当期国別国際最低課税額は，零とすることをGloBE情報申告書（GIR）において選択できる（法税82条の2第6項）。

これは恒久的なルールで，課税しない許容限度としての安全領域を示したもので，「デミニマスルール」と称されている。

重要な点は，IIRの規定に従った精緻な数値に基づいて判断されるものであり，ここで求められる金額は，CbCRベースでなく，IIRベースということである。

なお，共同支配会社等に係る適用免除基準（デミニマス）についても，基本的に同様であるが（同条10項），無国籍会社等である構成会社等（法税82条18号）については，この適用免除ルールは適用されない（法基通18-2-10参照）。

(1) その構成会社等の所在地国におけるその対象会計年度及びその直前の2対象会計年度に係るその特定多国籍企業グループ等の収入金額の平均額として一定の計算をした金額が1,000万ユーロ相当額に満たないこと

(2)　その構成会社等の所在地国におけるその対象会計年度及びその直前の2対象会計年度に係るその特定多国籍企業グループ等の利益又は損失の額の平均額として一定の計算をした金額が100万ユーロ相当額に満たないこと

　　(＊)　上記(1)の1,000万ユーロ及び(2)の100万ユーロの本邦通貨への換算は,「対象会計年度(……)開始の日(……)の属する年の前年12月における欧州中央銀行によって公表された外国為替の売買相場の平均値」とされている(法税則38条の3)。

6　経過的適用免除（適格CbCRセーフ・ハーバー）
(1)　構成会社等に係る適格CbCRセーフ・ハーバー
　グローバル・ミニマム課税の導入に伴う企業の事務負担に配慮することを目的として，特定多国籍企業グループ等に属する構成会社等の令和6(2024)年4月1日から令和8(2026)年12月31日までの間に開始する各対象会計年度であって，かつ，令和10(2028)年6月30日までに終了するもの＊については，その各対象会計年度に係る適格CbCR（租税特別措置法66条の4の4第1項に規定する「国別報告事項」をいい，連結等財務諸表を基礎として作成されたものに限る）又はこれに相当するものにおける記載内容に基づき，次の(ア)～(ウ)のいずれかの要件を満たす構成会社等（無国籍構成会社等その他一定のものを除く）の所在地国で計算される構成会社等に係るグループ国際最低課税額の金額を零とすることが選択できる（令和5年改正法附則14条1項・2項）。

　＊　3月決算を例にとると，令和7(2025)年3月期～令和9(2027)年3月期が対象

(ア)　デミニマス要件（次の(1)(2)の要件を全て満たすこと）（令和5年改正法附則14条1項1号）
(1)　適格CbCRに記載されるその構成会社等の所在地国に係る収入金額に一定の調整を加えた金額が1,000万ユーロ相当額未満であること
(2)　適格CbCRに記載されるその構成会社等の所在地国に係る税引前当期利益の額に一定の調整を加えた金額（以下「調整後税引前当期利益の額」という）が100万ユーロ相当額未満であること

　　(＊)　上記(1)の1,000万ユーロ及び(2)の100万ユーロの本邦通貨への換算は,

3 国際最低課税額に対する法人税制度（グローバル・ミニマム課税制度）

「対象会計年度開始の日の属する年の前年 12 月における欧州中央銀行によって公表された外国為替の売買相場の平均値」とされている（令和 5 年改正省令附則 3 条 3 項）。

（イ）　簡素な実効税率要件（令和 5 年改正法附則 14 条 1 項 2 号）
次の計算式による「簡素な実効税率」が，次の対象会計年度の区分に応じた割合以上であること

【算式】
簡素な実効税率＊＝連結等財務諸表に係る法人税の額等に一定の調整を加えた金額の国別合計額〘分子〙／調整後税引前当期利益の額（零を超えるものに限る）〘分母〙

* 簡素な実効税率（Simplified ETR）は，対象会計年度に応じて，以下の率を適用。
  ・令和 6 年 4 月 1 日から同年 12 月 31 日までの間に開始する対象会計年度……15%
  ・令和 7 年 1 月 1 日から同年 12 月 31 日までの間に開始する対象会計年度……16%
  ・令和 8 年 1 月 1 日から同年 12 月 31 日までの間に開始する対象会計年度……17%

（ウ）　通常利益要件（令和 5 年改正法附則 14 条 1 項 3 号）
調整後税引前当期利益の額が，特定構成会社等とそれ以外の構成会社等を区分しないで計算した場合の実質ベースの所得除外額（国別報告事項等における租税特別措置法 66 条の 4 の 4 第 1 項の事業が行われる国又は地域と所在地国が同一である構成会社等連結等財務諸表に係る法人税の額等に一定の調整を加えた金額の国別合計額（所在地国を有さない無国籍構成会社等その他一定のものを除く）に係るものに限る）以下であること

(2) **適格 CbCR セーフ・ハーバーの不適用**（once out, always out）
上記のとおり，構成会社等に係る適格 CbCR セーフ・ハーバーについて，3 つの要件（デミニマス要件，簡素な実効税率要件，通常利益要件）のいずれかを満たせば，本制度導入から 3 年間は，当該国の「構成会社等に係るグループ国際

最低課税額」(法税82条の2第2項) が零とされるが，過去において適格CbCRセーフ・ハーバーの適用を受けなかった対象会計年度がある場合には，その後の対象会計年度において，この3つの要件を満たしたとしても，適格CbCRセーフ・ハーバーの適用を受けることはできないとされている (令和5年改正法附則14条2項)。

これは，いわゆる「once out, always out」といわれるもので，過去に1回でも適格CbCRセーフ・ハーバーの適用を受けなかった場合は，その後はいかなる理由をもっても原則，適用は受けられなくなる。その適用を受けなかったことが，3つの要件を満たさなかったことによるものか，あるいは，要件は満たすが適用選択をしなかったものなのか等，その不適用の理由は問わない点に注意が必要である。ただし，この判定も所在地国ごと，構成会社等と共同支配会社等 (JVグループごと) に判定することとされているため，例えば，ある対象会計年度において構成会社等については，適格CbCRセーフ・ハーバーの適用を受けていなかったが，JVグループについては，この適用を受けていた場合，その後の対象会計年度において，当該構成会社等については，適格CbCRセーフ・ハーバーの適用はないが，当該JVグループについては，その要件を満たせばその適用を受けることは可能とされる。

7　課税標準

各対象会計年度の国際最低課税額に対する法人税の課税標準は，各対象会計年度の課税標準国際最低課税額で，各対象会計年度の課税標準国際最低課税額は，各対象会計年度の国際最低課税額とされる (法税82条の4)。

8　税額の計算

各対象会計年度の国際最低課税額に対する法人税の額は，各対象会計年度の課税標準国際最低課税額に100分の90.7の税率を乗じて計算した金額である (法税82条の5)。

4 グローバル・ミニマム課税とCFC税制

中村 真由子

I　はじめに

　OECD/G20の「BEPS包摂的枠組み」において合意された経済のデジタル化に伴う国際課税上の課題に対する2つの柱による解決策のうち、グローバル・ミニマム課税を実現する第2の柱については、各国の国内法制化が進んでおり、我が国においても令和5（2023）年度税制改正により所得合算ルール（IIR）に対応する国際最低課税額に対する法人税制度が創設された（令和6（2024）年4月1日以後開始する事業年度から適用）。第2の柱のグローバル・ミニマム課税は、軽課税国への利益移転や法人税率の引き下げ競争に対抗して、国際的に合意された最低税率までの課税を行うもので、外国子会社合算税制（CFC税制）とは制度趣旨や適用範囲も異なるため、両制度は共存し得るものと整理されている。

　一方で、第2の柱の所得合算ルール（IIR）とCFC税制は、最終親会社に対して軽課税国における外国子会社の所得についての課税を行う点で一定程度共通しており、グローバル・ミニマム課税の導入による企業の実務負担軽減の観点からも、両税制の重複を回避し、CFC税制を簡素化することが産業界から望まれている。令和5（2023）年度の与党税制改正大綱においても、「第2の柱」の導入による対象企業の追加的な事務負担が生じること等を踏まえて、CFC税制も可能な範囲で見直しを行うこととされ、令和6（2024）年度税制改正以降に見込まれる更なる「第2の柱」の法制化を踏まえて、必要な見直しを検討することとされている[1]。これを受けて、令和5年度及び令和6（2024）年度税制改正でCFC税制の一部改正が行われたが、わずかな見直しに止まっており、

---

1) 自由民主党＝公明党「令和5年度税制改正大綱」（令和4年12月16日）。

更なる見直しが望まれている。

本稿では，これらの議論を踏まえつつ，グローバル・ミニマム課税と，CFC税制のあり方について概説する。

II グローバル・ミニマム課税とCFC税制の比較

1 CFC税制の沿革

CFC税制は，タックスヘイブンに設立された子会社等を利用した税負担の軽減を図る租税回避への立法措置として，昭和53 (1978) 年にタックスヘイブン対策税制として導入された。当時は対象となる軽課税国を指定する方式であったところ，平成4 (1992) 年度税制改正にて外国子会社の租税負担割合により対象を判定するアプローチへ移行した（トリガー税率は25%）。

平成22 (2010) 年度税制改正では，トリガー税率が20%以下に引き下げられるとともに，経済的活動基準を満たした場合も一定の資産性所得の合算課税を行う制度が創設された。平成29 (2017) 年度税制改正により，BEPS行動3の勧告を踏まえて，経済実態に即した課税を行う観点からより厳格なCFC税制となり，租税負担割合20%以上の実体のないペーパーカンパニー等が合算対象となった。

このような税制改正を経て，我が国のCFC税制は，①ペーパーカンパニー等の特定外国関係会社，②①に該当しないが経済活動基準を満たさない対象外国関係会社，③経済的活動基準を満たす部分対象外国関係会社の3つのカテゴリーに分けられた上で，それぞれ，租税負担割合が①30%未満（令和5 (2023) 年度改正後は27%未満に引き下げ）の場合に会社単位合算，②20%未満の場合に会社単位合算，③20%未満の場合に受動的所得の合算，といった形で適用免除基準及び合算対象が決められている。

なお，CFC税制の制度趣旨は，立法当初は軽課税国にある外国子会社の所得を配当として我が国に還流させず留保することで我が国での税負担を不当に軽減する課税繰延を防止することにあるとされてきたが，平成21 (2009) 年度税制改正にて外国子会社配当益金不算入制度が導入されたことで，所得発生時に租税回避を防止する，我が国の課税ベース浸食に対する対抗措置としての制

4 グローバル・ミニマム課税とCFC税制

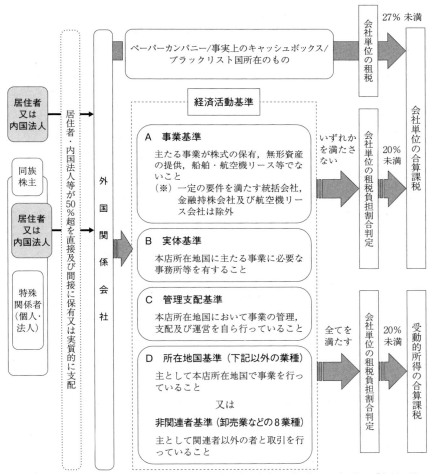

※第21回税制調査会（2022年11月4日）財務省「説明資料〔国際課税〕」64頁記載の「租税回避への対抗手段①：外国子会社合算税制」から令和5年度税制改正を反映して作成。

度に趣旨が変更されたものと考えられている[2]。

　これらの改正を経て，CFC 税制は，租税回避防止措置としての性格が明確になったものと考えられるが[3]，実際の CFC 税制の適用の実態としては，租税回避目的のものに限らず，形式的な要件を充足した場合に適用されてしまうこととなる。CFC 税制は，国際的な租税回避防止を目的とする政策税制であり，租税回避の防止という本来の政策目的を踏み越えて，懲罰的な適用はされるべきでないとの中里実名誉教授の見解[4]は説得的であるように思われるが，課税要件の明確性や課税執行面における安定性を重視したみずほ銀行 CFC 事件最高裁令和 5 年 11 月 6 日判決に見られるように，裁判所は，趣旨目的からの限定解釈を安易に行わず，文理解釈を重んじる傾向にある[5]。したがって，例えば事業年度末の一時点の外国子会社の保有割合で合算対象となる所得を算定するように，制度趣旨からすれば合算課税されるべきではない部分についてまで過剰合算が生じる場合もある制度となっていることに留意が必要となる。

2　グローバル・ミニマム課税と CFC 税制

　第 2 の柱のグローバル・ミニマム課税は，軽課税国への利益移転や法人税率の引き下げ競争に対抗して，国際的に合意された最低税率までの課税を行う制度であり，OECD・G20 の Inclusive Framework での合意に従い，他国の同制度と連動して統一した適用を行うことが想定されている。

　第 2 の柱の Blueprint の文書では，IIR と CFC 税制は，一定税率以下の課税

---

2) 増井良啓＝宮崎裕子『国際租税法〔第 4 版〕』（東京大学出版会，2019 年）186 頁参照。財務省は「『外国子会社に留保された所得を合算する制度（課税繰延の抑止）』から『外国子会社で発生した所得を合算する制度（租税回避を発生時に抑止）』へと制度の位置付けを変更」と説明（2016 年 10 月 14 日第 4 回政府税制調査会，［総 4-1］財務省説明資料（国際課税 2））。

3) 錦織康高＝藤谷武史「CFC 税制と『国際競争力』」中里実ほか編著『タックス・ヘイブン対策税制のフロンティア』（有斐閣，2013 年）191 頁参照。

4) 中里実「タックス・ヘイブン対策税制改正の必要性」前掲注 3) 2 頁。

5) 近時の裁判例が CFC 税制に関して文理解釈を重視する傾向について，太田洋「みずほ CFC 課税事件最高裁判決の分析――国際興業事件最高裁判決等との比較を通じて」租税研究 894 号（2024 年）189 頁参照。裁判例として，サンリオ事件東京高判令和 3 年 11 月 24 日（確定申告書に適用除外記載書面が添付漏れであったことを理由として合算課税した事案），シティグループ事件東京高判平成 27 年 2 月 25 日（タックス・ヘイブン子会社の東京支店の所得を日本の親会社に合算課税した事案）。

4 グローバル・ミニマム課税と CFC 税制

しかなされていない外国子会社の所得を株主に合算する点で operation が類似するものの，政策目的が異なるため，共存し得るものと整理されている[6]。実際，グローバル・ミニマム課税は，7億5,000万ユーロ超の多国籍企業を適用対象とし，経済活動基準を満たす能動的所得についても課税対象とするなど CFC 税制とはスコープが異なっており，租税負担割合（ETR）や所得の計算方法も異なっている。具体的な IIR と CFC 税制の差異についての概要は以下のとおりである。

	第2の柱（IIR）	日本の CFC 税制
目的	軽課税国への利益移転/法人税率の引下げ競争の防止	外国子会社を利用した日本の税負担の軽減の防止
制度の制約	国際合意に従って制度設計する必要あり	CFC 税制の内容は各国の裁量（best practice）
制度の運用	他国の同制度と連動して機能し，支払国での UTPR/STTR など，IIR が適用されない場合/される前に最終親会社所在地国以外で課税することも想定	日本において完結（二重課税は外国税額控除で調整）
最低税率/適用免除基準	15%	20% 又は 27%（ペーパーカンパニー等）
適用対象	7億5,000万ユーロ超の多国籍企業（国別報告書と同じ）	内国法人等が合計で50%超の株式を保有する外国子会社
租税負担割合の計算単位	国・地域別	子会社別
計算方法	親会社の連結財務諸表をベース	現地法令により計算した所得に所定の調整
合算単位	構成会社等単位	会社単位又は一定の受動的所得
課税対象	最低税率以下で課税されている所得	受動的所得又は外国関係会社全体の所得
税率	実効税率とミニマム税率との差	親会社に適用される税率
経済実態の考慮	有形資産と給与の一定割合（最低5%）を所得から除外	経済活動基準で考慮

---

6) OECD (2020), Tax Challenges Arising from Digitalisation-Report on Pillar Two Blueprint: Inclusive Framework on BEPS, OECD/G20 Base Erosion and Profit Shifting Project, 1章注1。

第 1 章　デジタルエコノミーが引き起こした租税制度の変容

　グローバル・ミニマム課税制度と CFC 税制が共存することから，これらの関係が問題となるところ，まず，所得合算ルール（IIR）と CFC 税制では，CFC 税制が優先して適用されることとなる。すなわち，グローバル・ミニマム課税の実効税率（Effective Tax Rate）の計算において，CFC 税制により親会社において合算された外国子会社の所得に対する税額は，当該所得が発生した外国子会社の所在地国に割り当てられ（プッシュダウン），対象租税（Covered Taxes）に含めることとされている（GloBE モデル規則 4.3.2 条 (c)）。但し，移動可能な受動的所得を高課税国から低課税国に移動させることで低課税国に割り当てられる対象租税の額を増やし，全体の実効税率を上げることが可能となるため，かかる受動的所得の移転により上乗せ課税の回避を制限する観点から，受動的所得については，対象租税に含まれる額に上限[7]が付されており（同 4.3.3 条），結果として受動的所得について対象租税に含まれる額は最低税率 15％ が上限となる[8]。したがって，CFC 税制による合算課税額の全てが実効税率の計算において考慮されるわけではない。

　また，親会社が欠損の状態で CFC 税制による合算があった場合，親会社に発生する欠損金の額が減少するため実質的に合算課税が行われた状態となるものの，CFC 税制による課税額が発生しているわけではないため，外国子会社所在地国の実効税率の計算において考慮されることにはならない（したがって，CFC 税制とグローバルミニマム課税の両方が適用される）という問題がある。この場合も CFC 課税額が発生したものとみなして子会社所在地国の対象租税にプッシュダウンされることが許容されるべきであることが経済界からは要望されていたところ[9]，親会社において繰越外国税額に係る繰延税金資産の計上を認

---

[7]　具体的には，(a) 受動的所得に関して割り当てられた対象租税の額又は (b) 受動的所得の額×（15％－受動的所得に対する CFC 税額を除外して算出された実効税率）のいずれか低い額。

[8]　OECD (2022), Tax Challenges Arising from the Digitalisation of the Economy-Commentary to the Global Anti-Base Erosion Model Rules (Pillar Two), First Edition: Inclusive Framework on BEPS（以下「GloBE ルールコメンタリー」という），Article 4.3.3 パラグラフ 63，乾慶一郎ほか「国際課税関係の改正（各対象会計年度の国際最低課税額に対する法人税の創設等関係）」『令和 5 年度税制改正の解説』（財務省ウェブサイト）863 頁以下参照。

[9]　一般社団法人　日本経済団体連合会　税制委員会企画部会「公開市中協議『第 2 の柱実施フレームワーク』に対する意見」（2022 年 4 月 11 日）3.3。

め，親会社の実効税率の計算において加算調整することで二重課税調整を図っているようであるが[10]，繰越外国税額が限度となり，必ずしも二重課税が完全に排除されるわけではない[11]。

さらに，決算期や会計処理のタイミングにより，親会社におけるCFC課税がグローバル・ミニマム課税の対象租税にプッシュダウンされるタイミングが遅れ，結果として，グローバル・ミニマム課税とCFC課税が同一年度に双方適用される場合があり得ることとなる（本書3「国際最低課税額に対する法人税制度（グローバル・ミニマム課税制度）」参照）。

なお，IIR及びUTPRに優先して適用される適格国内ミニマムトップアップ課税（QDMTT: Qualified Domestic Minimum Top-up Tax）とCFC税制との関係については，当初はCFC税制が優先するのではないかと考えられていたが[12]，その後公表されたGloBEルールの執行ガイダンスにより，簡素化のため，外国子会社所在地国のQDMTTの計算において，親会社所在地国のCFC合算課税額は考慮されないこととなった[13]。そうすることで，QDMTTの税額はGloBEルールにより算出される（QDMTT控除前の）税額よりも多くなることが想定される。

そうすると，CFC税制の租税負担割合の計算において，QDMTTの税額が考慮されなければならないように思われるが，CFC税制の租税負担割合は

---

10) 法人税法施行規則38条の28第5項，乾ほか・前掲注8）873-874頁。親法人が欠損の場合にCFC課税において外国子会社が納税した外国法人税の税額控除前に国内源泉損失と国外源泉所得の相殺に起因して親法人の実効税率が低下することを避けるための手当てとして説明されている（OECD（2023）, Tax Challenges Arising from the Digitalisation of the Economy-Administrative Guidance on the Global Anti-Base Erosion Model Rules (Pillar Two), OECD/G20 Inclusive Framework on BEPS（以下「GloBEルール2月執行ガイダンス」という），2.8節，白土晴久ほか「デジタル経済課税に係る第2の柱（4）『GloBEルール運営指針』の解説，第1の柱『利益B』の概要と影響」租税研究883号（2023年）244頁以下参照。

11) 秋元秀仁「グローバル・ミニマム課税における実務上の留意点と課題（第1回）制度の概要及びCFC税制との適用関係」国際税務43巻10号（2023年）40-41頁参照。

12) 岡直樹ほか「IFA日本支部：第11回ウェブセミナーの報告 テーマ：GloBEルールと日本CFC」租税研究879号（2023年）65頁，南繁樹「『第2の柱グローバル・ミニマム課税』コメンタリーの重要ポイント（上）」国際税務42巻6号（2022年）24頁参照。

13) GloBEルール2月執行ガイダンス5.1.3パラグラフ11による修正後のGloBEルールコメンタリー　パラグラフ118.28。

個々の外国子会社単位で算出される。QDMTT は，令和 7 年度以降の税制改正で導入されることが見込まれているところ，どのような調整が行われることとなるのか注目される[14]。すなわち，QDMTT は，グローバル・ミニマム課税制度（GloBE ルール）と整合する結果をもたらす制度である必要があるが，一定程度各国の裁量が認められており，QDMTT の下で算出された国・地域別の上乗せ課税額の配分方法は，1 以上の構成会社等に配分される限りにおいては，特定の方法は指定されていない[15]。グローバル・ミニマム課税制度においては，国・地域毎に実効税率の計算が行われ，算出された国・地域別のグループ国際最低課税額が按分ファクター（基本的には個別計算所得金額）により各構成会社等に配分される（その後，親会社の持分割合に応じて親会社に合算される）ところ，QDMTT も同様の考え方で各構成会社等に割り付けられることになるものと推測されるが，全ての構成会社等に連帯納付義務を負わせ，いずれかの構成会社等から徴収する方法も想定されているようである[16]。

III　CFC 税制の見直しの動き

　CFC 税制（我が国の課税ベースの浸食に対する対抗措置）と，グローバルミニマム課税制度（多国籍企業にグローバルでの最低税率での課税を確保するもの）では，制度趣旨が異なることから，グローバルミニマム課税制度の導入により論理必然的に CFC 税制の見直しが必要となるわけではない。しかし，グローバルミニマム課税制度に基づく申告のために企業の事務負担・コンプライアンスコストの増加が懸念され，かかる観点から CFC 税制の見直しを求める動きが生じている。

1　デジタル経済下における国際課税研究会中間報告書

　CFC 税制の見直しについては，経済産業省に設置されたデジタル経済下における国際課税研究会による 2021 年 8 月 19 日付中間報告書において取り上げ

---

14) 自由民主党＝公明党「令和 6 年度税制改正大綱」（令和 5 年 12 月 14 日）15 頁参照。
15) 前掲注 13) GloBE ルールコメンタリー　パラグラフ 118.11。
16) 前掲注 13) GloBE ルールコメンタリー　パラグラフ 118.12。

られており，グローバルミニマム課税とCFC税制の重複を回避し，実務負担を軽減することが望ましいとして，CFC税制を簡素化する方向性が示されている。

すなわち，グローバル・ミニマム課税導入後のCFC税制は，グローバル・ミニマム課税により一定の税負担が確保されることを前提に，租税回避目的以外には事業活動上の経済合理性が乏しい行為に限定して例外的に適用する方向で役割を明確化することが提言されている。具体的な制度のあり方は今後の第2の柱の最終合意の内容を踏まえて要検討とされているものの，現行のCFC税制が過重な実務負担であるとの認識の下，過剰合算を回避する観点から，以下の点に留意すべきとの意見が取り上げられている。

- 取引単位でなく子会社単位で合算の必要性を判断するエンティティアプローチを引き続き最大限活用すること
- 金額的重要性／租税回避への利用可能性を考慮した対象子会社の限定（適用免除基準を20％に1本化，経済活動基準の簡素化等）
- 合算対象所得を事業合理性のない租税回避目的の所得に限定（M＆A後の再編に伴うキャピタルゲインや清算時の債務免除益等を対象外にする）

但し，グローバル・ミニマム課税は適用対象が一定の連結売上高を有する企業グループに限定されているため，グローバル・ミニマム課税適用対象外の中小企業も同様にCFC税制を簡素化すべきかという問題が残ることが指摘されている。

2 最低税率課税制度及び外国子会社合算税制のあり方に関する研究会報告書

CFC税制の見直しについては，さらに，経済産業省に設置された最低税率課税制度及び外国子会社合算税制のあり方に関する研究会の2022年9月1日付報告書において本格的に取り上げられている。すなわち，グローバル・ミニマム課税の導入により新たな事務負担が生じることから，グローバル・ミニマム課税を日本企業への過度な負担とならないような制度とするための論点整理

第1章 デジタルエコノミーが引き起こした租税制度の変容

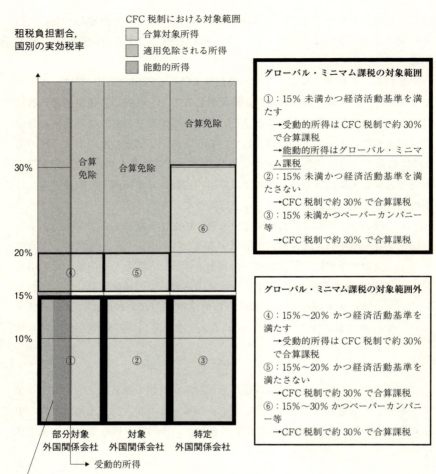

カーブアウト（有形資産簿価と支払給与の一定割合）
※デジタル経済下における国際課税研究会中間報告書14頁「〈図3〉CFC税制と最低税率課税の適用対象範囲（イメージ）」から作成（なお，CFC税制とグローバル・ミニマム課税では，実効税率計算の方法や，対象となる親会社，外国子会社等の範囲が異なるため，上記はあくまでイメージ図であることに留意が必要）。

4 グローバル・ミニマム課税とCFC税制

がなされている[17]ほか，既存のCFC税制との関係整理及び同制度の簡素化等のあり方についても検討がなされている。

すなわち，CFC税制とグローバル・ミニマム課税と趣旨は異なるものの，外国子会社の課税後に追加的な課税が必要な部分に対して親会社の本国で課税を行うという点は共通しており，既存のCFC税制に加えて，グローバル・ミニマム課税制度が導入される場合には，企業の事務手続き負担が増大することとなることから，CFC税制を簡素化する必要があることが指摘されている。また，現行のCFC税制の運用により生じている課題を適正化する必要があることから，以下の4つの現行のCFC税制の見直しに向けた課題が指摘されている。

① グローバル・ミニマム課税制度とCFC税制が併存することによるコンプライアンス対応のための負担軽減

グローバル・ミニマム課税制度を日本独自で簡素な制度にすることは困難であるため，CFC税制を抜本的に簡素化する必要

② 現行CFC税制の運用により生じている課題解決に向けた適正化

各経済活動基準が企業のビジネス実体の変化に即しておらず，判定に係る事務負担も煩雑

③ グローバル・ミニマム課税制度とCFC税制の制度が併存することにより，外国子会社から両制度ごとに異なる情報を収集することになる負担への対応

④ 外国関係会社の所得を内国法人の所得として合算する時期

---

17) 具体的には，グローバル・ミニマム課税制度について，以下の提言がなされている。
① 国際的に合意された簡素化オプションの国内法化等を通じた，制度の簡素化が必要。なお，内国法人に対して最低実効税率との差分を課税するルールを導入する場合には，日本企業の事務負担が最小限となるよう配慮すべき。
② 国際ルールで不明瞭な論点及び軽課税所得ルール（UTPR）の国内法化等を通じた，制度の明確化が必要。
③ 国内法の施行時期は，競争相手国の導入時期や実務対応に係る準備期間を考慮すべき。
④ グローバル・ミニマム課税制度に伴う申告納税時期は国際ルール上明確化されていないが，情報申告時期（会計年度終了後より初年度18ヶ月以内，2年度目以降15ヶ月以内）よりも遅くすべき。

現状の規定では，外国関係会社の「事業年度終了の日の翌日から2月を経過する日を含むその内国法人の各事業年度」において合算されることとなっており，外国関係会社の所得について，極めて短期間で当該内国法人の法人税申告の中で取り込んでいく作業が要求される。

以上の課題に対応するために，CFC 税制の見直しの方針として以下の内容が提言されている。

① 対象となる外国関係会社の絞り込み

　課税対象となるか確認している企業数と実際に課税されている企業数の乖離により過大な事務負担が生じており，外形的な基準の設定により，確認の対象となる企業を絞り込むことが提言されている。特に平成 29 年度税制改正により租税負担割合 20% 以上 30% 未満の判定対象外国関係会社が大幅に増加し，事務負担の増加が顕著になったという指摘が多くの企業から上がっていることから，外国関係会社に該当する子会社の数の限定が求められている。

　また，外国関係会社の絞り込み以外の簡素化の方針として，租税負担割合が 20% 未満の外国関係会社と，租税負担割合 30% 未満の特定外国関係会社について，合算される所得金額の有無にかかわらず，各種書類を確定申告書に添付する必要がある（租税特別措置法 66 条の 6 第 11 項，租税特別措置法施行規則 22 条の 11 第 48 項）ため，かかる添付要件を保存要件に見直すべきではないかとの意見が紹介されている。

② 経済活動基準の見直し

　経済活動基準が実体から乖離したり，明確でなかったりすることにより，事務負担が生じていたり，実体ある経済活動がある場合も含めて会社単位での合算が生じているケースがあると考えられるため，経済活動基準の見直しが提言されている。

　もっとも，経済活動基準の見直しについては，異なる方向の 2 つの意見が併記されている。1 つ目は，(i) グローバル・ミニマム課税制度により

15%の税負担が確保されるため，租税回避リスクの高いペーパーカンパニー等の特定外国関係会社を除き，能動的所得又は租税回避に当たらない所得についてはCFC税制の対象から除外すべく経済的活動基準を廃止すべきとの意見であり，2つ目は（ii）BEPS行動計画3を踏まえたBEPS対抗措置としてのCFC税制の機能に照らし，経済的活動基準を廃止ないし簡素化する場合には，合算対象となる受動的所得の範囲も拡充すべきではないかという意見である[18]。

③　グローバル・ミニマム課税制度で収集した情報の利活用

　　グローバル・ミニマム課税制度の対象企業が同制度とCFC税制で類似の異なる情報を収集することによる事務負担の増加を防ぐべく，グローバル・ミニマム課税制度にて収集した情報のCFC税制での利活用を検討すべきであることが提言されている。具体的にどのような情報や計算結果がCFC税制の中で利活用できるかは今後の検討課題とされている。

④　CFC税制における所得合算時期の見直し

　　親会社と外国子会社の決算月の組合せ（例えば，内国法人が3月決算，外国関係会社が12月決算である場合等）によっては，CFC税制の適用に係る外国子会社における手続期間が短期間になることがあるため，所得合算時期の見直しを検討すべきであることが提言されている。内国法人の翌年度以降の法人税申告で確認することが認められるように改善をする必要があるとされているが，具体的にどのような合算時期とすべきかは今後の検討課題とされている。

　グローバル・ミニマム課税が適用されない企業の取扱いについては，制度を分けるべきでないかとの意見や，中小企業における軽課税国の子会社を利用した租税回避の実態やCFC税制の安定性・予見性を担保する観点からは適用対

---

18) 経済的基準を廃止し，「合算対象となる受動的所得」を個別にリストアップする立法措置がなされた場合，結果として企業において受動的所得をピックアップする必要が生じて事務負担が増加するのではないかという懸念も述べられている。

象外の企業も含めて CFC 税制の簡素化を検討すべきでないかとの意見があり，今後の検討事項とされている。

3　令和5年度税制改正

このような CFC 税制の見直しの要望を受けて，令和5年度与党税制改正大綱においては，「『第2の柱』の導入により対象企業に追加的な事務負担が生じること等を踏まえ，外国子会社合算税制について可能な範囲で見直しを行うとともに，令和6年度税制改正以降に見込まれる更なる『第2の柱』の法制化を踏まえて，必要な見直しを検討する」方針が謳われた。具体的には，主に以下の改正がなされている。

①　合算課税の対象となる外国子会社の絞込み

改正前ではペーパーカンパニー等の特定外国関係会社の各事業年度の租税負担割合が 30% 以上の場合には会社単位の合算課税の適用が免除されることととされていたが，その基準が 27% 以上に引き下げられた。

②　確定申告時における書類の添付義務の緩和

申告書に添付する外国関係会社に関する書類の範囲から次に掲げる部分対象外国関係会社に関する書類が除外され，書類の保存のみ義務づけられることとなった。

(i)　部分適用対象金額がない部分対象外国関係会社

(ii)　部分適用対象金額が 2,000 万円以下であること等の要件を満たすことにより CFC 税制が適用されない部分対象外国関係会社

③　法人税申告書別表に係る改正

申告書に添付することとされている外国関係会社の株主等の氏名，住所，保有する株式数等を記載した書類[19]の記載事項について，その書類に代えてその外国関係会社と株主等との関係を系統的に示した図にその記載事項の全部又は一部を記載することができることとされた。

---

19)　法人税申告書別表 17 ㈢付表一（添付対象外国関係会社に係る株式等の保有割合等に関する明細書）。

4 グローバル・ミニマム課税と CFC 税制

　上記①の改正は，グローバル・ミニマム課税の導入により「対象企業に追加的な事務負担が生じることを契機として，外国子会社合算税制に関して，想定される租税回避リスクと企業の事務負担等とを総合的に勘案」した結果との説明がなされている[20]。この改正により，法定税率が 27〜30％ の範囲には，日本企業が多数進出しているドイツ，韓国，米国のカリフォルニア州やニューヨーク州などが含まれ，こうした国・地域の外国子会社を確認対象から除外できれば，事務負担が軽減される可能性があるものとされている[21]。もっとも，租税負担割合の計算においては，非課税所得の除外等により法定税率を下回る可能性があるため，必ずしもこれらの国・地域についての租税負担割合の計算が不要になるわけではない（したがって，事務負担の軽減の効果は限定的である）点に留意が必要である。

　②の改正については，対象の部分対象外国関係会社については受動的所得の合算課税の適用による合算所得が生じないため，租税回避リスクの把握と申告事務とのバランスを考慮すると，必ずしも確定申告書に外国関係会社に関する書類の添付を常に求める必要があるとまではいえないものと説明されている[22]。

　これらの改正は，上記2①で述べた「最低税率課税制度及び外国子会社合算税制のあり方に関する研究会報告書」の対象となる外国関係会社の絞り込み等による簡素化の方向性が実現したものと考えられるが，対象企業の絞り込みや確定申告時の書類添付の一部省略等で一定程度企業の事務負担の軽減に資するとは思われるものの，改正内容としては，上記1，2で述べた経済産業省の報告書で取り上げられたような CFC 税制の要件の抜本的な簡素化・適正化に係る改正ではなく，その意味では物足りない改正であったと思われる。

4　令和6年度税制改正

　令和6年度与党税制改正大綱においては，「令和5年度税制改正に引き続き，

---

20) 乾ほか・前掲注8）473頁。
21) 経済産業省「令和5年度（2023年度）経済産業関係　税制改正について」（令和4年12月）56頁（https://www.meti.go.jp/main/zeisei/zeisei_fy2023/zeisei_k/pdf/zeiseikaisei.pdf）。
22) 前掲注20）。

外国子会社合算税制について可能な範囲で追加的な見直しを行うとともに，令和7年度税制改正以降に見込まれる更なる『第2の柱』の法制化を踏まえて，必要な見直しを検討する」ことが引き続き謳われている。

これを受けた具体的な改正内容としては，会社単位の合算課税がなされるペーパーカンパニーの範囲から除外される外国関係会社を定めた既存のペーパーカンパニー特例の判定要件のうち，収入割合要件を見直し，外国関係会社の事業年度に係る収入等がない場合には，その事業年度における収入割合要件の判定が不要とされた。

すなわち，(i) 持株会社，(ii) 不動産保有，(iii) 資源開発等プロジェクトに係る外国関係会社について，その収入の額の95％超が子会社からの配当等及び一定の預金利子等である場合は，ペーパーカンパニーの範囲から除外することとされていたところ（ペーパーカンパニー特例：租特66条の6第2項2号イ(3)〜(5)），収入がゼロである場合は条文上要件を満たさず，会社単位の合算課税の対象となるリスクが存在した。実際には，収入がゼロであれば実質的には合算課税が生じる可能性は低く，合算対象とする必要性に乏しかったと思われるが，この改正により，確認対象企業の絞り込み・簡素化が一定程度は実現できるものと考えられる。

5　我が国のCFC税制の課題

このように，令和5年度税制改正及び令和6年度税制改正により一定程度CFC税制の簡素化・事務負担の軽減に資する改正がなされているものの，経済活動基準の見直しやグローバル・ミニマム課税制度と平仄を合わせる改正等にまでは踏み込まず，ごくわずかな改正に止まっている。このような視点とは別に，CFC税制の租税回避への対抗措置という趣旨からすると過剰合算と考えられる部分についての合理化・適正化は税制改正要望などを通じて経済界からは常に求められているところである[23]。

---

23)　本文で取り上げた内容と重複している部分もあるが，例えば，経団連の「令和6年度税制改正に関する提言」では，(1) CFC税制の簡素化・適正化の観点から①合算時期の見直し，②非関連者基準や管理支配基準に係る見直し，③第2の柱及びCFC税制におけ

4 グローバル・ミニマム課税と CFC 税制

　この点，経済産業省の「令和4年度現地進出支援強化事業（経済のグローバル化を踏まえた我が国の外国子会社合算税制のあり方等に係る調査事業）調査報告書」[24]において，日本企業から寄せられた我が国の CFC 税制税制における課題について，①海外への事業展開フェーズ，②海外M＆Aによる事業拡大フェーズ，③海外からの投資回収フェーズ，④ CFC 申告作業の事務負荷に分けて整理されている。既に上記1，2で述べた経済産業省の報告書で取り上げられているイシューも存在するが，例えば，以下のような課題が挙げられている。

① 海外への事業展開フェーズ
- リモート化の進展に伴い，ペーパーカンパニー等の特定外国関係会社の判定や経済活動基準のうち実体基準及び管理支配基準を満たさない可能性が出てしまう。
- 25％以上を間接的に保有する外国法人からの配当が受動的所得から除外されない（租特66条の6第6項1号イ，租特令39条の17の3第6項。外国子会社配当益金不算入制度の適用要件と同じ）。
- CFC 税制により合算課税された合算済所得を原資とする剰余金の配当は二重課税調整の観点から全額益金不算入とされているところ（租特66条の8第1項・10項），孫会社より下の会社において合算課税された場合に，二重課税調整が手当てされていない。

② 海外M＆Aによる事業拡大フェーズ
- M＆A後の一定の組織再編の結果生じた株式譲渡益を合算対象から除

る情報の共有，④外国子会社合算税制の適用対象の絞り込み及び米国州税計算の簡素化等が提言されているほか，(2) CFC 税制のその他の見直しに係る要望として，①経済活動基準の見直し（廃止を含む抜本的な簡素化，特に著作権等の提供事業の除外や，株式保有業に係る所要の見直し），②合算範囲の見直し，③事務負担の軽減に向けたその他の措置（添付要件から保存要件とする対象を広げる等）が要望されている（一般社団法人日本経済団体連合会「令和6年度税制改正に関する提言」（2023年9月12日））。

24) 2023年3月24日付 EY 税理士法人による調査報告書（経済産業省ウェブサイト《https://www.meti.go.jp/meti_lib/report/2022FY/000796.pdf》参照），関谷浩一ほか「経済産業省令和4年度委託『グローバル化を踏まえた我が国外国子会社合算税制のあり方等に係る調査事業』を踏まえた，海外 CFC 税制の紹介と日本の CFC 税制の課題」租税研究888号（2023年）265頁。

外する PMI 特例の適用が限定されており（特定関係発生日から原則として 2 年を経過する日までの期間内の日を含む事業年度において行われる一定の株式譲渡であることが必要（租特令 39 条の 15 第 1 項 5 号及び 2 項 18 号）），3 年以上の期間を要することが多い現地組織再編では使えない（但し，本店所在地国の法令又は慣行その他やむを得ない理由により当該期間内での譲渡をすることが困難であると認められる場合には，特定関係発生日から 5 年を経過する日までの期間内の日を含む事業年度における譲渡も認められている）。

③ 海外からの投資回収フェーズ
・ 外国子会社の清算フェーズでは事業実態がないためほとんどの場合が合算課税の対象となり，債務免除益など清算の過程でやむを得ず生じる所得についても課税されてしまう。

④ CFC 申告作業の事務負荷
・ 実体基準や管理支配基準の確認のため外国子会社の定性的な情報の取得及び確認作業に時間を要する。
・ 現地の申告や監査スケジュールが遅い場合に，日本での申告期限までに確定申告における別表作成及び書類添付義務のために必要書類をそろえるのが難しい。

このように，CFC 税制の要件が事業の実態や現実の資本構成に合わない場合，事業の実態やストラクチャーを CFC 税制に合わせて変えなければならないという事態も生じてしまうこととなる。また，配当方針や海外企業の M & A・組織再編も，日本の CFC 税制による影響を踏まえて実施しないと，例えば買収前の外国子会社の所得も事業年度末の買収後の親会社に全額合算されてしまう等，意図しない合算課税が生じてしまうこととなる。したがって，CFC 税制の適用を受ける納税者においては，「最新のタックス・ヘイブン対策税制の内容を調査し……予期せざる税務上の不利益が発生することがないよう注意を払い続けること」（みずほ銀行 CFC 事件最高裁令和 5 年 11 月 6 日判決・草野補足意見）が必要になる。

この点に関し，2024 年 2 月に，ルネサス エレクトロニクス株式会社（以下「ルネサス」）がフランスの半導体企業 Sequans Communications S. A.（以下「シ

ーカンス」）の買収に関して予定する組織再編を実施した場合に，日本のCFC税制により課税所得の計上及び納税が必要となる旨の東京国税局の回答を受領し，想定していなかった課税が生じることを理由として，当該買収を中止したことが公表された。詳細は不明であるものの，当該買収はルネサスのドイツ子会社による公開買付けにより実施されていたところ，公開買付け後の完全子会社化のための合併等の一連の取引が，ドイツ子会社における株式譲渡としてその譲渡益が合算対象になると判断されたようである[25]。事案の詳細が明らかではないため明言はできないものの，租税回避でなく制度趣旨からすれば合算対象とする必要のない組織再編をCFC税制の合算対象としてしまうことで，我が国が産業政策として重要視している半導体企業の買収を妨げてしまう結果を生み出してしまう税制でよいのか，疑問なしとはしないところであろう。

6　我が国のCFC税制見直しの方向性

今後もグローバル・ミニマム課税制度の適用開始に伴い，我が国企業の事務負担軽減のためのCFC税制の見直し（グローバル・ミニマム課税で収集した情報の利活用や添付要件の見直し等）は今後も検討されていくものと考えられるが，グローバル・ミニマム課税制度により最低税率15%の課税が確保されることを踏まえ，CFC税制をより租税回避防止措置としての制度に純化させることが考えられる。例えば，フランスのCFC税制においては，外国子会社等が稼得する所得が租税回避目的かどうかという実質的な判断基準を適用免除基準として設けているようであり[26]，1つのあり得る方向性として参考になるものと考えられるが，どのような場合に適用対象から除外されるか必ずしも明確でなく，形式的な適用免除基準を設ける現行の我が国のCFC税制と比べると，明確性・安定性に欠く部分もあるであろう。

---

25) M & A Online「なぜ課税？ルネサスが仏シーカンス買収断念に追い込まれた理由」。
26) EY税理士法人・前掲注24) 137頁参照。フランスのCFC税制では，外国子会社や支店の租税負担額がフランス法令に従って計算した場合の租税負担額の60%以下である場合には事業体単位での合算の対象となるところ，①適用対象外国子会社がEU域内で設立され，当該親会社による適用対象外国子会社の株式等の保有がフランスの租税を回避することを目的とした人為的な取組みと考えられない場合，②適用対象外国子会社の事業がフランス国外に利益を移転する以外の目的及び効用があることを納税者が証明する場合には，CFC税制の適用が除外されるようである。

また，岡直樹氏は，特定外国関係会社と受動的所得についての合算課税については租税回避否認の趣旨から現在のCFC税制を維持し，経済活動基準による合算課税については，IIR（所得合算ルール）でカバーされていることから，CFC税制の対象から除外し，代わりにEUの租税回避防止指令を参考とした「税軽減のための実態を伴わない取引」を合算対象に加えることを提案されており[27]，今後のCFC税制の見直しとしてあり得る方向性と考えられる。

もっとも，我が国のCFC税制は会社単位での合算課税を行うエンティティアプローチと受動的所得のみの合算を行うインカムアプローチが混合しているところ，子会社が行う個々の取引の租税回避該当性を親会社が判断することはかえって過重な実務負担を招くことから，会社単位で合算有無の判定を行う簡易的なエンティティアプローチを残す方向性が志向されているようである[28]。

また，グローバル・ミニマム課税制度の対象とならない中小企業・個人に対しての租税回避防止措置として，CFC税制を一律に緩和することでよいのかとの懸念は一定程度残るものと考えられるところ，新たな租税回避防止規定の手当てのほか，制度の適用をグローバル・ミニマム課税制度の適用有無で分ける考えもあり得るものと考えられる。

さらに，上記Ⅱ1で述べたとおり，これまでのCFC税制に関する裁判例においては，例えば最高裁令和5年11月6日判決に見られるように，租税回避防止措置というCFC税制の趣旨からすれば合算課税がされるべきでない過剰合算の場合でも，条文の解釈として要件に形式的に合致してしまう場合には，課税処分を免れない事案が多く見られるところである。仮に裁判で敗訴しても，裁判を通じてCFC税制の課題に着目された結果としてCFC税制の改正に繋がる場合もあるが（例えば，来料加工に関する事案においては，裁判例においては所在地国基準により経済活動基準の充足が認められなかったが，平成29年度税制改正により所在地国基準を満たすように改正された），デンソー事件最高裁平成29年10月24日判決[29]のように，制度趣旨を踏まえた裁判所による柔軟な解釈により

---

27) 岡ほか・前掲注12) 65頁以下参照。
28) デジタル経済下における国際課税研究会中間報告書15頁，岡ほか・前掲注12) 78-79頁〔山川博樹発言〕参照。

CFC 税制の適正化・合理化が促進されることも期待したい。

7　各国／OECD の動き

　グローバル・ミニマム課税の導入による CFC 税制の見直しの動きは各国でも検討されており，ドイツでは，第2の柱を実施する国内法とともに，グローバル・ミニマム課税の最低税率が 15% であることを踏まえ，CFC 税制のトリガー税率を現行の 25% から 15% に引き下げることが報じられている。

　同じく，イタリアでも，2024 年より CFC 税制のトリガー税率をグローバル・ミニマム課税の実効税率 15% に合わせて簡素化することを目的とした改正が行われた[30]。イタリアの CFC 税制は，外国子会社の実効税率が，当該外国子会社がイタリアに所在していたと仮定した場合の実効税率の 50% 未満であり，かつ 3 分の 1 超が受動的所得であるとの要件を満たした場合に適用されるところ，イタリアの法人税率は 24% であることから，必ずしも CFC 税制の適用要件を緩和したものというわけでもなさそうであるが，選択的に CFC 税制のための複雑な再計算を不要とし外国子会社の会計をベースに CFC 税制の適用有無の判定を簡易化する趣旨の改正のようである。

　OECD においても，2023 年 7 月開催の OECD Tax Talks において 2 つの柱と同様のリスクに対処する既存の税制の整理 "Decluttering Corporate Income Tax" が OECD における今後のアジェンダとなり得ることが示されており，かかる "Decluttering"（整理）の対象として，CFC 税制が対象となるかが注目されている[31]。OECD 租税政策・税務行政センター局長の Manal Corwin 氏によ

---

[29]　デンソー事件最高裁判決における制度趣旨との整合性を踏まえた解釈について，河野良介「裁判例から学ぶタックス・ヘイブン対策税制への実務対応上の視点（上）」国際税務 41 巻 9 号（2021 年）31 頁参照。

[30]　EY Tax News Update Global Edition "Italy approves BEPS Pillar Two provisions and other significant tax changes including ATAD 2 hybrid mismatches penalty protection regime"（https://globaltaxnews.ey.com/news/2023-2125-italy-approves-beps-pillar-two-provisions-and-other-significant-tax-changes-including-atad-2-hybrid-mismatches-penalty-protection-regime）。

[31]　我が国の CFC 税制見直しとの関係に触れるものとして，Takato Masuda, Should Countries Declutter Their CFC Legislation Once They Adopt the Global Minimum Tax?, Kluwer International Tax Blog（https://kluwertaxblog.com/2023/07/28/should-countries-

れば，グローバル・ミニマム課税制度により現在の CFC 税制を継続するのか，変える必要があるのかは各国の判断次第としつつ，このプロジェクトにより，国際課税のルールについて重複がないか，グローバル・ミニマム課税制度を踏まえた簡素化の検討がされるようである[32]。CFC 税制についてどこまで議論の対象になるかは定かではないものの，CFC 税制の見直しを検討する上では引き続き国際的な議論の動向を注視する必要があるものと考えられる。

Ⅳ　おわりに

　我が国においては，第 2 の柱導入後も外国子会社を通じた租税回避防止措置としての重要性が強調されており，我が国の税収確保の観点からも，ドイツの CFC 税制のトリガー税率の大幅な引き下げのような抜本的な改正が行われる可能性は現時点では高くないものと考えられる。一方で，CFC 税制の形式的な適用により必ずしも租税回避防止の趣旨からは合算すべきではないと考えられる過剰合算の事例も実務上見受けられるところであり，CFC 税制の適正化・合理化は，グローバル・ミニマム課税とは別の観点からも望まれるところである（本書1「《座談会》国際課税の潮流と日本の租税制度への影響」「Ⅲ　タックスヘイブン対策税制の簡素化」参照）。

　また，2024 年 4 月 1 日以後開始する事業年度から国際最低課税額に対する法人税制度の適用がはじまり，申告作業が本格化するにつれて企業の事務負担の増加が顕在化していくものと考えられる。グローバル・ミニマム課税制度で用いられる基準を CFC 税制の適用に用いるなど，今後の運用や他国の動向を踏まえて CFC 税制の見直しが継続的に行われることを期待したい。

---

　declutter-their-cfc-legislation-once-they-adopt-the-global-minimum-tax/），関谷ほか・前掲注 24）282 頁〔野々村昌樹発言〕。
　32）「デジタル課税・執行フェーズのキーパーソンに聞く——OECD コーウィン CTPA 局長インタビュー」T & A master 1005 号（2023 年）4 頁参照。

5 GloBE とインセンティブ税制

長 戸 貴 之

I はじめに

　本稿は，2021年10月に OECD 包摂的枠組み（Inclusive Framework, IF）において合意され，同年12月に公表された第2の柱（Pillar Two）に関する GloBE モデルルール（以下「モデルルール」という）の下で，各国のインセンティブ税制がどのような影響を受けるかを検討する。第2の柱は，端的には，巨大多国籍企業の利益に対し法域ごとに最低限15％の実効税率が達成されるようにグローバル・ミニマム課税を行うことで，今も残る BEPS（税源浸食と利益移転）リスクに対処し，租税競争に底を設けることを目的とした国際的課税枠組みとまとめうるが，グローバル・ミニマム課税の額の算出プロセスには例外的取扱いが複雑に組み込まれているため，GloBE ルールを前提としたうえで，各国政府は租税政策（とりわけインセンティブ税制）のあり方の，納税者の側においては国際的なタックス・プランニング戦略のあり方の再考を迫られている。本稿では，モデルルール[1]及びそのコメンタリー[2]，随時公表されている執行ガイダンス（Administrative Guidance）[3]，を前提に，インセンティブ税制の設計に

---

[1] OECD, Tax Challenges Arising from the Digitalisation of the Economy-Global Anti-Base Erosion Model Rules (Pillar Two) (2021). （以下「モデルルール」と引用する。）

[2] OECD, Tax Challenges Arising from the Digitalisation of the Economy-Commentary to the Global Anti-Base Erosion Model Rules (Pillar Two) (2022). （以下「コメンタリー」と引用する。）

[3] OECD, Tax Challenges Arising from the Digitalisation of the Economy-Administrative Guidance on the Global Anti-Base Erosion Model Rules (Pillar Two) (2023) （以下「2月ガイダンス」と引用する。）; OECD, Tax Challenges Arising from the Digitalisation of the Economy-Administrative Guidance on the Global Anti-Base Erosion Model Rules (Pillar Two), July 2023 (2023) （以下「7月ガイダンス」と引用する。）; OECD, Tax Challenges Arising from the Digitalisation of the Economy-Administrative Guidance on the Global Anti-Base Erosion Model Rules (Pillar Two), December 2023 (2023). （以下「12月ガイダンス」と引用する。）

どのような変容がもたらされうるかを整理する（Ⅱ）。そして，GloBE ルールのインセンティブ税制設計への影響を日本の文脈に即して検討する。とりわけ，令和6年度税制改正において導入予定の IP ボックス（パテントボックス）[4]に焦点を当て（Ⅲ），GloBE ルールがインセンティブ税制を活用した租税競争への圧力を生じさせうると論じる（Ⅳ）。本稿の執筆基準時は2024年1月末である。

Ⅱ　グローバル・ミニマム課税の額の算出プロセスと各種インセンティブ税制

1　インセンティブ税制の類型

本稿では，さしあたり，法人所得税をベースラインとし，法人所得税負担を軽減又は加重することにより，税引後利益最大化を求めて意思決定する合理的な納税者の行動を政策目的に沿うよう変化させることを企図して設計された税制のことを，インセンティブ税制と呼ぶ。

OECD は，GloBE ルールによって影響を受けうるインセンティブ税制を類型化し影響の受けやすさを整理している[5]。所得に着目したインセンティブ税制（income-based tax incentives, IBTIs）として，非課税，部分的非課税，軽減税率，が挙げられる。また，支出に着目したインセンティブ税制（expenditure-based incentives, EBTIs）として，所得控除（tax deductions）と税額控除（tax credits）があり，所得控除の類型には，いわゆる所得控除の他に課税のタイミングを通常の減価償却よりも早める即時償却や加速度償却の仕組みが含まれる。税額控除の中には，還付を認めるものと認めないものがある。

2　GloBE の構造とインセンティブ税制

(1)　グローバル・ミニマム課税の額の算出プロセスの概観

最初に，モデルルールの下でのグローバル・ミニマム課税の額の算出プロセ

---

[4]　本稿では，優遇税制の対象が特許に限られないものが一般的になっていることから，「IP ボックス」という呼称を用いる。日本の税制改正では「イノベーションボックス」と呼称されている。

[5]　See OECD, Tax Incentives and the Global Minimum Corporate Tax: Reconsidering Tax Incentives after the GloBE Rules 37, Table 1 (2022).

スを，インセンティブ税制への影響を考えるうえで必要な最低限度で概観しておく。法人税法の「各対象会計年度の国際最低課税額に対する法人税」として国内法制化された部分に関する用語は『改正税法のすべて〔令和5年増補版〕』に倣う[6]。

まず，対象となる MNE グループ（MNE Group）は，主として連結財務諸表を基準として連結総収入金額が7.5億ユーロ以上の多国籍企業であるから，国際的に事業展開する極めて大きな企業が念頭に置かれる。そのため，中小企業向けの軽減税率は検討対象から外れる。

グローバル・ミニマム課税の額（最終的には「トップアップ税額（Top-up Tax）」と呼ばれる）算出の出発点となるのは，MNE グループの各構成事業体（Constituent Entity）の財務諸表上の純損益の金額にモデルルール上要求される一定の調整を加えた値である GloBE 所得（GloBE income）である。各構成事業体の所在地法域（国・地域だが，以下では「所在地国」と表記する）ごとに GloBE 所得を分母，各構成事業体の所得に対する租税である「対象租税（Covered Tax）」に一定の調整を加えた「調整後対象租税（Adjusted Covered Taxes）」の金額を分子として，当該所在地国における実効税率（Effective Tax Rate, ETR）を算出する。当該所在地国の ETR が15% に満たない場合に，その満たない分である15-ETR（%）が「トップアップ税率（Top-up Tax percentage）」となる。続いて，トップアップ税率に，当該所在地国内の各構成事業体全体の GloBE 所得・損失の純額（Net GloBE Income）から「実質ベースの所得除外（Substance-based Income Exclusion, SBIE）」を行うことで得られる金額を乗じてトップアップ税額を計算する。ただし，当該所在地国で自国内最低課税額に係る税（Qualified Domestic Minimum Top-up Tax, QDMTT）が存在する場合はその額を控除した後の残額がトップアップ税額となる。このトップアップ税額を当該所在地国の各

---

[6] 大蔵財務協会編『改正税法のすべて〔令和5年増補版〕』20-26頁（大蔵財務協会，2023年）。国内法の下での用語と算出過程については，上記の『改正税法のすべて〔令和5年増補版〕』のほか，水野雅「令和5年度の国際課税（含む政省令事項）に関する改正について」租税研究885号（2023年）83頁，同「令和5年度税制改正（国際最低課税額に対する法人税）について」租税研究888号（2023年）146頁，吉村政穂「国際合意を踏まえたミニマム課税の法制化」ジュリスト1588号（2023年）58頁，本書③「国際最低課税額に対する法人税制度（グローバル・ミニマム課税制度）」を参照。

構成事業体に対して GloBE 所得の金額に応じて比例的に配分して各構成事業体の最終的な納税額を決定し多国籍企業グループの最終親会社が納税義務を負う。

以下では，上記の各算出プロセスにおいて各種のインセンティブ税制がどのような取り扱いを受けるかを整理する。

(2) **対象租税：加速度償却・即時償却等の一時差異**

まず，実効税率計算における分子となる調整後対象租税額（法税82条30号）算出の出発点となるのが財務諸表上の税金費用であるから，租税法上認められた有形資産への加速度償却や即時償却といった課税のタイミングを早めるインセンティブ税制がどのような影響を受けるかが問題となる。また，費用計上されることが一般的な研究開発費の取扱いについても併せて触れる。

結論から言えば，有形資産投資への加速度償却や即時償却・研究開発費の費用計上は，影響を受けないこととされた。まず，モデルルールは，一時差異に関し，対象租税額の調整に際し税効果会計を反映することで，一定の場合を除き ETR 計算に影響しないようにしている（モデルルール Art. 4.4）。すなわち，会計上，将来の税負担の増加は繰延税金負債として取り扱われるが，モデルルールはこれを基準税率15％相当までは当期の対象租税額に計上することを認める（繰延税金資産についてはその逆）。法人税法上は，調整後対象租税額の計算（法税令155条の35）において，会計上の「法人税等調整額」に，基準税率15％として算出した調整後法人税等調整額（法税則38条の28第3項1号）に一定の調整を加えた「繰延対象租税額」（法税則38条の28第1項・2項）を用いることでこれを反映させている。上記の考慮の対象から外れるのは，5対象会計年度を経てもなお支払われずに取り崩されない繰延税金負債であり，これを「取戻繰延税金負債」と呼び，対象会計年度に対する再計算国別国際最低課税額の計算による調整を求めるのを原則としている（法税令155条の40第1項3号，法税則38条の32第1項2号）。ただし，当初から5対象会計年度内に支払われる見込みがない場合には，GloBE 情報申告にその旨を記載して，当初から対象租税額から減算することを選択できる（法税則38条の28第4項）。これは再計算に係る申告事務負担軽減を図ったものである[7]。

しかし，有形資産投資への加速度償却・即時償却や，研究開発費などに係る

一定の繰延税金負債については，端から取戻繰延税金負債の範囲から除外されている（法税則 38 条の 32 第 1 項 2 号イ，ハ）。これは，5 対象会計年度を経てもなお取り崩されていない場合であっても，その後に取り崩される蓋然性が高いと考えられるためだと説明されている[8]。このように，有形資産への加速度償却や即時償却は GloBE ルールの影響を受けないため，OECD は，GloBE ルール施行後も，これらは投資を惹きつけ続ける手段たりうるとする[9]。

　課税のタイミングに係るインセンティブ税制は，理論的には，法人税をキャッシュ・フロー税化し，超過収益にのみ課税するのに適した方法であり，一定の条件下で，未償却資産からの通常利益部分に対応する資本コスト控除を行う方法と経済的に等価となり，投資決定への中立性確保を可能にする点で効率的である[10]。そのため，もともと経済学者によって米国の多国籍企業へのミニマム課税が構想された際には，法人所得税をキャッシュ・フロー法人税化した上で課税対象となる超過収益部分にミニマム税を課すことが提案されていた[11]。また，GloBE ルールの契機となった米国の GILTI 税制において未償却有形資産たる QBAI (qualified business asset investment) に係るみなし通常利益の控除も，10% のみなし通常利益率が実際の通常利益率に比べ高すぎるとの批判はあるものの，この理論に基づくものと理解できた[12]。これに対し，GloBE ルールでは，即時償却の課税上の効果を許容しつつ，さらに，後述する（有形資産にとどまらず費用計上される人件費も対象とする控除である）SBIE によってみ

---

7) 大蔵財務協会編・前掲注 6) 156 頁。
8) 大蔵財務協会編・前掲注 6) 155 頁。なお，コメンタリーによれば，有形資産投資への加速度償却や即時償却は，IF 参加国において一般的であり，一時差異は時間をかけて解消されることが確実だからとされている（コメンタリー・ch. 4, para. 92）。また，我が国では研究開発費は会計上資産計上されないのが原則だが，会計基準次第では資産計上される場合もある。コメンタリーは，IF 参加国では課税上，研究開発費に費用計上を認めるのが一般的であることを前提に，資産計上が要求される会計基準を避けるといったような意図しない帰結を招きかねないことから，MNE グループにとっての研究開発費の重要性にも鑑み，取り戻しの対象外としたと説明する（コメンタリー・ch. 4, para 97）。
9) OECD, *supra* note 5, para 61.
10) 長戸貴之「キャッシュ・フロー法人税の理論と課題」法律時報 90 巻 2 号（2018 年）21 頁，21-22 頁。
11) *See* Harry Grubert & Rosanne Altshuler, *Fixing the System: An Analysis of Alternative Proposals for the Reform of international tax*, 66 NATL TAX J. 671 (2013).
12) *See* Daniel N. Shaviro, *The New Non-Territorial U. S. International Tax System, Part 2*, 160 TAX NOTES 171, 181-182 (2018).

なし通常利益部分の控除も重複して認めることから，超過収益を課税ベースとする経済理論的に望ましい設計からは乖離が生じている。

(3) 実効税率計算：税額控除

（ア）QRTC

実効税率計算において論点となるインセンティブ税制が，研究開発税制をはじめとする税額控除の取扱いである。モデルルールでは，税額控除について，4年以内に現金又は現金等価物による支払が行われる Qualified Refundable Tax Credits (QRTC) か，そうではない non-QRTC かによって，実効税率計算に大きな差が生じる。QRTC は，政府からの補助金と同様のやり方で一定の活動や支出に給付をすることになるため[13]，実効税率計算にあたっても，財務諸表上収益の額としていない場合に分母への加算で済む（モデルルール Art. 3. 2. 4）のに対し，non-QRTC であれば，財務諸表上収益の額としている場合には，分子の対象税額の減額として取り扱われる（モデルルール Art 4. 1. 3 (c)）。法人税法上も，適格給付付き税額控除（法税82条26号，法税令155条の18第2項12号）と非適格給付付き税額控除（法税令155条の18第3項11号）として上記の区分に従った取扱いが規定されている。

7月ガイダンスでは，モデルルールにおいて給付付き税額控除について概ね補助金と揃える取扱いを合意したことについて，IAS20（政府補助金会計）やIAS12（所得税会計）といった税額控除に適用される企業会計原則を基礎としつつ，モデルルールでは4年の制限を設けた QRTC とそれ以外の non-QRTC に分け，企業会計上の取扱いにかかわらず強制的な取扱いを設けることにしたと説明が付加された[14]。

このように取扱いに大きな差異がありほとんどの場合[15]納税者にとってQRTC の方が望ましい取扱いとなることから，税額控除が QRTC に該当するか否かは大きな関心事となる。モデルルール上，QRTC は，給付のための要

---

[13] コメンタリー・ch. 3, para 110, 111.
[14] 7月ガイダンス・ch. 2, para 2, 3.
[15] non-QRTC であっても，SBIE が大きくトップアップ税率を乗ずる値を小さくできる場合には例外的に non-QRTC となった方が納税者にとって有利になることがある。*See* Michael Devereux & John Vella, *The Impact of the Global Minimum Tax on Tax Competition*, 15 WORLD TAX J. 323, 351–352 (2023).

件充足から4年以内に現金又は現金等価物（cash equivalents）の支払が行われる部分のことであり，法人税法施行令においては適格給付付き税額控除額について「現金又はこれに相当するもの」と規定するが，この文言について，それ以上の具体的内容は定められていない。

　この点に関し，コメンタリーは，現金等価物として，小切手，短期国債その他連結財務諸表において用いられた会計基準上現金等価物扱いされるものに加え，対象租税以外の租税債務から控除できるものを挙げ，また，納税者に選択権が与えられている税制については，個別の納税者が還付を選択したか否かにかかわらず，還付可能な部分の範囲内でQRTCと取り扱われるものとしている[16]。また，QRTCとなるためには，当該税額控除制度が税額控除を受ける権利を有する納税者にとってその還付の仕組みが実質的な意義（practical significance）を有するように設計されていなければならず，例えば，税額控除に相当する金額がいずれの納税者においても租税債務の額を超えないように設計されている（またはそのように意図されている）場合，QRTCに該当しないとされる[17]。QRTCに該当するか否かは納税者ごとに判断するのではなく，制度全体の定性的評価に基づくことになるが，税額控除が利用可能となる状況は考慮されるべきとされる[18]。例えば，利益の出ている納税者又は納税者グループのみが利用可能な税額控除制度には，納税者の租税債務の額を超える税額控除が決して発生しえない還付の要素が含まれている可能性があり，他方で，当該税額控除を利用するすべての納税者が課税所得を有する納税者であるというだけでQRTCにならなくなるわけでもないとされている[19]。

　（イ）　MTTCの追加

　7月ガイダンスでは，税額控除の取扱いについてさらなるルールが設けられた。背景には，米国で2022年8月に成立したインフレ抑制法（the Inflation Reduction Act of 2022, IRA）において，再生エネルギー・脱炭素化関係の大規模な譲渡可能税額控除（内国歳入法典6418条）が導入されたことがある。米国は当

---

16)　コメンタリー・ch. 10, para 135.
17)　コメンタリー・ch. 10, para 136.
18)　Id.
19)　Id.

時から現在に至るまで GloBE ルールに沿った国内法の改正を行っておらず，米国における立法の阻害要因の除去を意図する側面がある[20]。

モデルルールでは，同ルール上の取扱いが不完全又は不明確な場合は企業会計基準における取扱いによることとされている（モデルルール Art. 3.1）が，7月ガイダンスでは，譲渡可能な税額控除の取扱いなどについて，US GAAP における IRA の譲渡可能税額控除の取扱いも含め，企業会計上の取扱いが区々であることを説明した上で，譲渡可能税額控除に関する売主側・買主側の取扱いに関する義務的ルールを設定することとされた[21]。

税額控除に関し新たに設けられた分類が，「市場譲渡可能税額控除（Marketable Transferable Tax Credits, MTTC）」である。まず，QRTC に該当するかの判断を第1の基準とし，譲渡可能なものであっても QRTC の要件を充たせば QRTC と取扱い，次いで，QRTC に該当しないものについて，第2の基準として公の市場における譲渡が可能か否かを判断し，市場譲渡が可能なものを MTTC として QRTC 同様に実効税率計算において分母への加算を認めることとした（【図1】）[22]。そのうえで，MTTC の定義や買主側と売主側の取扱いなどに関する記述をコメンタリーに大幅に追加した[23]。

(ウ) 論　点

QRTC の取扱いは，補助金[24]と並んで，GloBE ルールで設けた租税競争の底を抜けさせるものであるから，GloBE ルール施行後の租税競争の主戦場の一つとなることが予想される。とりわけ，Devereux & Vella の分析によれば，理論上，QRTC／補助金と，法人所得税率／QDMTT を組み合わせることに

---

20) なお，2月ガイダンスでは，主にパートナーシップを用いて実質的に低所得者向け住宅税額控除（Low Income Housing Tax Credits）等の譲渡を行わせる契約スキームを念頭に部分的な対応が示されていた（2月ガイダンス・ch. 2.9）が，譲渡可能な税額控除に関する一般ルールは設けられていなかった。
21) 7月ガイダンス・ch. 2, para 16-31.
22) 7月ガイダンス・ch. 2, para 33.
23) 7月ガイダンス・ch. 2, para 37-44. 例えば，法的譲渡可能性の基準として，売主側にとっては税額控除利用開始可能年度及び同利用可能年度終了から15か月以内に非関連者に対し譲渡可能とされているもの，とし，市場性の基準として，税額控除の割引現在価値の80％以上の価格で上記譲渡がされたこと，としている（新設されたコメンタリー・Art. 3.2.4, para 112.1）。
24) Noam Noked, *From Tax Competition to Subsidy Competition*, 42 U. Pa. J. Intl L. 1 (2020).

5 GloBE とインセンティブ税制

【図1】 GloBE ルールにおける税額控除の分類

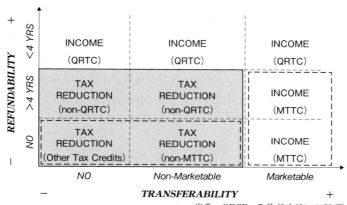

出典：OECD・7月ガイダンス31頁

よって GloBE ルール適用後の実効税率を 0 にすることが可能であることが示されている[25]。したがって，QRTC の範囲は重要論点となりうる。最終親会社を多く擁する我が国では進出先の税額控除が QRTC に該当するかについて紛争が生じうる。

しかし，モデルルール及びコメンタリーの記述だけでは，QRTC の範囲について不明確さが残っていることを Wardell-Burrus[26] は例示する。例えば，対象 MNE グループにのみ還付を認める税額控除はどうか。この場合，QRTC として利することを意図しない対象外の MNE に還付するリスクや不正受給のリスクを避けられ，対象 MNE グループは利益が出ており実際には還付が頻繁には生じないことが一般的に予期される。また，還付の要件として利益の指標を設ければ「実質的な意義」がなく還付可能性の要件を充たさないであろうが，利益それ自体ではなく，売上や費用など利益の出ている MNE グループに特徴的指標を用いた場合はどうか。さらに，還付請求を所在地国にある知的財産に係るキャピタルゲイン課税の実現イベントとするなど，還付請求へのディスインセンティブを与えている税制はどうか，といった具合である。特に，QRTC

---

25) *See* Devereux & Vella, *supra* note 15, at 353-355, 376-377.
26) *See* Heydon Wardell-Burrus, *State Strategic Responses to the GloBE Rules*, Oxford Centre for Business Taxation WP 22/21, at 18-19 (2022).

の要件としては，還付可能性以外に特定の活動に着目するといった限定を付していない。そのため，例えば，従来 IP ボックスを有していた国が，それを，同一法域内に一定の DEMPE 機能のあるところの会社によって稼得された IP からの総所得に一定割合の控除率を乗じて算出する還付付きの研究開発税制に置き換えた場合はどうか。この場合，実際の還付が生じるのは稀であると予想される[27]。このような場合を念頭に，Wardell-Burrus は，QRTC の要件に所得や利益の代理指標ではなく特定の活動への支出を設定することを提案する[28]。

QRTC（と MTCC）の範囲について今後紛争が生じることが予想されるが，コメンタリーでは，基準の適用結果の一貫性を確保するために，執行ガイダンスに関するモデルルール Art. 8.3 の適用があり，共通アプローチを採用する GloBE ルール導入国が意図しない結果をもたらす税額控除及び政府補助金の取扱いに関連するリスクを同定した場合，当該リスクを同定された国は QRTC に該当するためにさらなる条件を設けることを検討すること又は，必要があれば代替的ルールを模索することが求められる可能性があるとされている[29]。しかし，適格性判断のためのピアレビュープロセスの内容は未だ不明であり，今後その内容がどのように形成されるかが重要となる。

(エ)　先進国の研究開発税制

OECD は，現実の財政支出を伴う QRTC が，途上国にとって潜在的に重大な財政上の影響を及ぼしうるため慎重に検討すべきとしている[30]。そして，QRTC は，既存の（多くは先進国の）研究開発税制をはじめとするインセンティブ税制を守るためのものだとの見方もあり[31]，QRTC が租税競争の手段としての現実的な選択肢となるのは，先進国や高所得国が中心となると考えられる。OECD の調査によれば，2022 年時点において，オーストリア，ベルギー，デンマーク，ドイツ，アイスランド，アイルランド，ニュージーランド，ノル

---

27)　*See id.* at 19-20.
28)　*See id.* at 33.
29)　コメンタリー・ch. 10, para 138; コメンタリー・Art. 3.2.4, para 114.1.
30)　*See* OECD, *supra* note 5, at 7, 49.
31)　Victoria Perry, *Pillar 2, Tax Competition, and Low Income Sub-Saharan African Countries,* 51 INTERTAX 105, 110 (2023).

ウェー，スペイン，英国が，中小企業だけでなく大企業にも研究開発税制において還付を認めており[32]，また，企業負担の給与税・社会保険料との相殺を認める国として，オランダ，ベルギーなどが存在する[33]。さらに，モデルルール公表後，アイルランド[34]，ベルギー[35]はモデルルールを意識した税額控除の拡充・調整を行う法改正を行っており，既にモデルルールの下での租税競争が始まっている。より還付可能性の曖昧な税額控除制度が出てきたときに前述のピアレビューの実効性が問題になることが予想され，さらには我が国の司法におけるピアレビューやコメンタリーの法的性質が問われることになる。

(4) 国別実効税率：法域内ブレンディングとIPボックス
（ア） 法域内ブレンディング

GloBE ルールは，低税率国だけでなく，高税率国のインセンティブ税制の設計にも影響を及ぼしうる。なぜならば，実効税率計算が構成事業体の所在地国単位で行われるため，一国内に複数の構成事業体が存在する場合には，高い実効税率に服する構成事業体と低い実効税率に服する構成事業体を合算して所在地国における実効税率を計算することになり，一国内で，適用税率の高い所得と低い所得のブレンディング（法域内ブレンディング）が可能となるからである。例えば，【図2】のように，一般的な法人税率が高い国（30％）は，MNE グループに最終消費者向けの売上などに基づく可動性の低い所得（100）がある場合，その高い税率を活用して，新たに可動性の高い所得（100）に低税率を適用（0％）する（ネクサスアプローチに沿った）IP ボックスのようなインセンティブ税制を導入して法人税の二分化（bifurcation）をし，法域内の実効税率を15％にまで下げることで，IP 所得に対して競争相手の低税率国（10％）よりも低い適用税率を提供し，MNE グループにとって変更前のトップアップ税額まで含めた合計税額（65）よりも少ない合計税額（50）となるタックス・プ

---

32) *See* OECD, R & D Tax Incentives Database, 2022 edition 20 (2023).
33) *See id.* at 57. *See also* Christoph Spengel et al., *R & D Tax Incentive Regimes: A Comparison and Evaluation of Current Country Practices*, 14 World Tax J. 331, 338-339 (2022).
34) *See* Anna Crowley, *Faraway Hills May Not Be Greener: Can Ireland Maintain Its Competitive Advantage With a 15% Minimum Tax?*, Talking Points, 2023, No. 35.
35) *See* Pieter-Jan Wouters, *Belgian R & D Tax Credit To Be Aligned with Pillar Two and US GILTI Rules*, 63 Eur. Tax'n 344 (2023).

第1章　デジタルエコノミーが引き起こした租税制度の変容

ランニングの余地を提供するという戦略を採ることが可能となる[36]）。

【図2】法域内ブレンディング戦略

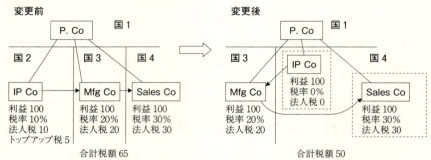

出典：Heydon Wardell-Burrus, *State Strategic Responses to the GloBE Rules*, Oxford Centre for Business Taxation WP 22/21, at 27-28, Diagram 1, 2 (2022) をもとに筆者作成。

また，他のパターンとして，【図3】のように，そのままでは研究開発を行った最終親会社が所在する高税率国（30％）からIPが低税率国（10％）に移転されていたような場合，同様に法人税の二分化をすることでIP所得を，低税率国を介することなく最終親会社所在地国に引き留めるという戦略を採ることが選択肢となりうる。

【図3】最終親会社所在地国の法域内ブレンディング戦略

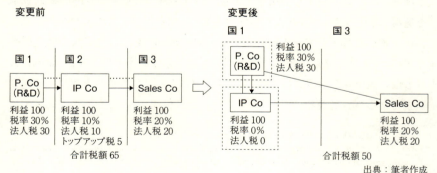

出典：筆者作成

---

36) See Wardell-Burrus, *supra* note 26, at 27-29. See also Lyne Latulippe et al., *The Revised Case of IP Regimes under the GloBE Rules: A Canadian Perspective*, 71 Can. Tax J. 159, 184-185 (2023).

（イ）　先進国の IP ボックス

　モデルルールには，明示的に上記のような二分化戦略を制限するルールは存在しない一方で，単独主義的に一国でこれに対抗しようとしても GloBE ルールを採用する場合には共通アプローチとしてモデルルールに従うものとされていることに反する可能性が高い[37]。

　ここでは，先進国の IP ボックス税制の導入状況を確認しておく。

　OECD は，2023 年に IBTIs に関する一連の研究を公表している[38]。もともと OECD は，2016 年に BEPS 行動計画 5 によるネクサスアプローチ導入前の IP ボックスを対象とした実証研究の分析から，IBTIs であり，研究開発投資に成功した納税者（多くは成熟した大企業）しか優遇を受けられない IP ボックス[39]よりも，EBTIs であり，リスクの高い研究開発投資の成否にかかわらず優遇的取扱いを受けられ，市場の失敗の改善に資する可能性の高い研究開発税制（R & D tax incentives）の方が，地域での研究開発投資を促し，イノベーション促進のために望ましく，IBTIs の有効性には証拠が欠けることから慎重に取り扱うべきだとしていた[40]。しかし，2015 年の BEPS 行動計画 5 最終報告書におけるネクサスアプローチに適合的な IP ボックスに関する実証研究は出ていなかった。2023 年の一連の研究は，ネクサスアプローチに適合的な IP ボッ

---

37) See Wardell-Burrus, *supra* note 26, at 41。
38) Silvia Appelt et al., *Cost and Uptake of Income-based Tax Incentives for R & D and Innovation*, OECD SCIENCE, TECHNOLOGY AND INDUSTRY WORKING PAPERS 2023/03 (2023); Ana Cinta Gonzalez Cabral et al., *Design Features of Income-based Tax Incentives for R & D and Innovation*, OECD TAXATION WORKING PAPERS No. 60 (2023); Ana Cinta Gonzalez Cabral et al., *A Time Series Perspective on Income-based Tax Support for R & D and Innovation*, OECD TAXATION WORKING PAPERS No. 62 (2023)（以下「No. 62」という）; Ana Cinta Gonzalez Cabral et al., *Effective Tax Rates for R & D Intangibles*, OECD TAXATION WORKING PAPERS No. 63 (2023); OECD, *Income-based Tax Relief for R & D and Innovation: An Integrated View*, OECD SCIENCE, TECHNOLOGY AND INDUSTRY POLICY PAPERS No. 161 (2023)。
39) See Appelt et al., *supra* note 38, at 5。
40) See Silvia Appelt et al., *R & D Tax Incentives: Evidence on Design, Incidence, and Impacts*, OECD SCIENCE, TECHNOLOGY AND INDUSTRY POLICY PAPERS No. 32, at 27 (2016)。ネクサスアプローチ採用前のベルギーの IP ボックス（一定程度の実体要件はあり）について，特許の出願数や承認数，高技能雇用は増加したものの，特許の質は低下し，大きな税収ロスを伴ったとの実証研究として，Tobias Bornemann et al., *The Effect of Intellectual Property Boxes on Innovative Activity and Tax Benefits*, 45 THE JOURNAL OF THE AMERICAN TAXATION ASSOCIATION 7 (2023)。

クスを検討対象とし、その平均実効税率を推計するなどしている点で新しい。

行動計画5のネクサスアプローチは、IPボックス導入国において優遇を受ける所得とつながり（nexus）のある実質的活動の割合の限度内で優遇を受けられるようにすることでBEPS行動計画の実施に関するピアレビューにおいて「有害（harmful）」であるとの評価を避けることを認めるものである[41]が、一旦「有害」であるとの評価を避けることができれば適用税率等の優遇度合いに関する規制は存在しないため、理論上、ネクサスアプローチを充足する形での租税競争がむしろ激化すると予測されていた[42]。2023年のOECDの研究成果はこれを裏付けるものとなった。

OECDの研究グループによれば、IBTIsは、OECD加盟国とEU加盟国を中心とする調査対象国48か国のうち、2015年時点で21か国に存在し、行動計画5を受け、そのうち20か国はネクサスアプローチに適合するよう制度変更した上でIBTIsを維持し（イタリアのみ2021年限りで廃止）、2022年にはIBTIsを有する国は27か国に拡大している（【図4】）[43]。IBTIsには軽減税率や所得控除を認める類型があるが、法定表面税率が20%以上の国ではその2分の1以下の実質的な適用税率となるようなものがほとんどであり、全体的傾向として適用税率が10%以下となるものも珍しくない[44]。アジアでは、中国、韓国、シンガポール、インドなどが導入しており、香港もQDMTTの導入と併せて競争力維持のために[45]IPボックス導入を検討中である。

---

41) 行動計画5の概要については、渕圭吾「行動5: 有害な税制への対抗」中里実ほか編著『BEPSとグローバル経済活動』（有斐閣、2017年）140頁、145-150頁。

42) Shafik Hebous, *Has Tax Competition Become Less Harmful?*, *in* Corporate Income Taxes under Pressure: Why Reform is Needed and How It Could Be Designed 87 (Ruud A. de Mooij et al. eds, 2021).

43) *See* Cabral et al, No. 62, *supra* note 38, at 15-16. なお、日本も国家戦略特区における所得控除制度（租特61条）がIBTIとしてカウントされているが、調査対象国のほとんどはIPボックスがカウントされている。*See id.* at 52. 岩﨑政明「パテントボックス税制の法人所得概念への影響」金子宏ほか編『租税法と市場』（有斐閣、2014年）491頁、506頁は、BEPS行動計画を受けてIPボックス税制の共通化が図られ、法人税制に変容が起きる可能性を予想していた。

44) 諸外国のIPボックスの概要については、OECD Data Explorer（https://data-explorer.oecd.org/）で閲覧可能である［最終閲覧日2024年9月16日］。

45) *See* Mindy Herzfeld, *QDMTTs: Pillar 2's Minimum Tax Trendsetter*, 112 Tax Notes Int'l 1353, 1355-1356 (2023).

【図4】所得に着目したインセンティブ税制の拡大（2000-22年）

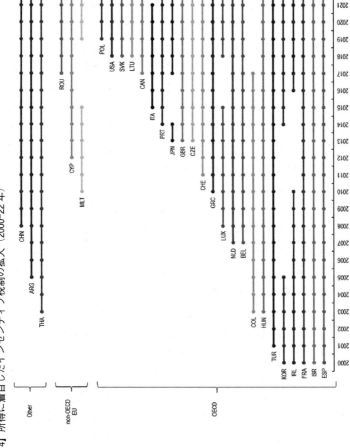

Note: The markers represent the availability of at least one IBTI in the country in the relevant year (Table A.1).
Source: KNOWINTAX surveys, documentation from the Forum on Harmful Tax Practices peer reviews, public sources.

出典：Ana Cinta Gonzalez Cabral et al, *A Time Series Perspective on Income-based Tax Support for R & D and Innovation*, OECD Taxation Working Papers No. 62 (2023), at 16, Figure 2.

OECD の研究グループによれば，内部で開発された R & D 無形資産からの所得への租税優遇の規模は，法人税の標準税率の低下の影響もあるものの，行動計画 5 の後もペースを落としつつも拡大している一方で，外部から取得された R & D 無形資産への租税優遇の規模は 2016 年以降減少している[46]。特に，2010 年時点と 2022 年時点でいずれも IBTIs を有していた OECD 加盟国 10 か国では，IBTIs を踏まえた平均実効税率は 5.7% から 7% へと増加しており[47]，租税競争に一定の歯止めをかけたと言える。それでも，行動計画 5 の移行措置期間が終わった 2022 年には IBTIs がない場合の平均実効税率が OECD 加盟国では 19.5%（EU 加盟国では 17.2%）であるのに対し，IBTIs ありの場合の平均実効税率は OECD 加盟国では 12.6%（EU 加盟国では 8.6%）となっており[48]，IBTIs を用いて平均実効税率を低下させることは可能である[49]。そして，GloBE ルールの下でも，既に欧州を中心に高税率国の間で IP ボックスが一般化している現状に鑑みると，GloBE ルール施行後も，高税率国にとって，法人税の二分化を通じた法域内ブレンディングという新たな手段を用いて租税競争を行うために IP ボックスを導入・拡充する誘因は強くなったと理解できる。

(5) カーブアウト：実物をめぐる租税競争

最終的なトップアップ税額は，既に決まっているトップアップ税率に国別グループ純所得の金額から SBIE に相当する実質ベース所得除外額（法税令 155 条の 38 第 1 項）を控除した残額を乗じて算出する（法税 82 条の 2 第 2 項）から，SBIE の値を大きくすることで，トップアップ税額を減らすことができ，第 2 の柱の政治的な宣伝文句とは裏腹に，実物投資をめぐる租税競争には底を設けていないと評価できる[50]。SBIE は，実体を有する経済活動を行う企業への配慮等の観点から，その経済活動の近似として[51]，一定の給与等の額又は一定の有形資産の帳簿価額の 5%（移行期間経過後）に相当する額を控除するもので

---

[46] Cabral et al., No. 62, *supra* note 38, at 30.
[47] *See id.* at 45.
[48] *See id.* at 30-32, Figure 7, 8.
[49] *See also* Jessica M. Müller et al., *IP Box Regimes and Multinational Enterprises: Does Nexus Pay Off?*, 14 WORLD TAX J. 75, 90-91 (2022).
[50] Lilian V. Faulhaber, *Pillar Two's Built-in Escape Hatch*, 76 NATL TAX J. 167, 181-183 (2023). *See also* EU TAX OBSERVATORY, GLOBAL TAX EVASION REPORT 2024 73 (2023).
[51] 人件費に係る控除まで認める点で経済理論から乖離していることにつき，Ⅱ2(2)。

ある。

　もともと，モデルルール策定前の時点で，15%のミニマム税率をどの範囲の所得に対して確保するかで制度設計上の議論があった[52]。一つの案では，実効税率計算の段階で，先に通常利益相当額のカーブアウトを行った後の値を分母とするモデルがあった。他方で，通常利益と超過利益の区別をせずにすべての利益を分母として実効税率を計算してトップアップ税率を先に決定し，トップアップ税額算出の段階で初めて通常利益相当額のカーブアウトを認めるというモデルがあった。前者の場合，一旦ミニマム税の対象となれば，超過利益に対して確実に15%までの課税が確保されるが，分母が財務諸表上の利益全体ではなく超過利益となる分小さくなるので実効税率が高く算出され，ミニマム税が発動しにくくなる。いうなれば底は低くなるがいったん設けられた底は（QRTCを除けば）抜けなくするモデルである。他方，後者の場合，実効税率は15%を下回りやすくなるものの，SBIEを拡大することでトップアップ税額を小さくできる構造であった[53]。すなわち底は高くなるもののSBIEという穴が空いているモデルである。モデルルールは後者を採用したものと理解でき，特にいずれにしろトップアップ税率が発生する国にとってはSBIEを通じた租税競争の余地を残したことになるが，あくまで実物投資からの通常利益部分に関するものにとどまり，これは，第2の柱の「過度な」租税競争を抑制するという目的に合致するとの理解がある[54]。ただし，SBIEに対する評価の中には，MNEグループが実際にSBIEを増加させる実物を真正に有している限りではさほど問題視する必要はないとするもの[55]やSBIEの増加による税負担軽減効果はそれほど大きくないと分析するものがある[56]。

　SBIE拡大を狙ったMNEグループ向けに国として実物投資促進のためにい

---

[52]　Michael P. Devereux et al., *What Is the Substance-Based Carve-Out under Pillar 2? And How Will It Affect Tax Competition?*, EconPol Policy Brief Vol. 5（2021）.

[53]　*See id.* at 5-10.

[54]　*See* Joachim Englisch, *GloBE Rules and Tax Competition*, 50 Intertax 859, 863-864（2022）.

[55]　*See e. g.*, Heydon Wardell-Burrus, *Tax Planning under the GloBE Rules*, 2022 B. T. R. 623, 651.

[56]　*See* Martin A. Sullivan, *The Not-So-Obvious Effects of Pillar 2 on Tangible Capital Investment*, 113 Tax Notes Int'l 23（2024）.

かなるインセンティブ税制を提供することが考えられるか。もともと即時償却や加速度償却は実効税率計算に影響しないのが基本であるため，これらのインセンティブ税制を拡充して有形資産や人への投資を優遇することが考えられる。また，QRTC も実効税率計算への影響を抑えられる。還付が難しい場合，実効税率計算には影響が大きいものの一定の実物資産投資への拡大控除や実物投資から発生したと考えられる所得への軽減税率という手法が考えられる。他方で，一般的な法人税率引下げは，実物投資の増加につながるか定かでなく，実効税率計算への影響も大きい。

(6) QDMTT

最後に，インセンティブ税制の設計に重要な影響を及ぼすのが QDMTT である。QDMTT は低税率国における実効税率が 15% を下回っても，トップアップ税額の算出上 QDMTT は控除されるから，これを導入することによって親会社所在地国による IIR 課税を避けることができる。したがって，低税率国としては，実効税率 15% までは，いかなる態様でインセンティブ税制を提供しようとも，QDMTT 導入により自国で税収を確保できることを意味する[57]。OECD は，途上国に GloBE ルールを受けたインセンティブ税制の見直しと共に，税収確保のために QDMTT 導入を推奨している[58]。しかし，QDMTT からの最大の便益を受けるのは今まで租税競争の最大の便益を受けてきた豊かな投資ハブ国であることにも注意が必要である[59]。

---

[57] QDMTT に関しては，本書⑥「第 2 の柱をめぐる議論の変質——QDMTT を主軸とした最低課税の実現」参照。

[58] *See* OECD, *supra* note 5, at 55.

[59] *See* Takayuki Nagato, *Pillar 2 as a De Facto New Revenue Allocation Mechanism,* 112 TAX NOTES INT'L 23, 37 (2023); Martin A. Sullivan, *Does Pillar 2 Provide a Windfall to Tax Havens?,* 181 TAX NOTES INT'L 191 (2023). 2024 年 1 月に公表された OECD の研究グループによる最新の推計（Felix Hugger et al., *The Global Minimum Tax and the Taxation of MNE Profit,* OECD TAXATION WORKING PAPERS No. 68 (2024)）によれば，第 2 の柱からの税収は年間 1550～1920 億ドル（世界の法人税収の 6.5-8.1% に相当）とされ，そのうち，1/3 は利益移転の減少によるもので高課税国にも一定の税収増があると見込まれているが，2/3 は GloBE ルールによる課税からの税収増加であり，QDMTT の導入率が高ければそれだけ QDMTT 導入国の税収が増える（*Id.* at 50）。いわゆる高課税国にもインセンティブ税制によって実効税率が 15% を下回る利益がかなりあることが明らかになった（*Id.* at 33）ものの，それでもなお投資ハブ国のような低税率国が QDMTT を通じて競争力を維持したまま税収増加を図ることができるとの評価に変わりはない。

Ⅲ　日本のインセンティブ税制への影響：研究開発税制とIP ボックス

Ⅱでみたように，GloBE ルールは，トップアップ税額算出までの各プロセスにおいてインセンティブ税制の設計に影響を与える。ここでは，我が国に最終親会社を置く大企業向けのインセンティブ税制の設計においてどのような考慮事項がありうるかを検討する。

相対的に高い法人税率を有し，米国に次ぎ二番目に GloBE ルールの適用対象企業数が多い我が国においては，「租税競争に底を設ける」との標題とは裏腹に，GloBE ルールにちりばめられている穴を，我が国の多国籍企業の進出先の各国が活用し，我が国の多国籍企業もそれを利用するとの想定の下で自国のインセンティブ税制を設計する必要があろう。

その点で着目すべきなのが，令和6年度税制改正大綱において導入方針が示された IP ボックスの一種である「イノベーションボックス税制」である[60]。イノベーションボックス税制の導入を推進した経産省の研究会報告書は，日本企業が海外で行った研究開発費の額は直近10年間でほぼ2倍になった（ただし研究開発費に占める割合は5%程度にすぎない）との事情を示し，「『インプット』に着目した研究開発投資インセンティブを提供する研究開発税制と，『アウトプット』に着目して社会実装・収益化にあたってのインセンティブを強化するイノベーションボックス税制の目的は大きく異なったものであると考えられる」としたうえで，「我が国が研究開発税制のみのイノベーション投資促進策にとどまり，アウトプットに着目した優遇措置を導入しないとすると，収益性の高い事業を生む可能性の高い研究開発投資であればあるほど，税制がないことによる相対的な競争環境の劣後のインパクトは大きくなることが想定される」として各国の制度間競争状況を踏まえた対応が望まれる，としていた[61]。

しかし，以上のような研究開発税制と IP ボックスを対比した説明は一般的

---

60)　内閣「令和6年度税制改正の大綱」（令和5年12月22日）45-46頁。
61)　経済産業省「我が国の民間企業によるイノベーション投資の促進に関する研究会　中間とりまとめ」（令和5年7月31日）11-13頁。

には妥当だとしても，我が国の研究開発税制にはほとんど妥当しない。なぜならば，我が国の研究開発税制は，還付も繰越も認めない点に国際的に顕著な特徴があり，控除対象となる税額を生む利益の出ている事業を有している黒字企業のみが[62]，しかも研究開発投資との関連を有しない所得への税額を控除できる点で，行動計画5のネクサスアプローチにより部分的にインプット型のインセンティブ税制としての性格を備えたIPボックスよりも寛大なインセンティブ税制の様相を呈している[63]からである。

とはいっても，西欧諸国を中心に諸外国がQRTCやネクサスアプローチ適合的なIPボックスを既に導入しており，QDMTTをセーフティネットとして研究開発拠点の誘致を図る租税競争が促進されるような状況下では，我が国として，所得控除30%という穏健な形でIPボックスを導入することはやむを得ない側面がある。これは，まさに本稿で指摘したGloBEルールがもたらすインセンティブ税制の導入圧力の表れとみうる。ネクサスアプローチ適合的なIPボックスのインセンティブ税制としての有用性については実証研究の集積を待つ必要があるが，今後何もしなければ【図3】（変更前）のような形で低税率国に研究開発が移転してしまうのであれば，GloBEルールの下で国内ブレンディングの機会を提供することはこれを防ぐ役割を果たすかもしれない。研究開発への税制による支援という観点から両者の目的の違いを強調するのであ

---

62) 長戸貴之「スタートアップ企業によるイノベーションを促進する税制の設計のあり方」フィナンシャル・レビュー152号（2023年）57頁，74頁。

63) 長戸貴之「法人の租税優遇措置——法人税」法学教室517号（2023年）45頁，47頁。簡単な数値例で示す。純所得10000（内訳：IP純所得8000，その他所得2000），IP純所得はIP総所得21333，IP総支出13333（内訳：IP投資支出10000，その他支出3333），ネクサス割合75%（＝10000／13333），一般法人税率30%，IPボックス税率5%，研究開発税制の控除率15%，IPボックス及び研究開発税制適用前の税額3000（＝10000×30%）とする。

このとき，還付なしの研究開発税制の下での納税額は1500（＝10000×30%－10000×15%），IPボックスの下での納税額も1500（＝(2000＋2000)×30%＋8000×5%×75%）となり税負担軽減額は1500となる。そして，純所得が0以下の時，IPボックスの場合，IP純所得が負であれば税負担軽減効果が得られない（修正ネクサスアプローチによりネクサス割合の分子計算において1.3倍までのアップリフトが認められる可能性はある）が，研究開発税制の下ではIP純所得が0以下であっても，全体としての純所得が正であれば一定の税負担軽減効果は得られる点で寛大である。もちろん，研究開発投資支出とIP所得発生との間に時間的懸隔があるのが通例であるが，企業が継続的に事業を行うとともに研究開発を行っている場合にはさほどの質的違いにはならないと思われる。

れば，むしろ研究開発税制に還付や繰越の余地を認める方向を模索すべきであり，それをしないのであれば，イノベーションボックス税制との統合を図って制度の簡素化を図るべきだろう。

Ⅳ　おわりに

　GloBE ルールは，租税競争に底を設けるという政策目的を一定程度達成する側面があるものの，同時に政治的妥協の産物でもあるためいくつかの穴が空いている。さらに，設定された底までは租税競争にお墨付きを与えたようにも思われ，我が国の法人税率と比較すると低い水準で設定された底に向かっての競争は既に我が国のインセンティブ税制の設計に影響を及ぼし始めているように見受けられる。

　　※　本稿は，科研費・若手研究 18K12634 の研究成果の一部である。
　　※※　脱稿後，令和6年度税制改正により，「イノベーションボックス税制」（租特59条の3〔施行は令和7年4月〕）が導入された。一方で，2024年中に香港も IP ボックスを導入したが，その税率は5％であり，純粋に税の観点からは，イノベーションボックス税制により租税競争において優位に立つことは難しい。『改正税法のすべて〔令和6年版〕』（大蔵財務協会，2024年）86頁には，「G7ではフランス，イギリスに次ぐ3番目に創設された税制であり，海外に遜色ない制度で無形資産投資を後押ししていきます」との記述があるが，米国の FDII，カナダの州レベルでの IP ボックスを考慮していない。

6 第2の柱は租税競争に「底」を設けることに成功するのか？
——適格国内ミニマムトップアップ税（Qualified Domestic Minimum Top-up Tax）がもたらす変容*

吉 村 政 穂

I　はじめに

　2021年10月，BEPSに関するOECD/G20包摂的枠組み（以下「包摂的枠組み」という）の合意に基づいて公表された「経済のデジタル化に伴う課税上の課題に対応する2つの柱の解決策に関する声明（2021年10月8日）」[1]（以下「10月声明」という）は，その目論見通り実現すれば，各国の税制をめぐる環境を大きく変えるものである。既存の国際課税原則に修正を加える第1の柱と並び，第2の柱は国際的に合意された最低税率を多国籍企業グループに課し，租税競争を制限するという野心的な取組みであり，法人税率の引下げ余地の乏しい先進国にとって福音をもたらすプロジェクトである。

　第2の柱は，①国別の実効税率が最低税率（15％）を下回ることを防ぐミニマム課税ルール（Global anti-Base Erosion Rules, GloBEルール）と，②受領国で9％以下の軽課税となる利子，ロイヤルティ等の関係者間支払に対して，租税条約に基づく制限税率の特典を否定し，支払地による源泉税の賦課を許容する条約ルール（Subject to Tax Rule, STTR）とにより構成されている。特にGloBEルールは，多国籍企業の（国別）実効税率を最低税率まで引き上げ，いわゆる

---

*　本稿は税研224号（2022年）20頁に公表したものに大幅な追記を加えたものである。
1)　OECD/G20 Base Erosion and Profit Shifting Project, *Statement on a Two-Pillar Solution to Address the Tax Challenges Arising from the Digitalisation of the Economy* (Oct. 8, 2021) [hereinafter October 2021 Statement].

6 第2の柱は租税競争に「底」を設けることに成功するのか？

タックスヘイブンが提供する非課税・軽課税の効果を打ち消す制度として設計されたのである。すなわち，企業の親会社所在地国の課税権を拡張する所得合算ルール（Income Inclusion Rules, IIR）と，子会社所在地国による軽課税所得ルール（Undertaxed Payment Rules, UTPR）を共通アプローチとして用意し，それらの国に関係する多国籍企業のある国・地域における実効税率が15%を下回った場合には，その下回った分だけの税率を当該国・地域における所得（GloBE 所得）に乗じた上乗せ税（トップアップ税）を算定し，これを追加的に徴収することで最低税率賦課という目的は達成される。

タックスヘイブンを含めた世界の国々が法人税率を最低税率まで引き上げる必要はなく，親会社所在地国または（無視できない市場規模の）子会社所在地国が GloBE ルールを導入することで，自ずと多国籍企業の活動範囲における実効税率は最低税率まで引き上げられることになる。かつて1990年代に掲げられたタックスヘイブンとの戦いにあっては，それらの国・法域を抑え込むために対抗的な手段が検討され，当該国・法域の主権を侵害するという批判の声も上がった。これに対して，10月声明は，タックスヘイブンに一定の施策（法人税率の引上げ）を強要するものではなく，課税範囲の拡張という主要国の取組みによって世界を最低税率で覆うことを目指すものであった。

ところが，その後公表されたモデルルール[2]において，各国が国内での最低税率賦課を目的として導入する適格国内ミニマムトップアップ税（Qualified Domestic Minimum Top-up Tax, QDMTT）に GloBE ルールでの正式な位置付けが与えられた。モデルルール第10条は，QDMTT を次のように定義し，さらにトップアップ税から税額控除されると位置付けた（後述Ⅲ参照）。

> 適格国内ミニマムトップアップ税（Qualified Domestic Minimum Top-up Tax）は，ある法域の国内法に含まれるミニマム税であって，かつ：
>   (a) GloBE Rules と同等の方法で，当該法域に所在する構成事業体の超過利益（国内超過利益）を決定し，
>   (b) 国内超過利益に関する国内租税債務を，任意の事業年度の当該法域

---

2) OECD, *Tax Challenges Arising from the Digitalisation of the Economy-Global Anti-Base Erosion Model Rules（Pillar Two）: Inclusive Framework on BEPS*（2021）[hereinafter, GloBE model rules].

> および構成事業体のミニマム税率まで引き上げるよう作用し，
> (c) 当該法域が当該ルールに関連したいかなる利益も提供しないという条件の下，GloBE Rules および Commentary で定められている結果と整合する方法で実施および執行されている

　その結果，ここまで述べた GloBE ルールの基本的な作用には大きな変更が加えられ，租税競争に底を設けるという当初の目的にも疑問が投げかけられる状況となっている。本章では，GloBE ルールの作用機序を説明した上で，QDMTT がどういった変質を生じさせたのかを紹介していく[3]。

II　GloBE ルール導入のドミノ効果

　GloBE ルールは，7億5000万ユーロ以上の売上高を有する多国籍企業に適用される。まず，対象となる多国籍企業は，連結財務諸表作成におけるグループ構成事業体の情報を用いて，国ごとに所得および税を割り当て，グループが展開している国ごとの実効税率（Effective Tax Rate, ETR）を計算する[4]。次に，計算された域内 ETR に最低税率（15%）を下回るものがあった場合に，15%に届かない不足分がその国に関する上乗せ税率（トップアップ税率）として確定される[5]。最後に，その国に割り当てられた調整後 GloBE 所得にトップアップ税率を乗じて，当該国のトップアップ税額が算定されることになる（当該国に所在する軽課税構成事業体（Low-Taxed Constituent Entity）に割り当てられる）[6]。

　算定された軽課税構成事業体のトップアップ税額について，IIR の下では，当該軽課税構成事業体の GloBE 所得が連結財務諸表に取り込まれる割合に応じて，究極の親会社が納税義務を負う。もし究極の親会社が適格 IIR[7] に服す

---

[3]　第2の柱の紹介については，さしあたり吉村政穂「『法人税最低税率 15%』のインパクト——国際課税のグローバルガバナンスをめぐって」外交 70 巻（2021 年）74 頁，同「法人税の最低税率——GloBE ルールの概要および課題」ジュリスト 1567 号（2022 年）29 頁参照。

[4]　GloBE model rules, *supra* note 2, art. 5.1.

[5]　*Id*. art. 5.2.1.

[6]　*Id*. art. 5.2.2-5.2.4.

[7]　適格 IIR として認められるためには，GloBE ルールとして定められた内容と同等の規定を有し，GloBE ルールで予定される結果と整合的な実施・執行が行われていることが

るものでない場合には，UTPR の下で，その多国籍企業グループの子会社が所在する国々において，トップアップ税額の合計からその国に配分される税額の範囲で，子会社の損金算入を否認し，または追加的な税を課して当該子会社の負担する法人税額を増額することが認められる。簡単に言えば，親会社所在地国によって課されるトップアップ課税（IIR）が優先し，究極の親会社が所在する国が適格 IIR を実施していない場合に，子会社所在地国による UTPR が適用され，トップアップ税額に相当する負担増を多国籍企業グループにもたらすことになる[8]。

この結果，主要国において GloBE ルールが実施された場合，無税・軽課税国に無形資産を移転するといった手法で租税回避を図ってきた多国籍企業には大きな牽制となることが期待される。さらに最低税率を下回る水準まで優遇を与える税制上の措置は無効化され，加熱する租税競争に底が設けられることになる。

しかしながら，これは別の含意も有している。10 月声明は導入国が従うべき GloBE ルールの共通アプローチについて合意するものであるが，包摂的枠組みに参加する国が GloBE ルール導入を義務付けられたわけではない。GloBE ルール導入そのものは各国の判断に委ねられている以上，GloBE ルールの実効性は，それを実際に導入した国がどれだけ多国籍企業をカバーしているかに依存している。それだけに，親会社所在地国として多国籍企業を多数抱える国の実施が決定的な役割を果たすものの，他国が GloBE ルールを実施していない段階で IIR を導入することは，自国に拠点を有する多国籍企業の税負担を増大させ，他国に拠点を有する多国籍企業との競争上のバランスを損ねることにもなりかねない。そのため，国内の政治環境が整わない限り，GloBE ルールの実施に踏み切る国は現れず，最低税率によって租税競争が制限された世界という構想は画餅に帰することになる。

　必要である。*Id.* art. 10.1.
[8]　IIR が UTPR に優先する理由として，支払国が域外に課税権を拡張する根拠が薄弱であることに加え，実務上，IIR の方がより正確にミニマム課税を実現でき，またコンプライアンス・執行コストを低くとどめることができる点が挙げられる。Joachim Englisch and Johannes Becker, *International Effective Minimum Taxation-The GLOBE Proposal*, World Tax Journal 11. 4, 483, 514-515 (2019).

その構造的な問題に対処する方策が，実施スケジュールへの政治的コミットメントとバックストップとしての UTPR であった。まず，第1の柱および第2の柱ともに野心的な実施スケジュールが掲げられ，10月声明の一部を成している。

第2の柱については，2022年中に IIR 国内法を制定し，2023年に施行する（UTPR は 2024 年施行）という計画が示されている。そのために，2021 年 12 月末に GloBE ルールのモデルルールが策定され，2022 年 3 月にはコメンタリーが公表されている。また，2022 年末までには GloBE ルールの調和的実施を促すための実施枠組みが立ち上げられる。こうした矢継ぎ早のルール策定は，政治的モメンタムを失わず，実施局面に円滑に移行することを目指したからにほかならない[9]。

次に，2024 年施行を見込む UTPR の役割が重要である。仮にある多国籍企業に関係する国の1つが GloBE ルールを先駆けて導入した場合には，他国は当該多国籍企業に対するトップアップ課税の機会を失うことになる。逆に複数国の課税ルールの調整が図られなければ，トップアップ税の二重課税・重複課税が生じるのであり，合意にあたっては，IIR を第1次ルールとし，UTPR は IIR に対するバックストップとして位置付けることとされた。つまり，多国籍企業の（究極の）親会社所在地国が主導権を持ち，親会社所在地国が GloBE ルール導入に動かなかった場合には，子会社所在地国で導入された UTPR が，（その国に割り当てられるトップ税額の範囲で）親会社所在地国から潜在的な税収を奪うことになる。

そしてその観点からは，UTPR の内容に修正が加えられている点にも留意が必要である。発案時には，トップアップ税に対応する関連者間支払額の損金算入を否認するものとして構想された（それゆえに軽課税支払ルールと名付けられた）UTPR は，トップアップ税の総額を従業員数と有形資産の簿価に応じて関係国に配分し，その徴収に必要な分だけ損金算入を否認するルールまたは同等の方法としてモデルルールに規定されるに至った[10]。

---

9) 10 月声明に至る政治的背景については，吉村・前掲注 3) に掲げた論文参照。

10) Stephanie Soong Johnston, *Names of OECD Pillar 2 Charging Provisions Get Slight Makeover*, Tax Notes Today International (Jan. 26, 2022).

仮に IIR 導入を躊躇する国があった場合，例えば世界的に重要な市場を有する国で UTPR が導入されたときには，自国に拠点を有する多国籍企業に係るトップアップ税の徴収をその UTPR 導入国に認めることとなる。たとえ IIR 導入を拒んだとしても，自国多国籍企業の税負担増という状況に直面した親会社所在地国としては，IIR 実施によってそのトップアップ税収を自国の国庫に確保しようと行動するであろう。

GloBE ルールには，こうして他国の GloBE ルール導入を招くドミノ効果が埋め込まれているのである[11]。もっとも，IIR 導入国の税制が最低税率を下回る実効税率を許容している場合には，自国内で計上される所得であっても他国のトップアップ税の対象となり得る。これは，それがまさしくタックスヘイブンに対する対抗措置として機能する理由でありながらも，各国が導入している優遇税制を阻害する可能性が改めて注目され，米国のように国内での強い政治的反発を招く要因ともなっている[12]。

他国のトップアップ税に対抗する単純な方策は法人税の実効税率を引き上げることであるが，より簡便な対応として，GloBE ルール（トップアップ税）の計算に依拠して国内でトップアップ税を実施する QDMTT が選択肢として認められた。そして，この QDMTT のモデルルール上の取扱いは，GloBE ルールに変容をもたらしたのではないかと議論を呼んだ。

III　QDMTT に関する位置付けの変遷

本節では，QDMTT に関する記述を追うことで，第 2 の柱に関する議論の中でどのような位置付けが与えられてきたかを検証する。まず OECD 事務局が 2020 年に公表したブループリントにおいては，次のように，UTPR ルールとの関係で GloBE ルールと同じ課税標準を用いた国内ミニマム税を導入する

---

[11]　Elodie Lamer, *Pillar 2 Needs a First Mover, Saint-Amans Says,* Tax Notes Today International (Jun. 14, 2022).

[12]　例えば，米国では，米国親会社が利用する研究開発税制によるインセンティブが UTPR に基づく他国のトップアップ税の対象となり得ることを懸念する声が上がっている。See, e. g., *Finance Committee Republicans Voice Concerns with Recent OECD Developments, Stress Need for Additional Engagement* (Feb. 17, 2022).

可能性に言及していた。

　　「UTPRを導入した法域であっても，特定の多国籍企業グループおよび特定の年度について見ると，ある期間においてその法域での多国籍企業の事業が合意された最低税率を下回る実効税率（ETR）に服する結果をもたらすような税制優遇措置その他の税制上の特徴の作用によって，多国籍企業の域内ETRが合意された最低税率を下回る法域となることがある。しかしながら，〔筆者注：ETRが合意された最低税率を下回る法域にはトップアップ税が配分されないルールを回避するために〕UTPRを毎年確実に適用したい国は，GloBEルールと同じ課税標準と税率を用いて，所得に対する国内ミニマム税を導入することによって，その法域で活動する多国籍企業すべての域内ETRが少なくとも合意した最低税率になるようにすることができるだろう。」[13]

　さらに，UTPRが適用されない場面として（IIRの適用がない多国籍企業であっても）域内ETRが最低税率以上となる一例として，GloBEルールと課税標準を同じくする国内ミニマム税に服している場合には，「当該法域における多国籍企業の域内ETRは合意された最低税率であり，当該法域に関してUTPRの下で配分対象となるトップアップ税は存在しないことになる」ケースを挙げている[14]。

　このように，ブループリントの検討段階では，最低税率以上の域内ETRを確保する手段として国内ミニマム税が想定されていたことがわかる。その一方で，ブループリントにおいては，課税標準となる調整後GloBE所得の計算にあたり，実体活動に基づく定式的カーブアウトを控除することが提案されていた点に留意する必要がある。給与や有形固定資産への支出に基づいて概算される固定リターンを除外することで，GloBE課税が無形資産所得のようなBEPSリスクの高い超過利益に焦点を当てることに資すると説明されていた[15]。

　これに対して，域内ETRは，その法域に割り当てられた調整後対象租税の総額を当該法域に割り当てられた税引前利益（または損失）の総額で除するこ

---

13) OECD/G20 Base Erosion and Profit Shifting Project, *Tax Challenges Arising from Digitalisation-Report on Pillar Two Blueprint*, para. 491（2020）.
14) *Id.* chap. 7, note 32.
15) *Id.* para. 332.

とによって計算される。つまり、GloBE ルールと同一の課税標準といっても、定式的カーブアウトを控除した後の金額であった場合、それに最低税率を乗じた国内ミニマム税を課したとしても、対象租税の総額に基づく域内 ETR が最低税率以上となることを保証するわけではない。上記の記述を整合的に読もうとすれば、（定式的カーブアウト控除前の）当該法域に割り当てられた税引前利益を課税標準とする国内ミニマム税を念頭に置いたものと考えることになろう。

その後、10月声明では国内ミニマム税に関する特段の記述はなかった。定式的カーブアウトは維持され、有形資産（の簿価）と支払給与の5%に相当する額が課税ベースから控除されることが規定され[16]、実体ある経済活動に由来する所得が適用除外とされるという構造は変わらなかった。

国内ミニマム税が大いに注目を集めたのは、2021年12月に公表されたモデルルールにおいて、QDMTT が税額控除を認められる税と位置付けられたからである。各法域のトップアップ税を算出するにあたって、国内トップアップ税が（税額）控除されることが明示された[17]。そしてその反面、対象租税から国内トップアップ税は除外されている[18]。

> 法域トップアップ税
> ＝（トップアップ税率×超過利益）＋追加的当期トップアップ税－国内トップアップ税

税額控除として位置付けられることによって、源泉地国による課税（QDMTT）がトップアップ税配分において第1順位に立つことを意味する。2022年3月に公表されたコメンタリーにおいては、各国は共通アプローチの下で QDMTT 導入を義務付けられないものの、もし採用したならば、

---

16) 最低税率の設定とあわせ、適用除外の水準については、新興国・途上国から強い不満が表明された。そのため、経過措置として、適用除外の水準は、導入当初は有形資産（簿価）の8%および支払給与の10%に相当する額とすることで合意が成立した。その上で、有形資産（簿価）については、当初5年間は0.2パーセントポイント、その後5年間は0.4パーセントポイントの割合で逓減し、支払給与については、当初5年間は0.2パーセントポイント、その後5年間は0.8パーセントポイントの割合で逓減することが定められている。October 2021 Statement, *supra* note 1, at 4.
17) GloBE model rules, *supra* note 2, art. 5.2.3.
18) *Id.* art. 4.2.2 (b).

QDMTT は多くの場合，第5.2.3条に基づくトップアップ税をゼロにすると注釈が加えられている[19]。

　前述のとおり，ブループリント段階においては，その法域に割り当てられる税引前利益の額を課税標準とすることで，国内ミニマム税が当該法域の ETR を最低税率以上まで引き上げ，結果として当該法域に係るトップアップ税が発生しないことが想定されていたのではないかと思われる。こうした源泉地国の課税権に優先性を認める姿勢が制度的に位置付けられた結果が，QDMTT にトップアップからの税額控除を認めるルールの採用であったといえる。

　しかしながら，トップアップ税の配分に第1順位で参画することを源泉地国（QDMTT）に認めたのと同義のルールが設定されたことで，第2の柱の適用秩序が事実上変化することになった[20]。すなわち，10月声明では，UTPR は IIR のバックアップという位置付けであって，トップアップ税の配分において IIR が UTPR に優先することが明らかにされていた。翻って，モデルルールによって，QDMTT が IIR および UTPR に対して優位に立つことが示された。結果として，低税率国が税率を引き上げ，GloBE ルールによる追加的課税を吸収する（soak-up）動きを一層強めることになるのではないかと予想される。従来タックスヘイブンと捉えられることの多い国・地域が相次いで QDMTT の導入を宣言していること[21]は，これを裏付けているように思われる。

　ただし，ブループリントがすでに国内ミニマム税の存在に言及していたことを考えると，国内ミニマム税が各法域で導入されることは想定内であったと思われる。さらに重要な課題として，EU 加盟国が実施するにあたって，EU 条約，特に自由移動の権利を阻害するという法的論点[22]を克服するためには，

---

19) OECD, *Tax Challenges Arising from the Digitalisation of the Economy-Commentary to the Global Anti-Base Erosion Model Rules* (*Pillar Two*) art. 5, para. 20 (2022). ただし，第10.1条の適格国内ミニマムトップアップ税額の定義において許容されているように，適用される会計基準が異なる結果，QDMTT の額が GloBE ルールの下で計算される税額と異なるケースはあり得る。

20) Michael P. Devereux, John Vella, and Heydon Wardell-Burrus, *Pillar 2: Rule Order, Incentives, and Tax Competition*, Policy Brief (Jan. 14, 2022).

21) 例えば，アイルランド，シンガポール，香港，スイス，モーリシャスといった国・地域である。

22) EU の機能に関する条約49条は設立自由の原則，63条は資本移動の自由を規定している。

純粋に国内に完結した企業グループにもミニマム税を課する必要があると考えられていたことも影響していたように思われる[23]。

IV　QDMTTをめぐる議論

QDMTT導入の広がりは，第2の柱によって各国が自発的に最低税率まで法人税を引き上げ，租税競争に底を設けるという目標に近付いていることを示す事実として評価できる。これに対して，トップアップ税からの税額控除をQDMTTに認めたことから，法人税引下げの新たな競争が生み出されるという強い批判が存在する[24]。

たしかにGloBEルールは，超過利益の15％という水準で企業が支払う総税額に底を設ける機能を有している。そして，QDMTT導入という選択肢は，この競争上の底に接近する（税負担を引き上げる）インセンティブを与える。ところが重要なのは，一般的な法人税とQDMTTの課税標準の差異である。すなわち，GloBEルールの課税標準（調整後GloBE所得）は，実体活動に基づく定式的カーブアウト（実体ベースの所得控除（Substance-Based Income Exclusion, SBIE））を控除し，超過利益を概算する構造となっているため，源泉地国が賦課する法人税については競争上の底は設定されないという結果を生じる。GloBEルール導入後も，QDMTTを導入して税収を確保する傍ら，各国は企業に課す法人税の負担を減らすことで競争するインセンティブは残るのである[25]。

参考になる推計として，2017年から2020年までのデータに基づくOECDの影響分析では，適用対象となる多国籍企業の軽課税（ETR15％未満）利益は

---

23) Joachim Englisch, *Designing a Harmonized EU-GloBE in Compliance with Fundamental Freedoms*, EC Tax Review 2021. 3, 136-142 (2021); Joachim Englisch, *Is an METR Compatible with EU/EEA Free Movement Guarantees?*, 102 Tax Notes Int'l 219-232 (2021).

24) Devereux et al., *supra* note 20, at 8. 渡辺智之「いわゆるBEPS 2.0をどう捉えるか？」JMC Journal2022年4月号（2022年）1頁.

25) もっとも，高税率国・中税率国の税率引上げによって発生する波及効果（spillback impact）によって低税率国の相対的地位は変わらないかもしれない。Shafik Hebous and Michael Keen, *Should low tax countries learn to love a minimum tax rate?* (Nov. 1, 2021).

第 1 章　デジタルエコノミーが引き起こした租税制度の変容

平均して年 2 兆 1430 億ドルと推計されるが，ミニマム課税により，これが 6530 億ドルまで減少するという[26]。この減少は，利益移転の減少[27]とミニマム課税が適用された結果の双方に起因し，多国籍企業の実効税率を引き上げることになるだろう。

しかしながら，軽課税利益の発生はすべての法域グループで見られるものの，いわゆる投資ハブ[28]に発生する軽課税利益がそれ全体に占める割合は高い（41.4％）[29]。つまり，仮に投資ハブが QDMTT を導入した場合，短期的にはミニマム課税に基づくトップアップ税に係る税収の多くはこれらの国々に帰属することになるだろう。こうした状況は道義的な批判の対象となり得る[30]し，税収を利用し，既存税目（法人税のみならず付加価値税などを含む）の優遇措置や補助金を進出企業に対して提供する原資とすることが予想される。投資ハブには該当しない国であっても，例えばベトナムは，税制優遇の効果が QDMTT 導入に伴って失われることに対応して，投資をサポートするための補助金を設けることを表明している[31]。棚ぼた的な税収増であれば，なおさら進出企業はこれまでと同等の補助を求めるのではないか。

また，租税競争に底を設けるという政策目的を損ねる懸念に加え，IIR による一元的な課税が実現した状態に比べて，各国の QDMTT が共通アプローチ（モデルルール）から乖離することで生じる複雑さ（コンプライアンスコスト増大）への不安は大きくなった。

QDMTT は，連結財務諸表で使用される財務会計基準ではなく，重要な競争上の歪みを防ぐために調整済みの，公認会計機関が許可する公正妥当と認め

---

[26]　Felix Hugger, et al., *The Global Minimum Tax and the Taxation of MNE Profit*, OECD Taxation Working Papers No. 68（2024）11.

[27]　ミニマム課税導入によって，投資ハブと他の法域との税率差が（他の法域間での変化に比べて）大きく縮まるため，利益移転のインセンティブを減少させると予想されている。*Id*. at 44.

[28]　投資ハブは，一般的に，2017 年から 2020 年の平均で対内直接投資残高が GDP の 150％ を超える法域と定義されている。*Id*. at 85.

[29]　*Id*. at 32-33.

[30]　Takayuki Nagato, *Pillar 2 as a De Facto New Revenue Allocation Mechanism*, Tax Notes Int'l（Oct. 2, 2023）23, 37.

[31]　Francesco Guarascio, *Foreign firms warn Vietnam of investment freeze without new tax offset, source says*, Reuters（Mar. 7, 2024）.

られた財務会計基準（Acceptable Financial Accounting Standard）または公認財務会計基準に基づいて国内超過利益を計算することができる。すなわち，共通アプローチとの整合性が要求されている一方，GloBE ルールで採用される連結財務諸表作成目的での会計基準によらず，一定の調整を加えた国内基準の採用も許容しているのである。

2023 年 2 月に公表された執行ガイダンスでは，QDMTT のカスタマイズが起きることを予想しつつ，「GloBE ルールからの逸脱は，その法域の国内税体系との関連において正当化されるものでなければならず，非整合的な結果を招くものであってはならない」と述べる[32]。

> 「従って，ミニマム課税が QDMTT に該当するかどうかの評価は，国内法の下での既存の結果も考慮したケースバイケースの分析が必要である。QDMT（原文ママ）を設計する際，国内税法が QDMTT の様々な規定とどのように相互作用するかを検討し，これらの相互作用が機能的に同等の結果をもたらすことを確認することが望まれる。QDMTT 規定の設計と，より広範な国内法枠組みとの相互作用が，透明性を高め，かつ GloBE ルールと機能的に同等であるか否かを評価する多国間レビュープロセスを容易にするよう各国は努めるべきである。」[33]

つまり，「GloBE ルールと機能的に同等であるか否か」という観点から制約があるものの，各国の国内法との関係で，モデルルールからの乖離は様々であることが示唆されているのである。こうした相違が過度なコンプライアンスコストを企業に課すものとなる可能性は否めない。情報交換を含めた執行体制を含め，国際的な協調体制の確立が重要である。

さらに，既存制度との調整でも論点を抱えるものであった[34]。代表的なものとして，海外に所在する子会社所得に自国の課税範囲を拡張するタックスヘイブン対策税制（CFC 税制）との関係が挙げられる。被支配会社の居住地国（S 国）が QDMTT 導入国である場合，本国（P 国）における CFC 税制に基づく

---

32) OECD, *Tax Challenges Arising from the Digitalisation of the Economy-Administrative Guidance on the Global Anti-Base Erosion Model Rules（Pillar Two）, February 2023*（2023）99.
33) *Id.* at 99.
34) Mindy Herzfeld, *How Does the Qualified Domestic Minimum Top-Up Tax Fit Into Pillar 2?*, 106 Tax Notes International 316（Apr. 18, 2022）.

税額の当該被支配会社に対する割当額は，S 国によって課される QDMTT 額から控除されるのだろうか。仮に適切な調整を欠くならば，CFC 税制に伴う負担について，QDMTT との二重課税の可能性が生じることになる。

　この点も，包摂的枠組みでの検討を経て，執行ガイダンスによって両者間の調整ルールが明らかにされた。すなわち，QDMTT は，構成事業体の所有者が CFC 税制の下で納付または負担する税であって，モデル GloBE ルール第 4.3 条 2 項（c）に基づいて国内構成事業体に配分されるものを除外することが定められた[35]。この結果，QDMTT が（他国の）CFC 税制よりも優先し，一国内の税制として完結したものとなることを示している。

　また，各国の法制化にあたっては，連結納税制度やグループリリーフ制度といった既存のグループ納税制度との関係が問題となることも指摘されている。GloBE ルールは法域ごとに連結での税負担計算を要求しているが，その範囲は既存のグループ納税制度（日本であればグループ通算制度）の範囲とは異なることが多いであろう。多国籍企業グループを構成する内国法人を QDMTT の対象とする場合，これまでのグループ納税制度とは異なる範囲での（トップアップ）税額算定を要求することになるのに加え，その結果生じたトップアップ税額に係る負担をグループ内でどのように配分するかも問題となる[36]。

V　結　語

　以上，簡単に見てきたように，QDMTT 導入以降，第 2 の柱による最低税率の設定という目標にとって，その期待されるルールの働き方が大きく変化したことがわかる。従来は IIR を基軸として，多国籍企業の親会社所在地国による一元的なトップアップ税を基礎とした最低税率賦課の実現が構想されていたのに対して，QDMTT が想定される世界では，各国が自主的に導入する QDMTT によって分権的に最低税率が達成されることになろう[37]。ただし，

---

[35]　OECD, *supra* note 32, at 105.
[36]　HM Treasury, *OECD Pillar 2-Consultation on Implementation* para. 12. 28（Jan. 11, 2022）.
[37]　①QDMTT 会計基準，②整合性基準，③執行基準という 3 つの基準を満たすことを条件として，QDMTT 導入国に生じるトップアップ税はゼロとみなすことができるセー

6 第2の柱は租税競争に「底」を設けることに成功するのか？

　一般的な法人税の課税標準と GloBE ルールとの相違から，租税競争に底を設けるというそもそもの目的に沿うようなインセンティブが低税率国に生じるかは不明である。もっとも，たとえそうであっても，各国の課税主権を尊重するという観点からは，より望ましい形で租税競争の底が設定されたと評価する余地があるのかもしれない。

　こうした実施上の問題を含め，QDMTT を構成要素とする GloBE ルールがどのように機能するかはこれからの実証の問題である。複雑さを抑制しつつ，租税競争を制限するという目的をよりよく達成するものとなることを期待する。

フハーバーが認められている。これによって，多国籍企業は QDMTT と GloBE ルールとの乖離による税負担発生の可能性および二重計算の負担を免れることになる。OECD, *Tax Challenges Arising from the Digitalisation of the Economy-Administrative Guidance on the Global Anti-Base Erosion Model Rules*（Pillar Two）, July 2023（2023）77.

7 軽課税所得ルール（UTPR）と租税条約の抵触を巡る議論動向

増田 貴都

I はじめに

本論文は，グローバル・ミニマム課税（GloBE rules: Global Anti-Base Erosion rules）の軽課所得ルール（UTPR: Undertaxed Profits Rule）が租税条約に抵触するか否かを巡る議論を紹介する[1]。本論文の構成は次のとおりである。まず，背景説明として，UTPRにはグローバル・ミニマム課税を徹底する機能があるため，グローバル・ミニマム課税の実現を阻止したい立場（に賛同する納税者）はUTPRを無効化すべく，UTPRを定める国内法が租税条約に抵触すると出訴する事態が現実味を帯びてきた経緯を概観する（II）。これに続けて，UTPRと租税条約との抵触を巡る議論状況を項目別（①事業所得条項，②セービング条項，③条約の誠実履行義務・誠実解釈義務，④配当源泉課税の限度税率規定，⑤PE帰属所得規定，⑥資本無差別規定，⑦PE無差別規定）に紹介しつつ，⑧実務上の課題についても言及する（III）。最後に，本論文で紹介した租税条約違反の各主張の批判・検討を日本で今後進めるに当たって，考えられる検討課題について若干のコメントを行う（IV）。

---

1) 本論文の執筆者は，別稿（増田貴都「グローバル・ミニマム課税の軽課税所得ルール（UTPR）と租税条約」『第19回・税に関する論文』入選論文集』（納税協会，2024年）71頁）において，UTPRと租税条約の抵触に関する2023年5月頃までの議論状況を分析したことがある。このため，本論文と当該別稿とは内容が一部重複しているが，本論文は当該別稿の単純な繰り返しではなく，当該別稿では論旨が曖昧であった箇所を可能な限り改めたほか，当該別稿の脱稿後の議論状況も反映している。ただし，本論文を執筆した2023年12月末時点でも，日本においてUTPRを実施するための法案すら存在しない状況であったため，日本の具体的な法令に基づいて議論することはできなかった。なお，本論文中，意見にわたる部分はすべて筆者の個人的見解であり，筆者の過去又は現在における所属団体とは関係がない。また，本論文は海外研修中に執筆したため，邦語文献の参照は限定的である。

Ⅱ　背景・経緯

1　UTPRによるグローバル・ミニマム課税の徹底

　一般に，UTPRとは「MNEグループの親会社等の所在地国における実効税率が最低税率を下回る場合に，子会社等の所在地国でその税負担が最低税率相当に至るまで課税する仕組み」[2]である。特に，「UTPRはIIRによる課税を補完する機能を果たす」[3]とされており，「仮にIIRのみで制度が構成されている場合，例えば，本来IIRの課税を受けるべき親会社等を軽課税国に移転する一方，軽課税国に所在する子会社等をもともと親会社等が所在していた国に移転することでIIRの課税を回避する行動が想定され……これに対して，子会社等の所在地国においてUTPRによる課税が行われれば，最低税率による課税は確保される」[4]のである。

　少し敷衍しよう。グローバル・ミニマム課税の適用要件を満たすと目される多国籍企業グループが通常であれば構成会社等（子会社やPE）を設けなければビジネスに差し障るような主要な国々（本論文では「クリティカルマス法域」をこの意味で用いる）の国内法にUTPRが導入されたと仮定する。この場合，多国籍企業グループは，①グローバル・ミニマム課税を受けることは承知の上で円滑なビジネスのためにUTPR導入国に構成会社等を設けるか，逆に，②ビジネスに重大な支障が出ることも覚悟の上でグローバル・ミニマム課税を免れるためにUTPR導入国には構成会社等を一切設けないか，という二者択一を迫られることになる[5]。多くの多国籍企業グループにとって，現実的な選択肢は①ではなかろうか。このようにして，クリティカルマス法域の国内法にUTPRが導入されれば，多国籍企業グループに対してグローバル・ミニマム課税を徹底する仕組みとして機能するのである。

---

2)　齊藤郁夫ほか『改正税法のすべて〔令和5年増補版〕』（大蔵財務協会，2023年）746頁〔乾慶一郎ほか〕。
3)　齊藤ほか・前掲注2) 746頁〔乾ほか〕。
4)　齊藤ほか・前掲注2) 746頁〔乾ほか〕。
5)　See Heydon Wardell-Burrus, *The UTPR as a Rule of Recognition*, 108 TAX NOTES INT'L 1527, 1528 (2022).

このように UTPR が機能する結果，クリティカルマス法域が国内法に UTPR を追加すると決断した段階で，クリティカルマス法域に必要とされなかった国々は，グローバル・ミニマム課税の実現阻止を試みても無意味になる[6]。説明の便宜として，米国[7]や中国[8]が，自国産業保護その他の戦略的考慮から，自国を本拠とする多国籍企業グループにはグローバル・ミニマム課税が課されないと好都合であると考え，米国税法や中国税法への GloBE ルール（特に QDMTT や IIR）の導入を見送ったと仮定しよう。この場合であっても，米中両国以外の主要経済国のみでクリティカルマス法域として十分であれば，これらの主要経済国は粛々と自国法への UTPR 導入を進めるだけでよい。米国系や中国系の多国籍企業グループは，（クリティカルマス法域の定義上，）クリティカルマス法域内に構成会社等を有している可能性が高く，ひいては当該構成会社等を通じてグローバル・ミニマム課税を課される可能性が高い。結果として，クリティカルマス法域は，一方的に自国法に UTPR を導入するだけで，米中両国の反対にもかかわらず，これらの国に本拠を置く多国籍企業グループに対してさえもグローバル・ミニマム課税を徹底し得るのである。しかも，ひとたびグローバル・ミニマム課税の徹底が達成されれば，（たとえグローバルミニマム課税が不合理な制度であったとしても）グローバル・ミニマム課税の不徹底な状態へと逆戻りさせることは困難となる（所謂ロック・イン効果[9]）。クリティ

---

6)　See Ruth Mason, *A Wrench in GLOBE's Diabolical Machinery*, 107 TAX NOTES INT'L 1391, 1393（2022）．岡直樹ほか「IFA 日本支部：第 11 回ウェブセミナーの報告　テーマ：GloBE ルールと日本の CFC」租税研究 879 号（2023 年）80 頁〔岡発言〕も，UTPR によりグローバル・ミニマム課税が「息が詰まるほど徹底」されていると評価する。

7)　米国内の GloBE ルールを巡る政治的膠着状態については，差し当たり，秦正彦「BEPS2.0 各国の法制化状況と日本企業における留意点　第 5 回　米国の GloBE ルール」月刊国際税務 43 巻 9 号（2024 年）96 頁参照。

8)　See Mindy Herzfeld, *International Tax Stability? The China Factor*, 110 TAX NOTES INT'L 979（2023）; Reuven S. Avi-Yonah, *China Yawns at Pillar 2*, 110 TAX NOTES INT'L 1183（2023）．

9)　特に，EU 加盟国が UTPR を廃止するには，UTPR 実施に係る各加盟国の国内法の廃止だけではなく，EU 立法であるグローバル・ミニマム課税指令（Directive 2022/2523 [2022] OJ L 328/1）を EU 加盟国の全会一致で改廃するという政治的に難易度の高い手続を経なければならない。然るところ，EU 加盟国で UTPR 廃止の見通しが立たないならば，他の UTPR 実施国も UTPR 廃止を躊躇するかもしれない（クリティカルマス法域が失われる目算もないのに自国だけ UTPR を廃止するのでは一人負けとなってしまう）。See Werner Haslehner, *The Costs of Pillar 2: Legitimacy, Legality, and Lock-in*, 51

カルマス法域を損なうだけの相当数の主要経済国がUTPR廃止へと立場を転換しない限り，グローバル・ミニマム課税の徹底が維持され続けるのである。

2　グローバル・ミニマム課税の実現を阻止するためのUTPR無効化の試み

　グローバル・ミニマム課税の実現を阻止したい立場からはどのような対応が考えられるか。直ちに思いつく方法は，他国がUTPRを導入する国内法改正に着手しないよう，政治的・外交的な圧力をかけることである。

　このような試みの代表例が，米国議会共和党が2023年5月23日付けで（当時の議席状況からして成立の見込みはなかったが敢えて）提出した，UTPR実施国に対して報復的な追加課税を行う内容の法案（Defending American Jobs and Investment Act (H. R. 3665)）である。しかしながら，かかる報復措置に打って出ることの（正当性はともかくとして）実効性を疑問視する見解もある。米国の例で言えば，①米国政権としては支持してきたはずのUTPR導入に対して米国議会が報復措置を導入するのでは米国のメンツは丸つぶれであり米国外交への悪影響は避け難い，②そもそも的を絞った副作用の少ない経済的報復措置を設計すること自体が難しいといった難点が指摘されている[10]。結局，米国のような超大国であっても，報復措置による牽制のみでUTPR導入を予定しているクリティカルマス法域を確実に切り崩すことが可能なのかは予断を許さないのではなかろうか[11]。

　　INTERTAX, 634, 637 (2023).

10)　Mindy Herzfeld, *Can Congress Fix Treasury's GLOBE Mistakes?*, 110 TAX NOTES INT'L 7, 10 (2023).

11)　少なくとも，本論文執筆時点では，当該報復措置に係る懸念から，日本がUTPRの導入を断念したという話は寡聞にして知らない。例えば，2023年12月14日付けで連立与党より公表された令和6年度税制改正大綱では「軽課税所得ルール（UTPR: Undertaxed Profits Rule）は，外国に所在する法人等が稼得する所得を基に課税する仕組みであり……現行の税率を基に法人税による税額と地方法人税による税額が907：93の比率となるよう制度を措置する」（15-16頁）と記載されているように，日本はUTPRを導入することを想定しているように見受けられる。確かに，令和6年度税制改正ではUTPRを実施するための法改正には着手しないこととなったが，その理由については「UTPRは，法制上IIRとは異なり異色の建付けであるという法技術的側面もあろうか。ポリティカルの事情によるとは限らない」（山川博樹「BEPS2.0実務対応と本年度税制改正」月刊国際税務44巻1号（2024年）26頁）と指摘されている。とはいえ，米国を刺激してまでUTPR

第1章　デジタルエコノミーが引き起こした租税制度の変容

　報復措置の示唆による威圧ではクリティカルマス法域による国内法へのUTPR導入を阻止し難いとすれば、グローバル・ミニマム課税の実現を阻止したい立場から次に考えられる対応策は、各国のUTPR実施法の有効性を争うことであろう。従来からUTPRが①UTPR実施国の憲法[12]、②（慣習）国際法[13]、③租税条約、④国際投資協定[14]、⑤EU法の自由移動規定[15]に抵触

を導入することに見合うメリットが日本にあるのかは、一考の価値がある。UTPRはバックストップとして機能する性質上、必然的に適用場面は少なく大幅な税収は見込めないであろうし、日本はクリティカルマス法域の形成に必須ではないかもしれない（EU加盟国と英豪加韓だけでもクリティカルマス法域を形成し得るかもしれない）。

12) 一部の国では、UTPRが憲法と抵触する可能性が議論になり得るようである（ブラジルにつき Lucas de Lima Carvalho, *The Constitutional Case Against the UTPR in Brazil*, 109 TAX NOTES INT'L 609 (2023); Tarcísio Diniz Magalhães & Débora Ottoni Uébe Mansur, *How Brazil Could Design a Tax to Achieve UTPR Goals*, 110 TAX NOTES INT'L 225 (2023)）。例えば、スイスでは（UTPRに限らず）グローバル・ミニマム課税の導入に際して憲法改正が必要となり2023年6月18日に国民投票を実施した。日本についても、UTPRに基づく課税に当たっては少数株主保護を必要とする旨の意見もあると言われるが（本書①《座談会》国際課税の潮流と日本の租税制度への影響」の「Ⅱ　日本での実施状況と企業への影響」「3　既存法制との整合性」の箇所も参照）、これはUTPRに基づく課税が日本国憲法29条の財産権保障に抵触する可能性を懸念してのことであろうか。例えば、大島訴訟最高裁判決（最判昭和60年3月27日民集39巻2号247頁）の谷口正孝補足意見の「所得と観念し得ないものを対象として所得税を賦課徴収することは、それがいかに法律の規定をもつて定められ租税法律主義の形式をとるにせよ……違憲の疑いを免れないものと考える」との指摘も踏まえて、UTPRに基づく課税が日本国憲法に反しないかを確認する必要はあるかもしれない。もっとも、そもそも租税を課すことが日本国憲法29条との関係で問題となり得るか自体が一つの問いであることに注意を要する（差し当り、渕圭吾「財産権保障と租税立法に関する考察——アメリカ法を素材として」神戸法学雑誌65巻2号（2015年）55頁及び同「憲法の財産権保障と租税の関係について」法学新報123巻11＝12号（2017年）17頁参照）。このため、本論文ではUTPRとUTPR実施国の憲法との抵触を巡る議論には、これ以上立ち入らない。

13) UTPRと（慣習）国際法との抵触を巡る議論は全体的に錯綜気味である。主な論点は、UTPR実施国とUTPRに基づく課税の対象との間には、国際法上UTPR実施国の管轄権を基礎付ける結びつき（ネクサス）が存在しないため、各国のUTPR実施立法やその執行は国際法上の管轄権を逸脱しているという主張の当否である（*See generally*, Rita Szudoczky, *Does the Implementation of Pillar Two Require Changes to Tax Treaties*, 33 SWI 145, 146-49 (2023); Sjoerd Douma et al., *The UTPR and International Law: Analysis From Three Angles*, 110 TAX NOTES INT'L 857, 862-68 (2023); Peter Hongler et al., *UTPR—Potential Conflicts With International Law?*, 111 TAX NOTES INT'L 141, 142-44 (2023).）。前提として、各国は自国居住者に対して課税を行う管轄権を有すると解されるところ、一見したところUTPRに基づく課税は（構成会社等が内国法人の場合には）自国居住者に対する課税なので、まさに当該管轄権の範疇と整理されるように思われる。最初の分岐点は、①このような整理を覆すだけの合理的論拠はなさそうだとみるのか（*See e. g.*, Michael Lennard, *Customary International Law and Tax—The Fog of Law*, 109 TAX NOTES INT'L 601,

7 軽課税所得ルール（UTPR）と租税条約の抵触を巡る議論動向

する可能性が（必ずしも政治的な動機を持たない論者によって）主張されていた。これらの主張が，政治的な動機を持つ者によって，各 UTPR 実施国における税務紛争手続へと実際に持ち込まれる事態が現実味を帯びてきたのである。すなわち，グローバル・ミニマム課税の実現を阻止しようとする政治勢力を支持する多国籍企業グループは，UTPR 実施国に所在する子会社等をして，UTPR 実施国における税務訴訟その他の税務紛争手続において UTPR を実施する国内法はこれらの規範に抵触し無効である（あるいは UTPR に係る課税処分は取り

601-08 (2023); Tarcísio Diniz Magalhães & Allison Christians, *UTPR, Normative Principles, and the Law: A Rejoinder to Nikolakakis and Li*, 109 Tax Notes Int'l 1137, 1139-40 (2023)），あるいは，②自国居住者に対する課税の法的形式にかかわらず課税国の管轄外となる可能性について検討すべきと考えるのか，である。②の検討に踏み込んだ論者間にみられる主な対立軸は，②（i）外国子会社合算税制が管轄権の範疇と整理されていることのアナロジーで UTPR も管轄権の範疇と説明可能と考えるのか（*See e. g.*, Allison Christians & Tarcísio Diniz Magalhães, *Undertaxed Profits and the Use-It-or-Lose-It Principle*, 108 Tax Notes Int'l 705 (2022); Reuven S. Avi-Yonah, *UTPR's Dynamic Connection to Customary International Tax Law*, 108 Tax Notes Int'l 951 (2022); Tarcísio Diniz Magalhães, *Give Us the Law: Responses and Challenges to UTPR Resisters*, 108 Tax Notes Int'l 1257 (2022); Michael Schler, *UTPR: The CFC Precedent*, 109 Tax Notes Int'l 27 (2023)），あるいは，②（ii）外国子会社合算税制と UTPR との間ではアナロジーは成立しないと考えるのか（*See e. g.*, Angelo Nikolakakis & Jinyan Li, *UTPR: Unprecedented (and Unprincipled?) Tax Policy Response* 108 Tax Notes Int'l 743, 750; Jefferson VanderWolk, *The UTPR, Treaties, and CFC Rules: A Reply to Avi-Yonah and Schler*, 109 Tax Notes Int'l 187.）である。さらに，少数説のようだが，②（iii）伝統的な管轄権の範疇とは言い難いにせよ UTPR は新たな慣習国際法の下で許容されることになるとさえ主張されることがある。いずれにせよ，日本で UTPR を実施するための本邦法令を日本の裁判所で争う際には，理論上は（慣習）国際法に関する主張を行うことも可能ではあろうが（税務訴訟において慣習国際法に関する主張がなされた例としては東京高判昭和 59 年 3 月 14 日行集 35 巻 3 号 231 頁〔オデコ大陸棚事件〕や東京高判平成 16 年 11 月 30 日訟月 51 巻 9 号 2512 頁〔米国大使館事件〕等），実務的には，より具体的な規範（租税条約等）への抵触がまずは検討されるであろう。そこで，本論文では（慣習）国際法との抵触を巡る議論については，これ以上立ち入らない。

14) *See generally,* Catherine Brown & Elizabeth Whitsitt, *Implementing Pillar Two: Potential Conflicts with Investment Treaties*, 71 Can. Tax J. 189 (2023); Błażej Kuźniacki, *Pillar 2 and International Investment Agreements*, 112 Tax Notes Int'l 159, 167-69 (2023). なお，UTPR と国際投資協定の抵触を巡る議論の分析には国際投資法の背景知識を要するため，他日を期したい。

15) *See generally,* Douma et al., *supra* note 13, at 875-82; Valentin Bendlinger, The OECD's Global Minimum Tax and its Implementation in the EU: A Legal Analysis of Pillar Two in the Light of Tax Treaty and EU Law sec. 6. 2. 2.1 (2023). なお，あくまで EU 加盟国に固有の問題であるため，本論文では扱わない。

169

消されるべきである）と法廷で争うことを躊躇しないかもしれない。

　このような指摘は学者と実務家の双方からなされている。比較的最近の文献を例に挙げておくと，カナダの著名なタックスローヤーである Nathan Boidman 弁護士は，こうした紛争が頻発することで UTPR 実施国（特に EU 加盟国）は順風満帆な船出とはいかないだろうと投書している[16]。また，米国の租税法学者である Mindy Herzfeld 教授も，米国の連邦最高裁判所が所謂 Moore 事件を受理してあわや連邦所得税を崩壊させる違憲判断を下しかねない事態に米国が陥ったことを引き合いに，各国の裁判所が GloBE ルールを覆す大胆な司法判断に踏み込む可能性を軽視すべきではなく，納税者もそのための訴訟提起には前向きかもしれないと述べている[17]。

3　UTPR を巡る紛争を回避するために UTPR 実施条約を試みるべきか？

　このように紛争が頻発する事態は望ましいとは言い難いので，UTPR の実施を明示的に認める「UTPR 実施条約」を試みるべきであるとの意見もある。しかし，UTPR 実施条約の試みが本当に紛争リスクの解消に役立つのか，冷

---

[16]　Nathan Boidman, *Sailing a Sinking Ship: The EU and Pillar 2*, 112 TAX NOTES INT'L 967 (2023).

[17]　Mindy Herzfeld et al., *The Magnitude of Moore*, 113 TAX NOTES INT'L 7, 9 (2024). なお，Moore 事件では，概要，納税者（Moore 夫妻）は，合衆国憲法修正第 16 条に基づき連邦議会が課す権限を有する「所得税」とは「実現」した所得への課税のみを意味するところ，外国法人の米国株主に対する課税措置である MRT（the Mandatory Repatriation Tax。トランプ政権下で成立した the Tax Cuts and Jobs Act で導入された措置の一つ。内国歳入法典 965 条参照）は未「実現」所得への課税であって違憲であると主張している（もっとも，本件の真の目的は，判事 9 名のうち共和党大統領指名の保守派判事が 6 名を占める連邦最高裁判所から，民主党寄りのリベラル的提案である連邦富裕税や時価評価課税制度の導入を阻むのに役立つ憲法判例を得ることにあるという）。租税専門家の多くは当該主張を支持していなかった。ところが，連邦最高裁判所は，伝統的に租税事件をほとんど受理していないにもかかわらず，よりによって Moore 事件を受理する決定を下した（弁論期日は 2023 年 12 月 5 日）。もし，連邦最高裁判所が納税者の主張を全面的に認容する結果となれば，パートナーシップ税制，時価評価課税制度，サブパート F（CFC 税制）といった多岐に亘る税制が同様に未「実現」所得への課税として違憲となる事態を招き，連邦所得税制が破滅的な崩壊状態に陥るとまで言われている。MRT 自体はいわば一時的な移行措置でメジャーな税制とは言い難い上に係争税額も高々 15,000 ドル程である Moore 事件を敢えて受理して，連邦所得税制の命運を握るような司法審査に踏み込んだ連邦最高裁判所の姿勢は，米国の租税専門家間では大いに物議を醸した。

静に評価する必要があるかもしれない。

　第一に，UTPR 実施条約によって紛争リスクを解消できるのは，グローバル・ミニマム課税の実現を阻止したい政治勢力が優勢な国が UTPR 実施条約に加盟する場合に限られるはずである。しかしながら，そうした国こそ，まさしく UTPR 実施条約への参加が見込まれない国である。これらの国では，グローバル・ミニマム課税の実現を阻止したい政治勢力が UTPR 実施条約への批准を阻止するであろう。例えば，米国では条約批准手続に上院議員の 3 分の 2 以上の同意を要するので，グローバル・ミニマム課税に反対する政治勢力（特に共和党議員）が上院議員の 3 分の 1 超を占めている限り，米国の批准は見込めない[18]。要するに，紛争リスク解消のために UTPR 実施条約への参加が不可欠な国である程，実際に UTPR 実施条約に参加する可能性は低い，という構造的な逆相関関係に対処する突破口が見いだせない限り，UTPR 実施条約が紛争リスクを解消する方法として試みるに値するのか疑問である。

　それでも，UTPR 実施条約が米国との間で発効するまでは米国系多国籍企業グループに対して UTPR を適用できないと解すべき，ということなのだろうか。それは，事実上，米国系多国籍企業グループに対してはグローバル・ミニマム課税の徹底を半永久的に断念することと同義かもしれない。このような立場に全面的にコミットすることは，グローバル・ミニマム課税の実施国にとっては政治的に困難なのではなかろうか。むしろ，グローバル・ミニマム課税の実施国としては，紛争リスクも承知の上で，国内法改正のみで UTPR を実施可能であるとの立場を貫き通すことが最も現実的な選択肢となるかもしれない[19]。

---

18) あるいは，もし米国の政治状況が UTPR 実施条約を批准可能な水準に達しているならば，もはや米国（あるいは米国系多国籍企業グループ）についての深刻な紛争リスクは存在しないため，そもそも米国と UTPR 実施条約を締結する実際上の意義に乏しい，とも言い得る。

19) *See* Takato Masuda, *How Japan's Implementation May Change The Pillar 2 Debate*, Law 360 Tax Authority（Dec. 20, 2022 6:40 PM）, https://www.law360.com/articles/1560193/how-japan-s-implementation-may-change-the-pillar-2-debate. なお，「無理が通れば道理が引っ込む」（might makes right）として，紛争リスクが許容範囲内ならば合法性がグレーな措置でも実施を強行し得るものだとニヒルに割り切る醒めた態度（nihilistic approach）は褒められたものではないから，紛争リスクの程度によらず UTPR の合法性について各国は正面から回答するのが筋であるという批判がある（*See* Wei Cui,

4 小　括

　以上のとおり，UTPR にはグローバル・ミニマム課税を徹底する機能がある結果，米国議会共和党をはじめとしたグローバル・ミニマム課税の実現を阻止したい立場（に賛同する納税者）としては UTPR を無効化すべく試みることになる。その試みの一環として，UTPR を定める国内法が同国憲法，（慣習）国際法，条約（租税条約，国際投資協定，EU 条約）等の規範に抵触するとの理論構成で出訴する事態も次第に現実味を帯びてきたように感じられる。一方で，（グローバル・ミニマム課税の実施を断念するという方法以外に）かかる紛争リスクを解消する方法もなさそうである。

　そうすると，日本も UTPR を実施するのであれば，多国籍企業グループに属する日本所在の構成会社等に対する日本の UTPR 実施法に基づく課税処分の取消しを求めて，納税者[20]が（不服審査手続及び）税務訴訟に打って出ることを想定し，その際にあり得る理論構成として何が想定されているのかを確認しておくことには，一定の実践的意義があるように思われる。そこで，次章Ⅲにて，UTPR が租税条約に抵触するか否かの議論動向を紹介する[21]。UTPR と租税条約との抵触に関する主張は多岐に亘るが，以下では項目別に，①事業所得条項，②セービング条項，③条約の誠実履行義務・誠実解釈義務，④配当源泉課税の限度税率規定，⑤PE 帰属所得規定，⑥資本無差別規定，⑦PE 無差別規定の順に概観した上で，最後に⑧実務上の課題について言及する。

　Governments-Not the OECD-Should Address UTPR's Legality, 111 Tax Notes Int'l 425 (2023))。

20)　日本の UTPR に基づく課税処分の対象は，構成会社等が日本国内に所在する法人の場合にはその法人，構成会社等が日本国内に所在する恒久的施設等の場合には当該恒久的施設等を有する国外所在の法人であると考えられるため，その課税処分の取消訴訟の原告もこれらの法人になるのではないかと思われる。

21)　なお，早くにこの議論を紹介した邦語文献として，2023 年 3 月 27 日開催の国際課税研究会における海外文献紹介に係る報告記事である青山慶二「『軽課税利得ルールと"利用しなければ失効するとの原則"』，『軽課税利得ルールと租税条約』」租税研究 886 号（2023 年）198 頁がある。

III　UTPRと租税条約の抵触を巡る議論動向

1　事業所得条項

(1)　事業所得条項に違反するとの立場

　UTPRが租税条約に抵触するとの立場から，最も頻繁に言及されるのは，所謂「恒久的施設（PE）なければ課税なし」の原則を定めた事業所得条項（OECDモデル租税条約7条1項参照）である。UTPRに基づく課税が事業所得条項に抵触すると主張する論文（あるいは，断言はしないが事業所得条項に抵触する合理的な疑いがあると主張する論文）は多数存在する[22]。これらの論文の執筆者には北米，欧州その他世界中の著名な租税法学者やOECDで活動経験のある税務弁護士も含まれており，「事業所得条項違反説」が理論的にも一定の支持を集めている様子が見て取れる。

　紙幅の関係上，以下で各論文をこと細かに紹介することはできないが，その要点は，①UTPRに基づく課税額は外国企業の利得（軽課税国所在の構成会社等の利得）[23]を基礎として決定されるが，②当該外国企業の利得がUTPRの納税

---

22)　See, e. g., Maarten de Wilde, *Why Pillar Two Top-Up Taxation Requires Tax Treaty Modification*, KLUWER INTERNATIONAL TAX BLOG (Jan. 12, 2022), https://kluwertaxblog.com/2022/01/12/why-pillar-two-top-up-taxation-requires-tax-treaty-modification/; Jinyan Li, *The Pillar 2 Undertaxed Payments Rule Departs From International Consensus and Tax Treaties*, 105 TAX NOTES INT'L 1401, 1406-07 (2022); Michael S. Lebovitz et al., *If Pillar 1 Needs an MLI, Why Doesn't Pillar 2?* 107 TAX NOTES INT'L 1009, 1011 (2022); Jefferson VanderWolk, *Tax Treaties Pose Problems for the UTPR*, 108 TAX NOTES INT'L 29, 29 (2022); Jefferson VanderWolk, *The UTPR: Taxing Rights Gone Wild*, 108 TAX NOTES INT'L 1369, 1369 (2022); David G. Noren, *Modifying Bilateral Income Tax Treaties to Accommodate Pillar Two UTPR Rules*, 63 (25) TAX MGMT. MEM. 3-4 (2022); Ana Paula Dourado, *The Pillar Two Top-Up Taxes: Interplay, Characterization, and Tax Treaties*, 50 INTERTAX 388, 393-95 (2022); Brian J. Arnold, *The Ordering of Residence and Source Country Taxes and the OECD Pillar Two Global Minimum Tax*, 76 BULL. Int'l TAX'N 218, 223 (2022); Mindy Herzfeld, *The GLOBE Information Return In the Crosshairs*, 109 TAX NOTES INT'L 297, 300 (2023); Nikolakakis & Li, *supra* note 13, at 744-48; Angelo Nikolakakis & Jinyan Li, *The UTPR—No Taxation Without Value Creation!*, 110 TAX NOTES INT'L 49, 51 (2023); Yariv Brauner, *The Rule of Law and Rule of Reason in the Aftermath of BEPS*, 51 INTERTAX 268, 269-70 (2023); Szudoczky, *supra* note 13, at 149-52; Douma et al., *supra* note 13, at 869-73; Hongler et al., *supra* note 13, at 144-46; Bendlinger, *supra* note 15, at 319-321, 324.

23)　なお，厳密には，軽課税国所在の構成会社等の利得が事業所得条項以外の規定の適用

者となる自国の居住者[24]に実質的に帰属すると見做すべき事情がない（自国の居住者の兄弟会社や親会社たる外国企業やその利得に対し、当該居住者が何らか支配力・影響力を及ぼしているとは言い難いことが、特に外国子会社合算税制との対比で指摘されることが多い）ことからすれば、③その実質がPEを国内に有しない条約相手国の居住者が営む企業の利得に対する課税であり、④自国の居住者への課税という法的形式にかかわらず、事業所得条項への違反となる[25]、という主張に概ね集約することが可能に思われる。

(2) 事業所得条項に違反しないとの立場

以上の主張に対して、UTPRは事業所得条項に違反しないとの反論もなされている。第1の反論は、経済実質を考慮するとしてもUTPRは非居住者の利得に対する課税制度とは言い難い、というものである。すなわち、UTPRに基づく課税額計算の出発点において軽課税国所在の構成会社等の所得額が参照されることは事実であるが（前記(1)①）、最終的なUTPRに基づく課税額にたどり着くまでには様々な処理が介在しているため、かかる事実からUTPRの実質が条約相手国の居住者が営む企業の利得に対する課税と結論すること（前記(1)③）は困難ではないか、と指摘されている[26]。また、前記(1)③の結論は、GloBEルールの仕様上、軽課税国所在の構成会社等が損失を計上している場合にも一定の条件下ではトップアップ税額が発生し得る（GloBEモデルルール4.1.5参照）ことを考慮していないように思われる[27]。

を受ける利得である場合には、それぞれの規定に応じた検討を要するが（*See, e. g.,* Bendlinger, *supra* note 15, at 321-23)、本論文では紙幅の都合で割愛する。

24) なお、厳密には、UTPRの適用に当たり基準となるのは構成会社等の居住地ではなく所在地（location）であるが、二重居住法人のような例外を除き居住地と所在地は一致することが多いため、本論文では便宜的に両者が一致している前提で論じている（Bendlinger, *supra* note 15, at 318)。

25) なお、一部の論者は、所謂「追掛け課税」禁止規定（OECDモデル租税条約10条5項）への抵触も併せて主張しているが、疑問も多い。紙幅の都合で詳細な議論は割愛するが、差し当たり当該条項の文言に注目すると、当該条項が禁止しているのは、利得稼得地国による外国法人に対する一定の態様の課税制度（条約相手国Y国居住法人の分配（や留保所得）に対して、当該分配原資（や当該留保所得）がX国で稼得されたことを理由として、X国が課税する仕組み）である。一方、UTPRは利得稼得地国による外国法人の内部留保等への課税制度ではなく、したがって「追掛け課税」禁止規定の適用場面ではないように思われる。

26) Heydon Wardell-Burrus, *Four Questions for UTPR Skeptics*, 108 Tax Notes Int'l 699, 701 (2022). 増田・前掲注 *1*) 78-80頁の数値例も参照。

第2の反論は,「外国企業の利得がUTPRの納税者となる自国の居住者に実質的に帰属すると見做すべき事情がない」(前記(1)③) ことになるのか疑問視するものである。外国子会社合算税制においても,軽課税国の外国子会社に対する支配・影響力が皆無な少数株主(日本の外国子会社合算税制でいえば株式等保有割合10%以上) を納税者としても,事業所得条項には抵触しないと解されてきた。そうであれば,UTPRに基づく課税の納税義務者が軽課税国所在の構成会社等に対して支配・影響力を有していないという事情が,事業所得条項違反説の根拠となるのか疑問であるとの指摘である[28]。

第3の反論は,仮に事業所得条項違反説の言うようにUTPRの経済実質が条約相手国の居住者が営む企業の利得に対する課税であるとしても(前記(1)①～③),自国の居住者への課税というUTPRの法的形式を無視すること(前記(1)④)の理由にはならないのではないか,との指摘である。形式的には,条約相手国の居住者が営む企業の利得に対する課税ではないことを重視すれば,事業所得条項への抵触は考え難いところ[29],(国際)租税法分野では法的形式を尊重する傾向にあるとされる[30]。

なお,この第3の反論には,日本の裁判所で日本のUTPRが事業所得条項に抵触すると主張する際には特に留意すべきと思われる。というのも,グラクソ事件最高裁判決(最判平成21年10月29日民集63巻8号1881頁)の「あくまで我が国の内国法人に対する課税権の行使として行われるものである以上,日星租税条約7条1項による禁止又は制限の対象に含まれない」との判示が示唆するように,日本の裁判所では,日本法と事業所得条項との抵触を法的形式で割り切って判断することになっているからである[31]。

---

27) 増田・前掲注1) 81頁。
28) Schler, *supra* note 13, at 27; *See also* Michael Schler, *Pillar 2 and Minority Interests* 109 TAX NOTES INT'L 715, 715 (2023).
29) Reuven S. Avi-Yonah, The UTPR and the Treaties, 109 TAX NOTES INT'L 45, 46 (2023). なお,OECD/G20 BEPS包摂的枠組みの立場も,条約相手国の居住者が営む企業の利得に対する課税ではないという形式を重視するものであるように思われる(増田・前掲注1) 76-77頁)。
30) Avi-Yonah, *supra* note 29, at 48.
31) 岡田幸人「判解」『最高裁判所判例解説民事篇平成21年度〔下〕』(法曹界,2012) 790-791頁。なお,事業所得条項違反説とグラクソ事件最高裁判決の関係については増田・前掲注1) 109-113頁で若干の検討を行った。

第4の反論は（第3の反論を別の角度から言い換えた面もあるが），UTPR は居住者に対する課税の課税ベースの拡張によって法的に実装されるところ，各国がその居住者に対して課税する際にいかなる課税ベースを用いるべきかについて，事業所得条項は何らの規制も設けていないはずである，というものである[32]。たしかに，納税者（居住者）自身が手中に収めた経済的利益とは言い難い金額を当該納税者（居住者）に対する所得課税制度の課税ベースに含めることは経済理論的には説明が困難かもしれない（つまり，UTPR に基づく課税の対象は，経済理論的には納税者の「所得」ではないと評価されるのかもしれない）。しかし，そもそも事業所得条項が居住者課税の課税ベースに関する規律ではないとすれば，UTPR を実施するために居住者課税の課税ベースが恣意的に設定されることになっても，事業所得条項の問題にはなり得ないはずである。

なお，（国外所得免除規定[33]や後記6で検討する資本無差別規定は別として）租税条約の規定が各国の居住者課税の課税ベースの範囲について何らかの制約を課すのか（あるいは課さないのか）の検討は，UTPR に基づく課税が所謂セービング条項の保護を受けるか否かという論点や，租税条約の誠実履行義務・誠実義務の論点に置き換えて議論されることが多い。これらの論点はやや議論が込み入っているため，別途，後記2及び3でそれぞれ論じる。

第5の反論は，UTPR はそもそも租税条約上の対象租税（所得に対する課税）ではなく，事業所得条項の制約の対象外なのではないかというものである[34]。

---

32) UTPR を念頭に置いた叙述ではないものの，定評のある租税条約の解説書である"Klaus Vogel on Double Tax Conventions"でも，居住者に帰属すべき所得の範囲を決めるのは（租税条約ではなく）国内法の役割であると説明されている（Werner Haslehner, *Article 10, in* KLAUS VOGEL ON DOUBLE TAX CONVENTIONS 930, 996-997 (Ekkehart Reimer & Alexander Rust eds., 5th ed. 2022); *but see* Bendlinger, *supra* note 15, at 339-40）。

33) なお，国外所得免除方式（OECD モデル租税条約23条 A 参照）を採用する UTPR 実施国の場合，UTPR を居住者課税の課税ベースの拡張に位置付けるとしても，租税条約上の国外所得免除義務との関係がなお論点となる（所謂スイッチオーバー条項の要否。なお，OECD/G20 BEPS 包括的枠組みも，PE である構成会社等に係るトップアップ税額への IIR に関してはスイッチオーバー条項を推奨している）。とはいえ，本論文では外国税額控除方式を採用する日本を念頭に置いているため，この論点については議論を割愛する。

34) *See* Allison Christians & Stephen E. Shay, *The Consistency of Pillar 2 UTPR With U. S. Bilateral Tax Treaties,* 109 TAX NOTES INT'L 445, 445-51 (2023). もっとも，OECD/G20 BEPS 包括的枠組みにおいては，UTPR に基づく課税が租税条約の対象租税に含まれることは当然の前提とされていたと思われる（*See* Bendlinger, *supra* note 15, at 316-17）。また，議論状況の整理として，Wei Cui, *Article 2: Taxes Covered, in* GLOBAL TAX TREATY

この見解は，UTPR 実施国にとっては，UTPR に基づく課税額は，①グループ企業の利得，②グループ企業の他国での実効税率，③軽課税国や UTPR 未導入国に所在するグループ企業に係る要素を排した配賦基準を組み合わせて決定される任意の金額に過ぎないことを強調する[35]。すなわち，UTPR に基づく課税は，納税義務者となる居住者の財務上の純損益や課税所得（PE を有する非居住者が納税義務者の場合は，PE に係る財務上の純損益や PE 帰属所得）を参照せずに計算されており，①納税義務を負う企業の所得，②当該納税義務を負う企業に対して配賦・帰属されるべき他の企業の利得，及び③他の企業の既存の所得税の納税義務とも関係がない。UTPR に基づく課税は，せいぜい間接的に他の企業の一定の財務上の純損益に結びついているに過ぎないが，そのような間接的な結びつきを以て，所得に対して課される税であるということはできないというのである[36]。

　この第 5 の反論は，要するに，UTPR に基づく課税のみを目的として，費用の損金算入を制限し，課税額を増やすという仕組みは，追加税，附加税，その他の個別負担金（an additional tax, a surtax, or any other separate levy）を課すことと実質的に変わりないとの主張である[37]。従来，UTPR の税額は外国企業の利得を基礎として決定されることや，当該外国企業の利得が自国の居住者に実質的に帰属すると見做すべき事情がないことを強調してきたのは，むしろ事業所得条項違反説の側であったところ（前記(1)①・②），これらを正反対の結論を導く論拠に用いたのは印象的で[38]，なかなか皮肉が効いている。事業所得条項違反説は，一方では，租税条約によって許容されてきた典型的な所得課税と UTPR に基づく課税との差異を指摘しなければならないが，他方で，UTPR に基づく課税と所得課税との連続性にも留意しなければならず，そのようなジレンマの狭間で隘路を切り開く必要がある，ということだろう。

　　COMMENTARIES, sec. 3.1.5 (Pasquale Pistone et al., eds., 2023).
35)　Christians & Shay, *supra* note 34, at 446.
36)　*Id.*, at 450-51.
37)　*Id.*, at 448.
38)　See Brauner, *supra* note 22, at 270.

(3) 補論：自国に所在する透明事業体への控除の否認等を通じてその構成員に追加的な負担を及ぼす UTPR の扱い

　構成会社等には，その設立国においてパススルー扱いされる透明事業体が含まれる[39]。設立国は，通常であれば法人課税上の納税義務者でない透明事業体に対しては IIR を適用しないと予想されるものの，あえて透明事業体を IIR の適用対象とすることも妨げられないと解されている[40]。このような透明事業体は設立国に所在するものと扱われるため，結果として，設立国が法人税法上はパススルー扱いされる透明事業体に対しても UTPR を適用することは可能である。実際，GloBE モデルルール 2 条のコメンタリーのパラグラフ 53 によれば，透明事業体に対する控除の否定等を通じて当該透明事業体の構成員に追加的な負担を及ぼす仕組みも UTPR と言い得るとされている。

　このような仕組みが現実に採用されるのかは定かでないが，もし採用するのであれば，租税条約との関係を整理する必要がありそうである。例えば，租税条約上の「居住者」になり得るのは（透明事業体ではなく）構成員であるのが通常であると思われる（OECD モデル租税条約 1 条 2 項参照）。当該構成員の居住地国と UTPR 実施国が異なる場合には，UTPR に基づく追加負担は法的形式としても自国居住者に対する所得課税とは言い難く，構成員の居住国と UTPR 実施国との間で締結される租税条約の事業所得条項等への抵触が問題となるかもしれない。

---

[39] ただし，設立国以外で居住者として法人課税を受けている場合は別である。例えば，X 国 LPS 法に基づく事業体 A を設立し，その管理支配地を Y 国に設けるケースでは，X 国租税法が X 国法準拠の LPS をパススルー扱いしていたとしても，Y 国租税法が X 国法準拠の LPS をパススルー扱いしておらず，かつ，管理支配地によって居住地を判定しているのであれば，結果として，事業体 A は Y 国居住法人として Y 国租税法に基づく法人課税に服することになる。このような事業体 A は（X 国ではなく）Y 国に所在する構成会社等として扱われる（齊藤ほか・前掲注 2) 764 頁〔乾ほか〕参照）。そして，IIR 及び UTPR に基づく納税義務を課すのは構成会社等の所在地国であることから，事業体 A が IIR や UTPR に基づく納税義務を負う可能性があるとすれば，設立国（X 国＝事業体 A をパススルー扱いする法域）に対してではなく，居住地国（Y 国＝事業体 A をパススルー扱いしない法域）に対して，ということになる。

[40] GloBE モデルルール 10 条のコメンタリーのパラグラフ 187 参照。

2 セービング条項
(1) セービング条項を巡る議論の位置づけ

　一般に租税条約はある国の自国居住者に対する課税権を制限することを意図していないとされ，それを成文化して[41]，一方の締約国の居住者に対する当該一方の締約国の課税（the taxation by a Contracting State of its residents）に租税条約が影響を及ぼさない旨を規定したセービング条項（OECDモデル租税条約1条3項参照）が（特に米国が締結する租税条約を中心に）盛り込まれることもある。このため，UTPRが租税条約に違反すると主張する際には，① UTPRに基づく課税が事業所得条項等に違反していることに加えて，② UTPRがセービング条項（あるいはその背後の一般論）によって保護されない課税制度であることをも論証しなければならない[42]。こうしてUTPRとセービング条項の関係が議論の俎上に載ることになった。

　なお，実際には前記①と②は混然一体として論じられることがある。しかしながら，UTPRがセービング条項（あるいはその背後の一般論）により保護されない課税制度であるとしても（②），それだけでUTPRが租税条約違反となる訳ではない。別途，UTPRに基づく課税が事業所得条項等に違反する旨を具体的に示さない限りは（①），条約違反の論証としては片手落ちであろう[43]。

(2) セービング条項限定解釈の登場

　一部の事業所得条項違反説の論者は，UTPRが自国の居住者への課税という法的形式で実施されているにもかかわらず，UTPRは「一方の締約国の居住者に対する当該一方の締約国の課税」ではないのでセービング条項は無関係であると主張するようである[44]。しかし，このような解釈をセービング条項

---

41) 例えば，OECDモデル租税条約1条のコメンタリーのパラグラフ18は，セービング条項は，居住者への適用が意図されている条項を除き，租税条約は締約国が自国の居住者に課税する権利を制限していないという一般原則を確認した規定であるとする。

42) ただし，後記6で議論する資本無差別規定はセービング条項による保護（租税条約の影響遮断）の例外として明記されている（OECDモデル租税条約1条3項参照）。このため，仮にUTPRがセービング条項で保護されるとの立場であっても，UTPRが無差別規定に抵触するか否かを検討する必要がある。

43) 紙幅の制約から個別に指摘することは控えるが，UTPRの租税条約違反を論ずる文献の中には，UTPRはセービング条項の保護を受けないと声高に主張する一方で，事業所得条項等への違反については言葉を濁して断定を避けるものがある。このような文献の論旨の把握に当たっては，注意を要すると思われる。

の文理から導くことは無理があるように思われる[45]。

　そこで，文理上はUTPRが「一方の締約国の居住者に対する当該一方の締約国の課税」に該当するとしても，UTPRがセービング条項の保護の対象外となるように，セービング条項の適用範囲はその文言より狭く解釈するべきとの主張がなされることになる（以下，「セービング条項限定解釈」と呼ぶことがある）。事業所得条項違反説の論者の多くはセービング条項限定解釈論者でもあるため，セービング条項限定解釈も同程度の支持を集めている様子が見て取れる。

　セービング条項限定解釈の理由は大別して二種類挙げられている。第1の理由は，租税条約の一般目的（租税条約の対象となる租税に関して，脱税又は租税回避を通じた非課税又は租税の軽減の機会を生じさせることなく，二重課税を除去すること。OECDモデル租税条約前文参照）の考慮で，かかる目的と無関係な場合にまで，セービング条項に依拠して租税条約の制限の範囲外にあると解すべきではないという。より具体的には，UTPRはグローバル・ミニマム課税の徹底のための制度であって，実施国の課税ベース維持を目的とした濫用防止規定（例えば，外国子会社合算税制）とは言い難く，租税条約の一般目的とは関係がないため，UTPRに基づく課税はセービング条項による保護の対象外であると主張されている[46]。第2の理由は，条約交渉時の締約国の認識であり，UTPRのような前例のない課税制度を許容するつもりでセービング条項が規定されているとは考え難いと主張されている[47]。

(3)　セービング条項限定解釈への異論

　そもそも，セービング条項限定解釈の論者は，UTPRが「一方の締約国の居住者に対する当該一方の締約国の課税」に該当することを暗に認めているこ

---

44)　See, e. g., Li, *supra* note 22, at 1406; Dourado, *supra* note 22, at 395; Nikolakakis & Li, *supra* note 13, at 745-46.

45)　Wardell-Burrus, *supra* note 26, at 700.

46)　See, e. g., Wilde, *supra* note 22; Li, *supra* note 22, at 1406; Lebovitz et al., *supra* note 22, at 1011; Nikolakakis & Li, *supra* note 22, at 51; Szudoczky, *supra* note 13, at 151-52; Douma et al., *supra* note 13, at 870-73.

47)　See, e. g., VanderWolk, *supra* note 22, 108 Tax Notes Int'l 29; Jefferson VanderWolk, *Much Ado About Pillar 2*, 108 Tax Notes Int'l 821, 823 (2022); Noren, *supra* note 22, at 3-4; Hongler et al., *supra* note 13, at 145; Bendlinger, *supra* note 15, at 336-41.

とになる（前記(2)）。一方で，事業所得条項違反説は"UTPR による課税は条約相手国居住者が営む企業の利得に対する課税である"ことが前提となっていた（前記1(1)）。このため，セービング条項限定解釈と事業所得条項違反説とを同時に主張することには，やや一貫性を欠く印象も受ける[48]。それをひとまず措くとしても，セービング条項限定解釈は UTPR を巡る議論の過程で突如主張され始めた新説のように見受けられ，賛否両論があり得そうである。これに関連して次の3点を確認しておきたい。

第1に，セービング条項を主導してきた米国に目を向けて，米国モデル租税条約の Technical Explanation[49] や同国の代表的な裁判例[50]を参照しても，セービング条項限定解釈がなされてきたようには見えない。第2に，OECD に目を向けると，BEPS プロジェクト後の 2017 年のモデル租税条約改訂でセービング条項を採用した動機の一つが外国子会社合算税制等の濫用防止措置が租税条約に抵触しない旨を明確化することであったのは事実であるが，かかる経緯はセービング条項限定解釈を採用すべき決定的理由とは言い難い。例えば，当該モデル租税条約改訂の契機となったという Jacques Sasseville の論文にはセービング条項限定解釈を示唆する叙述は見当たらない[51]。むしろ，OECDがモデル租税条約にセービング条項を盛り込んだ結果，租税条約の課税権配分規定（含，事業所得条項）が居住国課税を制限しないことが一般に明確化されたとの解釈がなされてきた[52]。

第3に，OECD モデル租税条約へのセービング条項導入当初からセービング条項限定解釈に消極的な見解も存在する。例えば，Josef Schuch 教授は，セービング条項には租税回避防止措置の認容に留まらない予防効果（prophylactic

---

48) 増田・前掲注 1) 84-85 頁。
49) UNITED STATES MODEL TECHNICAL EXPLANATION ACCOMPANYING THE UNITED STATES MODEL INCOME TAX CONVENTION OF NOVEMBER 15, 2006, 3-4 (2006).
50) *Duncan v. Commissioner*, 86 T. C. 971; *Filler v. Commissioner*, 74 T. C. 406.
51) *See* Jacques Sasseville, *A Tax Treaty Perspective: Special Issues*, *in* TAX TREATIES AND DOMESTIC LAW 37, 50 (Guglielmo Maisto ed., 2006). *See also*, Luc De Broe & Joris Luts, *BEPS Action 6: Tax Treaty Abuse*, 43 INTERTAX 122, 137-39 (2015).
52) Alexander Rust, *Some Thoughts about the Inclssusion of a Saving Clause in the OECD Model*, *in* THINKER, TEACHER, TRAVELER. REIMAGINING INTERNATIONAL TAXATION, at sec. 35.3.1 (Ruth Mason et al., eds., 2021).

effect）があり，自国居住者への課税に係る国内法が租税条約に抵触する事態が起こり得なくなるので，条約を上書きするような国内法改正も可能になると述べている[53]。さらに，Georg Kofler 教授は，セービング条項は租税回避防止措置以外にも適用可能と読めることを指摘した上で[54]，セービング条項の対象は条約交渉時の税制（又はそれと基本的に類似する後続税制）に限られるという解釈は成り立たず，むしろ，セービング条項が存在すれば，自国居住者への課税に係る国内法については租税条約との抵触を気にすることなく改正できるようになり，国内法を根本的に改正する場合でさえも，条約相手国に根回しをするか否かという外交儀礼上の問題に過ぎなくなることを示唆している[55]。これらの見解からは，セービング条項限定解釈は支持されないことになりそうである。

3 租税条約の誠実履行義務・誠実解釈義務（居住者課税の課税ベース恣意的拡大への規制？）

(1) 条約の誠実履行義務・誠実解釈義務

　事業所得条項違反説やセービング条項限定解釈の論者の中には，UTPR のような多国籍企業グループが域外で得た利益に課税する試みが，当該グループに属する内国法人に対する課税の体裁を整えさえすれば何らの規制も及ばない（事業所得条項は居住者課税の課税ベースを恣意的に設定することについて規制していない）というのでは，租税条約が無意味になると主張する者もいる[56]。かかる主張の法的位置づけはやや不明瞭であるが，居住者課税の課税ベースをいくらでも恣意的に設定し得るとの解釈は，条約の誠実履行義務（ウィーン条約法条約26条）や条約の誠実解釈義務（同31条）に反するとの理論構成が見られる[57]。

---

53) Josef Schuch & Nikolaus Neubauer, *The Saving Clause: Article 1 (3) of the OECD Model, in* BASE EROSION AND PROFIT SHIFTING (BEPS) 27, 43 (Michael Lang et. al., eds., 2016)
54) Georg Kofler, *Some Reflections on the "Saving Clause"*, 44 INTERTAX 574, 575 (2016).
55) *Id.,* at 580.
56) *See, e. g.,* Noren, *supra* note 22 at 4; Szudoczky, *supra* note 13, at 152; Douma et al., *supra* note 13, at 872.
57) *See, e. g.,* Luc De Broe, *Some EU and Tax Treaty Law Considerations on the Draft EU Directive on Global Minimum Taxation for Multinationals in the Union,* 50 INTERTAX 884 (2022); Li, *supra* note 22, at 1408; Dourado, *supra* note 22, at 395; Nikolakakis & Li, *supra*

かかる主張に当たっては、各国の裁判所が条約の誠実履行義務や誠実解釈義務への違反をどのように判断しているのかに留意しなければならないだろう。日本について言えば、前述のグラクソ事件最高裁判決における「各締約国の課税権を調整し、国際的二重課税を回避しようとする日星租税条約の趣旨目的にかんがみると、その趣旨目的に明らかに反するような合理性を欠く課税制度は……租税条約の条項に直接違反しないとしても、実質的に同条約に違反するものとして、その効力を問題とする余地がないではない」との判示は、条約の誠実履行義務や誠実解釈義務を踏まえたものであると解されている[58]。すなわち、日本の裁判所は、課税制度が条約の趣旨目的に「明らか」に反しているケースでない限り、租税条約への実質的違反を問題とする余地を認めない立場と解される。このため、実務上、租税条約への実質的違反（＝誠実履行義務や誠実解釈義務への違反）の主張は立証難度が非常に高いと受け止められている[59]。

(2) そもそも居住者課税の課税ベースの恣意的設定を規制すべき理由はあるか？──日本だけが実効税率30％までトップアップするUTPRを導入する場合を題材に

そもそも、居住者課税の課税ベースの恣意的設定を通じた多国籍企業グループへの課税強化に何か問題があるのかについて、議論が尽くされていない印象を受ける[60]。本論文では、日本だけが、多国籍企業グループに所属する日本所在の構成会社等に対して、IIRのバックストップ機能に留まらない追加金額をUTPRと同様の仕組みで課税する例で、若干の思考実験をしてみよう。具体的には、実効税率15％ではなく実効税率30％（≒日本の法人実効税率）となるまでトップアップするような追加課税を行う新税を日本だけが導入したとする[61]。どのような影響が考えられるであろうか。

---

note 13, at 746; Bendlinger, *supra* note 15, at 339-40.
58) 岡田・前掲注 *31*）792-793 頁。
59) 例えば、弘中聡浩＝釆木俊憲「判批」中里実ほか編著『タックス・ヘイブン対策税制のフロンティア』（有斐閣、2013 年）69-70 頁参照。
60) やや異なる視点からの分析であるが See Wei Cui, *Strategic Incentives for Pillar Two Adoption* 21-37 (Working paper, 2024), https://oxfordtax.web.ox.ac.uk/sitefiles/cui-wei-strategic-incentives-for-adopting-the-global-minimum-tax.pdf.
61) なお、一部の国が 15％ 以上の実効税率となるまでトップアップするような金額をUTPRと同様の仕組みで追加課税することを試みる潜在的可能性は既に指摘されてい

多国籍企業グループにとっては，当該新税に係る追加課税を負担するに値するだけの事業上の便益を日本の構成会社等に見いだせない場合には，日本に所在する構成会社等を廃止する（他国の構成会社等による機能代替や日本事業そのものを廃絶する）ことが合理的な選択となる（なお，前記Ⅱ1のとおり全てのUTPR実施国から撤退しなければUTPRに基づく課税を免れ得ないのとは対照的に，この課税は日本独自のものなので日本からの撤退だけで十分である）。要するに，この種の新税は，その程度に応じて多国籍企業グループの日本からの撤退を促すことになると予想される。

この思考実験を踏まえると，居住者課税の課税ベースの恣意的設定を通じた多国籍企業グループへの課税強化は租税条約で規制されているべきとの発想に幾つかの疑問を呈することができるかもしれない。例えば，歳入創出につながるのは，課税ベースの更なる拡張が生み出す追加税収が，課税ベースの更なる拡張に応じた多国籍企業グループの撤退に伴う課税対象者の一層の減少に伴う税収縮小が均衡する水準までであろう。かかる均衡を超えて居住者課税の課税ベースを恣意的に拡張しても，かえって歳入減となり本末転倒である。したがって，条約がこの種の新税を制限していなくとも，各国がこの種の新税を際限なく課すような事態に陥るおそれはないのではないか。

また，この種の新税は，確かに多国籍企業グループの本拠地国から日本向け

る。*See, e.g.*, Nana Ama Sarfo, *U. N. Revisits the International Tax Architecture*, 110 Tax Notes Int'l 1706, 1708 (2023) ("there has been speculation as to whether countries can unilaterally increase their UTPR rate")。もっとも，そのような追加課税制度を弱小国だけ（例えばGDP世界ランキングの下位30か国）で国内法に導入してみたところで，割に合わないと感じる多国籍企業グループがそのような弱小国に構成会社等を設けず事業を継続するようになるだけであって，多国籍企業グループに対して15％以上の最低税率を徹底できる訳ではないように思われる。むしろ，多国籍企業グループが回避困難な課税制度を構築する上でのブレークスルーは，クリティカルマス法域に一つでも構成会社等が所在している限り，（QDMTTやIIRに係る課税額を差し引いた後の）トップアップ税額の全額に対する追加課税が常に実現するメカニズムを実装してみせたことにあるのではないか（*See* Ruth Mason & Pascal Saint-Amans, *Has Cross-Border Arbitrage Met Its Match? in* Thinker, Teacher, Traveler. Reimagining International Taxation, *supra* note 52, at sec. 26.4.)。対照的に，居住者に対する課税の課税ベースを都合良く操作するという行為自体は（居住者の税額を決定する過程で非居住者の所得水準を参照して税額を決める制度設計は），多国籍企業グループの海外での利得に対する回避困難な課税制度の構築に直接結び付くものではなく思われる。そうすると，租税条約の事業所得条項等によって居住者課税の課税ベースの恣意的拡張が規制されている必要があるのか，定かでない。

の投資を減少させるとしても，トップアップ税額が生じる軽課税国（条約相手国）と日本との間の通商や資本移動に対して明白な悪影響があると言い得るかは別問題ではなかろうか。いずれにせよ，居住者課税の課税ベースの恣意的設定を通じた多国籍企業グループへの課税強化を問題視すべき根拠を曖昧にしたまま議論を先走った結果，議論が空転しはじめている印象も受ける。

4　配当源泉課税の限度税率規定

　UTPRに基づく課税は配当源泉課税の限度税率規定によって制限されるという全く異なるアプローチを提唱する論文が新たに登場した[62]。この論文では，まず，UTPRに基づく課税は，UTPR実施国に所在する法人から株主に対する税率100％の配当源泉課税と金額的には等価であると指摘されている[63]。これは簡単な数値例で説明できる。

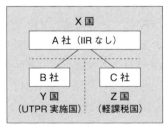

【図1】

　例えば，【図1】のような単純な資本関係を前提に，①A社の所得は100でX国（親会社所在国）はIIR未導入，②C社の所得は100でZ国（軽課税国）はC社に対して法人税を課さずトップアップ税額15が発生，③Y国（UTPR実施国）がB社に対してUTPRに基づき15の追加課税を実施，④B社の所得は100でY国（UTPR実施国）のB社に対する法人税率は税率30％，というケースを考える。この場合，Y社の（支払税額を控除後の）留保利益は55（＝所得100－Y国法人税30－Y国追加課税15）となる。なお，UTPRに基づく課税の実施後

---

62) Fadi Shaheen, *Is the UTPR a 100 Percent Tax on a Deemed Distribution?*, 112 TAX NOTES INT'L 321 (2023).
63) *Id.*, at 321-23.

も，A 社の所得は 100 のままで，C 社の留保利益も 100(＝所得 100 － Z 国法人税 0) のままである。

次に，B 社が A 社に対してトップアップ税額相当額の分配を行ったと見做し，当該分配に税率 100％ で Y 国が源泉課税を実施する場合を考えると，実は上記と同じ結果となる。すなわち，前記③に代えて，③'Y 国は B 社が A 社に分配 15 を行ったと見做し，当該分配に税率 100％ で 15 の源泉課税を実施した場合も，Y 社の（支払税額と分配額を控除後の）留保利益は 55(＝所得 100 － Y 国法人税 30 －支払配当 15) で，UTPR に基づく課税を実施したケースと同じ値である。なお，当該源泉課税の実施後も A 社の所得は 100(＝所得 100 ＋受取配当 15 － Y 国源泉課税 15) のまま変わらず，C 社の留保利益も 100(＝所得 100 － Z 国法人税 0) のままとなる点も，同様である。

以上を踏まえつつ，法的形式よりも経済的実質を重視して[64]，UTPR に基づく課税を "UTPR 実施国に所在する法人の株主に対する税率 100％ の配当源泉課税" とみるならば，当該株主の居住地国と UTPR 実施国との間で租税条約が締結されている場合（設例でいえば X 国と Y 国との間で租税条約が締結されている場合），当該租税条約の配当源泉課税の限度税率規定（OECD モデル租税条約 10 条 2 項参照）による制限を受けることになる，と主張されている[65]。

この主張は斬新である。もっとも，日本の裁判所では，法的形式よりも経済的実質が重視されるとは限らず（前記 1(2)のとおり事業所得条項に関しては法的形式で割り切った前例もある），日本の UTPR 実施法に基づく課税が配当源泉課税であると判断されるのか，定かでなく思われる。

5　PE 帰属所得規定
(1)　PE 帰属所得規定に違反するとの立場

UTPR は，構成会社等が UTPR 実施国に所在する PE の場合，当該 PE を有する外国法人に対する課税として実施されることになる[66]。当該外国法人

---

[64]　なお，Shaheen 教授は，米国については PPL Corp. v. Commissioner, 569 U.S. 329 (2013) が先例となって，法的形式ではなく経済的実質に基づいて判断されることになると主張している（Id., at 325-26）。

[65]　Id., at 326.

[66]　念のため確認しておくと，PE を有する外国法人に対して UTPR に基づく課税を行う

が条約相手国の居住者[67]である場合，事業所得条項への抵触はないとしても，当該 PE に帰すべき所得を独立企業原則[68]に基づき算定すべき旨を定めた PE 帰属所得規定（OECD モデル租税条約 7 条 2 項参照）に抵触しているという「PE 帰属所得規定違反説」を主張する論文[69]が複数存在する。

PE 帰属所得規定違反説の要点は数値例を用いると理解しやすい。UTPR に基づく課税額 10 を UTPR 実施国内に PE を有する条約相手国の居住者に課すケースを考える。当該 PE に係る PE 帰属所得は，独立企業原則に基づけば 1,000 であり，当該 UTPR 実施国の PE 帰属所得に係る税率は 20% とする。もし，独立企業原則を無視して PE 帰属所得を 1,000 ではなく 1,050 と決定することで UTPR に基づく追加課税 10（＝PE 帰属所得増 50×税率 20%）を達成したならば，PE 帰属所得規定に抵触することになる。このように，PE 帰属所得規定違反説の論者は，UTPR に基づく追加課税は（法的形式としては損金算入制限等で実施されるとしても）独立企業原則を無視した PE 帰属所得の決定を通じて達成されていると解するようである。

(2) **PE 帰属所得規定に違反しないとの立場**

以上の主張に対して，UTPR は PE 帰属所得規定に違反しないとの反論もなされている。第 1 の反論は，UTPR に基づく追加課税は，法的形式としては，独立企業原則を無視した PE 帰属所得の決定ではなく，あくまで独立企業原則に基づいて決定された PE 帰属所得から課税所得を計算する際の費用控除の制限等を通じて達成されており，かかる控除制限等は PE 帰属所得規定の規制対

ことは，自国居住者に対する課税ではないのでセービング条項の保護を受けない。もっとも，セービング条項で保護されないという一事を以て，直ちに租税条約違反となる訳ではない（前記 2(1)参照）。

67) これに対して PE を有する法人が第三国の居住者である場合には，別途の検討を要する。詳細は増田・前掲注 1) 94-95 頁を参照。

68) なお，UTPR に基づく課税を法人に課す場合についても，関連企業の所得計算に係る独立企業原則（OECD モデル租税条約 9 条 1 項参照）への違反となるか否かが議論されているが，紙幅の関係で本論文の検討は割愛する（差し当たり，違反であるとする Hongler et al., *supra* note 13, at 145-46 と，違反はないとする Bendlinger, *supra* note 15, at 324-26 をそれぞれ参照）。

69) *See, e. g.,* Vikram Chand et al., *Tax Treaty Obstacles in Implementing the Pillar Two Global Minimum Tax Rules and a Possible Solution for Eliminating the Various Challenges,* 14 (1) WORLD TAX J. 3, 28 (2022); Lebovitz et al., *supra* note 22,, at 1011; Nikolakakis & Li, *supra* note 22, at 54; Douma et al., *supra* note 13, at 869-70.

象ではない，との指摘である。すなわち，交際費の損金算入制限のように，締約相手国の居住者が営む企業の課税所得（taxable income）を計算する過程において，ある費用の控除を認めるか否かは，PE帰属所得規定が取り扱う問題ではなく，国内法により決定されるべき問題と解されてきた（OECDモデル租税条約7条のコメンタリーのパラグラフ30参照）[70]。そうであれば，損金算入制限等の法的形式で実施されるUTPRもPE帰属所得規定に抵触しないはずである[71]。前記(1)と同じ数値例で説明すると，PEの帰属所得は独立企業原則に基づく1,000のまま，課税所得を計算する際に50の費用の損金不算入として税額を10（＝損金算入制限50×税率20％）増加させることを通じてUTPRに基づく追加課税10が達成されているので，PE帰属所得規定に何ら違反していないと考えるのである。

なお，PE帰属所得規定違反説の論者は，UTPRに係る損金算入制限は，グローバル・ミニマム課税を徹底するという専ら政策的理由に基づくもので，かつ，損金不算入額がトップアップ税額等の外在的事情で恣意的に決定される異例な仕組みであるとして，交際費の損金算入制限と同列に論じることはできないと異論を述べるかもしれない。しかしながら，かかる異論に対しては，交際費の損金算入制限も，「法人の冗費・乱費を増大させるおそれ」[72]という摑みどころのない租税政策・経済政策上の理由から殆ど恣意的に設定された限度額を用いて損金不算入額が決定される仕組みであり，UTPRと交際費とで別異に解すべき理由にはならないと反駁を加える余地もありそうである。

第2の反論としては，費用控除制限を通じた追加課税は，独立企業原則を無視したPE帰属所得の決定を通じた追加課税とは機能的に等価でないことが挙げられる[73]。改めて同じ数値例で説明すると，PE帰属所得1,000の内訳が収益1,000及び費用0であったとする。この場合，当該PEに帰属する費用が存

---

[70] Isabel Verlinden (Based on the original chapter written by Jacques Sasseville), *Article 7: Business Profits*, in GLOBAL TAX TREATY COMMENTARIES, *supra* note 34, at sec. 4.2.5.2, 5.1.4.
[71] OECD, TAX CHALLENGES ARISING FROM DIGITALISATION-REPORT ON PILLAR TWO BLUEPRINT: INCLUSIVE FRAMEWORK ON BEPS (2020) para. 689.
[72] 金子宏『租税法〔第24版〕』（弘文堂，2021年）431頁。
[73] 増田・前掲注 *1*) 91-92頁。

在しないため，UTPR が費用控除制限の形式で実施される限り，当期において追加課税 10 を達成することはできず，翌期以降に改めて追加課税を試みることとされている（GloBE モデルルール 2.4.2 参照）。一方，もし，UTPR が独立企業原則から乖離して PE 帰属所得を決定することで課税する仕組みであるならば，当期にて 10 の追加課税を実施することになる。したがって，PE 帰属所得規定違反説の論者のように，費用控除制限の法的形式で実施される UTPR を，独立企業原則を無視した PE 帰属所得の決定と同視することが可能なのかは，その経済実質に着目したとしても疑問が残る。

第 3 の反論は，やや毛色が異なり，各国は UTPR に基づく課税額に応じて税率を変動させる方法で UTPR を実施する方法が考えられるというものである[74]。三度同じ数値例で説明すると，PE 帰属所得は独立企業原則に基づく 1,000 のままでも税率を 20% から 21% に変動させれば結果的に追加課税 10（＝PE 帰属所得 1,000×税率増 1%）を達成できる。UTPR に基づく課税の実施方法としては損金算入制限が主に念頭に置かれているが，各国が他の方法によることも特に妨げられていない。確かに，変動税率により UTPR を実施する場合には，PE 帰属所得に対する税率を何%に設定するかは PE 帰属所得の決定とは本来的に無関係であるため，PE 帰属所得規定への抵触は考え難い。

6 資本無差別規定
(1) 資本無差別規定に違反するとの立場

UTPR が租税条約に抵触するとの立場からは，UTPR は外資系内国法人を類似する非外資系内国法人よりも税務上不利に取り扱うことを禁止する資本無差別規定（OECD モデル租税条約 24 条 5 項参照）に違反しているとも主張されている[75]。UTPR は多国籍企業グループの構成会社等には適用がある一方，全ての構成会社等が一つの法域内にのみ所在する場合には適用がない。かかる取

---

74) Avi-Yonah, *supra* note 29, at 47-48.
75) ただし，OECD モデル租税条約と異なり，実際の租税条約には資本無差別規定が含まれないことも多い。また，一部の租税条約（カナダが締結している租税条約に多いとされる）では，自国居住者ではなく第三国の居住者が所有・支配する内国法人との比較において不利益な取扱いか否かを問題とする旨が明記されていることがある。このような租税条約については本文で述べた分析は当てはまらないことに注意を要する。

扱いの差異は，資本無差別規定が禁止している外資系内国法人（一方の締約国の居住者が営む企業であってその資本の全部又は一部が他方の締約国の一又は二以上の居住者により直接又は間接に所有され又は支配されているもの）に対する差別的取扱いに他ならないという「資本無差別規定違反説」が主張されている[76]。

なお，UTPR と租税条約の関係を巡る議論全体を俯瞰すると，事業所得条項違反説やセービング条項限定解釈に議論の力点が置かれ，資本無差別規定違反説の検討は簡素に済まされる傾向にある。しかしながら，後記 8(1)のとおり，実務的観点からは，事業所得条項よりも無差別規定がより活用される可能性がある。このため，UTPR と無差別規定の関係を巡る議論が相対的に低調であるのは，やや意外である。

(2) **資本無差別規定に違反しないとの立場**

（ア） 外資系であることに直接起因する取扱いの差異ではない

資本無差別規定違反説に対しては，大別して二種類の反論がなされている。第 1 の反論は，外資系であるか否かで結果的に異なる扱いを受けているというだけでなく，かかる扱いの差異がまさに外資系であることに直に起因している場合でない限り，資本無差別規定違反に問えないと解されてきたことに注目する。一般に，租税条約の無差別規定の適用範囲は狭く[77]，あからさま（overt）で直接的（direct）な差別を禁止しているものの，隠れた（hidden）あるいは間接的（indirect）な差別的取扱いは禁止していないと解されている[78]。資本無差別規定についても，条約相手国の居住者により所有・支配されていることのみを理由とする（solely based on）差別を禁止しているだけであるという[79]。換言すれば，他の理由に基づく取扱いの差異に起因して結果的に外資系内国法人が

---

[76] See, e. g., Li, *supra* note 22, at 1407; Noren, *supra* note 22, at 4-5; Nikolakakis & Li, *supra* note 22, at 51-52; Douma et al., *supra* note 13, at 873-74.

[77] See Kees Van Raad, *Issues in the Application of Tax Treaty Non-Discrimination Clauses*, 42 BIFD 347, 347 (1988).

[78] Alexander Rust, *Article 24*, in KLAUS VOGEL ON DOUBLE TAX CONVENTIONS, *supra* note 32, at 1908; Niels Bammens & Frans Vanistendael, *Article 24: Non-Discrimination, in* GLOBAL TAX TREATY COMMENTARIES, *supra* note 34, at sec. 2.5.1.3. なお，増井良啓「二国間租税条約上の無差別条項」ソフトロー研究 17 号（2011 年）10 頁も参照。

[79] Bammens & Vanistendael, *supra* note 78, n. 162. OECD モデル租税条約 24 条のコメンタリーのパラグラフ 3，78 及び 79 も参照。

非外資系内国法人より不利に扱われたというケースは，資本無差別規定への違反はないと解されている[80]。

資本無差別規定違反か否かを見分ける方法としては，租税条約の著名な解説書（Klaus Vogel on Double Tax Conventions）では，「株主を納税者（内国法人）の居住する国の居住者であると見做し，それ以外の事実は何も変更しない場合において，当該納税者がより有利な取扱いを受けることが可能になるケースでは，株主の居住者に起因する差異を設けたことになる」という検討方法が提唱されている[81]。

【図2】

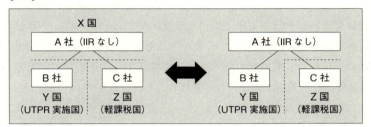

この検討方法に倣って，UTPR実施国（Y国）が軽課税国（Z国）のC社に係るトップアップ税額についてUTPRに基づきB社に対して課税する場合（【図2】左側）について，株主（A社）を納税者（B社）の居住地国（Y国）の居住者であると見做してみよう（【図2】右側）。この場合も，B社はUTPRに基づく課税を免れない。したがって，UTPRは外資系内国法人を条約相手国の居住者により所有・支配されていることをのみを理由として不利に扱っている訳ではなく，資本無差別規定に違反しないと評価されそうである[82]。

なお，UTPR実施国（Y国）はIIRも実施していることが通常である。つまり，通常は，株主（A社）が納税者（B社）の居住地国（Y国）の居住者であったならば，軽課税国（Z国）のC社に係るトップアップ税額はA社に対する

---

80) See John F. Avery Jones et al., *Art. 24 (5) of the OECD Model in Relation to Intra-Group Transfers of Assets and Profits and Losses*, 3 (2) WORLD TAX J. 179, 180 (2011).
81) Rust, *supra* note 78, at 1954.
82) 本論文では割愛するが，親会社（【図2】のA社）が軽課税国に所在する場合についても同様の分析が可能と思われる。詳細は増田・前掲注1) 98-99頁も参照。

IIRに基づく課税によって達成されており，UTPRの対象となるトップアップ税額は存在せず，したがってB社に対するUTPRに基づく課税もない結果となる。

しかし，株主の居住地以外の事実関係を変更しない場合との比較における，納税者の有利不利を問題とする前述の検討方法からは，A社に対してIIRが適用されてUTPRの対象となるトップアップ税額が存在しなくなる場合（株主の居住地以外にも事実関係を一部変更した場合）にはB社がUTPRに基づく課税を免れ得るからといって，資本無差別規定違反となる訳ではなさそうである[83]。むしろ，A社にIIRが適用されない限りB社がUTPRに基づく課税を免れ得ないということの含意は，B社に対するUTPRに基づく課税の有無を決定する要素は他法域におけるIIRに基づく課税状況であって，翻ってB社が外資系か否かは決定的な要素ではない，ということかもしれない。そうであれば，UTPRはせいぜい「間接的」な外資系差別に留まり，資本無差別規定の禁止する「直接的」な差別ではないと解されることになろう[84]。

---

[83]　なお，多国籍企業グループ全体の有利不利に着目する場合には，納税者の親会社に対してIIRが適用されていれば，納税者に対してUTPRを適用した場合よりも，多国籍企業グループ全体の課税額は少なく済んだケースも考えられる。例えば，軽課税国に所在の構成事業体P社の所有持分の55％をα国所在の最終親会社Q社が直接保有し，40％をIIR導入済みのβ国所在の中間親会社R社（Q社の完全子会社）を保有し，残り5％は多国籍企業グループ外の少数株主が保有しているとする。また，P社に係るトップアップ税額が100であると仮定する。①最終親会社法域α国がIIRを導入している場合，IIRに基づく追加課税は95であり（＝トップアップ税額100×帰属割合95％），さらに，UTPR実施国間で分配対象となる金額はゼロになる（GloBEモデルルール2.5.2）。一方で，②最終親会社法域α国がIIRを導入していない場合，中間親会社R社に対してβ国がIIRに基づき追加課税40（＝トップアップ税額100×帰属割合40％）を行う。さらにUTPR実施国の間で分配対象となる金額は60（＝100−40）となる（GloBEモデルルール2.5.3。GloBEモデルルール2条のコメンタリーのパラグラフ78も参照）。要するに，①IIRの適用のみで完結する場合は多国籍企業グループ全体で95の追加課税で済むのに，②UTPRが適用される場合には多国籍企業グループ全体で100の追加課税がなされるという差異がある。かかる差異が資本無差別規定への違反を疑わせると示唆する見解（Douma et al., *supra* note 13, at 874.）があるが，その論旨は明らかでない。本注の設例のようにP社にIIRが適用されていれば多国籍企業グループ全体の納税額が減少するケースであっても，P社にIIRが適用されない限り納税者はUTPRに基づく課税を免れないという関係が成り立つことには変わりは無い。そうであれば，本文で述べたのと同様の理由から，納税者に対してUTPRに基づく課税がなされるかを決定する要素は，他法域におけるIIRに基づく課税の状況であって，納税者が外資系か否かではなく，ひいては資本無差別規定違反ではないと解されることになるのではなかろうか。

(イ)　類似性のある比較対象が存在しない

　第2の反論は，資本無差別条項は「類似の」(similar) 非外資系内国法人と比較して外資系内国法人を不利に扱うことを禁止しているに過ぎないことに着目している。前段落での議論とも関係するが，IIR 未導入国に所在する親会社に所有されている多国籍企業グループの構成会社等である内国法人は，IIR 導入済みの国に所在する親会社に所有されている多国籍企業グループの構成会社等たる内国法人とは「類似の」状況にないので，前者の内国法人と後者の内国法人とで UTPR に基づく課税の可能性が異なるとしても，資本無差別規定への抵触は問題とならないという反論である[85]。

　この第2の反論に対しては，資本無差別規定違反説の側からは，納税者と「類似の」内国法人が何かの検討に当たって，当該納税者 (B 社) とは別の法人 (A 社) に関する事情は関係がないと指摘されている[86]。また，親会社 (A 社) に対する IIR に基づく課税額が子会社 (B 社) に対する UTPR に基づく課税額が減少するという関係を考慮することに対して，OECD モデル租税条約 24 条のコメンタリーのパラグラフ 77 が（連結納税制度を内国法人間でのみ認めることが資本無差別規定に反しないことを説明する文脈ではあるが）「居住者企業とその資本を所有する非居住者の複合的な取り扱いと，同じ国の居住者企業とその資本を所有する居住者の複合的な取り扱いとの比較」を否定していることと整合しないとの指摘もある[87]。もっとも，何らか「類似の」内国法人を観念し得るとしても，当該「類似の」内国法人との取扱いの差異が外資系であるか否かに起因するものであると言えるのかは，なお議論の余地があると思われる（前記(ア)参照)。

7　PE 無差別規定
(1)　PE 無差別規定に違反しない

　既述のとおり，UTPR は，構成会社等が日本に所在する PE の場合，当該

---

[84]　Bendlinger, *supra* note 15, at 327-29.
[85]　Christians & Shay, *supra* note 34, at 451-52.
[86]　Nikolakakis & Li, *supra* note 22, at 51.
[87]　Douma et al., *supra* note 13, at 874.

PEを有する外国法人に対する課税として実施されることになる。このため，国内にPEを有する外国法人のPEに係る課税額を同様の活動を行う内国法人に対する課税額より重くすることを禁止するPE無差別規定（OECDモデル租税条約24条3項参照）との関係が問題となり得る。

資本無差別規定と同様に，PE無差別規定もUTPR実施国内に非居住者がPEを有していることをのみを理由とする（solely based on）差別を禁止しているだけであると解されている。また，UTPRは「UTPR実施国内にPEを有する非居住者」と「UTPR実施国に所在する法人」のいずれに対しても適用される仕組みとなっている。したがって，UTPRは，UTPR実施国内に非居住者がPEを有しているという理由のみから，同様の活動を行う内国法人より差別的に扱うものではなく，資本無差別規定に違反しないと解されている[88]。この解釈については，比較的争いがない（資本無差別規定違反論者からも肯定されることがある）ように見受けられる。

(2) **PE無差別規定に違反するとの少数説について**

一部の論者が，PE無差別規定の通説的見解では，PEを有する非居住者が不利に課税されているか否かは外国親会社の存在しない内国法人との比較において判断されるべきと解されていることを指摘し[89]，前記(1)の解釈は当該通説的見解と整合しないと批判している[90]。

これに対する反論として，外国親会社の存在しない内国法人と比較するとしても，①当該内国法人が「同様の活動」を行っていることが前提であり，かつ，②PE無差別規定が禁止しているのは「より不利に課される」（less favorably levied）課税に過ぎないことが挙げられる。①の「同様の活動」要件については，一般に，検討中の課税と関連性がある限り様々な要素を考慮すべきとされ（法的なストラクチャー（legal structure）といった「活動」という文言には一見当てはまらない要素さえも含まれるとされている[91]），要するに，関連する全ての点で非

---

88) Christians & Shay, *supra* note 34, at 451; Douma et al., *supra* note 13, at 873; Bendlinger, *supra* note 15, at 327.
89) Rust, *supra* note 78, at 1930-31.
90) Chand et al., *supra* note 69, at 30.
91) Bammens & Vanistendael, *supra* note 78, at sec. 2.3.2.1.1. なお，OECDモデル租税条約24条のコメンタリーのパラグラフ37及び38も参照。

居住者のPEと同一である内国法人と比較する必要があると解されている[92]。②の「より不利に課される」要件については，一般に，PEを有する非居住者に居住者と異なる租税制度を適用したとしても，課税額の観点から不利でない限り，PE無差別規定には抵触しないと解されている。

その上で，PE無差別規定違反か否かを見分ける方法としても，資本無差別規定と同様に，「納税者（課税国にPEを有する非居住者）を課税国の居住者であると見做し，それ以外の事実は何も変更しない場合において，当該納税者がPEに係る課税を軽減することが可能になるケースでは，株主の居住者に起因する差異を設けたことになる」という検討方法が提唱されている[93]。

この検討方法に倣って，UTPR実施国（Y国）が軽課税国（Z国）のB社に係るトップアップ税額についてUTPRに基づきA社のPE帰属所得に対して課税する場合（【図3】左側）について，納税者（A社）をPE所在国（Y国）の居住者であると見做しても（【図3】右側），納税者（A社）はY国からIIRに基づく課税を受けることになるため，通常，納税者（A社）の税負担が軽減されることはない。すなわち，PEを有する非居住者に対してはUTPRが適用され，居住者に対してIIRが適用されるという差異はあるが，課税額の観点から不利ではない[94]。したがって，この検討方法に基づけば，UTPRはPE無差別規定に違反しないと評価されそうである[95]。

【図3】

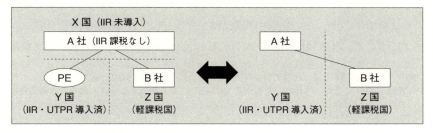

---

92) Chand et al., *supra* note 69, at 30.
93) Rust, *supra* note 78, at 1930.
94) ただし，前掲・注83)のような場合もあるため，最終的には具体的事案に即した確認を要する。
95) 本論文では割愛するが，親会社が軽課税国に所在する場合についても同様の分析が可能と思われる。詳細は増田・前掲注1) 103頁も参照。

8 実務上の課題

(1) 事業所得条項違反を主張する際の実務上の課題

UTPR が租税条約に違反するとの立場から，特に重点的に主張されているのは，事業所得条項違反説（及びセービング条項限定解釈）である。しかしながら，事業所得条項違反説（及びセービング条項限定解釈）には，その理論的な当否はともかく，実務上の課題がいくつか存在する。

第1の課題は，そもそも租税条約が実際には締結されておらず事業所得条項違反を問う余地がない可能性である。UTPR の事業所得条項違反を問うためには，UTPR 実施国とトップアップ税額の発生国（＝軽課税国であって QDMTT を実施していない国[96]）との間で租税条約が締結されていることが前提となる。しかし，実際上，このような国の間で租税条約が締結されていることは比較的稀であろう。なお，米国について付言しておくと，同国の税制優遇措置が実効税率を大幅に引下げる結果とならないような取扱いを実現すべく，米国はOECD/G20 BEPS 包括的枠組みにおいて積極的に交渉を継続するのだという[97]。もし，米国の望む内容のガイダンスが取りまとめられた場合，米国が軽課税国となるケースは少なくなり，ひいては米国と UTPR 実施国との間で締結された租税条約（例えば日米租税条約）に含まれる事業所得条項への違反を問える局面は限られてくるかもしれない。

第2の課題は，運良く UTPR 実施国と軽課税国との間で租税条約が締結されていたとしても，当該租税条約の事業所得条項への違反を問える金額をどのように特定するか，という別の問題がある[98]。例えば，ある多国籍企業グループについて，軽課税国である A 国，B 国及び C 国に係るトップアップ税額

---

[96] もし，軽課税国が QDMTT を導入していれば，当該軽課税国に係るトップアップ税額は UTPR に基づく課税に先立ち当該 QDMTT により徴収されることになると考えられる。

[97] *See, e. g.,* Stephanie Soong, *Pillar 2 Peer Review Guidance Expected Soon, Plowgian Says,* 112 TAX NOTES INT'L 1478, 1478-79 (2023). なお，既に 2023 年 7 月に取りまとめられたガイダンス（OECD, TAX CHALLENGES ARISING FROM THE DIGITALISATION OF THE ECONOMY-ADMINISTRATIVE GUIDANCE ON THE GLOBAL ANTI-BASE EROSION MODEL RULES (Pillar Two) (2023)）の内容の一部は「端的に米国配慮措置である」（山川博樹「BEPS 2.0 の最新動向」月刊国際税務 43 巻 12 号（2023 年）32 頁）とされ，米国が軽課税国となる可能性は当初想定されていた程ではなくなってきている。

[98] Wardell-Burrus, *supra* note 26, at 701.

のうち X 国・Y 国による IIR に基づく課税の残額を，UTPR 実施国である D 国，E 国，F 国，G 国及び H 国でそれぞれ課税するとする。この場合における軽課税国（A 国～C 国）と UTPR 実施国（D 国～H 国）の組み合わせは 15 通り（＝軽課税国 3 か国×UTPR 実施国 5 か国）である。現実的な仮定ではないが，これらの 15 組全てにおいて租税条約が締結されていたとする。この場合，15 の租税条約の事業所得条項に抵触する部分をそれぞれ特定しなければならない。しかし，UTPR に基づく課税額は，出発点としては軽課税国所在の構成会社等の所得額を参照するものの，課税額にたどり着くまでには様々な処理が介在し，最終的には全法域のトップアップ税額を足し合わせてから一定の割合を乗じて各 UTPR 実施国の課税額を決定するため，もはや UTPR の課税額のどの部分がどの構成会社等の所得額と紐付いているのかを正確に特定することは難しく思われる。なお，管見の限り，事業所得条項違反説（及びセービング条項限定解釈）の立場から具体的な特定方法を明らかにした文献は不見当である。

　ここで重要なのは，事業所得条項違反説（及びセービング条項限定解釈）のこれらの実務上の課題は，資本無差別規定への抵触を主張する場合には問題とならない，という点である。すなわち，第 1 の課題については，資本無差別規定違反の主張は，ホスト国（進出先となる UTPR 実施国）とホーム国（進出元となる多国籍企業グループの構成会社等の税務上の居住国）との間に租税条約が存在すれば可能である（なお，OECD モデル租税条約に沿った資本無差別規定であれば，条約相手国の居住者が「間接的」に支配する内国法人についても適用があることに留意）。また，第 2 の課題については，UTPR に基づく課税が全くなされない内国法人と比べて差別的扱いを受けていると主張する前提であれば，UTPR 実施国が UTPR に基づいて行った課税の全額について資本無差別規定違反と主張することになり，UTPR の課税額を構成会社等の所得額と紐づける作業は不要である。したがって，実務的観点からは，事業所得条項よりも資本無差別規定がより活用されることになるかもしれない。

(2)　**全ての UTPR 実施国の UTPR を無効化しない限り税負担が減らない**

　多国籍企業グループにとって，UTPR に基づく課税が条約違反であることを争う実益がそもそも限定的なのではないか，との疑問が呈されている。これは以下の例で説明できる。まず，米国に最終親会社の存在する米国系多国籍企

業グループがUTPR実施国である日本に子会社を設けており，ケイマン諸島に所在するグループ企業の利得を基礎に計算されたトップアップ税額の一部について，日本が当該日本子会社に対してUTPRに基づく課税を行う事例を考えてみよう。もし，当該米国系多国籍企業グループが日本のUTPRに基づく課税は租税条約に違反すると争うのであれば，日本とケイマン諸島との間に租税条約は締結されていない以上，日米租税条約の資本無差別規定（24条4項）に依拠して争うことになりそうである。

　日米の権限ある当局間での相互協議（25条1項）で合意に至る見通し（あるいは同条5項に基づき仲裁を通じて解決する見通し）があれば別であるが，そうでなければ，米国系多国籍企業グループは，当該日本子会社をして，当該日本子会社に対するUTPRに基づく課税についての課税処分がなされた後で（当該課税処分に係る追徴税額を一旦納付させつつ），当該課税処分の取消しを求めて日本での不服審査手続を経させてから，最終的に日本の裁判所に訴えを提起させる必要があると思われる。もし，日本の裁判所が当該日本子会社（実質的にはその背後にいる米国系多国籍企業グループ）の主張を認め，当該課税処分を取り消す判決を下し，当該判決が確定すれば，当該日本子会社に対して日本はもはやUTPRに基づき課税することはできない。

　しかしながら，日本が当該日本子会社に対してUTPRに基づき課税していたトップアップ税額は，（未だに無効と判断されていない）他のUTPR実施国の間で（再）配分され，これらの国が自国のUTPRに基づき自国内の構成会社等に対して課税することは，妨げられないと解されている[99]。例えば，当該米国系多国籍企業グループが別途カナダ子会社を有しており，日本とカナダ以外のUTPR実施国には構成会社等が所在していないとする。この場合，日本によるUTPRに基づく課税が無効となった金額だけ，カナダが当該カナダ子会社に対して課すUTPRに基づく課税額が増加する。結局，多国籍企業グループの側からすれば，日本での訴訟に（おそらく多額の）費用や時間を投じて仮に勝訴できたとしても，それだけでは多国籍企業グループ全体のUTPRに係る税負担の軽減に結びつかないことになる。

---

[99] Wardell-Burrus, *supra* note 26, at 702; Douma et al., *supra* note 13, at 875; Bendlinger, *supra* note 15, at 341.

7 軽課税所得ルール（UTPR）と租税条約の抵触を巡る議論動向

　要するに，①ホーム国と租税条約を締結していない UTPR 実施国，②ホーム国と租税条約を締結しているものの所謂トリーティー・オーバーライドにより租税条約よりも国内法である UTPR 実施法が優先する UTPR 実施国[100]，③その他実務上の理由で UTPR の租税条約違反を争うことが困難な UTPR 実施国[101]のいずれかにおいて，多国籍企業グループの構成会社等が1社でも所在している場合には，それ以外の UTPR 実施国（何か国にもなり得る）の全てにおいて，UTPR に基づく課税が租税条約に違反し無効である旨の司法判断を勝ち取ることができたとしても，基本的には，当該多国籍企業グループ全体の UTPR に係る税負担の軽減には結びつかない[102]。

　これは，租税条約違反という理論構成で UTPR の無効化を達成する（ひいては，グローバル・ミニマム課税の実現を阻止する）ことは困難であることを示唆するかもしれない。また，多国籍企業グループにとっても，（当該多国籍企業グループが UTPR によるグローバル・ミニマム課税の徹底を阻止したい政治勢力を支持していたとしても）UTPR に基づく課税を各国で争うことに多額のコストを投じる実益が存在するのか疑わしく感じられるかもしれない。

Ⅳ　おわりに

　本論文では，UTPR を実施する各国の国内法が租税条約等に抵触すると争われる可能性が現実味を帯びてきた一方，かかる紛争リスクを UTPR 実施条約の締結により解消できるとも考え難いことから（前記Ⅱ），UTPR と租税条約の抵触を巡る議論動向を紹介した（前記Ⅲ）。このように本論文は素朴な文献サーベイに過ぎず，本論文で紹介した租税条約違反の各主張の批判・検討は，今後の学術研究や実務に委ねられている。様々な検討項目が考えられるが，差

---

100)　本文で例に用いたカナダのほか，英国，オーストラリア，ニュージーランド，オーストリア，ドイツではトリーティー・オーバーライドが認められているとされ，また，EU 加盟国については EU 指令により一定の範囲の租税条約についてはトリーティー・オーバーライド可能と解されている。See, e. g. Avi-Yonah, supra note 29, at 47; Bendlinger, supra note 15, at 344-70.
101)　See, e. g., Herzfeld, supra note 22, at 297.
102)　さらに，このような実情を各国の裁判官が（暗に）考慮し，UTPR 条約違反説に消極的にならないとも限らない，との指摘もある（Wardell-Burrus, supra note 26, at 701）。

し当たり議論動向を概観した結果として明らかになった検討課題を三つ挙げて，本論文の総括としたい。

　第1に，UTPRの租税条約違反を主張する場合により実用的な論拠は，（特に日本ではグラクソ事件最高裁判決を考慮すると）事業所得条項ではなく無差別規定かもしれない。しかし，従来の租税法学・租税実務において租税条約の無差別規定はあまり注目されてこなかったように思われる。このため，日本では，UTPRと租税条約の関係を議論する前に，無差別規定の解釈論を確立する作業からはじめる必要があるかもしれない。

　第2に，UTPRが租税条約に違反するとの立場が声高に主張する事業所得条項違反説（及びセービング条項限定解釈）であるが，それに対する最大の難点は，UTPRに基づく課税が居住者課税の課税ベース拡大という法的形式で実施されることが十分に考慮されていないことにあると思われた。例えば，法的形式を無視して経済実質によるべき理論的根拠は何か（特に日本ではグラクソ事件最高裁判決の理解が問われるであろう），居住者課税の課税ベースの恣意的拡大の体裁でなされる新税を殊更に問題視すべき理論的根拠が何か，といった基礎的な問いに対しても，事業所得条項違反説（及びセービング条項限定解釈）の側からは曖昧な回答しかなされていないように感じられた[103]。今後の研究では，これらの問いに対する説得的な応答が望まれるかもしれない。

　第3に，本論文は租税条約に議論を絞っているが，本論文の執筆過程で国際投資法のような他分野でもUTPRの適法性が議論されているのを目にした。したがって，今後，日本でUTPRの適法性を巡る議論がなされる際に，分野横断的な分析が登場することにも期待しつつ，筆をおくこととしたい。

---

[103]　なお，本論文の執筆時には，各論者のUTPRと租税条約の抵触を巡る法的解釈論のみを拾い上げることに努め，各論者のタックス・ポリシー（租税政策）からのUTPRに対する評価を極力持ち込まないように注意した。UTPRが望ましくないタックス・ポリシーであるとの価値判断が先行して，法的解釈論を展開すべき局面で理論構成を曖昧にしたままUTPRが租税条約違反であるとの結論を急いだように見える論文もあった。しかし，両者は区別されるべきものであって，租税条約の解釈論としてUTPRには租税条約の制限が及んでいないと解する場合であっても，UTPRが望ましいタックス・ポリシーではないと評価することはあり得るし，その逆も然りである。*See* Heydon Wardell-Burrus, *The Meaning of 'UTPR Skeptic': A Response to Nikolakakis and Li,* 109 TAX NOTES INT'L 703, 703 (2023).

7 軽課税所得ルール（UTPR）と租税条約の抵触を巡る議論動向

※　本論文執筆から校閲時までの間にも UTPR の適法性を議論した論文が続々と公表された。しかし，残りスペースの関係で網羅的紹介は断念せざるを得ない。差し当たり，英語文献として，本論文の執筆者の検討内容に対するコメントを含む Lucas de Lima Carvalho, *The UTPR: A Symptom of Malleable Sovereignty?* 115 Tax Notes Int'l 871（2024）を，邦語文献として，南繁樹「軽課税所得ルール（UTPR）の仕組みと議論の動向について（2）議論の動向」月刊国際税務 44 巻 4 号（2024 年）44 頁及び同「軽課税所得ルール（UTPR）の仕組みと議論の動向について（3）議論の動向②」月刊国際税務 44 巻 5 号（2024 年）90 頁を，それぞれ挙げるに留める。また，本論文執筆から校閲時までの間に，UTPR の無効化を試みる訴訟が現実に登場したことも書き記しておきたい。すなわち，2024 年 7 月，米国系団体 American Free Enterprise Chamber of Commerce が，UTPR を実施するベルギーの国内法はベルギー憲法，欧州人権条約ないしは EU 基本権憲章で保障されている財産権の侵害である等と主張して，同国憲法裁判所に提訴した。今後，先決裁定手続により，本件が欧州司法裁判所に付託される可能性もある。なお，米国議会共和党の議員らが，9 月 17 日付けの OECD 事務総長 Mathias Cormann 宛書簡において，当該提訴を支持する立場を公にしている。

第 2 章
デジタル課税の諸相

8 暗号資産取引の情報申告と自動的情報交換

藤 岡 祐 治

I はじめに

　2023年11月10日に日本を含む48の国と地域が「暗号資産等報告枠組みの実施に向けた共同声明」を発表した[1]。同声明は税務当局同士の自動的情報交換に関する新たな国際標準である，暗号資産等報告枠組み（Crypto-Asset Reporting Framework, CARF）を実施するために必要な国内立法を行い，2027年までに情報交換の開始をすることを明らかにしている。現在，CARF実施のための国内法の立法が各国で進みつつある。

　今後，CARFに基づく自動的情報交換が実施されるとしても，決して万能というわけではなく，その制度自体又は実際の執行に当たって検討すべき課題は多い。日本における法的枠組みもまだ全ては明らかになっておらず，どのような情報を，どのようにして取得していくかを検討する必要がある。本稿は，CARFの内容を紹介した上で，現時点における課題をいくつか指摘するものである。

　本稿の構成は次のとおりである。まず，CARF制定の背景について説明する（II）。次に，CARFの内容を概観する（III）。そして，各国の対応を日本，欧州，米国の順で確認する（IV）。最後に，CARFの課題について論じて，本稿をまとめる（V）。

---

[1] Collective Engagement to Implement the Crypto-Asset Reporting Framework (Nov. 10, 2023). その後，さらに8つの国と地域が共同声明に加わった。

Ⅱ 暗号資産に係る税の透明性

1 暗号資産市場について

現在，暗号資産の市場規模は2.3兆米ドルを超えており，24時間の取引高は1,100億米ドルを超えている[2]。ここでの市場規模や取引高はステーブルコインも含むものである。ステーブルコインが暗号資産の市場規模に占める割合は1割に満たないが，24時間の取引高の9割近くをステーブルコインが占めている[3]ことが示すように，実際の取引におけるステーブルコインの存在感は大きい。

また，近年，暗号資産市場における分散型金融（decentralized finance, DeFi）の役割が大きくなってきている。分散型金融は，預金や貸付けのような既存の金融サービスと同様のサービスを暗号資産について仲介機関なしに，分散的なガバナンスの下で提供するプロジェクトを広く指すものである[4]。分散型金融は既存の金融サービスと異なり，保管機関の不在（non-custodial），コミュニティ主導のガバナンス（self-governed and community-driven）及び分散型金融の構成要素を組み合わせて新たな別のサービスにも活用することが可能なこと（composabitliy）という3点の特徴を有する[5]。もっとも，分散型金融と称するプロジェクトの中には，中央集権的な要素を含むものもあり，分散化の程度は個々のプロジェクトやそれぞれのプロジェクトの進行の程度によって異なる[6]。分散型金融の24時間の取引高は70億米ドル弱で，全体の取引高の1割にも満たないものである[7]。また，分散型金融に預けられている暗号資産の総額（total value locked, TVL）は700億米ドルで，特に2021年から2022年にかけて急増した[8]。

---

2) Coin Market Cap, https://coinmarketcap.com (last visited Apr. 17, 2024). ただし，本文で言及するデータは参照する情報源によって数字がやや異なる点には注意を要する。
3) Id.
4) OECD, Why Decentralised Finance (DeFi) Matters and the Policy Implications 15 (2022); Fin. Stability Bd., The Financial Stability Risks of Decentralised Finance 2 (2023).
5) Id. at 18-19.
6) Id. at 19-22.
7) Coin Market Cap, https://coinmarketcap.com (last visited Apr. 17, 2024).

2 CARF 制定に至る背景

(1) BEPS 行動計画 1 以来の取組み

　暗号資産市場はその規模が拡大すると同時に，ステーブルコインや分散型金融などによってその内容も近年大きく変化している。OECDは既にBEPS行動計画1において，経済のデジタル化の文脈の中で仮想通貨を挙げて，課税上の問題が生じないかを継続的に注視していく必要があると指摘していた[9]。また，2018年の中間報告書では，暗号資産を用いた脱税リスクの重要性を指摘した上で，さらなる作業が必要であるとしていた[10]。

　以上のOECDにおける暗号資産取引に対する課税に関する取組みはG7やG20の動きと関連するものである。2018年以来，G20では暗号資産によって生ずる課題について対処すべきことを主張してきた。さらに，G7では2019年にステーブルコインが引き起こす課題へ言及し，G7作業グループを立ち上げて，報告書を作成した[11]。また，暗号資産は，マネー・ローンダリングで利用されることもあるため，G7やG20に加えて，実際には金融活動作業部会 (Financial Action Task Force, FATF) の動きなども関係する。

(2) 2020 年 10 月の報告書

　OECDは2020年10月に暗号資産に関する課税上（所得課税，付加価値税，資産税）の取扱いの違いを分析した報告書を公表し，2020年10月のG20財務大臣・中央銀行総裁会議に提出した[12]。この報告書では，暗号資産がもたらす課税上の問題の1つとして税の透明性や情報取得の問題点を指摘する[13]。そして，この点に対処すべく，OECDは暗号資産について情報申告及び情報交

---

8) Coin Gecko, https://www.coingecko.com/ (last visited Apr. 17, 2024). なお，TVL という指標については二重計上等の問題があり，不正確な推計である可能性が指摘されている (OECD, *supra* note 4, at 19 box 2.1.)。

9) OECD, Addressing the Tax Challenges of the Digital Economy, Action 1 – 2015 Final Report 3.2.2., 10.1. (2015).

10) OECD, Tax Challenges Arising from Digitalisation - Interim Report 2018: Inclusive Framework on BEPS, 7.4 (2018).

11) G7 Working Group on Stablecoins, Investigating the Impact of Global Stablecoins (2019), CPMI Papers No. 187 (2019), *available at* https://www.bis.org/cpmi/publ/d187.htm.

12) OECD, Taxing Virtual Currencies: An Overview of Tax Treatments and Emerging Tax Policy Issues (2020).

13) *Id.* at 1.1.2 (2020).

換をするための枠組みを検討しているとしていた。なお，OECD は既に 2020 年 5 月に暗号資産に関する情報交換等の整備を進めることを明らかにしていた[14]。その際に，暗号資産が既存の金融商品の代替物になりつつあることから，暗号資産業界について十分な税の透明性が確保されることが重要であることを指摘していた。そして，OECD は，共通報告基準（CRS）や FATF の作業を参考に，情報申告，デュー・ディリジェンスや情報交換の枠組みに関する作業を進めるとしていた。

(3) 2022 年 10 月の報告書の公表

当初の予定では OECD は 2021 年末までに報告書を公表する予定であったが，OECD が国際課税ルールの見直しにリソースを割かれたため，報告書の公表に向けた作業が遅れた。OECD における暗号資産に関する情報申告と情報交換に関する検討は，G20 財務大臣・中央銀行総裁会議による支持を受けて進められた。予定より遅れたものの，2022 年 3 月に公開討議文書[15]が公開され，同年 10 月に最終的な報告書[16]が示された。ただし，同報告書では CARF の実施に向けた作業として，CARF に基づく自動的情報交換を可能にするための枠組み，情報交換を支える IT 技術及び各国や地域が CARF を効果的に実施するため手続や規則の具体化を挙げていた[17]。その後，2023 年 6 月に CARF に関する権限のある当局合意（Multilateral Component Authority Agreement on Automatic Exchange of Information pursuant to the Crypto-Asset Reporting Framework, CARF MCAA）を含む報告書[18]が公表された[19]。

---

14) OECD Tax Talks #15, at 37 (May 4, 2020), *available at* https://www.oecd.org/tax/oecd-tax-talks-presentation-may-2020.pdf.
15) OECD, CRYPTO-ASSET REPORTING FRAMEWORK AND AMENDMENTS TO THE COMMON REPORTING STANDARD: PUBLIC CONSULTATION DOCUMENT (2022).
16) OECD, CRYPTO-ASSET REPORTING FRAMEWORK AND AMENDMENTS TO THE COMMON REPORTING STANDARD (2022).
17) *Id.* at 7.
18) OECD, INTERNATIONAL STANDARDS FOR AUTOMATIC EXCHANGE OF INFORMATION IN TAX MATTERS: CRYPTO-ASSET REPORTING FRAMEWORK AND 2023 UPDATE TO THE COMMON REPORTING STANDARD (2023). なお，2023 年 6 月に公開された報告書（launch version）は，同年 10 月にその内容の改訂があった。本稿では 2023 年 10 月に改訂された報告書（revised version）を参照する。
19) そのほかにも，2023 年 6 月の報告書は 2022 年 10 月の報告書の段階で作業を進めるとしていた CARF の実施に関する内容の具体化や CRS の多国間協定（CRS MCAA）に関

(4) 税の透明性に関する手段のアップデート

　暗号資産に関する情報交換の必要性自体はこれまでの OECD における議論の中で既に示されていたが，税の透明性に関する具体的な必要性として公開討議文書では投資や支払のあり方を変える新たな技術や手段の出現に見られるような金融市場の変化を挙げる[20]。この代表例が，暗号技術の進展により誕生した新たな資産類型である暗号資産である。暗号資産は，既存の金融仲介機関を通さずにその保持及び移転が可能であり，実行された取引や暗号資産を保有している場所を管理者が完全に把握することができないという特徴を有する。暗号資産だけでなく，送金や決済の手段として使うことができる電子的な支払手段も登場している。ここには暗号技術を用いたものだけでなく，その他の電子的な支払手段，さらには中央銀行デジタル通貨（Central Bank Digital Currency, CBDC）が含まれる。これらは，既存の銀行預金と同様に電子的な価値保蔵と支払の手段を提供するが，既存の共通報告基準（Common Reporting Standard, CRS）の対象としてカバーしていない事業者も多く提供しているという特徴を有する。

　このような金融市場の変化を受けて，税の透明性に関する手段のアップデートを図ることが CARF の制定及び CRS の改訂の目的である[21]。CRS を改訂するのは，一方で CARF が暗号資産を対象とすることから，それ以外の新たな支払手段に対応するためであり，他方で CARF との重複を防ぐためである。また，CRS の改訂は導入からある程度時間が経過したことから，これまでの知見を活かして CRS の執行の改善を図るための見直しを行うという意味もある。

　　する記述などを追加した。ただし，CARF に基づいた情報交換のために準拠する XML スキーマについては引き続き作業が進められており，別の文書の公表が予定されている（OECD, *supra* note 18, at 3）。
20)　OECD, *supra* note 15, at 3.
21)　*Id.* at 3.

Ⅲ　CARFの概要

1　CARFの必要性

　暗号資産は，暗号技術と分散型台帳技術に依拠しているため，既存の金融仲介機関を通さずにその保持及び移転が可能であるという特徴と現時点では十分な規制が及んでいない新たな仲介機関やサービス提供事業者である暗号資産交換業者やウォレット事業者を生み出すという特徴を有する[22]。以上の特徴を有する暗号資産のやり取りがなされる暗号資産市場の拡大は，グローバルな税の透明性にとって重大なリスクをもたらす。なぜならば，暗号資産市場の拡大は，現在のCRSが対象とする既存の金融仲介機関の枠外であり，当該セクターにおける情報の取得が困難になるからである[23]。

　そこで，暗号資産に関する情報の収集及び自動的情報交換を可能にするための枠組みがCARFである[24]。CARFは3つの要素から構成されている[25]。第1に，CARFを各国が実施するための規則やコメンタリー，第2にCARF MCAAとそのコメンタリー，第3にCARFに基づいた情報交換のために準拠するXMLスキーマである。

　さらに，CARFは今後の技術の進展について一定の配慮を見せ，暗号資産市場の動きを注視することも確認する[26]。特に，関連暗号資産（Relevant Crypto-Asset）の範囲の見直しや分散型金融への注目を指摘する[27]。

2　CARFの内容
(1)　4つの構成要素

　CARFの規則とコメンタリーは4つの構成要素からなる[28]。第1に対象と

---

[22]　OECD, *supra* note 18, at 11 paras. 2-3.
[23]　*Id*. at 11-12 paras. 4-6.
[24]　*Id*. at 12 para. 7.
[25]　*Id*. at 12 para. 8.
[26]　*Id*. at 12 para. 9. なお，2022年10月にOECDが公表した報告書の段階では，報告対象小売支払取引（Reportable Retail Payment Transaction）に関する規則について精査するとしていた（OECD, *supra* note 16, at 10 para. 10）。
[27]　OECD, *supra* note 18, at 12 para. 9.

なる暗号資産の範囲、第2に情報収集と情報申告の対象となる個人と非個人主体、第3に対象となる取引及びその取引について申告すべき情報、第4に情報申告と情報交換のために必要な暗号資産の保有者と関連する法域を特定するためのデュー・ディリジェンス手続である。以下これらの内容を順に確認する。

(2) **対象となる暗号資産の範囲**

　暗号資産交換業者は、対象となった暗号資産の一定の取引について後述する情報申告の義務を負う。CARFにおける暗号資産（Crypto-Asset）の定義は、暗号技術で保護された分散型台帳技術又はこれに類似する技術に依拠して、取引の検証と安全性の確保を行う価値をデジタルに表象したものである[29]。このように暗号資産が依拠する技術に着目した定義となっているのは、この技術こそが暗号資産の生成、保有及び移転を可能にするものだからである[30]。また、今後の技術の進展を考慮して、同様の機能を果たすものも想定した定義となっている[31]。

　暗号資産に含まれるものとしては、個人や非個人主体に対するメンバーシップの権利、財産に関する権利その他何らかの権利を表象するもの（セキュリティ・トークン、デリバティブ契約に基づく権利等）がある[32]。さらに、上記の定義は、代替性トークン（fungible token）と非代替性トークン（non-fungible token, NFT）の双方を含むものであり、何らかのものを表象し、電子的に移転することが可能なNFTもここに入ってくる[33]。これに対して、暗号技術を用いているけれども、価値をデジタルで表象するために暗号技術を用いていない、単なる記録をするために暗号技術を用いているにとどまるものは暗号資産の範囲から外れる[34]。

---

28)　*Id.* at 12 para. 10. CARFの内容を紹介するものとして、堀治彦「暗号資産に関する税務情報交換制度に関する覚書」東北学院大学経営学論集22号（2024年）1頁、5-8頁。

29)　OECD, *supra* note 18, at 22 IV A (1) ("The term 'Crypto-Asset' means a digital representation of value that relies on a cryptographically secured distributed ledger or a similar technology to validate and secure transactions.").

30)　*Id.* at 13 para. 11.

31)　*Id.* at 13 para. 11, 50 para. 8. さらに、前掲注26）に対応する本文も参照。

32)　OECD, *supra* note 18, at 49 para. 3. ただし、原資産を暗号資産とするデリバティブ取引であったとしても、その取引がデジタルで行われず、法定通貨を用いて決済するものはCARFではなく、CRSの対象である（*Id.* at 15-16 para. 28)。

33)　*Id.* at 50 para. 4.

3 暗号資産取引の情報申告と自動的情報交換

　CARF では，暗号資産とは別に関連暗号資産（Relevant Crypto-Asset）という語を定義している。これは，後述する報告暗号資産交換業者が情報申告の義務とデュー・ディリジェンスの義務を負う対象となる暗号資産からリスクが低い類型の暗号資産を除くために設けられたものである[35]。そこで，中央銀行デジタル通貨（Central Bank Digital Currency），特定電子マネー商品（Specified Electronic Money Product）及び報告暗号資産交換業者が支払又は投資目的で使用できないと適切に判断した暗号資産の合計3種類の暗号資産が関連暗号資産から除外されている[36]。

　これらの中で3つ目の類型の報告暗号資産交換業者が支払又は投資目的で使用できないと適切に判断した暗号資産は，関連暗号資産の範囲に大きな影響を与えるものであり，公開討議文書の公開後に新たに付け加えられたものである。この類型の関連暗号資産からの除外は，FATF における暗号資産（virtual asset）の定義[37]に基づくものであり，支払や投資で用いられることがない暗号資産を除くことを意図している[38]。報告暗号資産交換業者が関連暗号資産の該当性を判断するに当たっては，まず FATF 勧告に基づいたマネー・ローンダリング及びテロ資金供与対策（AML/CFT）上の暗号資産（virtual asset）に該

---

34) *Id.* at 50 paras. 5-6.
35) *Id.* at 13 para. 12.
36) *Id.* at 22 IV A (2) ("The term 'Relevant Crypto-Asset' means any Crypto-Asset that is not a Central Bank Digital Currency, a Specified Electronic Money Product or any Crypto-Asset for which the Reporting Crypto-Asset Service Provider has adequately determined that it cannot be used for payment or investment purposes."). 公開討議文書の段階では，CBDC とクローズドループ型暗号資産（Closed-Loop Crypto-Asset）のみを除く定義であった（OECD, *supra* note 15, at 15 IV A (1))。なお，クローズドループ型暗号資産は，限られた範囲においてのみ，ある特定の財やサービスに対する支払として使用できる暗号資産のことである（*Id.* at 15 IV A (3))。公開討議文書における関連暗号資産の定義は，FATF における暗号資産の定義と異なり，支払や投資で用いられていないものが含まれ広範であり，納税者のコンプライアンス及び税務執行の双方の観点から望ましくないという批判があった（特に NFT を含めることについて批判があった（*E.g.,* comments by Blockchain Association, Coinbase, Crypto UK))。そのため，公開討議文書からの改正を好意的に評価する見解もある（Raffaele Russo et al., *Approval of the Cryptoasset Reporting Framework Is a Step in the Right Direction*, 108 TAX NOTES INT'L 567, 568-69 (2022))。
37) Fin. Action Task Force, *The FATF Recommendations: International Standards on Combatting Money Laundering and the Financing of Terrorism & Proliferation* 137 (Nov. 2023).
38) OECD, *supra* note 18, at 13 para. 12.

当するかを判断することができる仕組みとなっている[39]。また，NFT は一般的に収集品として取り扱われることが多いとしても，支払又は投資の手段として用いられるかについては，その性質や具体的な機能に基づいて判断すべきであり，NFT が関連暗号資産に該当することもある[40]。さらに，限られた範囲においてのみある特定の財やサービスと交換することができる暗号資産も支払又は投資目的で用いることができない暗号資産に当たり，関連暗号資産からは除かれることになる[41]。

次に，関連暗号資産から除かれているのは中央銀行デジタル通貨，すなわち中央銀行が発行したデジタルのフィアット通貨（Fiat Currency）である[42]。なお，フィアット通貨とは各国が発行する法定通貨であり，現金だけでなく，預金通貨や電子マネー，さらには特定電子マネー商品に該当するステーブルコインが含まれる[43]。

最後に，特定電子マネー商品が関連暗号資産から除かれている。特定電子マネー商品は，あるフィアット通貨をデジタルに表象した暗号資産であり，保有者が発行者に対して当該フィアット通貨の償還を求めることが可能であるなどの複数の要件を満たしたものである[44]。ステーブルコインの中には，特定電子マネー商品に該当するものもあるが，それはフィアット通貨として取り扱われる[45]。なお，金融口座に保管する CBDC や一定の特定電子マネー商品は，CRS の対象となっている。

(3) 情報収集と情報申告の対象となる個人と非個人主体

（ア）　報告暗号資産交換業者

既に述べたように，暗号資産は，既存の金融仲介機関を通さずにその保持及び移転が可能であるが，現時点では十分な規制が及んでいない新たな仲介機関やサービス提供事業者が登場し，これらが暗号資産の取引を行う市場では重要

---

39)　Id. at 51 para. 10.
40)　Id. at 51 para. 12.
41)　Id. 公開討議文書段階におけるクローズドループ型暗号資産に該当するものであると考えられる（前掲注 36）参照）。
42)　OECD, supra note 18, at 22 IV A (3).
43)　Id. at 23 IV C (5), 55 para. 34.
44)　Id. at 22 IV A (4).
45)　前掲注 43）に対応する本文参照。

3 暗号資産取引の情報申告と自動的情報交換

な役割を果たしている。そこで，CARF では，関連暗号資産の取引に関わる事業を営む個人や非個人主体に情報申告の義務を課す仕組みを採用している。これらの仲介機関やサービス提供事業者は，関連暗号資産の価値やその取引について最も情報を有していると考えられるからである[46]。そして，仲介機関やサービス提供事業者は情報申告とデュー・ディリジェンスの義務の対象となる。CARF では，これらの事業者を報告暗号資産交換業者（Reporting Crypto-Asset Service Provider, RCASP）と呼ぶ。報告暗号資産交換業者とは，取引の相手方となること若しくは取引を仲介すること又は取引プラットフォームを提供することによって，顧客のために又は顧客に代わって交換取引を実現する[47]サービスの提供を業として行う個人又は非個人主体（Entity[48]）である[49]。ここで，交換取引（Exchange Transaction）とは，関連暗号資産とフィアット通貨との交換及び関連暗号資産同士の交換を指す[50]。報告暗号資産交換業者の具体例としては，顧客と自己勘定で関連暗号資産の取引をする者，暗号資産のATM を営む者，暗号資産取引の取引所を営む者，関連暗号資産取引に関する仲介者や関連暗号資産の発行者から関連暗号資産を引き受ける者などがある[51]。

　分散型金融との関係では，FATF における 2021 年 10 月の暗号資産と暗号資産交換業者に対するガイダンスのアップデートを受けて，CARF もこれと平仄をあわせた[52]。すなわち，個人又は非個人主体が顧客の交換取引を実現

---

46) OECD, *supra* note 18, at 13 paras. 14-15.
47) 実現する（effectuate）の意味がはっきりしないという指摘がある（Peter A. Cotorceanu & Paul Foster Millen, *Old Tricks for New Dogs, Part II: The OECD's Cryptoasset Reporting Framework*, 114 TAX NOTES INT'L 203, 205 (2024)）。さらに，この点は公開討議文書に対する意見の中でも指摘されていたものである（*E.g.,* comments by Crypto UK）。
48) OECD, *supra* note 18, at 27 IV F (3) ("The term 'Entity' means a legal person or a legal arrangement, such as a corporation, partnership, trust, or foundation.")。非個人主体 (entity) という訳語については，増井良啓「非居住者に係る金融口座情報の自動的交換——CRS が意味するもの」論究ジュリスト 14 号（2015 年）218 頁，222 頁を参照した。
49) OECD, *supra* note 18, at 22 IV B (1) ("The term 'Reporting Crypto-Asset Service Provider' means any individual or Entity that, as a business, provides a service effectuating Exchange Transactions for or on behalf of customers, including by acting as a counterparty, or as an intermediary, to such Exchange Transactions, or by making available a trading platform.")。
50) *Id.* at 22 IV C (2).
51) *Id.* at 53-54 para. 25.

する取引プラットフォーム（trading platform）に対し支配力又は重要な影響力を有している場合には，当該個人又は非個人主体が取引プラットフォームを提供しているものとして取り扱って報告暗号資産交換業者に該当することになる[53]。報告暗号資産交換業者の定義は，用いられる技術ではなく，機能に着目したものとなっているため，このように一定の分散型金融も含むことが可能となっている。

（イ）ネクサス

報告暗号資産交換業者は，ネクサスが認められる国において情報申告とデュー・ディリジェンスの義務を負う。具体的には以下の5つのネクサスがある[54]。なお，個人については以下の①と④のみが問題となる。

①居住地
②設立地[55]
③管理支配地
④継続的な事業所所在地
⑤支店を通じて取引が行われている場合の支店所在地

1つの報告暗号資産交換業者について複数のネクサスが認められる可能性があるので，ネクサスの優先順位や調整方法を定めることによって情報申告義務などが重複しないようになっている[56]。たとえば，上記①から④についての優先順位は①から④の順である[57]。

[52] Id. at 54 para. 27. CARF における報告暗号資産交換業者は FATF における暗号資産交換業者（virtual asset service provider, VASP）（Fin. Action Task Force, supra note 37, at 137）と重なるため，AML/KYC 実施のために必要な情報を含めて情報を収集する必要がある（OECD, supra note 18, at 13 para. 16）。なお，FATF における VASP には暗号資産を管理する者などが含まれており，CARF における報告暗号資産交換業者（RCASP）の範囲より広い。

[53] OECD, supra note 18, at 13 para. 15, 54 paras. 26-27. 単にソフトウェアを作成販売する個人や非個人主体は，報告暗号資産交換業者に該当しないことも意味する（Id. at 26）。

[54] Id. at 17 I A, B.

[55] ただし，当該設立地において，法人格（legal personality）が認められている場合又は非個人主体の所得の税務申告書又は情報申告書を提出する義務がある場合に限る（Id. at 17 I A (2)）。前者の要件は，税務官庁が情報申告の義務を課すことができるようにするための要件である（Id. at 29, para 2）。

[56] Id. at 17-18 I C, D, E, F, G, H.

[57] 非個人主体について（Id. at 17 I C, D, E），個人について（Id. at 17 I F）。なお，支店を通じて関連取引が実行されている場合に，当該支店において情報申告とデュー・ディリ

[3] 暗号資産取引の情報申告と自動的情報交換

(4) 情報申告の対象となる取引及び申告すべき情報の内容

　報告暗号資産交換業者は，その顧客である暗号資産利用者（Crypto-Asset User）について以下の情報を申告する必要がある。

　第1に，暗号資産利用者に関する情報である。暗号資産利用者のうち情報申告の対象となるのは，報告対象利用者（Reportable User）[58]と非個人主体に対して支配力を有する実質的支配者（Controlling Persons）[59]のうちの報告対象者（Reportable Person）である[60]。まず，暗号資産利用者とは，関連取引を報告暗号資産交換業者で行う顧客のことであり，金融機関と報告暗号資産交換業者以外の個人又は非個人主体が，代理人，カストディアン，名義人，署名人，投資顧問又は仲介人として他の個人又は非個人主体の利益又は計算で取引をする場合，当該他の個人又は非個人主体が暗号資産利用者となる[61]。報告対象利用者は，暗号資産利用者のうちCARFに基づいた情報を提供する義務を負う国の居住者である個人や非個人主体などである[62]。これらの報告対象利用者の名称，住所，居住地，納税者番号（TIN）及び生年月日が報告暗号資産交換業者の申告すべき情報である[63]。

　第2に，関連取引（Relevant Transaction）に関する情報である。CRSにおける金融口座情報と異なり，暗号資産取引に関する情報そのものがCARFの対象である。関連取引とは，交換取引（Exchange Transaction）と関連暗号資産の移転（Transfer）である[64]。まず，交換取引とは，関連暗号資産とフィアット通貨との交換及び関連暗号資産同士の交換を意味する[65]。次に，関連暗号資産の移転とは，関連暗号資産の暗号資産利用者からの移転又は暗号資産利用者

　　ジェンスの義務を果たしている場合，このほかに義務を負うことはない（*Id.* at 17 I G）。
- [58] 　*Id.* at 23 Ⅳ D (1).
- [59] 　*Id.* at 23 Ⅳ D (10).
- [60] 　*Id.* at 18 Ⅱ A.
- [61] 　*Id.* at 23 Ⅳ D (2). さらに，暗号資産交換業者が，事業者のために又は事業者に代わって報告対象小売支払取引を実現するサービスを提供する場合，国内におけるマネー・ローンダリング対策の規制に基づいて事業者の相手方である顧客の本人確認を行う必要がある場合に限り，当該顧客も暗号資産利用者として取り扱う必要がある（*Id.*）。
- [62] 　*Id.* at 23 Ⅳ D (2), (7), (8), (9).
- [63] 　*Id.* at 18 Ⅱ A (1). これらはCRSと同様である。さらに，実質的支配者を有する非個人主体については，実質的支配者の情報が必要となる（*Id.*）。
- [64] 　*Id.* at 22 Ⅳ C (1).
- [65] 　*Id.* at 22 Ⅳ C (2).

へ移転する取引であり，対価を伴わない取引である[66]。関連暗号資産の移転と交換取引との区別が難しい場合もあるが，報告暗号資産交換業者は交換取引であるとその時点での情報に基づいて判断できない場合にのみ移転として分類する[67]。さらに，関連暗号資産の移転の中でも区別して報告すべきものが2つある。1つは，50,000米ドル超の財やサービスの対価として関連暗号資産を移転する報告対象小売支払取引（Reportable Retail Payment Transaction）である[68]。例えば，顧客が暗号資産によって物品を購入できるようにするために，事業者が報告暗号資産交換業者と契約を締結することが考えられる。ここで，この事業者の顧客が50,000米ドル超の価値に相当する関連暗号資産による支払をしたとき，この取引は報告対象小売支払取引に当たる[69]。もう1つは，暗号資産交換業者や金融機関が管理するものであると報告暗号資産交換業者が把握できないウォレット・アドレスへの移転である[70]。このような情報は税務当局にとって有用な場合があり，さらに情報が必要な場合は既存の情報交換に基づいて情報収集することを想定している[71]。これら以外の関連暗号資産の移転はまとめて報告することになるが，報告暗号資産交換業者が把握している限りでその原因ごとに分けて報告する[72]。移転の原因としては，例えば，エアドロップ，ステーキング，暗号資産の貸付けなどがある[73]。

---

66) *Id.* at 22 IV C (4).
67) *Id.* at 22 IV C (4), 55 para. 32.
68) *Id.* at 18 II A (3) (f). さらに，前掲注 61) における本人確認についても参照。
69) OECD, *supra* note 18, at 22 IV C (3). なお，公開討議文書の段階では，50,000米ドル超という基準は定められておらず，意見を求めていた（OECD, *supra* note 15, at 8, 15 IV C (3))。
70) OECD, *supra* note 18, at 18 II A (3) (i). ここでの暗号資産交換業者や金融機関はFATFの定義に基づくものである（*Id.* at 32 para. 9)。公開討議文書の段階では，移転先のウォレット・アドレスの情報についても申告すべきとしていたが（OECD, *supra* note 15, at 11 II A (3) (i))，これを実際に実施できるかについて意見を求めていた（*Id.* at 8-9)。これに対しては，一方で，慎重な対応を求める意見やプライバシーへの配慮を求める意見などが示されたが（*E.g.*, commets by BIAC, Chamber of Digital Commerce)，他方で，より広く分かる範囲で全てのウォレットアドレスについての情報申告を求めるべきという意見もあった（*E.g.*, comments by Noam Noked)。なお，デュー・ディリジェンスとの関係では，報告暗号資産交換業者は全ての記録を5年間保存しておく義務があり，ここには移転先の外部のウォレット・アドレスやそれに相当するものも含まれる（OECD, *supra* note 18, at 21 III D (3), 35 para. 26, 48 para. 58)。
71) OECD, *supra* note 18, at 14 para. 21.
72) *Id.* at 18 II A (3) (g), (h).

3 暗号資産取引の情報申告と自動的情報交換

　関連取引に関する情報の申告における特徴は2つある。1つは，関連暗号資産ごとに受け取る取引と支払う取引とを区別して，それぞれの取引の総額を申告する仕組みをとる点である。そのため，関連暗号資産同士を交換した場合については，1つの取引であるが，取得した関連暗号資産に関する情報と譲渡した関連暗号資産の情報に分けて申告することになる。もう1つは，単一のフィアット通貨の単位に引き直して情報を申告する点である[74]。関連暗号資産の評価は，報告暗号資産交換業者が一貫して適用する合理的な方法による必要がある[75]。そのため，取引時点における暗号資産とフィアット通貨との交換レートによって評価することが基本となるが，価格の評価が困難な暗号資産と市

取引の類型		申告すべき情報
交換取引	関連暗号資産とフィアット通貨との交換	フィアット通貨の取得に対する当該関連暗号資産の支払総額，単位数の合計及び取引数
		フィアット通貨の譲渡に対する当該関連暗号資産の受取総額，単位数の合計及び取引数
	関連暗号資産同士の交換	他の関連暗号資産の取得に対する当該暗号資産の市場価格の総額，単位数の合計及び取引数
		他の関連暗号資産の譲渡に対する当該暗号資産の市場価格の総額，単位数の合計及び取引数
移転	報告対象小売支払取引	支払った当該暗号資産の市場価格の総額，単位数の合計及び取引数
	報告対象小売支払取引以外の関連暗号資産の移転	取得した当該暗号資産の市場価格の総額，単位数の合計及び取引数（移転の原因がわかっている場合，その原因ごとに区分する）
		譲渡した当該暗号資産の市場価格の総額，単位数の合計及び取引数（移転の原因がわかっている場合，その原因ごとに区分する）
	外部のウォレット・アドレスへの移転	移転した当該暗号資産の市場価格の総額及び単位数の合計

---

73)　Id. at 34-35 para. 24.
74)　Id. at 19 II D, E.
75)　Id. at 19 II E, 36 para. 33. さらに，納税者が実際の納税額を計算するに当たってはそれぞれの暗号資産の取得価額を別途計算する必要がある（OECD, *supra* note 12, at 41-43（暗号資産の評価が難しい点を指摘する））。

場価格のある暗号資産を交換した場合については，前者の価格は後者の価格と等しいものとしてみなして評価することになる[76]。

それぞれの関連取引について申告すべき情報は前記の表のようにまとめられる。

(5) デュー・ディリジェンス手続

CARF は，報告暗号資産交換業者が遵守すべきデュー・ディリジェンスの手続を定めている。CARF におけるデュー・ディリジェンスの手続は，CRS における自己申告に基づく手続と FATF 勧告における AML/KYC 実施のための義務に基づくものである[77]。また，報告暗号資産交換業者が CRS における報告金融機関 (Reporting Financial Institutions) に該当する場合もあることから，その負担を軽減するため，CARF におけるデュー・ディリジェンスの手続は CRS におけるものと整合的なものとなっている[78]。

デュー・ディリジェンスの手続は，個人の暗号資産利用者に対するものと非個人主体の暗号資産利用者に対するものに分けて定められている。

個人の暗号資産利用者が報告対象利用者に当たるかを判断するために，報告暗号資産交換業者は，個人の暗号資産利用者と取引を開始するに当たって，当該個人からその租税法上の居住地を特定するための自己申告書を取得し，その妥当性を報告暗号資産交換業者が有する情報に基づいて確認しなければならない[79]。この妥当性の確認は，報告暗号資産交換業者がマネー・ローンダリング対策上の手続で取得した情報を含む情報に基づいて判断する。

非個人主体の暗号資産利用者が報告対象利用者に当たるかを判断するために，報告暗号資産交換業者は，当該非個人主体からその租税法上の居住地を特定するための自己申告書を取得し，その妥当性を報告暗号資産交換業者が有する情報[80]に基づいて確認しなければならない[81]。妥当性の確認の際に，報告暗号

---

[76] OECD, *supra* note 18, at 36-37 paras. 35-36.
[77] *Id.* at 15 para. 24.
[78] *Id.* at 15-16 para. 28.
[79] *Id.* at 19 III A. 既に報告暗号資産交換業者と取引関係のある既存の個人の暗号資産利用者 (Preexisting Individual Crypto-Asset User) については，CARF に関する規則が施行されてから 12 か月以内にデュー・ディリジェンスの手続を実施する必要がある (*Id.*)。
[80] ここには CRS におけるデュー・ディリジェンスの手続で得た情報も含まれる (*Id.* at 42 para. 23)。さらに，前掲注 78) 及びそれに対応する本文参照。

3 暗号資産取引の情報申告と自動的情報交換

資産交換業者がマネー・ローンダリング対策上の手続で取得した情報を含む情報に基づいて判断するのは個人の場合と同様である。さらに、非個人主体の場合、非個人主体に対して支配力を有する実質的支配者に報告対象者が存在するかを判断するために、当該非個人主体又はその実質的支配者から実質的支配者の租税法上の居住地を特定するための自己申告書を取得し、その妥当性を確認しなければならない[82]。

以上のようにデュー・ディリジェンスの手続は、報告暗号資産交換業者が暗号資産利用者である個人及び非個人主体の居住地と非個人主体の実質的支配者の居住地を効率的かつ確実に特定できるように設計されている[83]。

3 CARFとCRSの関係

最後に、CARFとCRSの関係について付言する。まず、CARFとCRSはそれぞれ補完する関係にあるが、独立した枠組みである。もっとも、CARFとCRSの両方で報告義務を負う者もいるため、両者で制度の調整がなされている[84]。中央銀行デジタル通貨と特定電子マネー商品は関連暗号資産の範囲から除かれているが[85]、これらを顧客のために預かる場合も、預金を受け入れる場合と同様にCRSの対象となった[86]。また、セキュリティ・トークンのようにCARFの対象である関連暗号資産に該当しつつ、CRSの対象である金融資産（Financial Asset）に該当する資産もあるため、CRSではCARFで申告をした場合にCRSの対象から除外することを認める規定を設けた[87]。これに対し、デリバティブや投資ファンドの持分を通じた関連暗号資産に対する間接投資は、CRSの対象である金融資産の対象であり[88]、CARFの対象ではない。

---

81) OECD, *supra* note 18, at 19 III B (1). 既に報告暗号資産交換業者と取引関係のある既存の非個人主体の暗号資産利用者（Preexisting Entity Crypto-Asset User）については、個人の場合と同様に、CARFに関する規則が施行されてから12か月以内にデュー・ディリジェンスの手続を実施する必要がある（*Id.*）。
82) *Id.* at 19 III B (2).
83) *Id.* at 15 para. 23.
84) *Id.* at 15 para. 28.
85) 前掲注 36）に対応する本文参照。
86) OECD, *supra* note 18, at 99-100 VIII A (5) (b).
87) *Id.* at 98 I G.
88) *Id.* at 100 VIII A (7).

4 自動的情報交換

　CARF に基づく情報について自動的交換を行うためには，法的根拠が必要である。二国間の租税条約や情報交換協定に基づくことも考えられるが[89]，CRS と同様に租税に関する相互行政支援に関する条約の下で自動的情報交換を行うことが考えられる。2023 年 6 月に公表された報告書に含まれる CARF MCAA は，租税に関する相互行政支援に関する条約 6 条に基づくものであり，自動的情報交換を行うための方法やタイミングなどの実際に情報交換を行うに当たって必要な事項を定めている。

　CARF MCAA は，暦年終了後 9 か月以内に情報交換を行うことを定めており（3 条 1），対象となる情報は CARF において申告が求められている情報と共通する（2 条 3）。これらの前提として，受領した情報は，機密保持や利用制限を含めた保護措置の対象であることを確認する（5 条）。さらに，各国は情報交換実施のために必要な国内法整備と将来的な改正の対応を行う必要がある（前文）[90]。

Ⅳ　各国対応

　本稿の冒頭で述べたように 2023 年 11 月 10 日に発表された共同声明に基づいて，日本を含めた各国は CARF に基づく情報交換を 2027 年に開始するために国内法整備を進めることになる。以下では，日本，欧州及び米国の対応を概観する。

1　日　本

　日本は 2024（令和 6）年度税制改正によって非居住者に係る暗号資産等取引情報の自動的交換のための報告制度を整備した[91]。詳細が明らかでない部分

---

[89]　*Id.* at 77 para. 6. さらに，金融口座情報に関する FATCA のような政府間協定も考えられる（*Id.*）。

[90]　納税者の通知に関する問題とデータ保護について，増井良啓「租税手続法の国際的側面」小早川光郎先生古稀記念『現代行政法の構造と展開』（有斐閣，2016 年）199 頁，208 頁，210 頁。

[91]　さらに，CRS の見直しに合わせて非居住者に係る金融口座情報の自動的交換のための

もあるが，CARF に準拠した情報申告の義務やデュー・ディリジェンスの手続を定めた。

まず，資金決済に関する法律 2 条 16 項に規定する暗号資産業者等である報告暗号資産交換業者等（租税約特 10 条の 9 第 5 項 1 号）との間でその営業所等（同項 2 号）を通じて暗号資産等取引（同項 3 号）を行う者は，その者の氏名又は名称，住所等を記載した届出書を報告暗号資産交換業者等に提出する必要がある（同条 1 項 1 号）。さらに，その者が外国金融商品取引所に上場している法人等以外の特定法人（租税約特 10 条の 9 第 5 項 4 号）である場合，当該特定法人とその実質的支配者（同項 5 号）の情報を提出する（同条 1 項柱書き括弧書き）。

そして，報告暗号資産交換業者等は，その年の 12 月 31 日において暗号資産等取引を行った者が報告対象契約（租税約特 10 条の 10 第 2 項）を締結している場合等には，その者に関する情報を翌年 4 月 30 日までに税務署長に提供する必要がある（同条 1 項）。提供する情報は，その者の氏名又は名称，住所等，その者の提出した届出書等によって特定した居住地国，取引した暗号資産等の種類ごとの名称，当該種類ごとにその売却又は購入の対価の額の合計額等である。政令でさらに CARF に準拠した内容を定めることになると考えられる。さらに，報告暗号資産交換業者等は，記録の作成及び保存義務を負い（租税約特 10 条の 12），報告事項の提供に関する調査について質問検査権が定められ（租税約特 10 条の 13），届出書等の不提出や報告事項の不提供に対して罰則が設けられた（租税約特 13 条 4 項 5 号・6 号）。

2　欧　　州

欧州連合（EU）では，OECD の動きに合わせて域内における暗号資産に関する自動的情報交換の枠組みについて検討を進めていた[92]。欧州委員会は，2020 年 7 月 15 日に公表した文書において，2021 年第 3 四半期中に直接税における行政共助に関する指令（Directive on Administrative Cooperation, DAC）を改訂して，自動的情報交換の対象に暗号資産と電子マネー（e-money）を加えて，行政共助の枠組みを強化する方向性を示していた[93]。これらの新たな支払手

　報告制度も見直された。
92）　堀・前掲注 28）が DAC8 の内容を簡潔にまとめている。

段や投資手段の登場は，近年における税の透明化の進展が損なわれるおそれがあり，脱税のリスクが生じていることをその理由として挙げている。その後，2021年3月から6月にかけていくつかの質問について見解を求める意見公募に付した上で，2022年12月8日に欧州委員会は新たな行政共助に関する指令案（DAC8）を示した[94]。2023年3月16日にEU経済・財務相理事会（Economic and Financial Affairs Council, ECOFIN）において，DAC8について政治的合意に達し，最終的に同年10月17日に同理事会はDAC8について合意に達した[95]。

DAC8は，暗号資産市場（Markets in Crypto-Assets, MiCA）の規制に関する規則[96]の定義を用いるが[97]，実際にDAC8が対象とする報告暗号資産交換業者の範囲や報告対象の暗号資産は暗号資産市場の規制に関する規則が定めるものより広くなっている[98]。また，OECDが定めたCARFとの関係では，DAC8は情報交換の実効性を高めると同時に執行の負担を減らすため，DAC8においてCARFを考慮するとし，加盟国はDAC8の実施に当たってCARF

---

[93] *Communication from the Commission to European Parliament and the Council - An action Plan for Fair and Simple Taxation Supporting the Recovery Strategy*, at 12, COM (2020) 312 final (Jul. 15, 2020); *Annex to the Communication from the Commission to European Parliament and the Council - An action Plan for Fair and Simple Taxation Supporting the Recovery Strategy*, at 2, COM (2020) 312 final (Jul. 15, 2020).

[94] *Proposal for a Council Directive Amending Directive 2011/16/EU on Administrative Cooperation in the Field of Taxation*, COM (2022) 707 final (Dec. 8, 2022).

[95] Council Directive (EU) 2023/2226 of 17 October 2023 Amending Directive 2011/16/EU on Administrative Cooperation in the Field of Taxation, 2023 O. J. (L) [hereinafter Council Directive (EU) 2023/2226]．なお，DAC8は，150万ユーロを超える個人の取引に対するタックス・ルーリングに関する情報交換も新たに導入する（*Id.* at art. 1 (3)）など，暗号資産に関する情報申告と情報交換以外の内容も多く含んでいる。

[96] Regulation (EU) 2023/1114 of the European Parliament and of the Council of 31 May 2023 on Markets in Crypto-Assets, and Amending Regulations (EU) No 1093/2010 and (EU) No 1095/2010 and Directives 2013/36/EU and (EU) 2019/1937, 2023 O. J. (L 150) 40 [hereinafter Regulation (EU) 2023/1114].

[97] Council Directive (EU) 2023/2226, *supra* note 95, at pmbl. 7.

[98] Council Directive (EU) 2023/2226, *supra* note 95, at annex VI, secs. IV A (4), B．例えば，暗号資産市場の規制に関する規則は，デジタル・アートなどの代替可能でない唯一のものである性質を持つNFTは対象外であるとするが（Regulation (EU) 2023/1114, *supra* note 96, at pmbl. 10），DAC8では支払や投資目的で用いることができるものも報告対象の暗号資産に含まれる（Council Directive (EU) 2023/2226, *supra* note 95, at pmbl. 14）。さらに，後掲注*101*）に対応する本文も参照。

MCAAを参照することを確認する[99]。

　ただし，DAC8は，CARFとはネクサスの考え方が異なり，より広くネクサスを認めている。これは，DAC8における報告暗号資産交換業者の範囲に現れている。すなわち，DAC8における報告暗号資産交換業者は，暗号資産市場の規制に関する規則が対象とする暗号資産交換業者（Crypto-Asset Service Provider）と暗号資産事業者（Crypto-Asset Operator）の双方を含むものである[100]。暗号資産交換業者は暗号資産市場の規制の下で事業を営むことが認められた事業者を指しており，暗号資産事業者はそれ以外のEU域内において事業を営むことが認められていない事業者である[101]。暗号資産事業者の中にはEU域外に居住地を有する事業者もあり，結果としてDAC8はEU域内に居住地を有しない事業者に対して一定の義務を課している。すなわち，暗号資産事業者がEU域内においてその居住者に対して事業を営む場合，DAC8はその報告義務を遵守するために当該暗号資産事業者がEU域内の国のどこかで登録をすることを定めている[102]。ただし，当該暗号資産事業者がその居住地国においてDAC8に適合する形で情報を申告しており，その国との間で有効な情報交換がなされる場合については，EU域内における情報申告の義務は免除される[103]。したがって，EU域外の国における事業者がCARFに基づいて情報申告をしており，当該国とEU加盟国との間で情報交換がなされている場合，EU域内において改めて情報申告をする必要はない。

　EU加盟国は2025年12月31日までにDAC8を遵守するため必要な国内法を整備した上で，2026年1月1日よりその適用が始まる予定である[104]。そのため，EU加盟国はこのスケジュールに適合するように作業を進めることになる。

---

[99] Council Directive (EU) 2023/2226, *supra* note 95, at pmbl. 9. また，DAC8がCARFに適合するものであることも確認する（*Id.* at pmbl. 21）
[100] *Id.* at annex VI, secs. IV B (1), (2), (3).
[101] Claudio Cipollini, *DAC8 and Extraterritoriality: How to Enforce Compliance for non-EU Operators*, 33 EC Tax Rev. 19, 21 (2024).
[102] Council Directive (EU) 2023/2226, *supra* note 95, at art. 8ad (7).
[103] *Id.* at annex VI, sec. I C.
[104] *Id.* at art. 2 (1).

3 米　国

　米国も CARF に基づく情報交換を進めるべく検討を進めている。米国は，既にインフラ投資法[105]によって暗号資産取引に関する情報申告義務の範囲を拡大している。米国が情報申告義務の範囲を拡大した背景は 2 つある[106]。1 つは，これまで事業を営んでいる者による 600 米ドル以上の暗号資産による支払が，現金ではない資産による支払として情報申告の対象であるとして取り扱われていたことである[107]。もう 1 つは，G7 におけるデジタル資産に関する議論の進展である。

　インフラ投資法によって米国の内国歳入法典に定められた暗号資産取引に関する情報申告義務は，次の 3 つである。

　第 1 に，暗号資産等の取引に関する仲買人（broker）の情報申告書の提出義務である。米国では，証券会社等の仲買人は，財務省規則に基づいて情報申告書を提出する義務を負っている[108]。そこで，デジタル資産（digital asset）[109]を調整基準価格（adjusted basis）等の情報申告の対象である対象証券（covered security）に追加し，仲買人の定義をデジタル資産の取引を行う場合を含めることとした[110]。その結果，暗号資産等の取引に関する仲買人も情報申告義務を負うことになった。

　第 2 に，暗号資産等を仲買人以外に譲渡した場合の仲買人の情報申告書の提出義務である。内国歳入法典では，仲買人の情報申告の提出義務を補完するものとして，証券会社等の仲買人は対象証券が他の仲買人に移転した場合，財務省規則に基づいて仲買人は他の仲買人に対して当該対象証券に関する情報を提供する義務を定めていた[111]。これに加えて，仲買人の管理するデジタル資産

---

105) Infrastructure Investment and Jobs Act, Pub. L. No. 117-58, 135 Stat. 429 (2021).
106) STAFF JOINT COMM. TAX'N, TECHNICAL EXPLANATION OF SECTION 80603, "INFORMATION REPORTING FOR BROKERS AND DIGITAL ASSETS," OF THE INFRASTRUCTURE INVESTMENT AND JOBS ACT 5 (Aug. 2021).
107) I.R.S. Notice 2014-21, 2014-1 C.B. 938, 939 (A-12). See also I.R.C. § 6041 (a); Treas. Reg. § 1.6041-1 (g).
108) I.R.C. § 6045 (a). 内国歳入法典 6045 条について，長戸貴之「アメリカにおける金融所得に係る第三者情報申告制度」税研 197 号（2018 年）110 頁，111-112 頁参照。
109) I.R.C. § 6045 (g) (3) (D).
110) I.R.C. § 6045 (c) (1) (D), (g) (3) (B) (iv).
111) I.R.C. § 6045A (a).

③ 暗号資産取引の情報申告と自動的情報交換

が，仲買人の知っている又は知っているべき者が管理していない口座やアドレスへ移転した場合の情報申告書の提出義務が新たに設けられた[112]。

第3に，暗号資産等を受け取った者の情報申告義務である。事業を営む者は，その事業における取引において10,000米ドル以上の現金（cash）を受け取った場合，財務省規則に基づいて情報申告義務を負っている[113]。そこで，現金の範囲を拡大し，デジタル資産を現金の範囲に含めることによって，10,000米ドル以上のデジタル資産の支払について情報申告義務を課すこととした[114]。

これらの情報申告義務はまだ実施されていない。仲介人の情報申告義務については，仲介人の範囲などに関連する財務省規則案が2023年8月に公表され，現在意見公募の段階である[115]。また，3点目の10,000米ドル相当のデジタル資産を受け取った場合の情報申告義務についても，関連する財務省規則が定められるまでその必要がないことが2024年1月に示された[116]。

米国では，インフラ投資法によって暗号資産取引について情報申告義務の範囲を拡大した後，毎年の予算教書において米国の受益者に関する情報を自動的情報交換で受領するためには，米国もそれに対応すべく情報を提供できるよう体制を整備する必要があるとしている[117]。なお，2023年11月に米国がCARFに参加することを表明する以前は，FATCAと同様に政府間協定（IGA）に基づく情報交換を行う可能性も考えられたが，米国もCARFの枠組みに入ることになった。FATCAのように米国が優位な立場にあった状況とは異なることが大きく影響していると考えられる。CARFに対応する仲介人

---

112) I.R.C. § 6045A (d).
113) I.R.C. § 6050I (a).
114) デジタル資産を全て現金と同様に取り扱うことには問題があるという批判がある（Abraham Sutherland, *The Proposal to Regulate Digital Asset Transactions Should Be Struck*, 172 Tax Notes Fed. 1125, 1129 (2021))。*See also* Reuven Avi-Yonah & Mohanad Salaimi, *A New Framework for Taxing Cryptocurrencies*, 77 Tax Law. 1, 15-16 (2023).
115) Gross Proceeds and Basis Reporting by Brokers and Determination of Amount Realized and Basis for Digital Asset Transactions, 88 Fed. Reg. 59576 (Aug. 29, 2023) [hereinafter Proposed Regulations].
116) I.R.S., Announcement 2024-4, 2024-6 I.R.B 165.
117) *E.g.*, Dept Treasury, General Explanations of the Administration's Fiscal Year 2025 Revenue Proposals 224-26 (2024). さらに，FATCAが互恵性に欠け，米国の他国に対する情報提供において自国が受ける情報より少ない量の情報しか提供していないという問題を指摘する（*Id.* at 225）。

の情報申告義務については意見公募の段階であるが，CARF に適合する規則を定めるための検討が進められている[118]。

V　今後の課題

1　仲介機関に着目した仕組みとしての CARF

　暗号資産に対する課税が問題となっていた当初より課税に必要な情報の取得は問題となっており，FATCA に類似する解決方法も検討されていた[119]。もっとも，暗号資産と法定通貨との交換について情報を取得することが可能でも，暗号資産同士の交換について情報を取得するのは難しく有効な手段ではないと考えられていた[120]。その後，暗号資産取引市場の拡大により，2022 年 10 月の OECD の報告書が指摘するように新たな仲介機関やサービス提供事業者が登場した結果，金融機関の口座情報に類似する自動的な情報交換の枠組みを構想することが可能となった。

　CARF に基づく情報申告と情報交換の枠組みを整備することによって，一定の納税協力と税務執行の向上を期待できるであろう[121]。

2　仲介機関に着目することに伴う課題

　もっとも，課題も少なくないであろう。CARF によって暗号資産取引に関する情報の捕捉が進めば進むほど，情報の捕捉されにくい取引を行うインセンティブを持つ者が生じる点には留意すべきである[122]。

---

[118]　Off. Tax Pol'y & Internal Revenue Serv., 2023-2024 Priority Guidance Plan: 2nd Quarter Update (Mar. 18, 2024). *See also* Proposed Regulations, *supra* note 115, at 59598. ただし，財務省規則を定めるのみで CARF に基づく制度を整備できるのか，予算教書で提案する法改正が必要であるかがはっきりしない部分は残る。

[119]　Omri Marian, *Are Cryptocurrencies Super Tax Havens?*, 112 Mich. L. Rev. First Impressions 38, 46 (2013).

[120]　*Id.*

[121]　*See* Young Ran (Christine) Kim, *Tax Reporting as Regulation of Digital Financial Markets*, 80 Wash. & Lee L. Rev. 1181, 1206-10 (2023).

[122]　暗号資産は，金融口座情報の把握によってその優位性が高まったと考えることもできる（藤岡祐治「通貨の匿名性が課税に与える影響」金子宏＝中里実編『租税法と民法』（有斐閣，2018 年）191 頁，204 頁）。

3 暗号資産取引の情報申告と自動的情報交換

　以下ではCARFの課題として考えられる点をいくつか指摘する。これらは，CARFがCRSと同様に仲介機関である報告暗号資産交換業者に着目している点が関係する。

　第1に，物理的な存在である金銭と異なり，暗号資産は情報申告の対象である報告暗号資産交換業者のような仲介機関に保管する必要はない[123]。暗号資産を保管するウォレットには，第三者が秘密鍵を管理するホステッド・ウォレット（hosted wallet）と呼ばれるカストディ型のものと，秘密鍵を自分で管理するアンホステッド・ウォレット（unhosted wallet）と呼ばれる非カストディ型のものとがある[124]。ホステッド・ウォレットについてはその管理をする者が報告暗号資産交換業者に当たることが多いと考えられるが，アンホステッド・ウォレットについては報告暗号資産交換業者に該当するような事業を営んでいない限り原則として該当しないと考えられる[125]。アンホステッド・ウォレットに関しては情報を取得することは実質上できないため，CARFでは報告暗号資産交換業者からアンホステッド・ウォレットに移転した段階で情報を取得し，申告することになっている。もっとも，その後さらに暗号資産が別のアンホステッド・ウォレットに移転した場合に情報を取得することは容易ではないであろう[126]。また，情報が把握されることを望まない者は，CARFが施行される前にこれらのアンホステッド・ウォレットに保有する暗号資産を移動する可能性もある。そして，アンホステッド・ウォレット間で暗号資産が移動する限り，CARFでは情報を捕捉することは不可能である[127]。

---

123) Paul Foster Millen & Peter A. Cotorceanu, *Old Tricks for New Dogs: The OECD's Cryptoasset Reporting Framework,* 112 Tax Notes Intl 345, 347-48 (2023).

124) *See also* OECD, *supra* note 12, at 13-14（ウォレットをより細かく4つに分類する）.

125) 各国の法制度の中で報告暗号資産交換業者を定義する際には，どのようなウォレットのソフトウェアを提供した場合に報告暗号資産交換業者に該当するかが問題となる。*Cf.* Am. Bar Assoc. Sec. Tax., Comments on REG-122793-19, Regarding Gross Proceeds and Basis Reporting by Brokers and Determination of Amount Realized and Basis for Digital Asset Transactions 10 (2023)（米国の場合について）.

126) *Cf.* Daniel Hemel, *Decrypting the Crypto Reporting Proposal in the Bipartisan Infrastructure Bill,* Substance Over Form (Aug 3, 2021), https://substanceoverform.substack.com/p/decrypting-the-crypto-reporting-proposal（米国の内国歳入法典6045A条に基づく情報申告は課税に当たってあまり参考にならない点を指摘する）.

127) Noam Noked, *Ending the Crypto Tax Haven,* 15 Harv. Bus. Law. Rev. (forthcoming)（manuscript at 19-20（ステーブルコインによる支払が普及する可能性を指摘する））.

第2章　デジタル課税の諸相

　第2に，一定の分散型金融は報告暗号資産交換業者に含まれるが，当該取引プラットフォームに対し支配力又は重要な影響力を有している者がいない限り，報告暗号資産交換業者に含まれない。もっとも，支配力又は重要な影響力（control or sufficient influence）の意味が明確でないという執行上の課題がある[128]。また，CARFに基づく自動的情報交換が進んだとしても，分散型取引所における取引が情報申告の対象に含まれないので，情報の捕捉を望まない者は分散型取引所において取引を行うことになるであろう[129]。その結果，把握できる情報が結果として十分ではない可能性もある。

3　執行上の課題

　さらに，そのほかの執行上の課題もいくつか考えられる。

　まず，CARFは多くの国が参加しないと実効的でない点である。情報が把握されることを望まない暗号資産の保有者は，保有する暗号資産をアンホステッド・ウォレットに移すことが考えられるが，利便性などの観点からCARFに基づいて情報申告義務を負っていない暗号資産業者の管理するウォレットに移すことも考えられる。既に述べたように報告暗号資産交換業者はネクサスが認められる国において情報申告とデュー・ディリジェンスの義務を負うが，CARFに参加する国が少なければ，ネクセスを有するいずれの国もCARFに基づくこれらの義務を定めていないことが考えられる。なお，CARFに参加する国が増えるたびに，情報申告のネクサスが変わってしまう可能性があるという問題もある[130]。

---

128)　Haben Isaias Tewelde, *The Inconsistent Tax Treatment of Cryptocurrency and the Challenges of Cross-Border Reporting*, 107 TAX NOTES INT'L 1349, 1362 (2022); Noked, *supra* note 127, at 22; Cotorceanu & Millen, *supra* note 47, at 206. さらに，分散型取引所の運営母体が分散型自立組織（decentralized autonomous organization, DAO）である場合，ガバナンストークンを保有するものがそれを事業として営んでいないない可能性や支配又は実質的に管理していない可能性もある（NEW YORK STATE BAR ASSOC. TAX SEC., REPORT ON PROPOSED REGULATIONS CONCERNING INFORMATION REPORTING FOR DIGITAL ASSET TRANSACTIONS 18-19 (2023); AM. BAR ASSOC. SEC. TAX., *supra* note 125, at 12; Noked, *supra* note 127, at 23-24）。

129)　Bob Michel, *Will FTX and Other Bad Apples Spoil the OECD's Low-Hanging Fruit Approach to Cryptoasset Reporting?*, 24 J. ARTICLES & OPINION PIECES IBFD 1, 3 (2023)（仲介機関に着目することは次善の策であり，最善策はブロックチェーン自体に着目したものであるとする）。

また，CARFに参加する国が少ない場合や上記のようにCARFに基づいて情報交換によって情報の提供を受けられない場合，自国の課税権を確保するために自国の居住者に対してサービスを提供する暗号資産交換業者に情報申告の義務を課すことも考えられる。既に述べたようにDAC8ではEU域内に居住地を有しない暗号資産事業者がEU域内の居住者に対して事業を営む場合は情報申告義務を負うことになっている[131]。また，米国における暗号資産等の取引に関する仲買人の情報申告義務についても，仲介人が米国でマネー・サービス・ビジネス（money service business）の登録を受けていなくても，その顧客が米国とつながりがあると分かった場合に申告義務を課している[132]。もっとも，仮にこのように申告義務の対象となる暗号資産事業者の範囲を拡大したとしても，実効性を確保できるかという難問が残るだけでなく[133]，国際法上の問題が生じる可能性もある[134]。欧州及び米国ではいずれも何らかの金銭的な制裁を設けているものの[135]，FATCAの源泉徴収のように実効的なものではない。

　したがって，多くの国がCARFに参加することが望ましい。ただし，暗号資産に対する課税方法が各国で異なっている点[136]は，実際の情報交換に当たっての課題となる可能性がある。また，国によって暗号資産に対する課税の考え方や取組みの程度は異なるところ，どれだけの国がCARFに基づいた情報交換に参加するインセンティブを持っているかは不透明である。さらに，暗号資産同士の交換の多くは少額の暗号資産同士の交換であり[137]，膨大な情報を取り扱うことは発展途上国にとっては大きな負担になると考えられる[138]。

---

130) Sarah Paez, *OECD Wants to Harmonize Cryptoasset Framework Implementation*, 108 TAX NOTES INT'L 611, 611 (2022) (statement by Artur Olszewski).
131) 前掲注 *102*) 及びそれに対応する本文参照。
132) Prop. Treas. Reg. § 1.6045-1 (g) (4) (iv) (B), 88 Fed. Reg. 59576, 59648 (Aug. 29, 2023). *Cf.* AM. BAR ASSOC. SEC. TAX., *supra* note 125, at 26 (対象となる外国の仲介人が広すぎると指摘).
133) *Cf.* Cipollini, *supra* note 101, at 28-31 (実効性確保の方法を検討する).
134) なお，日本がこれらの域外から日本の居住者にサービスを提供する暗号資産業者まで対象とするのかは明らかではない。
135) 米国については，I.R.C. § 3406 (a) (1), (b) (3) (C).
136) Tewelde, *supra* note 128, at 1366-69. *Cf.* Russo et al., *supra* note 36, at 571-72 (各国における暗号資産の課税上の取扱いが調整されることが望ましいとする).
137) Michael Smith, *Amendments to OECD Cryptoasset Framework Focus on Inclusion*, 108 TAX NOTES INT'L 366, 366 (2022) (statement by Charles S. Kolstad).

第 2 章　デジタル課税の諸相

　　各国が CARF への参加や実施についてインセンティブを持たない点について，その解決策を示す見解もある[139]。例えば，報告暗号資産交換業者について登録を義務付けてその横断的な検索を可能にして，登録されていない報告暗号資産交換業者の発見を容易にすることや，報告暗号資産交換業者に一定の情報の公開を義務付ける制度を設けるというものである。もっとも，各国がどのような法制度を導入するかは各国の主権に属する話であり，全世界で統一的な制度を設けることは実際には難しいであろう。また，分散型取引所やアンホステッド・ウォレットがある限り，全ての情報を把握することは難しいであろう[140]。さらに，このような制度が実現するとしても，国家による情報の捕捉を好まない者に対する，暗号資産取引に関するサービスの提供がなくなることは考えにくい。新たな制度ができれば，当然それに対応した動きが市場でなされるはずである[141]。

　以上のように，CARF は暗号資産取引について一定の情報を把握することを可能にする点では一部の国にとって有益ではあるが，課題も少なくない。CARF は今後の暗号資産市場の動きを注視することも確認しており，CARF によってどのように暗号資産取引が変わるかも今後は考慮する必要がある。また，そもそも暗号資産に対する課税のあり方も CARF に影響を与えるはずであり，暗号資産に対する課税のあり方についての検討も必要であろう。

　　※　　校正時に，大野雅人「EU の DAC8──暗号資産取引を対象とする税務当局間の自動的情報交換」フィナンシャル・レビュー 156 号（2024 年）48 頁に接した。
　　※※　非居住者に係る暗号資産取引情報の自動的交換のための報告制度に関する政令が 2024 年 6 月 21 日に公布された（令和 6 年政令第 215 号）。なお，報告暗号資産交換業者等は，資金決済に関する法律に基づいて登録している事業者等に限られ，域外から

---

[138]　堀・前掲注 28) 10 頁。実際に課税を行うためには，情報交換で得られた情報だけでは足りない（前掲注 75) も参照）。
[139]　Noked, *supra* note 127, at 33-36.
[140]　*But see* Noked, *supra* note 127, at 37-39（分散型取引所に対する規制や CARF 対応のウォレットを提案する）．
[141]　なお，暗号資産取引に対する情報の捕捉が進めば，貴金属や美術品など別の資産に対する需要が高まる可能性もある（Noam Noked, *Tax Evasion and Incomplete Tax Transparency*, 7 Laws 31, at 4-5 (2018)）。

3 暗号資産取引の情報申告と自動的情報交換

無登録で日本の居住者にサービスを提供する事業者は日本における情報申告義務の対象外となった（租税約特10条の9第5項1号，租税約特令6条の18）（前掲注134）も参照）。

※※※　2024年7月に，米国における仲買人の情報申告義務に関する最終規則が公表された（Gross Proceeds and Basis Reporting by Brokers and Determination of Amount Realized and Basis for Digital Asset Transactions, 89 Fed. Reg. 56480 (Jul. 9, 2024)）。仲買人は，デジタル資産の総売上高については2025年1月1日以後に行われるデジタル資産の売却について，調整基準価格については2026年1月1日以後に取得したデジタル資産の売却について，情報申告の義務を負うことになる（*Id.* at 56538）。なお，2027年以後の取引に関する情報を2028年から交換できるよう，CARFに適合する財務省規則も定められる予定である（*Id.* at 56517）。

9 シェアリングエコノミー・ギグエコノミーが付加価値税制に与える影響

伊 藤 剛 志

I シェアリング／ギグエコノミー (sharing/gig economy) とは

　近年，「シェアリングエコノミー」や「ギグエコノミー」と呼ばれる新しい経済活動・取引の仕組みが出現している。
　「シェアリングエコノミー」という用語が政府刊行の白書等に初めて登場したのは，2015 (平成27) 年の『情報通信白書』のようである。同白書によると，「『シェアリング・エコノミー』とは，典型的には個人が保有する遊休資産（スキルのような無形のものも含む）の貸出しを仲介するサービスであり，貸主は遊休資産の活用による収入，借主は所有することなく利用ができるというメリットがある。貸し借りが成立するためには信頼関係の担保が必要であるが，そのためにソーシャルメディアの特性である情報交換に基づく緩やかなコミュニティの機能を活用することができる」[1]と説明されている。
　その後の2019 (令和元) 年の『情報通信白書』によると，「近時，『若者のクルマ離れ』といった言葉を聞くように，人々は，モノの所有にこだわるのではなく，必要な都度借りて利用することで良いという思考・行動パターンになってきた」といわれており，「このようなモノ・サービスの共有を仲介するサービスや，これらによって成り立つ経済の仕組み」は「シェアリングエコノミー」と呼ばれていること，また，「人々が働くということについても，企業等の組織に所属するのではなく，フリーランスの立場で，インターネットを利用してその都度単発又は短期の仕事を受注するという働き方が注目されて」おり，

---
1) 総務省編『平成27年版情報通信白書』(2015年) 200頁。

「このような働き方や，これらによって成り立つ経済の仕組み」は「ギグエコノミー」と呼ばれていることが述べられている[2]。

　シェアリングエコノミーが想定する個人間の取引やギグエコノミーが想定する単発・短期の仕事を受注する働き方は，従来であれば，(経済学的な意味での)取引コスト，すなわち，取引機会や取引相手を探索したり，取引条件を交渉したり，合意どおりのサービス提供や代金支払を確保するなど，取引を実施するために必要とされる労力や手間（ないしそのような労力や手間をかけないことによるリスク）などの取引コストがその取引金額に比して相対的に高く，経済的に見合わないために取引市場に提供されることが少ない（あるいは，取引コストが低くなる（例えば知人間などの）限定されたコミュニティー内でしか提供されにくい）と考えられていたものであろう。しかし，インターネットをはじめとする情報通信技術の発展・普及はこれらの前提を変えた。そして，近年では，情報通信技術を駆使して，シェアリングエコノミーが想定する個人間取引やギグエコノミーが想定する単発・短期の仕事を受注する働き方を仲介する企業が登場し，シェアリングエコノミー・ギグエコノミーが加速されているといって差し支えないだろう。そのような取引の「場」を提供するプラットフォーム企業は，シェアリングエコノミー・ギグエコノミーの参加者に対してそれらの取引における取引コストを低減させる仕組みやサービスを提供しており，そして，その「場」に参加する者が増えることにより，さらに取引コストが下がるというネットワーク効果を有しているものと考えられる。

　シェアリングエコノミー・ギグエコノミーは，我が国でも徐々にその市場が拡大している。一般社団法人シェアリングエコノミー協会と株式会社情報通信総合研究所が共同で行った日本のシェアリングサービスに関する市場調査によると，2022年度のシェアリングエコノミーの市場規模は2兆6158億円となり，2032年度には最大15兆1165億円に拡大するものと推計されている[3]。

---

[2]　総務省編『令和元年版情報通信白書』(2019年) 2頁。
[3]　株式会社情報通信総合研究所「シェアリングエコノミー関連調査2022年度調査結果（市場規模）」(2023年1月)
　　(https://sharing-economy.jp/ja/wp-content/uploads/2023/01/ba17be8cd0317277bce1e02bd718f05e.pdf)。
　　なお，同調査の市場規模は，資産提供者・役務提供者と利用者との間の取引金額であり，

このようなシェアリング・ギグエコノミーの拡大・発展は，所得課税（所得税・法人税）と一般消費課税（消費税）を主要な税源としている我が国の税制に影響を及ぼす可能性があり，諸外国にとっても同様である[4]。経済協力開発機構（OECD）は，2021年4月19日に「シェアリングエコノミー及びギグエコノミーの拡大による付加価値税／物品サービス税政策・行政への影響（原題：The Impact of the Growth of the Sharing Economy and Gig Economy on VAT/GST Policy and Administration）」[5]（以下「本OECDレポート」という）を公表した。本稿では，本OECDレポートの内容を紹介し，我が国の税制への示唆の検討を試みる。

II　シェアリングエコノミー・ギグエコノミーの特徴とビジネスモデル

　本OECDレポートでは，付加価値税制への影響を検討するにあたり，シェアリングエコノミー・ギグエコノミーの特徴やビジネスモデルの理解が必要で

　　プラットフォーム企業の売上ではない。
 4) シェアリングエコノミー・ギグエコノミーと日本における課税問題等を検討した文献として，矢冨健太朗「シェアリングエコノミーの仕組みと課題——適正課税を巡る対応」税研228号（2023年）34頁，野一色直人「提供者の所得課税の現状とあり方」同41頁，野澤理恵「購入者及びプラットフォーマーの課税の現状とあり方」同46頁，熊王征秀「シェアリング・エコノミー取引における消費税の現状とインボイス制度導入後のあり方について」同53頁，西山由美「デジタル経済と消費課税——シェアリングエコノミーを中心として」租税研究875号（2022年）273頁，倉見智亮「ギグ・エコノミーと所得税制」租税研究873号（2022年）129頁，渡辺徹也「プラットフォームワーカー・ギグワーカーと課税」ジュリスト1572号（2022年）35頁，森信茂樹「シェアリング・エコノミー，ギグ・エコノミーの発達と税制の課題」フィナンシャル・レビュー143号（2020年）9頁，渡辺徹也「シェアリング・エコノミーと税制——格差問題，プラットフォーム企業の特性，コロナ禍からの視点を中心に」季刊個人金融2020年夏号（2020年）52頁，山田敏也「シェアリングエコノミーと消費税——『事業として』の範囲及びその事業に係る仕入税額控除を中心に」税務大学校論叢100号（2020年）269頁，渡辺徹也「シェアリング・エコノミーに関する課税問題——所得課税および執行上の問題を中心に」税務事例研究168号（2019年）21頁，森信茂樹「ギグ・エコノミーと税制の諸課題」租税研究840号（2019年）143頁，西山由美「シェアリングエコノミーに対する消費税」租税研究828号（2018年）125頁，佐藤良「シェアリング・エコノミーの問題点——課税上の観点から」調査と情報—Issue Brief—985号（2017年）1頁などがある。
 5) OECD「The Impact of the Growth of the Sharing Economy and Gig Economy on VAT/GST Policy and Administration」（2021年）。

あることを指摘している。そして，特に成長が著しい重要なシェアリングエコノミー・ギグエコノミーの分野として，宿泊施設サービス分野（accommodation sector），輸送手段サービス分野（transportation sector），を指摘している。本 OECD レポートに引用されている 2018 年の統計資料によると，世界的なシェアリングエコノミー・ギグエコノミーの市場規模ベースで，これらの分野が約 90% 弱を占めているようである[6]。本 OECD レポートでは，これらの分野について，Appendix として典型的なビジネスモデルやその関与者を概説している[7]。本稿でも議論の前提として，その内容を紹介する。

1　宿泊施設サービス分野（accommodation sector）

宿泊施設サービスは，宿泊施設のタイプに応じて，ホテル・モーテル，サービスアパートメント，短期／バケーションレンタルなどに分かれるが，本 OECD レポートによると，デジタルプラットフォームの出現によりバケーションレンタルなどの短期賃貸サービスが大きく変化しており，宿泊施設サービス分野におけるシェアリングエコノミー・ギグエコノミーの過半数を占めているとされる[8]。

バケーションレンタルとは，別荘やリゾートマンションなどを旅行や休暇の目的のために一時的に借りるサービスであり，欧米では一般的なサービスとして浸透している。ホテルなどの宿泊サービスと近い面があるが，一軒家やアパートメント，コンドミニアムなど多様なタイプの宿泊施設があり，ホテルなどよりも生活設備が整っていることも一般的である。個人が所有している別荘やリゾートマンションについて，所有者が利用しない期間にバケーションレンタルとして貸し出されていることも多い。

本 OECD レポートの説明によると，主として以下のような者が短期賃貸サービスのシェアリングエコノミー・ギグエコノミーに関与している。

・　プラットフォーム企業及びメタ検索エンジン企業[9]

---

[6]　OECD・前掲注 5) 18 頁。
[7]　OECD・前掲注 5) Appendix D. Overview of business models of the accommodation and transportation sectors。
[8]　OECD・前掲注 5) 100 頁。
[9]　メタ検索エンジンとは，入力されたキーワードを複数の検索エンジンに送信して，得

複数の地域に展開する大手プラットフォーム企業が中心であるが，他のプラットフォーム企業や独立の施設管理業者と協力して短期賃貸サービスの検索機能を追加するメタ検索エンジン企業も参入してきている。

- 施設提供者（independent hosts）

半数以上の短期賃貸の宿泊施設は，個人の施設提供者や10件未満の施設保有者により提供されている。大部分はプラットフォーム企業が提供する，潜在顧客へのアクセス，安全な支払手段，その他の支援サービスを受けており，プラットフォーム企業を通じて運営を行っている。

- 施設サービス提供者（host service providers）

プラットフォームへの掲載・宿泊施設の掃除・価格付けなどの施設管理サービスを宿泊施設保有者に提供する者。宿泊客が知らない「舞台裏」を運営する。一部の業者はブランドアイデンティティを強化・保護するために，プラットフォーム上の宿泊施設の説明などにブランドロゴを表示することもある。

- 伝統的な別荘管理人（traditional holiday home managers）

近年，情報通信技術の発展により，伝統的な別荘管理人がオンライン空間に進出し事業を拡大している場合もある。自社のプラットフォームを利用して数百・数千の施設を運営している場合もある。

- ブランド化された施設運営者（branded home managers）

一定の基準を充たした施設とのみ契約して施設保有者及び利用者の双方に対してフルサービスを提供する。

- 企業間サービス業者（B2B vendors）

情報通信技術の発達により，短期賃貸サービス市場における企業間サービス業者の事業機会も成長している。施設管理のソフトウェア，マーケティング，ウェブサイト／アプリ開発，収入管理などの様々なサービスを提供している。

これらの短期賃貸サービスのシェアリングエコノミー・ギグエコノミーの中心にあるのがプラットフォーム企業であるが，その役割やビジネスモデルも

られた結果を表示するタイプの検索エンジンである。

9 シェアリングエコノミー・ギグエコノミーが付加価値税制に与える影響

様々である。純粋な宿泊サービスのみを提供するものもあれば，旅先での体験やレストラン予約の手配，飛行機や車などの移動手段の手配など，他のサービスをあわせて提供するものもある。また，個人間の住居の一時的な交換や，カウチサーフィング（couch surfing）のような非金銭的な対価によりお互いの住居に宿泊することを媒介するプラットフォームなどもある。さらに，ホテル類似のサービスが提供される家具付きアパート施設（「サービスアパートメント」と呼ばれている）のように短期賃貸サービスに用いられる宿泊施設が拡大・多様化したり，オンライン旅行業者のようなプラットフォーム企業が他のプラットフォーム企業が掲載している宿泊施設を自社のプラットフォームに掲載するなど，プラットフォームの複層化（platforms on platforms）などの新しい傾向も生じている。

シェアリングエコノミー・ギグエコノミーにおけるプラットフォーム企業の収入モデル・支払決済モデルも様々である。プラットフォーム企業が施設提供者又は施設利用者のいずれかのみから手数料を徴収する場合もあれば，双方から手数料を徴収する場合もある。また，プラットフォーム企業が手数料を徴収せずにプラットフォームの広告収入にて運営する場合もある。支払決済についても，プラットフォーム企業を介して行われるものもあれば，施設提供者及び施設利用者の間で支払決済をして，別途，施設提供者・施設利用者がプラットフォーム企業に手数料を支払う形もある。

シェアリングエコノミー・ギグエコノミーにおいては，見知らぬ者同士の間における安全な取引の実行と信頼の醸成を可能とする管理体制がプラットフォームの成功に不可欠である。そのため，プラットフォーム企業は，登録施設の事前スクリーニング手続，施設提供者及び施設利用者による相互のレビュー／レイティング，合理的な価格の提示，支払手続・支払決済サービス（利用者による施設確認・利用後の施設提供者への送金など，エスクロー的な役割を含む），施設提供者及び施設利用者間のトラブル解決のための顧客サポートサービス，施設損害の保険の提供など，信頼確保のための制度的・法的な管理体制を構築していることが通常である。

2 輸送手段サービス分野（transportation sector）

　輸送手段サービス分野のシェアリングエコノミー・ギグエコノミーは，一般的には，短距離・長距離の移動について，運転免許以外の旅客輸送資格を有していない運転者と乗客との間を仲介するプラットフォームを意味しているが，このようなプラットフォームのビジネスモデルも様々であり，以下のようなものがある。

- ライドソーシング（ride-sourcing）

　スマートフォンのアプリケーションを使用した（しばしば，短距離の）移動手段調達サービス。タクシー類似の輸送サービスが中心であるが，オートバイ，電動スクーター，ボート・フェリーのような他の移動サービスを提供するものもある。

- 乗合乗車（ride-sharing/car-pooling）

　車に余剰スペースがあり特定の（長距離の）ルートを運転する運転者と，同じ方向に向かう乗客をマッチングさせるプラットフォーム。

- 駐車スペースシェア（driveway/parking sharing）

　運転者と，使用していない駐車スペースを有する個人とをつなぐプラットフォーム。

- 注文配送サービス（on-demand delivery）

　料理・日用品等の宅配サービス。コロナ禍を受けて，プラットフォーム企業は料理宅配のモデルを日用品その他の製品の宅配に拡大している。これらのプラットフォーム企業では，輸送者をレストラン・食料品／日用品店とつなげたり，顧客を配達能力を有するレストラン・食料品／日用品店とつなげたりしている。

　プラットフォーム企業の収入モデル・支払決済モデルも様々である。一般的には，輸送手段サービス提供者は報酬を請求し，利用者は直接又はプラットフォーム業者を通じてその報酬を支払う。プラットフォーム企業は，輸送サービス提供者又は利用者のいずれかのみから手数料を徴収する場合もあれば，双方から手数料を徴収する場合もあるが，輸送手段サービス分野の主要なプラットフォーム業者は，輸送サービス提供者のみから手数料を徴収しているようである。

9 シェアリングエコノミー・ギグエコノミーが付加価値税制に与える影響

　輸送手段サービス分野のシェアリングエコノミー・ギグエコノミーにおいても，見知らぬ者同士の間における安全な取引の実行と信頼の醸成を可能とする管理体制がプラットフォームの成功に不可欠であり，登録車両や運転者の事前スクリーニング手続，運転者及び利用者による相互のレビュー／レイティング，需給に基づく合理的な価格の提示，支払手続・支払決済サービス，（危険を感じた際の警告通報などの）安全機能など，信頼確保のための制度的・法的な管理体制を構築していることが通常である。

Ⅲ　シェアリングエコノミー・ギグエコノミーの付加価値税制に対する潜在的影響

1　付加価値税制に関連するシェアリングエコノミー・ギグエコノミーの重要な特徴

　本 OECD レポートでは，シェアリングエコノミー・ギグエコノミーは急速に進化し続けており，また，その中で出現した新しいビジネスモデルが既存のビジネスモデルと統合されていることから，シェアリングエコノミー・ギグエコノミーと他の経済活動との間に明確な線引きをすることは困難であるとしながらも，付加価値税制の観点から評価・分析をする際に念頭におくべきシェアリングエコノミー・ギグエコノミーの特徴を指摘している。その概要は，以下のとおりである[10]。

　まず，デジタルプラットフォームがシェアリングエコノミー・ギグエコノミーの成長の中心に存在することである。デジタルプラットフォームは，高度な技術的解決手段と相互レビュー・評価機能などの信頼構築手段を用いてサービスの提供者と利用者を結び付けている。シェアリングエコノミー・ギグエコノミーに関与するデジタルプラットフォームにおいて，品質管理，事実担保，顧客体験価値の最適化及び支払・決済手段の安全性はプラットフォームの成功に重要な要素であり，これらの手段は必須のものである。

　次に，シェアリングエコノミー・ギグエコノミーにて提供されるサービスは，

---

10)　OECD・前掲注 5) 21-23 頁。

（輸送サービスや宿泊施設の短期賃貸など,）必ずしも，新奇なものではないということである。しかし，デジタル技術に後押しされたシェアリングエコノミー・ギグエコノミーは，前例のない規模に至っており，これらの活動の一部は，既存の付加価値税制のもとでは，（個人の私的な資産の利用として）典型的には非課税ないし課税対象外とされてきている。

　また，シェアリングエコノミー・ギグエコノミーの役務提供者は，しばしば，一つ一つの取引自体は低価値ないし小規模な取引を行う，事業者ではない多数の個人であるという点である。シェアリングエコノミー・ギグエコノミーでは，大規模な事業者が，自社が十分に利用できていない資産やサービスをシェアリングエコノミー・ギグエコノミーに提供し，保有資源の効率的な活用により利益を上げていることもある。しかし，付加価値税制の観点からは，事業者ではない個人が関与しているという点が，それらの個人の付加価値税制上の取扱いに関する問題を引き起こす。これらの個人による役務提供は，その個人にとっては副業的な態様で低頻度のものであることもあれば，個人が複数のプラットフォームで活動していることもある。そして，これらの個人の役務提供者は，（部分的には）個人使用目的の（すなわち，事業利用目的ではない）資産を使用してシェアリングエコノミー・ギグエコノミーへの役務提供をし，付加価値税制に関する知識を有していないか，ある程度の知識を有していてもそれを遵守する能力を有していない可能性が高い。

　プラットフォーム企業のテクノロジーが，このような役務提供者でも，ほとんど先行投資を要することなく，多数の潜在顧客に容易にアクセスすることを可能としている。シェアリングエコノミー・ギグエコノミーは，プラットフォームを通じた多数の個人の活動の集合を，伝統的な大規模な経済活動と競合する事業に仕立て上げる可能性を秘めている。例えば，多数の事業者ではない個人が宿泊施設サービスのプラットフォームを通じてその保有施設の短期賃貸サービスを提供し，伝統的なホテル事業に対する競争相手となる。それ故，事業者ではない個人と事業者との間の境界の線引きも，ますます難しくなっている。

　さらに，このようなシェアリングエコノミー・ギグエコノミーのプラットフォーム企業は，仲介した取引が行われる国・地域に，当該プラットフォーム企業の物理的拠点を有していないことが多いことにも留意する必要がある。また，

9 シェアリングエコノミー・ギグエコノミーが付加価値税制に与える影響

シェアリングエコノミー・ギグエコノミーの役務提供者は、課税管轄権を有する国・地域内に拠点を有することが多いが、（宿泊施設の短期賃貸サービスなどでは，）単に資産を保有するだけのこともある。また、まれな事例かもしれないが、現場作業者が他国・他地域に数か月滞在してシェアリングエコノミー・ギグエコノミーの活動を行うなど、シェアリングエコノミー・ギグエコノミーの役務提供者が一時的に国・地域を横断して役務を提供することもあり得る。シェアリングエコノミー・ギグエコノミーの利用者と役務提供者は，その役務が提供され消費される地域・国に物理的施設を有する場合が多いと考えられるが，常にそうであるとは限らず，（役務提供がリモートで行われる場合など）シェアリングエコノミー・ギグエコノミーの利用者や役務提供者の通常の住居や事業拠点が他の国・地域に存在することもあり得る。

シェアリングエコノミー・ギグエコノミーは、一般的には、資産・労働などのリソースの一時的な利用を想定しているものであるが、シェアリングエコノミー・ギグエコノミーの中には、余剰能力の活用（"sharing" of excess capacity）ではなく、デジタルプラットフォームに後押しされた伝統的な役務提供に近い態様もある。例えば、宿泊施設サービス分野において、利用率の低い別荘を短期賃貸する場合もあれば、宿泊施設を投資として購入して専ら短期賃貸に貸出している場合もあり、その境界は曖昧である。

シェアリングエコノミー・ギグエコノミーにおける支払・決済は、典型的には、クレジットカード、電子銀行業務、ビットコインなどの電子決済によりなされている。プラットフォーム企業が関与する場合も関与しない（支払決済業務を第三者に委託する）場合もある。このような電子決済が広く使用されていることは、シェアリングエコノミー・ギグエコノミーにおける経済活動の監視や追跡、付加価値税の遵守のための関係情報の入手の可能性を高める。

2　シェアリングエコノミー・ギグエコノミーのサプライチェーンの基本的な建付け――付加価値税制に関連する重要なプレイヤーとその関係

本OECDレポートでは、シェアリングエコノミー・ギグエコノミーにおける提供役務の付加価値税の取扱いを検討するにあたり、シェアリングエコノミ

【図1】

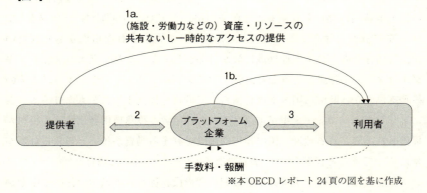

※本OECDレポート24頁の図を基に作成

ー・ギグエコノミーのサプライチェーンに関わる当事者の役割・状況を確定することが重要であると指摘をしている。その上で、シェアリングエコノミー・ギグエコノミーにおけるサプライチェーンにおいて、プラットフォーム企業が、①取引の代理人・仲介者（agent）の場合と、②役務提供主体（principal）の場合があり、両者が区別され得ることを指摘している[11]。

すなわち、シェアリングエコノミー・ギグエコノミーにおける取引の基本的な建付けは、【図1】のように模式化されるところ、（施設・労働力などの）資産・リソースの共有ないし一時的なアクセスの提供が、その提供者から利用者に対して直接に提供されていると整理される場合（【図1】の1a.）と、プラットフォーム企業が利用者に対して提供していると整理される場合（【図1】の1b.）がある。前者では、シェアリングエコノミー・ギグエコノミーの役務の提供について、プラットフォーム企業は提供者と利用者を代理又は仲介し、提供者若しくは利用者又はその双方から手数料や報酬等を取得する。他方、後者では、プラットフォーム企業は、シェアリングエコノミー・ギグエコノミーで提供される役務を元の提供者から仕入れ、それを利用者に提供していると整理される。この場合、プラットフォーム企業は、法令上、当該役務の提供者とみなされる。

プラットフォーム企業の役割・状況の確定には、国内の労働法制が影響を及

---

11) OECD・前掲注5) 23-25頁。

ぽす場合もある。特に，国内の労働法制に基づき，プラットフォーム企業が役務提供者との間で法的ないし事実上の雇用関係にあるとみなされる場合もあり，そのような場合には，プラットフォーム企業が自ら役務を提供し，元の役務提供者はプラットフォーム企業の従業員とみなされる場合もある。

　また，他の役務提供者が上記のシェアリングエコノミー・ギグエコノミーのサプライチェーンに関わる場合もある。例えば，料理宅配では，(レストランなどの) 他の役務提供者が宅配される料理の準備に関与し，それに続けて顧客に料理が宅配されるという場合もある。また，宿泊施設サービス分野では，異なるオーナーが所有する宿泊施設の掲載に関して，代理業者がプラットフォーム企業と連絡をとっていることもある。

3　付加価値税制に関連する運営上の特徴から見たタイプ分類

　シェアリングエコノミー・ギグエコノミーは多様で進化し続けており，シェアリングエコノミー・ギグエコノミーの経済活動への影響も同様に多様であり得ることから，租税政策における対応も，シェアリングエコノミー・ギグエコノミーの個別の特徴を考慮して調整することが考えられる。本 OECD レポートでは，租税政策の分析と立案にあたり，主たるシェアリングエコノミー・ギグエコノミーの経済活動ないし分野を，付加価値税制に関連するそれらの運営上の特徴に基づいて分類することが有益である可能性を示唆している[12]。そのような観点から，シェアリングエコノミー・ギグエコノミーを，資本・労働への依拠の度合いと役務の提供の方法（実際の物理的なサービス提供を要するか，情報通信技術によるサービス提供によることが可能か）により分類すると，【図2】のような分類をすることができる[13]。

4　付加価値税制へのプラスとマイナス

　本 OECD レポートでは，以上のようなシェアリングエコノミー・ギグエコノミーの特徴などを指摘した上で，シェアリングエコノミー・ギグエコノミーが既存の付加価値税制に与える好ましい影響と課題・リスクを指摘してい

---

12)　OECD・前掲注5) 25頁。
13)　OECD・前掲注5) 26頁。

第2章　デジタル課税の諸相

【図2】

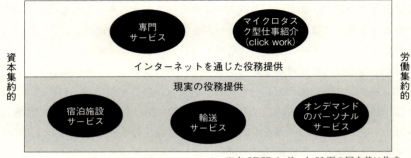

※本 OECD レポート 26 頁の図を基に作成

る[14]。

　シェアリングエコノミー・ギグエコノミーによる好ましい影響の1つは，課税ベースの拡大の可能性である。シェアリングエコノミー・ギグエコノミーでは，膨大な数の個人が，多くの場合ほとんど追加投資をすることなく，金銭的な利益のために資産や労働力を市場に流通させることを可能とする。これらの経済活動は，単に既存の事業や経済活動を置き換えているというものではなく，新たな市場を創出して新たな参加者を引き入れており，国家の課税ベースを拡大する潜在力を有している。また，シェアリングエコノミー・ギグエコノミーの発展は，既存の付加価値税の網が届かなかった経済活動を可視化する機会を多く創出するという面もある。シェアリングエコノミー・ギグエコノミーの成長の推進力は，携帯機器を用いたデジタルプラットフォームによる仲介と安全な支払手段の発達にあるところ，これらの特徴は，（発展途上国に限らず，）公式統計に表れない非公式経済の活動を減少させることになる可能性がある。

　また，シェアリングエコノミー・ギグエコノミーによる好ましい影響として，租税の執行・徴収をより効率的に遂行する機会となり得るという点があげられる。シェアリングエコノミー・ギグエコノミーのプラットフォーム企業を関与させることにより，税務当局が情報収集と租税徴収の効率性を上げられる可能性があるほか，（個々の役務提供者について税務調査をするよりも，）プラットフォ

---

14)　OECD・前掲注5) 26-31 頁。

ーム企業におけるシステムのチェックを通して，租税回避リスク・徴収漏れリスクなどのリスクに応じたコンプライアンス管理や税務調査戦略を強化することが可能になる。加えて，プラットフォーム企業のデジタル技術やデータに基づいた事業運営は，シェアリングエコノミー・ギグエコノミーの役務提供者による付加価値税の納税を促進するとともに，付加価値税の法令遵守のコストを下げられる可能性もある。

　他方，シェアリングエコノミー・ギグエコノミーは，既存の付加価値税制に対する様々な課題・リスクを想起させうる。

　1つ目は，シェアリングエコノミー・ギグエコノミーの成長が課税ベースを浸食し潜在的な脅威となる可能性である。シェアリングエコノミー・ギグエコノミーは，課税ベースを拡大する可能性を有すると同時に，既存の課税ベースを浸食する可能性もある。一般に，既存の付加価値税は，ほとんどの資産譲渡や役務提供を課税対象とする消費課税であるが，多くの国・地域では，個人や零細企業に対して，その経済活動が特定の閾値に達しない限り，付加価値税の納税者登録や課税の免除を認めている。このような閾値は，国・地域によって異なるが，シェアリングエコノミー・ギグエコノミーの経済活動によっては，多くのシェアリングエコノミー・ギグエコノミーの役務提供者がこの免税点以下となって付加価値税の納税者登録や課税を免れ，付加価値税の税収に貢献しない可能性がある。シェアリングエコノミー・ギグエコノミーの発展により，付加価値税の納税をして税収に貢献している伝統的な役務提供者が，付加価値税の免税点以下で税収に貢献しない多数の個人・零細企業に入れ代わるのであれば，付加価値税の税収に悪影響を及ぼす。

　2つ目は，シェアリングエコノミー・ギグエコノミーの役務提供者の付加価値税制上の地位は，必ずしも，わかりやすいものではないという点である。シェアリングエコノミー・ギグエコノミーにおける関係者の役割・地位やその契約関係の特定は，その関係者の付加価値税の潜在的な納税義務のほか，仕入税額控除などの付加価値税に伴う権利付与においても重要である。シェアリングエコノミー・ギグエコノミーの役務提供者が付加価値税の納税義務者か否かは，その国・地域の国内法により定まるものであるが，シェアリングエコノミー・ギグエコノミーにおける役務提供者が，事業者ではない個人か，課税対象であ

る事業者か，線引きをすることが難しくなってきている。多くの場合には，事業者ではない個人が，利用率の低い資産等をシェアリングエコノミー・ギグエコノミーによる収入のために利用しているものと思われるが，シェアリングエコノミー・ギグエコノミーに利用するために新たに資産を購入する（例えば，運転手がライドソーシング・サービスのために新たな車を購入する，個人が短期賃貸目的のためだけにアパートを購入する，など）といったことが生じている。

　また，シェアリングエコノミー・ギグエコノミーの役務提供者は，税務当局に認識されておらず，自身も付加価値税の納税義務に気づいていない可能性も高い。付加価値税への不慣れ，法令遵守能力の限界などにより，付加価値税制の違反リスクが生じている。なお，役務提供者の付加価値税制上の地位の特定は，プラットフォーム企業が受領する手数料・報酬の付加価値税上の取扱いにも影響するため，プラットフォーム企業にとっても重要な問題となる。例えば，プラットフォーム企業が国外にある場合，シェアリングエコノミー・ギグエコノミーの役務提供者とプラットフォーム企業との間の取引が事業者間同士（B to B）の取引とみなされるときは，プラットフォーム企業が役務提供者に請求する手数料・報酬に係る付加価値税・物品サービス税は，多くの国・地域において，リバースチャージにて計算することが求められる。他方，役務提供者とプラットフォーム企業との間の取引が消費者向け取引（B to C）とみなされるときは，国外のプラットフォーム企業は課税国・地域に付加価値税の納税者登録をすることが求められる可能性がある。このような問題に対処するため，プラットフォーム企業の中には，役務提供者に対してその付加価値税上の地位をウェブページを通じて申告することを求めているものもある。しかし，その情報の正確性を税務当局に即時に確認する手段がないため，プラットフォーム企業においても，その情報の正確性を確認することは難しい。そして，付加価値税の免税点の適用を考慮すると，特定の役務提供者が免税点以下なのか，免税点を超えるのか，プラットフォーム企業がこれを特定しようとすると，さらに困難なこととなる。シェアリングエコノミー・ギグエコノミーの役務提供者が複数のプラットフォームを利用して複数の経済活動をしている場合や，複数の個人の役務提供者を代理する業者がプラットフォーム企業にその旨を伝えずにプラットフォームを利用している場合もあり，プラットフォーム企業が役務提

9 シェアリングエコノミー・ギグエコノミーが付加価値税制に与える影響

供者の付加価値税上の扱いを特定することは，難題であろう。

　3つ目は，シェアリングエコノミー・ギグエコノミーにおける関係者の役割・地位についても，常にわかりやすいものとは限らないという点である。シェアリングエコノミー・ギグエコノミーにおける関係者の付加価値税の納税義務やその他の取扱いを定めるためには，プラットフォーム企業と，プラットフォームを利用する役務提供者・サービス利用者との間のサプライチェーンの仕組みや契約関係を特定する必要がある。しかし，シェアリングエコノミー・ギグエコノミーは，常に変化・発展を続けており，その特定は必ずしも簡単ではない。この観点では，上記2で述べたように，シェアリングエコノミー・ギグエコノミーのサプライチェーンの中で，プラットフォーム企業が，①取引の代理人・仲介者（agent）か，②役務提供主体（principal）か，という点が重要である。②のプラットフォーム企業が役務提供主体（principal）になる場合，一般的には，付加価値税の適用上，プラットフォーム企業が元となる役務を最終利用者に対して提供しているものと扱われ，プラットフォーム企業が関連する付加価値税の納税義務を負うものと解される。プラットフォーム企業が役務提供主体とみなされる場合，プラットフォーム企業はシェアリングエコノミー・ギグエコノミーの役務提供者からサービスを仕入れ，それと同じサービスを利用者に提供しているものと解される。この仕入れの付加価値税上の取扱いは，元の役務提供者の付加価値税上の地位（独立の事業者か，免税点が適用されるか否かなど）により定まる。①のプラットフォーム企業が代理人・仲介者（agent）である場合，プラットフォーム企業は，役務提供者とその利用者にデジタルサービス（電気通信利用役務）や仲介サービスを提供して，その手数料・報酬を得ていると解され，付加価値税の適用上も，そのように取り扱われるであろう。また，国境を越えた役務提供となる場合には，当該役務提供について関係国間で異なる性質付けや取扱いがされることにより，二重課税や意図せぬ非課税がおこりうる点にも留意をする必要がある。

　4つ目は仕入税額控除に関する課題・リスクである。シェアリングエコノミー・ギグエコノミーの役務提供者は，その資産を私的な目的のためにも使用する。仕入税額控除は原則として事業用の仕入れに限られるべきであり，私的な消費に用いられるものに課された付加価値税について仕入税額控除は認められ

247

ない。この問題は，多くの比較的小規模な個人が正しく仕入税額控除を適用できるどうか問題となるし，税務当局にとっても適正な仕入税額控除の適用と超過税額の還付をする上でのリスクになる。

　5つ目は，税務行政及び税務調査に係る課題である。シェアリングエコノミー・ギグエコノミーの急速な成長とシェアリングエコノミー・ギグエコノミーにおける役務・資産の提供者の増加によって，税務当局は，時間の経過とともに，多くの新たな潜在納税者に対峙することとなろう。そして，その新たな潜在納税者は，一人一人の納税額は少額で，付加価値税その他の法令に関する知識も少なく，コンプライアンス意識が低い。これらの潜在納税者は，常に税務当局の目に映っているわけではなく，実際にも，税務当局の課税管轄権内にいないこともある。これらに対抗するため，税務当局は，歳入減の回避と競争上の歪みを最小化する必要性を均衡させる困難な問題に直面する可能性が高い。また，税務当局は，シェアリングエコノミー・ギグエコノミーのプラットフォーム企業を付加価値税の順守プロセスに協力させることを含め，付加価値税とその関連データを収集する代替的な手法や革新的なメカニズムを検討すべき圧力にさらされるかもしれない。

　6つ目は，伝統的な経済活動をする事業者への影響である。シェアリングエコノミー・ギグエコノミーの関係者やその活動への付加価値税の取扱いが不明確であることにより，その国・地域のコンプライアンス文化・意識に悪影響を与えたり，また，特にシェアリングエコノミー・ギグエコノミーの関係者が，事実上，有利な付加価値税の取扱いを受けているのであれば，伝統的な経済活動をして納税をしている事業者に対して競争上の歪みを生じさせる可能性もある。

Ⅳ　租税政策対応・行政対応の選択肢とデジタルプラットフォームの役割

　シェアリングエコノミー・ギグエコノミーの成長に対応する付加価値税制・物品サービス税制の政策方針は各国の状況により異なることから，本OECDレポートでは，各国の租税政策担当者が各国に特有の状況を考慮して政策立案

を検討するために，シェアリングエコノミー・ギグエコノミーについてとりうる対応手段とそれらの政策上の考慮事項を提示している。そして，成長するシェアリングエコノミー・ギグエコノミーについて，どんな場合にでも通用する解決策があるわけではなく，伝統的な経済活動とシェアリングエコノミー・ギグエコノミーの双方を対象とする，従来同様の広範な租税政策・制度管理手法と，シェアリングエコノミー・ギグエコノミーにおいて重要な役割を果たしているデジタルプラットフォーム企業に対する手段とを，特定の分野やビジネスモデル，政策目的，その国の環境・状況に照らして，組み合わせて漸増させるアプローチが潜在的な解決方法となりうるとしている。

本 OECD レポートが提示している，従来同様の付加価値税・物品サービス税の広範な租税政策・制度管理手法と，プラットフォーム企業に対する手段は，概要，以下のとおりである。

1 付加価値税・物品サービス税の既存の租税政策・制度管理手法と政策上の考慮事項

(1) 事業者登録や徴収納付義務の閾値

多くの付加価値税制・物品サービス税制では，中小事業者を対象として，中小事業者による課税・納税や関連する申告義務を免除する1つ又は複数の閾値を設けている。このような閾値は，通常，年間の売上高・取引高を基準にしている。広義では2つの閾値が区別され得る。1つは，付加価値税・物品サービス税の事業者登録の閾値であり，付加価値税・物品サービス税の登録と徴収納付を免除する。他方は徴収納付の閾値であり，事業者は付加価値税・物品サービス税の事業者登録をすることが求められるが，一定の閾値を超えるまで，徴収納付を免除される。閾値は，産業分野や経済活動の種類に応じて変わることもある。

シェアリングエコノミー・ギグエコノミーの成長が，付加価値税・物品サービス税政策に与える影響は，付加価値税・物品サービス税の閾値の設定方針に影響を受ける可能性が高い。シェアリングエコノミー・ギグエコノミーの成長によって経済活動の主体が閾値を超えていた相対的に少数の事業者（例えば，ホテル企業）から閾値を超えない新たな多数の小規模事業者（例えば，短期賃貸

不動産を提供する不動産所有者）に遷移する産業分野においては，高い付加価値税・物品サービス税の事業者登録又は徴収納付義務の閾値を有する国・地域は付加価値税・物品サービス税の税源浸食と税収減少に直面し得る。そして，このような事態は，市場競争力を保つためにその経済活動を閾値以下に抑えるように組織を整える事業者などを通じて，急速に税収減少と市場の歪みをもたらし得る。他方，付加価値税・物品サービス税の事業者登録・徴収義務の閾値が低い又はそのような閾値がない国・地域においては，シェアリングエコノミー・ギグエコノミーの成長の結果，多数の新たな小規模事業者が付加価値税制・物品サービス税制の中に取り込まれるという執行上の課題・問題に直面し得る。これらの新たな小規模事業者は，付加価値税・物品サービス税を理解し遵守する能力が限られていることも，しばしばみられる。また，仕入税額控除を受ける納税者の増加による行政・執行上の負担が生じるほか，シェアリングエコノミー・ギグエコノミーにて使用される資産は私的にも利用されるため，適正に仕入税額控除を運用できなければ潜在的な税収減少のリスクも生じる。

　一方，事業者登録・徴収納付の閾値を高くすれば，シェアリングエコノミー・ギグエコノミーの成長による多数の小規模事業者が付加価値税・物品サービス税のシステムに入ってくることを妨げ，行政・執行上の課題・問題を軽減し得るし，事業者登録・徴収納付の閾値を低くすれば，税源浸食・税収減少や市場へ歪みを与えるリスクを下げることができる。閾値の設定は，シェアリングエコノミー・ギグエコノミーの成長による影響を管理する有効な手段になりうるが，どんな場合にでも通用する適正な閾値の設定方法があるわけではなく，その国・地域の様々な要因を考慮する必要がある。閾値のレベルは，通常，執行や法令遵守のコストと，税収確保及び中立性とのトレードオフとなる。このような観点から，シェアリングエコノミー・ギグエコノミーにおける事業者を含む（付加価値税・物品サービス税の免税により不利益を受け得る[15]）小規模事業者

---

15) 付加価値税・物品サービス税の事業者登録・徴収納付が免除されている事業者は，仕入税額控除や（仕入税額が売上に係る付加価値税・物品サービス税を超える場合）の還付が受けられないといった不利益があることが想定されている。また，一般的には事業者登録・徴収納付が免除されている事業者からの仕入れは仕入税額控除の対象とされないことから，事業者登録・徴収納付をする事業者は，付加価値税・物品サービス税の累積を避けるために事業者登録・徴収納付をする事業者とのみ取引をすることを望む。そのため，付

の事業者登録・徴収納付の選択制度や（シェアリングエコノミー・ギグエコノミーの事業者が閾値以下に留まるように複数のプラットフォームを利用するなどしてその経済活動を分割する行為などに対する）濫用防止措置なども検討対象となる。

　なお，付加価値税・物品サービス税の閾値として，年間の売上高・取引高を基準にしていることが一般的であるが，特定の産業分野については，他の（追加の）指標（例えば，宿泊施設であれば資産の種類（自宅の部屋か，アパート全てか），移動サービスであれば一定期間における運行回数等）を設けることも考えられるが，産業分野毎の指標は制度を複雑化し，執行や法令遵守をより困難にする可能性がある。

　閾値の設定は税務当局にとって，シェアリングエコノミー・ギグエコノミーにおける事業者に対してどこまで網をかけるかを定める道具となり得るものであり，事業者登録・徴収納付の閾値を低く設定し，シェアリングエコノミー・ギグエコノミーの事業者を付加価値税制・物品サービス税制の中に取り込みたいと考える国・地域は，小規模事業者に対して簡易に制度順守をできる仕組みを入れることも選択肢となる。

(2)　付加価値税・物品サービス税の推定課税制度

　付加価値税・物品サービス税の推定課税制度は，小規模事業者の制度遵守の費用を下げる点において特に有益であり，シェアリングエコノミー・ギグエコノミーの事業者を過度な負担なく付加価値税制・物品サービス税制に取り込むことを可能とする。推定課税制度の主たる特徴は，付加価値税・物品サービス税の記帳・計算において，それぞれの費用項目に関する付加価値税・物品サービス税の取戻し金額の計算を省くことである。シェアリングエコノミー・ギグエコノミーの事業者はその資産（例えば，不動産や車）を事業と私的利用と両方に利用するため，推定課税制度によって，シェアリングエコノミー・ギグエコノミーの経済活動に対する付加価値税・物品サービス税の適用を大きく簡易化され得る。

　推定課税制度のバリエーションとしては，以下のようなものがあり得る。

①　簡易化された仕入税額控除スキーム

　　加価値税・物品サービス税の事業者登録・徴収納付が免除されている事業者は，このような点でも不利益を受け得ることが想定されている。

売上については，通常と同じく付加価値税・物品サービス税を計算するが，固定の仕入税額控除を認める。仕入税額控除額のレベルは意図しない結果を生じさせることのないよう慎重な検討を要する。典型的には，産業分野に基づいて仕入税額控除のレベルを定めることになる。
② 納税者の売上に対して特定の均一税率を適用するスキーム
納税者の推定される（平均的な）仕入税額控除を考慮した上で，売上に対して特定の（通常の税率より低い）均一税率を適用する。納税者は，通常の税率より低い税率の適用を受けるが，仕入税額控除を有しない。付加価値税・物品サービス税の納税金額を定める均一税率は，当該産業分野の平均的な仕入税額控除率を勘案して平均的な実効税率となることが想定されている。
③ 総額払いスキーム
通常の付加価値税・物品サービス税の計算（納税者の実際の売上等）に代わる指標を用いて付加価値税・物品サービス税の金額を定める。例えば，短期滞在用の宿泊施設の種類，（ライドソーシングにおける）運行回数など。
④ 役務提供者の所得税申告を通じて仕入税額控除を適用するスキーム
売上に対して通常の付加価値税・物品サービス税を課税する一方，役務提供者の所得税申告の必要経費の総額を基礎として付加価値税・物品サービス税の仕入税額控除を計算する。納税者にとって，仕入税額控除を利用するために所得税申告をするインセンティブにもなる。

このような推定課税制度を適用する対象者については，売上高・取引高を基準とすることが一般的であり，産業分野ごとの個別指標（例えば，短期滞在用の宿泊施設の種類，（ライドソーシングにおける）運行回数など）を考慮することも考えられるが，そのような個別指標は制度を複雑化し，税務執行・制度遵守の負担を増加させることになる。

また，推定課税制度の利用を選択制とすることも考えられる。但し，濫用的な使用に対する警戒は必要であり，濫用への対抗として一定期間の継続利用を課すなどの方法が考えられる。

(3) **事業者登録，会計・計算，申告の簡易化手段**
制度遵守義務の簡易化は，特に制度遵守能力の低い小規模事業者に対して，

制度遵守を促進する効率的な方法になり得る。

多くの国・地域で事業者登録を促進させるテクノロジーが利用されており，納税者が1つのポータルサイトからオンラインで自己の事業者登録を管理できるようにしている。

会計・計算や申告の簡易手段としては，以下のようなものがある。
- 税務報告及び記帳義務を厳格に付加価値税・物品サービス税を計算することが要求される者に限定する。
- 顧客からの要求がある場合を除き，インボイスの発行義務を限定する。
- 付加価値税・物品サービス税の申告・支払頻度の削減。
- 現金主義会計の選択的利用。
- 納税者による会計及び税務報告ソフトの利用の促進。

(4) **分離支払・源泉徴収による付加価値税・物品サービス税の徴収メカニズム**

分離支払（split payment）及び源泉徴収（withholding）の用語は，シェアリングエコノミー・ギグエコノミーにおける付加価値税・物品サービス税を，シェアリングエコノミー・ギグエコノミーの役務提供ではない，シェアリングエコノミー・ギグエコノミーのサプライチェーンの中にいる他の者から徴収するメカニズムを意味するものとして用いており，相互に交換可能な用語として使用している。

本OECDレポートでは，シェアリングエコノミー・ギグエコノミーにおける①金融仲介業者，②事業者である利用者による源泉徴収を検討している。

①金融仲介業者による源泉徴収のメカニズムは，金融仲介業者が，支払決済をする際に，シェアリングエコノミー・ギグエコノミーの利用者から役務提供者に支払われる総額に係る付加価値税・物品サービス税を徴収する，というものである。このような方法は，（注文と宅配サービスの決済がオンラインで行われるような）デジタルな手段によって取引される場合には，納税者の付加価値税・物品サービス税の計算を単純化し得るし，納税者自身が付加価値税・物品サービス税を取扱うわけではないため，税務当局にとっても制度不遵守や不正，倒産による歳入減少のリスクを減じることができる。しかし，現実には，以下のような大きな課題・問題がある。

まず，金融仲介業者は，通常，源泉徴収を正しく行うための全ての情報（複数税率の場合の適用税率，適用ある非課税・免税措置，価格計算方法の詳細，支払いの受領者が付加価値税・物品サービス税の納税義務を負うか否かなど）を有しているわけではない。このような問題に対応するため，シェアリングエコノミー・ギグエコノミーの役務提供者（又は付加価値税・物品サービス税の納税義務を負う者）にシェアリングエコノミー・ギグエコノミーに係る経済活動を受け取るための指定口座を開設させ，当該指定口座への入金は全て一定の税率による付加価値税・物品サービス税の源泉徴収の対象とし，役務提供者は当該指定口座の開設を条件にプラットフォームの利用をできるようにするなどが考えられる。

また，シェアリングエコノミー・ギグエコノミーのサプライチェーンに複数の金融仲介者が関与する（クレジットカード会社，支払サービス会社，利用者の銀行，役務提供者の銀行等）なかで，それぞれの金融仲介業者にとって，自身が源泉徴収義務を負っているのか否かを判断することも困難な課題となる。明確なルール設定が求められるが，不可避的に複雑性が増すことになる。

他方，税務当局は，源泉徴収の制度遵守を監視するための情報を得る必要があるとともに，源泉徴収の対象とならない付加価値税・物品サービス税の取扱いや付加価値税・物品サービス税の還付に対応する必要がある。

また，納税者にとって，源泉徴収を通じて税務当局に支払った付加価値税・物品サービス税に関して付加価値税・物品サービス税の申告及び計算をすることが難しくなる可能性もあり，仕入税額控除が大きい納税者は，源泉徴収によりキャッシュフローが悪化するため，特に小規模事業者にとって問題が大きいかもしれない。

さらに，金融仲介業者の制度遵守の費用やリスクが高くなれば，それらコストはシェアリングエコノミー・ギグエコノミーの運営者や利用者に転嫁され得るし，関係者にとって，源泉徴収の対象とならない他の支払手段（伝統的な銀行システム外の支払，現金払い等）を用いるインセンティブともなり得る。また，シェアリングエコノミー・ギグエコノミーの利用者にとって，取消された取引や間違った取引があった場合に還付を受けることが難しくなる可能性もある。

シェアリングエコノミー・ギグエコノミーの利用者は，多くは事業者ではない個人であるが，事業者もシェアリングエコノミー・ギグエコノミーによるサ

9 シェアリングエコノミー・ギグエコノミーが付加価値税制に与える影響

ービスを利用することは可能であり，シェアリングエコノミー・ギグエコノミーが発達して差別化が進むと，事業者による利用も増加し得る。②事業者であるシェアリングエコノミー・ギグエコノミーの利用者による源泉徴収のメカニズムでは，シェアリングエコノミー・ギグエコノミーの利用者である事業者が，受けた役務提供の付加価値税額・物品サービス税額をその支払時に控除してその税額を税務当局又は指定口座に送金する。利用者である事業者は，控除して送金した税額について，通常の付加価値税・物品サービス税のルールに従って仕入税額控除を受ける。この手法は，自己申告のリバースチャージのメカニズムと類似するが，利用者である事業者が受けた役務提供の付加価値税額・物品サービス税額を実際に送金する点で，キャッシュフローに与える影響が異なる。

　かかるメカニズムは，主として，事業者である利用者と取引するシェアリングエコノミー・ギグエコノミーの役務提供者（例えば，レストランから委託を受けるフードデリバリーサービス，ホテルチェーンに施設を貸す不動産所有者など）の制度遵守に特に有益なものとなり得る。また，プラットフォーム企業が役務提供主体（principal）となる場合には，プラットフォーム企業が源泉徴収義務を担うことも考えられる。

　そしてシェアリングエコノミー・ギグエコノミーの役務提供者にとっては，付加価値税・物品サービス税の制度遵守を単純化し得るし，事業者である利用者にとっては，支払われない付加価値税・物品サービス税による詐欺のリスクを減らして仕入税額控除の利用を促進する。また，税務当局にとっては，比較的少数の制度遵守能力のある事業者からの徴収となるため，執行コストなどの削減が図れる。

　他方，事業者である利用者による源泉徴収制度を実施しようとする場合には，次のような側面も考慮する必要がある。第1に，事業者である利用者は，一般的には制度遵守能力が高いと考えられるものの，小規模事業者は，必ずしも，そうとは限らない。第2に，源泉徴収の対象となる取引とならない取引を分ける明確なルールが必要となる。源泉徴収制度の範囲内となる取引の分野やカテゴリーの明確な特定が求められる。第3に，事業者である利用者が源泉徴収した付加価値税・物品サービス税を送金する義務を，取引毎ではなく，一定期間毎とすることも考えられる。第4に，売上に比して仕入税額控除の金額の大き

い小規模事業者にとって，キャッシュフローに圧力がかかるため，簡易・迅速な還付スキームの検討も必要となり得る。第5に，源泉徴収スキームは，簡易な記帳・報告義務や推定課税制度と組合わせることで，シェアリングエコノミー・ギグエコノミーの役務提供者にとって，より単純化されたものとなり得る。

(5) 付加価値税・物品サービス税の管理促進に資するテクノロジーに基づいたデータ収集

情報通信技術によるデータ収集は，シェアリングエコノミー・ギグエコノミーに対する付加価値税・物品サービス税の執行やリスク管理にも利用できる。情報通信技術によるデータ収集は，新たな分野の出現や既存分野・ビジネスモデルの進化，それに伴うリスクなどのシェアリングエコノミー・ギグエコノミーの発展の監視，特に接触が必要な納税者あるいは分野の特定のためのデータ分析などのリスク分析の強化，租税政策の変更による納税者の行動変化への影響の分析，電子メールやソーシャルメディアなどによる自発的な制度遵守を強化する情報キャンペーンの展開などに使用し得る。

(6) 第三者による報告義務

付加価値税・物品サービス税の納税義務を負う者ではなく，シェアリングエコノミー・ギグエコノミーのサプライチェーンにいる利害関係者による報告義務を通じて，税務当局が情報を収集することも考えられる。このような利害関係者として，シェアリングエコノミー・ギグエコノミーにおいては，金融仲介業者，プラットフォーム業者，シェアリングエコノミー・ギグエコノミーの役務提供者に代わって行動する者（例えば，不動産業者）などが考えられる。

このような第三者による報告義務制度を実施しようとする場合には，次のような点を検討する必要がある。すなわち，報告される情報種類や量を定めるにあたり達成しようとする政策目的について明確な理解を有しているか，正しい情報源を特定できているか，（情報通信技術やソフトウェア提供者を含む）関与する利害関係者と相談できているか，安全に情報を取り扱うことができる十分な人員とリソースを確保できているか，他の規制分野における情報報告ルールと両立し得ることを確保する法的枠組みを定めているか，データの信頼性と適時報告を確実なものとする有効なテクノロジーを使った解決手法を進められないか，収集される情報や報告様式について国・地域を越えた共通性を最大化でき

ないか，などである。

(7) **コミュニケーションや情報提供，教育を通じた制度遵守の促進**

シェアリングエコノミー・ギグエコノミーの個々の役務提供者は，往々にして，自身の納税義務を知らなかったり，制度遵守の能力が低かったりすることから，シェアリングエコノミー・ギグエコノミーの関係者の認識を高めて付加価値税・物品サービス税その他の納税義務について教育することは，自発的な法令遵守を促進するために極めて重要である。プラットフォーム企業は，この点で重要な役割を有しており，2にてさらに検討する。

2 シェアリングエコノミー・ギグエコノミーにおける付加価値税・物品サービス税の課題対応におけるデジタルプラットフォーム企業の潜在的な役割

シェアリングエコノミー・ギグエコノミーにおける付加価値税・物品サービス税の課題の多くは，付加価値税・物品サービス税の適用上，プラットフォーム企業が直接の納税義務者とならない取引モデル，すなわち，シェアリングエコノミー・ギグエコノミーの役務提供者とその利用者との間で直接の取引関係が生じ，プラットフォーム企業は両者の代理人・仲介者として関与して一定の報酬を受領する場合に生じる。

本OECDレポートでは，それらの付加価値税・物品サービス税の課題に対応する方策として，プラットフォーム企業を巻き込んだ政策対応の可能性や考慮事項を検討している。具体的には，以下のようなものである。

(1) **教育・コミュニケーションのチャンネル**

プラットフォーム企業は，シェアリングエコノミー・ギグエコノミーの役務提供者に対して，付加価値税・物品サービス税に関するガイダンスや法改正，その他の付加価値税・物品サービス税に係る役務提供者の義務に関する正確，かつ，適時の情報を提供する連絡チャンネルとして機能し得る。

(2) **プラットフォーム企業との間の正式な協力契約**

税務当局とプラットフォーム企業との間における協力的な制度遵守の一部として，任意にプラットフォーム企業との間で正式な協力契約を締結する方法も考えられる。このような協力契約は，シェアリングエコノミー・ギグエコノミ

ーの役務提供者に対する情報提供・教育のほか，シェアリングエコノミー・ギグエコノミーの役務提供者との連絡の媒介，付加価値税・物品サービス税の不遵守が疑われる者に対する警告，付加価値税・物品サービス税の義務に違反する役務提供者が発見された場合の速やかな対応など，多面的なものを含み得る。

(3) プラットフォーム企業による情報提供義務

プラットフォーム企業に対して，（シェアリングエコノミー・ギグエコノミーの役務提供者に係る情報収集義務や付加価値税・物品サービス税に係る納税義務を負わせることなく，）付加価値税・物品サービス税の制度遵守・管理に関連する情報を税務当局に対して提供することを法令により求めることも考えられる。このようなプラットフォームによる情報提供は，税務当局が要請をした場合の他，定期的に提供させることもあり得る。

税源浸食・利益移転に関する OECD/G20 包摂的枠組み（OECD/G20 Inclusive Framework on BEPS）では，2020 年にシェアリングエコノミー・ギグエコノミーに関するプラットフォーム企業による情報申告のモデル規則[16]を採択している。プラットフォーム企業に対して，当該モデル規則に則った義務を課することも考え得る。当該モデル規則は，主としてシェアリングエコノミー・ギグエコノミーの役務提供者の直接税に係る納税義務の遵守を促進することを目的に設計されたものであるが，当該モデル規則によって提供される情報は，付加価値税・物品サービス税にも関係し得る。

(4) プラットフォーム企業に対して連帯納税義務を課する制度

連帯義務制度は，シェアリングエコノミー・ギグエコノミーの役務提供者が付加価値税・物品サービス税の納税義務を順守しない場合に，税務当局が，プラットフォーム企業に対して，シェアリングエコノミー・ギグエコノミーの役務提供者の納税義務に関する連帯納税義務を負わせることができるとする制度である。

このような連帯義務制度は，主として，次の2つのようなものが考え得る。

1つは，税務当局がシェアリングエコノミー・ギグエコノミーの役務提供者の違反を特定してプラットフォーム企業に通知し，プラットフォーム企業が一

---

[16] OECD「Model Rules for Reporting by Platform Operators with respect to Sellers in the Sharing and Gig Economy」(2020 年 6 月)。

定期間内に適切な対応をしない場合，当該役務提供者の将来の付加価値税・物品サービス税について，プラットフォーム企業に連帯納税義務を負わせる制度である。プラットフォーム企業は，当該役務提供者に付加価値税・物品サービス税の納税義務を遵守させるか，当該役務提供者をプラットフォームから排除するといった対応をすることとなる。

　もう1つは，プラットフォーム企業が，役務提供者による当該プラットフォームにおける活動に照らして，当該役務提供者が付加価値税・物品サービス税の納税者登録等をすべきであると合理的に認識できた（should have had a reasonable expectation）にも拘わらず，当該役務提供者が付加価値税・物品サービス税の納税者登録等をしていなかった場合に，当該プラットフォーム企業に対して，当該役務提供者の付加価値税・物品サービス税に係る連帯納税義務を負わせる制度である。プラットフォーム企業が合理的に認識できたであろう時期を税務当局が決定する。

(5)　**プラットフォーム企業による代替義務制度**（Full Liability Role）

　ここで想定されている制度は，法令によってプラットフォーム企業を，付加価値税・物品サービス税との関係では，納税義務のある役務提供者とみなす制度である（付加価値税・物品サービス税以外では，プラットフォーム企業・役務提供者・利用者の権利・義務の関係は，変わらないことを想定している）。具体的には，シェアリングエコノミー・ギグエコノミーの役務提供者が提供するサービスを，プラットフォーム企業が提供しているものとみなして，プラットフォーム企業の付加価値税・物品サービス税を計算する。役務提供者は，プラットフォームを通じて行った取引について，原則として，付加価値税・物品サービス税の納付を免除される。このような代替義務制度においても，シェアリングエコノミー・ギグエコノミーの役務提供者が国内法により付加価値税・物品サービス税の課税事業者となる場合にのみ，プラットフォーム企業の代替納税義務を適用する制度や，シェアリングエコノミー・ギグエコノミーの役務提供者の付加価値税・物品サービス税上の地位に拘わらず，プラットフォーム企業の代替納税義務を適用する制度など，バリエーションが考えられる。

(6)　**プラットフォーム企業による徴収**（源泉徴収）

　ここで想定されている制度は，プラットフォーム企業は，シェアリングエコ

ノミー・ギグエコノミーの役務提供者のために，当該役務提供者が当該プラットフォームを通じて行った役務提供に係る付加価値税・物品サービス税を計算し，付加価値税・物品サービス税を徴収して納付する制度である。プラットフォーム企業は，役務提供者により行われた役務提供に係る付加価値税・物品サービス税を徴収して税務当局に引き渡す以上の義務を負うものではなく，役務提供者は，引き続き，税務当局に対して付加価値税・物品サービス税の申告・納付の義務を負うことが想定されている。

V　日本の租税制度への影響の検討

　日本のシェアリングエコノミーの経済規模は，上記Ⅰに述べた，シェアリングサービスに関する市場調査によると，2022年度において2兆6158億円，2032年度には最大15兆1165億円に拡大するものと推計されている[17]。一方，2022年度における日本の国内総生産は，名目GDPが566.5兆円，実質GDPが551.8兆円であり[18]，現在のところ日本では，シェアリングエコノミー・ギグエコノミーの経済規模は，必ずしも大きな割合を占めるものとなっているわけではない。

　また，本OECDレポートでも指摘されている，シェアリングエコノミー・ギグエコノミーが税制に与える課題・リスクは，相対的に規模の大きな伝統的な経済活動・取引をする事業者に代わって，多数の小規模な（必ずしも事業者ではない）個人が経済活動の主体となることから生じるものと解される。すなわち，シェアリングエコノミー・ギグエコノミーによる税制上の問題の多くは，従来のB to B取引及びB to C取引が，C to C取引やC to B取引に代わることにより生じる。

　しかしながら，例えば，本OECDレポートで特に成長が著しい重要なシェアリングエコノミー・ギグエコノミーの分野として指摘されている，輸送手段サービス分野や宿泊施設サービス分野については，日本においては，道路運送

---

17)　前掲注3)参照。
18)　内閣府・国民経済計算（GDP統計）のWebページ（https://www.esri.cao.go.jp/jp/sna/menu.html）。

法や貨物自動車運送事業法，旅館業法などの各業法により規制されていることから，事業者以外による役務提供が急速に拡大しているという状況ではないものと思われる。また，いわゆる，シェア・サービスと呼ばれているものでも，個人間の取引を仲介・媒介するものではなく，事業者がサービスを提供しているものもあり[19]，シェアリングエコノミー・ギグエコノミーに分類されるものであっても，B to B 取引や B to C 取引となるのであれば，必ずしも既存の日本の租税制度に与える金額的な影響は大きくない可能性もある。

　他方，本 OECD レポートでも指摘されているとおり，シェアリングエコノミー・ギグエコノミーの事業やビジネスモデルは常に変化・発展を続けており，それは，我が国でも同様であろう。一般社団法人シェアリングエコノミー協会が公表している「シェアリングエコノミー領域 MAP」[20]では，シェアリングエコノミーを①モノのシェア，②空間のシェア，③スキルのシェア，④移動のシェア，⑤お金のシェアの五つの領域に分類し，サービス提供をするプラットフォーム企業等を掲載している。例えば，本 OECD レポートで取り上げられている「宿泊施設サービス分野」は②空間のシェアの一業態と思われるが，②空間のシェアの領域でも，いわゆる，民泊のような宿泊施設のほか，ワークスペース，駐車場，倉庫，店舗，自然（山林）などを対象とする様々なマッチングビジネスが生じているようである。

　そのため，シェアリングエコノミー・ギグエコノミーの発展により，多数の小規模な（必ずしも事業者ではない）個人が経済活動の主体として登場した場合に，それらの現行の消費課税・所得課税上の取扱いを検討することは有益であろう。

1　消費税

　諸外国の付加価値税・物品サービス税に相当する我が国の租税は，消費税法

---

19)　例えば，2019（令和元）年の『情報通信白書』にて指摘されている「若者のクルマ離れ」に対応するサービスとして，利用したい時間のみ車を利用するカーシェアリングといったサービスがあるが，このようなサービスは道路運送法等による規制を受けることもあり，我が国では，そのサービス提供の主体は事業者であることが一般的と思われる。

20)　一般社団法人シェアリングエコノミー協会「シェアリングエコノミー領域 MAP」（https://sharing-economy.jp/ja/map202306/）。

に基づく（一般）消費税である。
(1) 免税事業者制度との関係
　消費税法は，原則として，個人事業者（事業を行う個人）及び法人を納税義務者として，国内において行った課税資産の譲渡等及び特定課税仕入れに係る消費税を納付することを求めている（消税5条1項）。もっとも，消費税法では小規模・零細事業者を想定した免税事業者制度が定められており，その基準期間[21]における課税売上高が1000万円以下である者については，消費税を納める義務が免除されている。従って，シェアリングエコノミー・ギグエコノミーの発展・拡大により，消費税の納税義務のある事業者による役務提供等が多数の小規模・零細事業者による役務提供等に置き換わる場合には，免税点を引き下げるなどの対応がなされない限り，消費税税収を低下させる惧れがある。
　そして，シェアリングエコノミー・ギグエコノミーの小規模・零細事業者による役務提供が，事業者ではない個人に対して直接に提供される取引（すなわち，C to C 取引）となる場合には，現行法では，消費税課税の網から抜け落ちる。
　他方，シェアリングエコノミー・ギグエコノミーの小規模・零細事業者による役務提供が，消費税の納税義務者である事業者に対して提供されることになる場合には，役務提供を受けた事業者における仕入税額控除の適用の問題となる。この点，2023（令和5）年9月以前は，消費税を納める義務が免除されている免税事業者からの仕入れについても，請求書等の保存と帳簿記載を条件に仕入税額控除が適用されることとなっていた。そのため，シェアリングエコノミー・ギグエコノミーの発展・拡大により，免税事業者が役務提供等の主体となると，免税事業者が消費税を納める義務が無いにも拘わらず，免税事業者から役務提供等を受けた事業者には仕入税額控除が認められることにより，消費税税収への影響がより大きなものとなり得た。しかしながら，2023（令和5）年10月1日に開始されたインボイス制度（適格請求書等保存方式）では，仕入税額控除の適用について，原則として，適格請求書発行事業者が発行する適格請求書の保存が必要となった（消税30条7項）。適格請求書を発行するためには，

---

21) 原則として，個人事業者については前々年，法人については前々事業年度（消税2条1項14号）。

適格発行請求書発行事業者の登録を受けることを要するところ（消税57条の2第1項），免税事業者は適格請求書発行事業者の登録を受けることはできず（消税57条の2第1項括弧書），また，適格請求書発行事業者の登録を受けた事業者は，基準期間における課税売上高が1000万円以下であっても，消費税の納税義務が免除されない（消税9条1項括弧書）。したがって，免税事業者から役務提供等を受ける事業者においては，原則として，仕入税額控除が適用されないことを前提とした取引価格を設定することが期待され，実質的には，免税事業者からの仕入れについてリバース・チャージと類似の効果が得られる。故に，シェアリングエコノミー・ギグエコノミーの小規模・零細事業者による役務提供が事業者に対してされる限り（すなわち，B to C 取引となる限り），影響は限定的と評価できる可能性もある。

(2) 簡易課税制度

多数の小規模な事業者がシェアリングエコノミー・ギグエコノミーの発展により出現する場合，それらの事業者に対して消費税の納付を求めるにあたり，納税者が簡易に消費税額を計算し納付する仕組みは重要である。本 OECD レポートでは，付加価値税制における推定課税制度に言及をしているが，我が国の消費税法においては，簡易課税制度がこれに対応するものであろう。

我が国の消費税法の簡易課税制度は，中小事業者の仕入税額控除の特例として定められており，基準期間の課税売上が5000万円以下である場合，所轄税務署への届出を要件として，実額による仕入税額控除をするのではなく，みなし仕入率を利用した概算による課税仕入額の計算と控除をするものである（消税37条1項）。そして，控除する仕入税額は，課税売上に係る消費税額に，事業区分に応じて定められたみなし仕入率を乗じて算出した金額となる。事業区分は第1種事業から第6種事業に分けられており，みなし仕入率は最も高い第1種事業では90％，最も低い第6種事業では40％とされている（消税37条1項1号，消税令57条）。

例えば，最もみなし仕入率が低い第6種事業[22]に従事する小規模事業者に

---

[22] 第6種事業は不動産業であり（消税令57条5項5号），本OECDレポートで言及されている宿泊施設サービス分野（バケーションレンタルなどの短期賃貸）は，これに該当する可能性が高いように思われる。

ついて，実質的には，課税売上を課税標準として，（地方消費税を含む）標準税率である 10% ではなく，6% の税率により課税していることと同様であり，本 OECD レポートで説明されている推定課税制度に含まれるものであろう。

2 所得課税

　所得税法は個人が稼得する所得を 10 種類に分類し，それぞれの所得に応じた課税を定めている。個人がシェアリングエコノミー・ギグエコノミーのプラットフォームを通じて役務提供する場合，その役務提供の態様等に応じた所得に分類され課税されることになる。例えば，本 OECD レポートにて指摘されている宿泊施設サービス分野を考えると，個人が自己所有の建物やマンションの一室を短期賃貸する場合，それが通常の賃貸借契約と変わらないものであれば不動産所得（所税 26 条 1 項）であろうし，単に建物等を貸し付けているのではなく，定期的に清掃等がされ，宿泊・生活設備が備えられた建物や部屋を提供するホテル業・旅館業類似のサービス提供であれば，事業所得（所税 27 条 1 項）又は雑所得（所税 35 条 1 項）と解される[23]。

　我が国の所得税は，（雑所得以外の 9 種類の所得分類の）いずれにも該当しない所得を雑所得として補足して課税をするものとなっているから，シェアリングエコノミー・ギグエコノミーのプラットフォームを通じて個人が役務提供等をする場合であっても，所得税法上は，補足されるものとなる。もっとも，シェアリングエコノミー・ギグエコノミーのプラットフォームを通じた個人の役務提供は，その個人にとって，副業的なものであることも多いものと想定される。所得税法は，給与所得を有する居住者で，その年中に支払を受けるべき給与等の金額が 2000 万円以下である者は，給与所得及び退職所得以外の所得金額が 20 万円以下であるなど，一定の条件を満たす場合には，確定申告書の提出義務を負わない（所税 121 条）。従って，そのような範囲では，所得税法上，納税義務が生じないこととなる。

---

[23] 国税庁「住宅宿泊事業法に規定する住宅宿泊事業により生じる所得の課税関係等について（情報）」（平成 30 年 6 月 13 日）（https://www.nta.go.jp/law/joho-zeikaishaku/shotoku/shinkoku/0018005-115/0018005-115.pdf）は，住宅宿泊事業法に規定する住宅宿泊事業を行うことにより得る所得は，原則として雑所得に区分されると考えられるとしている。

3　適正申告を実現するための環境整備

　シェアリングエコノミー・ギグエコノミーの発展により多数の小規模な個人が経済活動の主体として登場した場合，消費税法及び所得税法上は納税義務があるとしても，それらの個人は申告行為に慣れていない可能性が高い。そのため，適正申告を実現するための環境づくりが必要であろう。

　この点，国税庁は，国税庁のホームページを通じた情報発信，スマートフォン専用画面による申告書の作成やQRコードを利用したコンビニ納付などの申告・納付手続の利便性向上，業界団体を通じた適正申告の呼びかけなどを行い，シェアリングエコノミー・ギグエコノミーの経済活動主体に対して，適正申告のための環境整備を進めている[24]。さらに，行政指導や厳正な税務調査の実施により効率的・効果的に適正な課税の確保を目指している[25]。

　また，シェアリングエコノミー・ギグエコノミーの経済活動主体に対する適正な課税を確保するためには，プラットフォーム企業の関与が重要になる。この点，令和元年度税制改正において，特定事業者等への報告を求める措置制度が創設された。すなわち，税務職員の質問検査権については，調査の相手方となる者（納税義務者等）が特定されていることを前提としていることから，暗号資産取引やインターネットを利用した在宅事業等による匿名性の高い所得を有する者を把握し，特定する手段として活用することが困難であることから，適正公平な課税を実現するため，高額・悪質な無申告者等を特定するために必要な場合に限り，所轄国税局長が，事業者等へ特定取引者に係る特定事項についての報告を求めることができるものとされた（税通74条の7の2)[26]。当該報告制度の対象となる「特定取引」とは，電子情報処理組織を使用して行われる事業者等との取引，事業者等が電子情報処理組織を使用して提供する場を利用して行われる取引その他の取引のうち，当該報告の求めによらなければこれら

---

24)　国税庁「シェアリングエコノミー等新分野の経済活動への的確な対応」（令和元（2019）年6月）
　　（https://www.nta.go.jp/information/release/kokuzeicho/2019/sharingueconomy_taio/pdf/01.pdf)。
25)　国税庁・前掲注24) 4頁等。
26)　内藤景一朗ほか『改正税法のすべて〔令和元年版〕』（大蔵財務協会，2019年）866-867頁。

の取引を行う者を特定することが困難である取引（税通74の7の2第3項2号）とされ，プラットフォームを通じて取引されるシェアリングエコノミー・ギグエコノミーも対象となり得る。当該報告制度は，他の方法による照会情報の収集が困難であり，申告漏れの可能性が相当程度認められる（具体的には，多額の所得を生じうる特定の取引の税務調査の結果，半数以上で当該所得等についての申告漏れが認められた場合，特定の取引が違法な申告のために用いられるものと認められる場合，不合理な取引形態により違法行為を推認させる場合。税通74条の7の2第2項参照）などの限られた場面ではあるものの，シェアリングエコノミー・ギグエコノミーの経済活動主体に対して，適正な申告を促す一要素となり得る。

　なお，2023（令和5）年12月22日に閣議決定された「令和6年度税制改正の大綱」によれば，国外事業者に係る消費税の課税の適正化の観点から，電気通信利用役務の提供に係る対価の額の合計額50億円を超えるプラットフォーム事業者を「特定プラットフォーム事業者」として国税庁長官が指定し，国外事業者がデジタルプラットフォームを介して行う電気通信利用役務の提供（事業者向け電気通信利用役務の提供に該当するものを除く）のうち，当該特定プラットフォーム事業者を介してその対価を収受するものについては，特定プラットフォーム事業者が行ったものとみなして，国外事業者に代わって当該特定プラットフォーム事業者に消費税の納税を求める制度を導入することとなった。本制度は，いわゆるリバースチャージの対象とならない消費者向け電気通信利用役務の提供について，消費税を適切に日本に納税していない国外事業者を念頭に，一定規模以上のデジタルプラットフォーム企業に代替的に消費税を納付させようとするものと言える。必ずしも，シェアリングエコノミー・ギグエコノミーの経済活動を目的としたものではないものの，シェアリングエコノミー・ギグエコノミーにおいても，プラットフォーム企業に法的な義務を負わせる制度を創設する際には参考になり得るものであると思われる。

Ⅵ　おわりに

　デジタルプラットフォームの発展により出現したシェアリングエコノミー・ギグエコノミーであるが，我が国では，現在のところ，シェアリングエコノミ

ー・ギグエコノミーによる経済活動が既存の租税制度や税収に大きな影響を与えるようなものとは認識されておらず，むしろ，既存の租税制度の枠組みの中で，シェアリングエコノミー・ギグエコノミーにより出現する小規模・零細事業者に対して，納税義務の周知・教育と低コストの納税手続を提供することに主眼が置かれているように思われる。他方，生産年齢人口の減少などを背景とするタクシー・バス等の公共交通機関の運転手不足から，一般ドライバーによるライドシェアの解禁に向けた法整備なども議論されている[27]。今後，シェアリングエコノミー・ギグエコノミーが急速に拡大する可能性もあり，既存の租税制度が変わりゆく社会経済活動に適合したものであるか，不断の検討を続けるべきであろう。

---

27) 内閣府・デジタル行財政改革会議「デジタル行財政改革　中間とりまとめ」（2023 年 12 月 20 日）
　　（https://www.cas.go.jp/jp/seisaku/digital_gyozaikaikaku/pdf/chukan_honbun.pdf）。

10 NFTに関する現状整理と今後の課題

西　海　人

I　はじめに

　NFTはNon-Fungible Token（非代替性トークン）の略称である。「『偽造・改ざん不能のデジタルデータ』であり，ブロックチェーン上で，デジタルデータに唯一性を付与して真贋性を担保する機能や，取引履歴を追跡できる機能をもつ」[1]といった説明がなされる。もっとも，といった説明がなされるという記載をしたことからも明らかなように，NFTについては，法令上，明確な定義がなされているわけではなく，またNFTに係る取引に関する税法上の特別の規定も存在しない。

　一方で，NFTに関する税務上の取扱いについては，注目が集まっており，国税庁からFAQが公表されるなどの動きがある。しかし，当該FAQにおいても，従前議論されていた点が解消されたとはいいがたい状況にあることから，本稿においては，当該FAQの紹介等を通じて，課税の観点からNFTに係る現状整理を行うとともに，今後の課題についての検討を行いたい。

　なお，当該目的からNFTに関する技術的な説明は割愛するとともに，何らか一定の結論を示すものとはなっていないことにはご容赦頂きたい。

II　NFTとは

　NFTには，上記のとおり，明確な定義は存在しないため，その特徴の整理

---

[1]　経済産業省　商務情報政策局　商務・サービスグループ「第4回　産業構造審議会経済産業政策新機軸部会」資料5「事務局説明資料（デジタル時代の規制・制度のあり方について）」〈https://www.meti.go.jp/shingikai/sankoshin/shin_kijiku/pdf/004_05_00.pdf〉11頁。

10 NFT に関する現状整理と今後の課題

についても，様々な説明がなされるが，大要，以下のような特徴があるとされる。

【表】NFT の特徴

唯一性	デジタルデータに対して，ブロックチェーン上で個別に識別可能な NFT を発行することができ，唯一性を付与できる。
規格化	幾つかの規格化がなされており，共通処理で取り扱うことができる。
プログラマビリティ	スマートコントラクトと呼ばれる，ある条件を満たした際に特定の処理を自動的に行うといった，様々な付加機能を組み込むことができる。
取引可能性	自由に移転や取引ができる。
相互運用性	標準化された規格に沿って発行する NFT は対応するマーケットプレイスやウォレットにて，利用できる。

出典：経済産業省委託事業「令和4年度コンテンツ海外展開促進事業（NFT マーケットプレイスにおける正規版コンテンツ流通促進に係る調査事業）報告書」（IP FORWARD 株式会社）〈https://www.meti.go.jp/policy/mono_info_service/contents/downloadfiles/report/nft-seikibanryutsu_report.pdf〉5頁より作成。

また，これまでに NFT は，以下のような形で利用がなされてきた。

まず，ユースケースとして多く紹介されるのは，NBA Top Shot である。NBA Top Shot においては，Dapper Labs, Inc. 社が，NBA（National Basketball Association）のプレー画像や映像と紐づいた Moment と呼ばれる NFT をパッケージ販売し，これを購入したユーザーは，マーケットプレイス上で，当該 NFT を販売することが可能となるものである。報道によれば，二次流通市場において，20万ドルを超える金額で取引された NFT もあったようであり，活発な取引が行われている。また，日本においても，暗号資産関連事業，通信事業，E コマース事業などを行う企業グループを中心に NFT に係る取引を行うプラットフォームを開設する動きが活発になっているとともに，直近では，地方創生の文脈でコミュニティ作りの一環として利用されることも期待されている[2]。

このような形で利用され，また，今後も利用が期待される NFT の特徴のうち，本稿においては，特に「唯一性」及び「取引可能性」について，注目した

---

[2] 一般社団法人日本暗号資産ビジネス協会より，「地方創生 DAO の構築に係るガイドライン」〈https://cryptocurrency-association.org/policy/20231212-001/〉も公表されている。

269

い。

　まず,「唯一性」については, NFT は, 上記のとおり個別に識別可能な NFT と一定の資産（映像, アート, など様々であり, デジタルコンテンツ・現物のいずれもあり得る）を結びつけることにより, 利用されることが一般的である。しかし, 当該資産がデジタルコンテンツであり, デジタルコンテンツ自体がブロックチェーン上に記録されているような場合を除いては, 唯一性が担保されているのは NFT そのものであり, これに紐づけられた資産自体ではない。そのため, 当初は改ざん可能性がないことから資産の保有に対する唯一性を期待された NFT から, 近時では当該資産の正当な権利者ではない者による NFT の発行という無許諾 NFT の問題が深刻化するという皮肉ともいえる状況が発生しているところである[3]。

　また,「取引可能性」については, NFT に関する取引により, 取引されるものが必ずしも一義的ではなく, その内容は, NFT が取引されるプラットフォームの利用規約における規定次第という面がある。したがって, NFT に係る取引に関する課税上の取扱いを議論する際には, 最初に何が取引されているのかという前提を置いた上で, 議論を行う必要があり, この点が, プラットフォームの利用者が日本に限られるわけではないということと相まって, NFT に係る課税上の取扱いの整理を複雑にしている。次項では, この点も念頭において, 本邦におけるこれまでの NFT に関する課税上の取扱いに係る議論を概観する。

Ⅲ　NFT に関する本邦における税務上の議論の動き

1　ホワイトペーパー

　NFT に関する日本における動きとしては, まず, 2022 年 1 月 26 日に自民党がデジタル社会推進本部に NFT 政策検討プロジェクトチームを設置したこ

---

[3]　経済産業省委託事業「令和 4 年度コンテンツ海外展開促進事業（NFT マーケットプレイスにおける正規版コンテンツ流通促進に係る調査事業）報告書」（IP FORWARD 株式会社）〈https://www.meti.go.jp/policy/mono_info_service/contents/downloadfiles/report/nft-seikibanryutsu_report.pdf〉は, このような海賊版（無許諾）NFT に係る報告書である。

とがあげられる。同プロジェクトチームからは，同年3月30日に「NFTホワイトペーパー（案）――Web3.0時代を見据えたわが国のNFT戦略」[4]が公表されており，当該ホワイトペーパーでは，①Web3.0時代を見据えた国家戦略の策定・推進体制の構築，②NFTビジネス発展に必要な施策，③コンテンツホルダーの権利保護に必要な施策，④利用者保護に必要な施策，⑤ブロックチェーンエコシステムの健全な育成に必要な施策，⑥社会的法益の保護に必要な施策の6つのテーマに沿って，合計24の論点について，同プロジェクトチームの課題認識と提言がまとめられている[5]ところ，課税を主たるテーマとするものも含まれるが，その内容は，⑤における「(1)ブロックチェーンエコノミーに適した税制改正」，「(5)利用者に対する所得課税の見直し」及び「(6)国境を跨ぐ取引における所得税及び消費税の課税関係の整理」の3論点に留まっている。また，あくまでもホワイトペーパーであることから，具体的な整理等が示されたものではない。

　もっとも，NFTに関する取引を今後発展させる上で，課税関係が重要な位置づけを占めることが示唆されるとともに，源泉徴収義務など，このあとの課題となる点の一部が当時の与党内部の関与のもと，明確に指摘されたという点で重要なものである[6]。

2　国税庁タックスアンサー

　NFTに関する国税庁の動きとしては，まず第1に，2022年4月1日に公表された「No. 1525-2　NFTやFTを用いた取引を行った場合の課税関係」[7]（以下「国税庁タックスアンサー」という）があげられる。国税庁タックスアンサーの公表まで，NFTに関して国税庁からは特段の資料等は公表されておらず，

---

4) 〈https://www.taira-m.jp/NFT%E3%83%9B%E3%83%AF%E3%82%A4%E3%83%88%E3%83%9A%E3%83%BC%E3%83%91%E3%83%BC%E6%A1%8820220330.pdf〉。
5) 前掲注3) 4-5頁。
6) なお，その後，2024年4月に自由民主党デジタル社会推進本部web3プロジェクトチームより，「web3ホワイトペーパー2024～新たなテクノロジーが社会基盤となる時代へ～」が公表されているが，税制改正に係る記載は，暗号資産にかかるものが中心となっている〈https://www.taira-m.jp/web3%E3%83%9B%E3%83%AF%E3%82%A4%E3%83%88%E3%83%9A%E3%83%BC%E3%83%91%E3%83%BC2024.pdf〉［2024年9月21日確認］。
7) 〈https://www.nta.go.jp/taxes/shiraberu/taxanswer/shotoku/1525-2.htm〉。

第2章　デジタル課税の諸相

国税庁タックスアンサーは、Ⅳにおいて記載する国税庁FAQが公表されるまでは、唯一のよりどころともいえるものであった。

もっとも、その内容は以下のとおり、簡潔なものである。

1　いわゆるNFT（非代替性トークン）やFT（代替性トークン）が、暗号資産などの財産的価値を有する資産と交換できるものである場合、そのNFTやFTを用いた取引については、所得税の課税対象となります。
　　※　財産的価値を有する資産と交換できないNFTやFTを用いた取引については、所得税の課税対象となりません。
2　所得税の課税対象となる場合の所得区分は、概ね次のとおりです。
　（1）　役務提供などにより、NFTやFTを取得した場合
　　　・　役務提供の対価として、NFTやFTを取得した場合は、事業所得、給与所得または雑所得に区分されます。
　　　・　臨時・偶発的にNFTやFTを取得した場合は、一時所得に区分されます。
　　　・　上記以外の場合は、雑所得に区分されます。
　（2）　NFTやFTを譲渡した場合
　　　・　譲渡したNFTやFTが、譲渡所得の基因となる資産に該当する場合（その所得が譲渡したNFTやFTの値上がり益（キャピタル・ゲイン）と認められる場合）は、譲渡所得に区分されます。
　（注）　NFTやFTの譲渡が、営利を目的として継続的に行われている場合は、譲渡所得ではなく、雑所得または事業所得に区分されます。
　　　・　譲渡したNFTやFTが、譲渡所得の基因となる資産に該当しない場合は、雑所得（規模等によっては事業所得）に区分されます。

　国税庁タックスアンサーについては、基本的には上記が全内容であり、「NFTやFTを用いた取引」についても、基本的にはこれまでの取引と所得区分については同様の考え方を適用することが可能であるということは明らかにはなったものの、当時存在していた疑問を解消するものでは必ずしもなかった。

　また、国税庁タックスアンサーにおいては、そこで記載されている「NFT

やFTを用いた取引」とは，どういった取引であるのかについては明らかにはなされなかった。そのため，国税庁タックスアンサーについては，NFTそれ自体が資産に該当することを認めているものであるとの見方がなされることとなった[8]。また，「譲渡したNFTやFTが，譲渡所得の基因となる資産に該当する場合」との表現が使われていることから，仮に，これが「譲渡所得の基因となる資産に該当する」か否かをNFT自体により，判断することを意味するのであれば，様々な資産をNFT化することにより，その所得区分を容易に変更できるのではないかという懸念も示された[9]。

3 国税庁FAQ

上記のとおり，国税庁タックスアンサーが発表されることにより，所得区分についての考え方が一定程度整理された一方で，国税庁タックスアンサーについては，特にNFTの性質をどのように考えているかに関して様々な見方があった。そのようななかで，2023年1月に国税庁から新たに公表されたのが，「NFTに関する税務上の取扱いについて（FAQ）」[10]（以下，「国税庁FAQ」という）であり，これが現在に至るまで当局のNFTに係る税務上の取扱いの考え方を窺い知る上で，もっとも重要な資料となっている。

国税庁FAQの個々の具体的な内容を紹介するまえに，国税庁FAQの特徴を指摘すると，同FAQにおいては，（FAQ形式であるからという点ももちろんあろうが，）質問の対象となるNFTがどのような文脈で発行されたものであるの

---

[8] 例えば，下尾裕「NFT関連取引を巡る税務上の論点整理」租税研究874号（2022年）27頁以下は，国税局タックスアンサー公表直後の2022年5月11日の講演内容をとりまとめたものであり，国税庁FAQ公表前のNFTに関する課題状況などを知る上で参考になるものである。ここでは，国税庁タックスアンサーの特徴的なところとして「このNFT自体が，資産に該当する，さらに言うと，それが譲渡所得の起因になる場合があるというところを正面から認めたところ」（同35頁）があるとの見方が示されている。また，下記国税庁FAQ公表後のものであるが，大石篤史ほか「私法上の法律関係に即した課税論から国税庁『NFTに関する税務上の取扱いについて』を読み解く」NBL1242号（2023年）34頁以下も，税務上，NFTそのものを（その背後に紐づけられた私法上の権利義務とは切り離された）固有の資産であることを前提とする取引として見る捉え方を前提としているように思われると指摘している（同35頁）。

[9] 泉絢也＝藤本剛平『事例でわかるNFT・暗号資産の税務』（中央経済社，2022年）78頁，同『事例でわかるNFT・暗号資産の税務〔第2版〕』（中央経済社，2023年）244頁。

[10] 〈https://www.nta.go.jp/law/joho-zeikaishaku/shotoku/shinkoku/0022012-080.pdf〉。

かを特定している点があげられる。例えば，**問1**においては，質問が「私は，デジタルアートを制作し，そのデジタルアートを紐づけたNFTをマーケットプレイスを通じて第三者に有償で譲渡しました」から始まっている。これは，2で述べたように，国税庁タックスアンサーが，NFT自体が資産に該当することを認めていたようにも読めたことに比べると顕著な特徴であり，NFTについて，NFT単独で考えるのではなく，NFTの背後に存在する私法上の法律関係と紐づけて判断する考え方を採ったものと思われ，NFTの背後に紐づけられた私法上の権利関係について考察する態度として，妥当なものであると考えらえる[11]。

一方で，この国税庁FAQの特徴は，国税庁FAQの限界を同時に基礎づけるものでもある。つまり，国税庁FAQの，例えば**問1**は，あくまでも，デジタルアートと紐づけられたNFTに係る回答になっているに過ぎないのであり，他の資産との紐づけがなされたNFTの場合にもそのまま適用できるのかについては，明らかではなく，そこで示された考え方を踏まえつつ，私法上の法律関係に即して個別具体的に検討することが必要になる。

とはいえ，国税庁FAQが，今後NFTに係る課税関係を検討する上で，前提となることは明らかであるから，既に国税庁FAQの公表直後から様々な解説がニューズレター等も含め，公表されているところではあるが，改めてその内容を紹介しつつ，そこから見えるNFTに係る課税上の取扱いの整理の複雑さについても考えたい。

Ⅳ　国税庁FAQで示された考え方

1　はじめに

国税庁FAQは，まず問1から問3において，国税庁タックスアンサーにおいても取り上げられた所得課税の対象となるか，また，課税対象となる場合の所得区分は何かという点について，一次流通の場面を念頭に回答を示すことから始まっている。

---

[11] 例えば，大石ほか・前掲注8) 36頁など。

具体的には，問1から問3において，以下のような場合を例に整理が行われている。

例：個人がデジタルアートを紐づけたNFTを組成し，これを第三者に移転することにより，当該第三者がNFTに紐づいたデジタルアートを閲覧する権利を得られる場合

回答を簡単に表に整理すると以下のとおりである。

	組成者	移転方法	回答
問1	居住者	マーケットプレイスを介した有償譲渡	所得税の課税対象となり，雑所得（又は事業所得）に該当する。
問2	居住者	知人への贈与	所得税の課税関係は生じない。
問3	非居住者	日本のマーケットプレイスを介した有償譲渡	原則として，日本の所得税の課税対象とはならない。

問1から問3については，いずれもここから派生する点に関する回答も用意されており，以下では順にそれらについても紹介していく。

2 所得区分について（問1との関係）

問1は，一次流通，すなわち組成者自身がこれを第三者に移転する場合についての回答であったが，問4においては，組成者による第三者への移転ではなく一次流通により，マーケットプレイスを通じて当該NFTを購入した者が，さらに別の第三者に当該NFTを有償で譲渡する場合についての回答が示されており，その内容は以下のとおりである。

問4　私は，デジタルアートの制作者からデジタルアートを紐づけたNFTを購入し，当該デジタルアートを閲覧することができました。今般，マーケットプレイスを通じて，当該NFTを第三者に有償で転売しました。これにより，私が有していた「デジタルアートの閲覧に関する権利」は，第三者に移転することになります。この場合の所得税の取扱いを教えて下さい。

> （答）　デジタルアートを紐づけた NFT を転売したことにより得た利益は，所得税の課税対象となります。
>
> 【解説】
> ○　所得税法における所得とは，収入等の形で新たに取得する経済的価値と解されており，ご質問の場合，収入等の形で新たに経済的価値を取得したと認められることから，所得税の課税対象となります。
>
> ○　ご質問の取引は，「デジタルアートの閲覧に関する権利」の譲渡に該当し，当該取引から生じた所得は，譲渡所得に区分されることになります。
> 　（注）　その NFT の譲渡が，棚卸資産若しくは準棚卸資産の譲渡又は営利を目的として継続的に行なわれる資産の譲渡に該当する場合には，事業所得又は雑所得に区分されます。

　所得税の課税対象とするとされている点は，**問1**と同様である一方で，**問1**については，その所得区分は，雑所得（又は事業所得）とされていたのに対して，二次流通の場面である**問4**では，譲渡所得に該当（棚卸資産若しくは準棚卸資産の譲渡又は営利を目的として継続的に行われる資産の譲渡に該当する場合には，事業所得又は雑所得に該当）するものとされている。

　一次流通の場合において，譲渡所得ではなく，雑所得（又は事業所得）であるとされている理由については，**問1**の回答そのものには明確に記載はされていないものの，同問の解説部分や**問3**なども踏まえれば，一次流通の場合において行われている行為は，権利の設定であると考えていることによるものではないかと考えられる[12]。確かに，所得税法33条1項の括弧書きからも所得税法施行令79条1項に列挙された一定の権利の設定については，譲渡所得に該当するとしても，そのほかの権利の設定については譲渡所得には含まれていないという考え方はあり得るように思われるところである。もっとも，NFT の

---

12)　大石ほか・前掲注8) 36-37頁など。

譲渡により移転する権利はNFTが取引されるプラットフォームの利用規約における規定次第で基本的にはいかようにも設定が可能なものであり，一次流通による場合であれば，譲渡所得には該当しないと言い切ることもできないように思われるところである。例えば，国税庁FAQにおいては，デジタルアート自体もNFTを組成した者が制作したことが前提となっているものと考えられるが，既存のデジタルアートについてNFT取引の外側で譲り受けた者が，当該デジタルアートとNFTを紐づけることも可能であり，この場合にはNFTとしては一次流通ではあるものの，「デジタルアートの閲覧に関する権利」に着目して考えれば，当該権利を含む当該デジタルアートに関する権利全体を他者から譲り受け権利の一部をNFT化した上で，第三者に譲り渡しているとも考えられ，その取引実態としては相当程度，**問4**の場面との近接性も認められるようにも思われるところである。国税庁FAQにおいては何をもって一次流通としているかという点は，明らかにはされておらず[13]，この点はさらに今後整理が進められる必要があるものと考えられる。また，上記のとおり，近年，紐づけられた資産の正当な権利者ではない者によるNFTの発行という無許諾NFTも横行しており，無許諾NFTに係る権利設定の際の所得区分がどのように考えられるのかという点も議論としては興味深いものである。

3 贈与との関係（問2との関係）

問2においては，デジタルアートを制作し，そのデジタルアートを紐づけたNFTを知人に贈与しても，所得税の課税関係は生じないとの見解が示されており，また，**問3**とは異なり，「原則として」との言葉がついていないことからしても，一次流通における贈与については，たな卸資産に係る贈与の規定である所得税法40条[14]の規定の適用はないものと考えていると思われるところ

---

13) 問の項目名として利用されているものの本文中には用いられていない。
14) 第40条　次の各号に掲げる事由により居住者の有するたな卸資産（事業所得の基因となる山林その他たな卸資産に準ずる資産として政令で定めるものを含む。以下この条において同じ。）の移転があつた場合には，当該各号に掲げる金額に相当する金額は，その者のその事由が生じた日の属する年分の事業所得の金額又は雑所得の金額の計算上，総収入金額に算入する。
　一　贈与（相続人に対する贈与で被相続人である贈与者の死亡により効力を生ずるものを除く。）又は遺贈（包括遺贈及び相続人に対する特定遺贈を除く。）　当該贈与又は遺贈

である[15]。もっとも，これは国税庁FAQ内で明示的に言及されているものではなく，なぜ一次流通における贈与の場合において，所得税の課税関係が生じないとされているのかという理由は必ずしも明らかではない。

加えて，問2については，問1にとっての問4に対応するもの，すなわち贈与による二次流通に係る問は用意されていないため，国税庁の意図するところは必ずしも明らかでないが，仮に問2において所得税の課税関係が生じないと考える背景に問1で触れたのと同様に一次流通において行われている行為は権利の設定であるとの考えがあるのだとすれば，二次流通の場合には，所得税法40条の適用がある場面も想定し得るところであり，この点については明確にされてもよかったのではないかとも思われる。

一方で，贈与を受けた側の課税関係については，問9が用意されており，その内容は以下のとおりである。

問9　NFTを贈与又は相続により取得した場合の贈与税又は相続税の取扱いを教えてください。

（答）　個人から経済的価値のあるNFTを贈与又は相続若しくは遺贈により取得した場合には，その内容や性質，取引実態等を勘案し，その価額を個別に評価した上で，贈与税又は相続税が課されます。

【解説】
○　相続税法上，個人が，金銭に見積もることができる経済的価値のある財産を贈与又は相続若しくは遺贈により取得した場合には，贈与税又は相続税の課税対象となることとされています。

　　の時におけるそのたな卸資産の価額
　二　著しく低い価額の対価による譲渡　当該対価の額と当該譲渡の時におけるそのたな卸資産の価額との差額のうち実質的に贈与をしたと認められる金額
15)　同様に同条の適用がないと考えているのであろうとするものとして，泉絢也「NFTに関する国税庁FAQの注目点と問題点」税務弘報71巻5号（2023年）138頁。

> ○ この場合のNFTの評価方法については，評価通達に定めがないことから，評価通達5（（評価方法の定めのない財産の評価））の定めに基づき，評価通達に定める評価方法に準じて評価することとなります。
>
> ○ 例えば，評価通達135（（書画骨とう品の評価））に準じ，その内容や性質，取引実態等を勘案し，売買実例価額，精通者意見価格等を参酌して評価します。
> （注）課税時期における市場取引価格が存在するNFTについては，当該市場取引価格により評価して差し支えありません。

　問9については，回答自体はいわば当然のことを記載したのみであり，解説部分において，別途例示として，「例えば，評価通達135（（書画骨とう品の評価））に準じ，その内容や性質，取引実態等を勘案し，売買実例価額，精通者意見価格等を参酌して評価します」との記載がなされたことに意義があるものと思われる。もっとも，これは贈与税・相続税の局面に限ったことではないが，NFTに係る取引の場合には，売買実例価額がないことも多いものと思われ，また，精通者意見価格の算出が可能である精通者についても容易には見当たらないものと思われる。このような精通者の問題は一定程度骨とう品など美術品の場合にも妥当するものではあるが，美術品の現物の場合には，美術品そのものの価値（現物の売買価格）に係る精通者で足りるところ，例えば，骨とう品と紐づけられたNFTに係る贈与の場合には，当該骨とう品の価値の評価に加え，当該NFTの取得により，贈与を受けた者がどのような権利を得るのか，さらには当該権利の価値はいくらかについての評価も必要となり，当該贈与がマーケットプレイス上で行われているとすれば，マーケットプレイスの利用規約（時には日本語以外の言語の可能性もある）の正確な理解も求められることになるため，NFTに係る贈与の場合にはより一層深刻な問題になるものと考えられる。

4　非居住者との関係（問3との関係）

　問3においては，原則として，日本の所得税の課税対象とはならないとの回

答が示されているが，その前提には，「デジタルアートの閲覧に関する権利」の設定に係る取引であることが置かれている。当該前提のもとに，そこから生じた所得については，原則として，国内源泉所得に該当しないとされているに過ぎず，これは，あくまでどのような取引から発生した所得であるかにより，国内所得該当性を判断するということであり，本問の回答は，「デジタルアートの閲覧に関する権利」以外と紐づいたNFTに係る取引においては，直ちに適用ができないものである。

問3においては，問10の参照も勧められており，その内容は以下のとおりである。やや長くなるが，解説も含め，引用する。

> 問10　給与所得者（日本で事業等の業務を行っておらず，給与の支払もしていない個人）である私は，マーケットプレイスを通じて，デジタルアート（著作物）の制作者から，デジタルアートが紐づけられたNFTを購入し，その購入代価を支払いました。
> 　私は，制作者から当該デジタルアートに係る著作権の譲渡は受けておらず，当該デジタルアートをSNSのアイコンに使うことについて著作権法第21条に規定する複製権及び同法第23条に規定する公衆送信権等に係る著作物の利用の許諾を受けました（当該デジタルアートをSNSアイコンに使うことを除く著作権に係る利用許諾は受けておりません）。
> 　このような場合，私は，当該NFTの購入代価を支払う際に，「著作権の使用料」として，所得税を源泉徴収する必要がありますか。
> （注）　このマーケットプレイスの利用規約上，当該デジタルアートに係る著作権は制作者に帰属することとされ，著作権に係る利用許諾は当該制作者のみが行うことができると明記されています。
> 　なお，当該NFTの購入代価の内訳として，SNSのアイコンへの使用を認めることの対価は明記されていません。
>
> （答）　所得税を源泉徴収する必要はありません。

【解説】

○ 居住者に対して，「著作権の使用料」を国内において支払う者は，その支払の際に所得税を源泉徴収することとされています。ただし，給与の支払をしていない個人の方が，著作権の使用料を支払う場合には，所得税を源泉徴収する必要はありません。

　また，非居住者又は外国法人に対して，国内において業務を行う者がその業務に係る「著作権の使用料」や「著作権の譲渡対価」を国内において支払う際には，所得税を源泉徴収することとされています（租税条約の適用により，所得税を源泉徴収する必要がない場合もあります。）。

(注)　恒久的施設を有しない非居住者又は外国法人の有する「著作権の使用料」や「著作権の譲渡対価」の国内源泉所得については，源泉徴収のみで課税関係が終了することとされています（租税条約の適用により，源泉徴収されない場合もあります。）。

○ 購入したNFTに係るデジタルアートをSNSのアイコンに使用することについて，著作権法第21条に規定する複製権及び同法第23条に規定する公衆送信権等に係る著作物の利用の許諾を受けることの対価は上記の「著作権の使用料」に該当することとなりますので，原則として，その支払の際に所得税を源泉徴収する必要があります。

○ ただし，ご質問の場合，当該NFTの購入代価の支払は，給与所得者（日本で事業等の業務を行っておらず，給与の支払もしていない個人）の方が行っておりますので，当該NFTの購入代価の支払の際に，「著作権の使用料」として所得税を源泉徴収する必要はありません。

(注)　NFTの購入代価の支払を，給与所得者（日本で事業等の業務を行っておらず，給与の支払もしていない個人）でない方が行う場合でも，ご質問のように，NFTの購入代価の内訳として，デジタルアートを

第 2 章　デジタル課税の諸相

> SNS のアイコンに使うことについて著作権法第 21 条に規定する複製権及び同法第 23 条に規定する公衆送信権等に係る著作物の利用の許諾を受けることの対価が明記されていないためその対価部分を区分することが困難であり，かつ，その許諾の範囲は SNS のアイコンに使用することに限られているためその許諾が有償であるとしてもその対価部分は極めて少額であると認められる場合には，その NFT の購入代価の支払の際に，「著作権の使用料」として所得税を源泉徴収する必要はありません。

まず，**問 3** との関係でいえることは，NFT に係る取引においても，「著作権の使用料」や「著作権の譲渡対価」の支払が行われることがあり得ると考えていることが示されていることである。**問 10** の回答自体においては，源泉徴収義務が否定されているが，これは，「当該 NFT の購入代価の支払は，給与所得者（日本で事業等の業務を行っておらず，給与の支払もしていない個人）」により行われるとの前提が置かれているからに過ぎず，むしろ取引の性質から見た源泉徴収義務の発生自体は肯定する回答であるといえる。NFT に係る取引の対価について，「著作権の使用料」に該当するかという問題は国税庁 FAQ 以前から議論されているところ[16]，問 10 の回答を踏まえても，やはり個々の取引の性質を踏まえた上で，NFT の権利者にどのような権利が付与されているかという点を個別に判断せざるを得ず，これには，マーケットプレイスの利用規約（時には日本語以外の言語の可能性もある）の正確な理解も求められることも，既に述べたとおりである。

また，**問 10** からは，「著作権の譲渡対価」の支払として，源泉徴収義務の成立が認められる場面もあると考えていることも読み取れる。NFT に係る権利について，どのように国内にある資産の譲渡（所税 161 条 1 項 3 号）と判断するのかについては，少なくとも，NFT に係る権利がどのような場合に「資産」に該当するのか，また，仮に資産に該当する場合があるとして，「国内にある」と考える判断の基準についてどのように整理するのかという問題があると考え

---

[16]　下尾・前掲注 8) 36 頁以下。

られるが，これらに対する回答は明らかにはされなかったところであり，今後の議論の蓄積が待たれる。

さらに，租税条約についての言及もあるところ，従来の取引と異なり，ブロックチェーンを利用したNFTに係る取引については，支払の相手先についての情報がないことも多くあるものと思われ，租税条約の適用における解釈の問題のみならず，そもそもどの租税条約の適用の余地があるのかという点から，問題になることも多いものと考えられる。

また，**問10**については，最後の（注）部分も注目に値する。
ここでは，給与所得者でない方，つまり源泉徴収義務を負い得る者が行う支払であっても，①購入代価の内訳として，著作権法上の複製権及び公衆送信権等に係る著作物の利用の許諾を受けることの対価が明記されておらず，その対価部分を区分することが困難であり，かつ，②その許諾の範囲はSNSのアイコンに使用することに限られているためその許諾が有償であるとしてもその対価部分は極めて少額であると認められる場合においては，なお「著作権の使用料」として源泉徴収を行う必要はない旨が明記されている。

これまでも，所得税法基本通達204-8[17]や204-14[18]においては，報酬部分と施工や建築の対価といった部分の区別が困難であり，所得税法204条1項1号・2号の報酬に該当する部分が極めて少額であるときは，源泉徴収をしなくてよいとされてきた。これらは，その区分の手数省略を考慮したものであり[19]，本（注）もこれらの延長線上に位置づけられるものではないかと考え

---

17) 204-8（デザインとその施工の対価を一括して支払う場合）
　ネオンサイン，広告塔，ショーウインドー，陳列棚，商品展示会場又は庭園等のデザインとその施工とを併せて請け負った者にその対価を一括して支払うような場合には，その対価の総額をデザインの報酬又は料金と施工の対価とに区分し，デザインの報酬又は料金について源泉徴収を行うべきであるが，そのデザインの報酬又は料金の部分が極めて少額であると認められるときは，源泉徴収をしなくて差し支えない。
18) 204-14（設計等とその施工の対価を一括して支払う場合）
　建築士の業務と建築の請負とを併せて行っている者に設計等とその施工とを併せて請け負わせた対価を一括して支払うような場合には，その対価の総額をその建築士の業務に関する報酬又は料金と建築の対価とに区分し，建築士の業務に関する報酬又は料金について源泉徴収を行うべきであるが，建築士の業務に関する報酬又は料金の部分が極めて少額であると認められるときは，源泉徴収をしなくて差し支えない。
19) 今井慶一郎ほか編『所得税基本通達逐条解説〔令和6年版〕』（大蔵財務協会，2024

られるところではある。もっとも，(そもそも通達により源泉徴収の要否が変わるという点を良しとするかを措くとしても）**問10**に関連して，通達の追加等は行われておらず，国税庁FAQの回答のみをもって，源泉徴収義務が不要になるということが認められ得るのかという点は，問われよう。また，その書きぶりにおいても，これまではあくまで，「報酬又は料金について源泉徴収を行うべきであるが」とした上で，「差し支えない」としてこれを認めているに過ぎなかったが，「報酬又は料金について源泉徴収を行うべきであるが」に対応する記載はないように思われ[20]，「源泉徴収をする必要はありません」との部分が一人歩きしないかという懸念もあるように思われるところである。また，取引時にあえて対価を区分しないようにするというインセンティブを納税者に与えるのではないかとの指摘[21]もなされている。

また，これまで，所得税法基本通達により，源泉徴収を行わなくとも差し支えないとされてきたものについては，(もちろんデザインや設計部分が対価の大半を占めるということもあるとは思われるものの）多くの場合には，施工に係る材料費や人件費等を考慮すれば，報酬又は料金に対応する部分よりも，施行の対価と考えられる部分が支払金額の多くを占めるのではないかと考えられた類型であったように思われるところである。

しかし，NFTに係る取引については，上記の施工のように，報酬又は料金に対応する部分以外の対価についていかなるものであるのかという点が明確ではなく，(注）においても総額との間での区分が念頭にあり，従来の所得税法基本通達のように，総額内の内訳としての区分が念頭にあるわけではないように思われるところである。仮にそうであるとすると，本（注）はこれまでの延長線上ではなく，これまで認められてこなかった新たな源泉徴収義務を免除する類型を創設したものとも考えられるところであり，今後その解釈については，

年) 1260頁及び1263頁。
20) 「原則として，その支払の際に所得税を源泉徴収する必要があります」の「原則」については，あくまでも，次段落のただし書きに係っているように思われる。
21) 泉・前掲注15) 143頁。同頁ではこの他，本文中でも指摘したように，プロフィール画像などで使用されるNFTの取引に係る対価の本質的部分は，結局，著作権の使用料の対価であると認定される可能性もあるとの指摘もされており，妥当な指摘であると考えられる。

10 NFTに関する現状整理と今後の課題

明確にされるべき点であるように思われる。

5　その他の回答（NFTの価値に係る回答）について

上記の回答の他にも国税庁FAQにおいては，いずれも重要な回答がなされているところ，本稿においては，その全ては紹介できない。このうち，NFTの価値に係る回答としては，問7も存在しているため，これを次に取り上げる。その内容は以下のとおりである。

問7　私は，商品の購入の際に，購入先の法人が発行するトークンを無償で取得しました。このトークンは購入先で商品を購入する際に使用することができます。この場合の所得税の取扱いを教えてください。

（答）　商品の購入の際に，購入先の法人が発行するトークンを無償で取得したことによる経済的利益は，所得税の課税対象となります。

【解説】
○　所得税法における所得とは，収入等の形で新たに取得する経済的価値と解されており，ご質問の場合，収入等の形で新たに経済的価値を取得したと認められることから，所得税の課税対象となります。

○　トークンを無償で取得した場合の経済的利益は，法人からの贈与に当たることから，一時所得に区分されます。
　（注）　一時所得の収入金額は，無償で取得したトークンの時価となります。ただし，そのトークンが暗号資産などの財産的価値を有する資産と交換できないなどの理由により，時価の算定が困難な場合には，そのトークンの時価を0円として差し支えありません。

本回答においても最後の（注）が重要であり，ここでは，時価の算定が困難な場合においては，そのトークンの時価を0円として差し支えない旨が回答されている。（注）におけるトークンは，（問のなかの，購入先で商品を購入する際に

285

使用することができるものとは異なるものを想定しているようにも思われ,)当該トークンがどのようなものであるのかは必ずしも明確にされていないが,NFTがいわば現物商品のおまけとして,付与される場合が想定されているのではないかと思われる。

しかし,現在のNFTの利用のされ方としては,現物商品(時計など)の購入者に対して当該現物商品のデジタルアートと紐づけたNFTも配布されるといった形で,現物商品とNFTの結びつきが強いものも存在するところであり[22],そもそもトークンを無償で取得したといえるのはどのような場合であるのかという点の判断も容易ではないものと考えられる。仮に,現物商品に付随して付与されるNFTは,無償で配布されたという扱いを広く受けるということであれば,常に一時所得の問題がつきまとうことになり,現物商品購入者にNFTを付与するというNFTの利用方法は,アパレルをはじめとする高級ブランドでも行われているようであるから,仮に一時所得が生じる場合には,その金額は,一時所得の特別控除額の50万円を超えるケースもあるものと考えられる。一方で,この問題を避けるためには,NFTについても対価を支払っているものと考えることになるものと思われるが,そのように考える場合には,現物商品に係る対価とNFTに係る対価をどのように区分するのかという問題が生じ得ることになり,一筋縄ではいかないことになる。

また,NFTが消失した場合に関する回答も存在し,その内容は以下のとおりである。

> 問5 私は,デジタルアートの制作者からデジタルアートを紐づけたNFTを購入し,当該デジタルアートを閲覧することができました。今般,第三者の不正アクセスにより,購入したNFTが消失しました。この場合の所得税の取扱いを教えてください。

---

[22] 例えば,一般社団法人日本デジタル空間経済連盟「デジタル空間上の仮想店舗運営に向けた実証実験報告書」〈https://drive.google.com/file/d/1u580Se5BGyIHE5FwQaStJttjrrqkUBUG/view〉78頁では,海外でのメタバースを活用したリアル商品の販売事例が紹介されており,そのなかでNFTを利用したものも含まれている。

（答）　第三者の不正アクセスにより，購入したNFTが消失した場合の所得税の取扱いは，次のとおりです。
・　そのNFTが生活に通常必要でない資産や事業用資産等に該当せず，かつ，そのNFTの消失が，盗難等に該当する場合には，雑損控除の対象となります。
・　そのNFTが事業用資産等に該当する場合には，その損失について，事業所得又は雑所得の金額の計算上，必要経費に算入することができます。

【解説】
（雑損控除）
〇　所得税法上，災害又は盗難若しくは横領によって資産（生活に通常必要でない資産及び棚卸資産等を除きます。）に損失が生じた場合の当該損失については，雑損控除の対象とされています。

〇　したがって，第三者の不正アクセスが盗難等に該当し，かつ，そのNFTが生活に通常必要でない資産又は事業用資産等に該当しない場合には，そのNFTの消失に係る損失は，雑損控除の対象となります。
（注1）　生活に通常必要でない資産とは，次の資産をいいます。
　　①　競走馬その他射こう的行為の手段となる動産
　　②　主として趣味，娯楽，保養又は鑑賞の目的で所有する資産
　　③　貴金属，書画，美術工芸品などで30万円を超える動産
（注2）　事業用資産等とは，棚卸資産又は業務の用に供される資産（繰延資産のうち必要経費に算入されていない部分を含みます。）及び山林をいいます。
（注3）　損失の額は，そのNFTが消失した時点の時価となります。なお，時価が分からない場合には，そのNFTの購入金額として差し支えありません。

問5に関しても，当該結論においては，法令の適用結果を解説するものに過ぎず，それほど目新しいものではないものと思われるが，「NFTが生活に通常必要でない資産……に該当せず」という点，具体的には，NFTの消失と雑損控除の点については，国税庁FAQ公表以前から議論がなされてきた[23]ものである。(注1)の記載からも明らかなように，「生活に通常必要でない資産」は，所得税法施行令178条を念頭に置いたものと考えられるところ，NFTに関しては，有体物ではなく，「動産」に該当することはないと考えられることから，上記「② 主として趣味，娯楽，保養又は鑑賞の目的で所有する資産」に該当するかが主に問題になるものと考えられる。本問の回答からは，国税庁はNFTが「生活に通常必要でない資産」に該当しないケースもあり得るものと考えているのではないかと思われるところ，どのようにこれを判断するのかは明らかではない。本問においても，デジタルアートを閲覧する権利と紐づいたNFTを購入したものとされているが，このような権利が，生活に通常必要である資産と考えることには，一般的にはハードルが高いように思われるところであり，仮にそうであれば，本問はむしろNFTの消失に関して，雑損控除の適用を否定する方向に働くような回答とも思われる。加えて，仮にこれが「動産」に該当するようなものであれば，同条1項1号や3号の適用の余地が生じ得ることになるが，NFTが有体物ではないことから，一律両号の適用があり得ないとの結論が維持されるとすれば，立法論としても，「NFTに対する現行の規制や税制が足かせとなり，日本のWeb3.0関連ビジネスは世界から取り残され始めているのが現実」[24]との指摘もある現在において，このような切り分けが維持されるべきかというのは検討されてしかるべきであるように思われる。

また，所得税法62条では，災害又は盗難若しくは横領によるものとされているところ，本問の問部分では「消失」とされており，その解説部分を通して

---

[23] この点については，泉絢也「NFT（ノンファンジブルトークン）の譲渡による所得は譲渡所得か？ もしそうであれば非課税所得か？」千葉商大論叢59巻3号（2022年）143頁及び同「NFT（ノンファンジブルトークン）の損失に対する損益通算・雑損控除の適用」千葉商大紀要59巻3号（2022年）91頁において詳細な議論が行われている。
[24] 前掲注4) 4頁。

も，この「消失」がいかなる状態を指しているのか明らかではない。例えば，当該 NFT と紐づいたデジタルアートは，必ずしも，ブロックチェーン上に存在するわけではないが，当該デジタルアートのみが削除されてしまった場合には，どのようになるのであろうか。さらには，デジタルアート自体は，削除されなかったとしても，誰もが閲覧できる形で公開されてしまった場合にはどのように考えるのであろうかといった点も考慮すると，一概にどのような場合までを「盗難等」に該当するといえるのかは，はっきりとしないように思われる。この点は今後の課題との関係で次項目でも改めて触れることとしたい。

V　NFT に係る取引に関する課税上の取扱いにおける今後の課題

　これまで見てきたように，NFT に係る取引に関する課税上の取扱いについては，国税庁 FAQ の内容を踏まえたとしても，未だ解決されていない様々な論点が存在し，これらは今後の課題となっていくものと考えられる。
　NFT に係る取引の課税関係の難しさは，NFT 自体は単なるデジタルデータに過ぎず，その価値は紐づけられた資産との関係で存在するという点に，第一にあるものと思われる。そのため，NFT に係る取引についての課税関係を検討するに際しては，当該資産を特定する必要があり，当該資産を前提とした議論しか展開できないという難点がある。また，NFT と紐づく資産については権利である場合も多く存在し，当該権利については，必ずしもこれまで取引されてきたような典型的な権利ではなく，利用規約等によりいわばオーダーメイドでその内容が決められるものであり，また NFT に係るビジネスが拡大しているなかで，日々様々な新たなものが生まれているといったあたりも議論を複雑にしている。
　また，当該資産を特定する必要があるという点は，NFT の価値の源泉はどこにあるのかという議論ともつながるように思われるところである。冒頭で記載したように，NFT の特徴の1つはその唯一性にあるが，担保されているのは，同じ NFT が存在しないということに過ぎない。つまり，あるデジタルアートと紐づいた NFT があるとして，当該デジタルアートと紐づいた NFT が

第2章 デジタル課税の諸相

唯一のものであるのか（又は取引時に認識していた数に止まるのか）という点に関しては，NFT自体では担保されておらず，これが担保されるためには，当該NFTの発行者が，NFTの発行者が当該デジタルアートに係る正当な権利者であり，かつ，当該NFTの権利と抵触するような他のNFTを発行していないことが前提として確保されている必要があり，当該前提が確保されていることへの信頼により当該NFTの価値が担保されているようにも思われるところである。マーケットプレイス上での取引の場合においては，マーケットプレイス提供者が上記のような前提について適切に確認していることに関する信頼ともいい得るかもしれない。また，当該NFTの流通可能性（二次流通の可否及び利用できるプラットフォームの限定）についても，マーケットプレイスの利用規約等で定まっており，当該NFTの一次流通で用いられたマーケットプレイスでしか二次流通ができないケースも存在する。

このように見ていくと，NFTに係る取引というものは，ブロックチェーンという分散型のデータベースを利用する一方で，その価値に関しては，発行者ないしマーケットプレイスの存在に強く依拠しているものともいい得ると考えられる。一方で，マーケットプレイスの利用規約においては，当該プラットフォームサービスが終了し得ること，また，終了時に保有していたNFTに対する補償も行われないことへの同意が求められていることも一般的なようである。このような規定はポイントサービスなどの利用規約にも従前から存在してきたものと思われるが，NFTの場合には，上記のような現物商品（時計など）の購入者に対して当該現物商品のデジタルアートと紐づけたNFTも配布されるといった形で，現物商品とNFTの結びつきが強いもののみならず，それを超えて，NFTと紐づいたデジタルのファッションアイテムのみが販売されているといった場合もある。今後はこのようなファッションNFTに限らず，様々なものがNFTと紐づけられて販売されることも考えられ，現物商品の取引ともさらに接近していくようにも思われるところである。NFTに係る取引が近年急速に拡大したこともあり，今回の国税庁FAQにおいては，一次流通や二次流通といった取引が拡大する文脈での整理がまずは進められたものと考えられる。しかし，NFTに係る取引がより拡大していくためには，**問5**のようにNFTが消失するといったNFTに係る取引に関するリスクの側面につい

ての課税関係の整理もより進められていく必要があるように思われるところであり、上記のような利用規約を前提とするNFTにおいては、今後この問題がより先鋭化するケースもあるものと考えられる。

また、現物商品との対比で考えれば、現物商品が突然、消失する場合には、その多くは、雑損所得の対象となる原因[25]による場合が多いものと考えられるが、NFTの場合には、これに限られないものも存在すると考えられる。その一例が、国税庁FAQの**問5**でも取り上げられた第三者の不正アクセスによるNFTの消失であり、さらには、上記のプラットフォームの終了もこれに当たると考えられる。このような場合に、必ずしも現物商品と同様には考えられないように思われるところは上記のとおりである。加えて、NFTに関しては、NFTの発行者が当該デジタルアートに係る正当な権利者であり、かつ、当該NFTの権利と抵触するような他のNFTを発行していないことが価値の源泉と考えられるところ、海賊版NFTであったことが後から発覚したケース、権利と抵触するNFTが後に発行されてしまったケース、NFTと紐づいたデジタルアートが一般に公開されてしまったケースなど消失以外にもNFTの取引価値が減少するという場合もある。このような場合を念頭に置いた規定は必要ないかという点も立法論としては検討に値するものと考えられる[26]。

---

25) 国税庁タックスアンサー「No. 1110　災害や盗難などで資産に損害を受けたとき（雑損控除）」〈https://www.nta.go.jp/taxes/shiraberu/taxanswer/shotoku/1110.htm〉によれば、以下のとおりである。
(1)　震災、風水害、冷害、雪害、落雷など自然現象の異変による災害
(2)　火災、火薬類の爆発など人為による異常な災害
(3)　害虫などの生物による異常な災害
(4)　盗難
(5)　横領
なお、詐欺や恐喝の場合には、雑損控除は受けられません。
26) 海賊版NFTの問題は、海賊版現物バッグや時計など現物商品でもあり得ることであり、また、限定品として発売された商品がのちに再販されるといったことも現物商品でもあり得ることではある。しかし、現物商品の場合には自ずからその複製や生産の限界があり、また、縫製などから見分け等も付き得るところ、デジタルアート等については全く判別が付かない可能性もあり、再販数も現物商品とは比べものにならない数ともなり得る。また、一般に公開されてしまった場合には、消失と同様に一気に価値がゼロに近くなることもあり得るのであり、これまでの現物商品の場合とは別の何らかの救済の可能性を検討することは有意義なものと思われる。

Ⅵ　さいごに

　国税庁 FAQ をはじめ，NFT に係る取引の課税関係については，整理が進められ，今後も検討されていくことになるものと考えられるが，現在の主たる検討は，NFT が組成・流通される場面に着目したものが多いように思われるところである。もっとも，今後 NFT に係る取引が安定的に浸透していくためには，NFT の消失や NFT の取引価格の低下による損失についての検討も，立法論も含め，進められていく必要があるものと考えられる。

　また，本稿では必ずしもその多くを触れられなかったが，NFT に係る取引の相手方は非居住者・外国法人であることも想定され，租税条約の適用の問題など今後の検討課題は本稿で具体的に取り上げたもの以外にも多く存在している。

11 税務分野へのAI補助の導入の可能性

佐 藤 英 典

I はじめに――AIの現状、及び税務分野への導入可能性

1 近時のAIの活用とその性質

昨今、金融、小売、インフラ、医療とあらゆる分野でAI（人工知能）を導入して業務を補助させることで、業務の効率化、高度化が図れると喧伝されている。また、法律分野においても、いわゆるリーガル・テックと呼ばれる、法的助言業務にITシステムをより一層活用する動きの中では、AIを用いたサービスが業務の効率化に資すると喧伝されているところである[1]。また、リーガル・テックについては、弁護士資格のない、企業の法務部向けの導入も喧伝されている[2]。

そこで、本稿では、法律分野の中でも、特に税務分野へのAIによる補助の導入の可能性と現状について概観するとともに、AIによる補助によって過誤が生じた際の救済手段についても検討する。

まず、AI（人工知能）による業務の補助、ということの意味を簡潔に検討する。少なくとも本稿の執筆時点で「AI」と呼ばれているソフトウェアは、実際の人間のように意識を持って自ら思考する能力を持っているもの（いわゆる、「強いAI」ないし「汎用人工知能」）ではない。現在「AI」として喧伝されているソフトウェアは、あくまで過去に人間が作成したデータ（文章、画像等、あるい

---

[1] この分野において先行している米国では例えば、米国仲裁協会（American Arbitration Association）が、AIを用いて仲裁合意をドラフトするサービスの開発を進めている（https://www.clausebuilder.org/）［最終アクセス日：2024年4月6日］。

[2] 2022年12月22日付けBUSINESS LAWYERS「リーガルテックへの期待を現役法務パーソン3名が語る――法務の価値を高めるツール活用の秘訣」（https://www.businesslawyers.jp/articles/1243）［最終アクセス日：2024年4月6日］。

は帳簿等の書類）を事前に読み込んで分析（学習）した上で，分析したデータに基づいて，人間の入力に対し適切と思われる回答を出力する能力を有するに留まる。この点では，本稿で論じる範囲の「AI」とは，技術的には「機械学習」と呼ばれる範囲のものとなる[3]。

また，現在「AI」を利用したとして喧伝されているソフトウェア[4]の特徴としては，機械学習の中でも，「ディープラーニング」と呼ばれる手法でコンピュータに学習を行わせるものが主流となっている[5]。「ディープラーニング」においては，データを解析するに当たってコンピュータが着目する点（特徴量。例えば，画像を認識して名前を答えるAIであれば物体の色，会計帳簿を分析するAIであれば，売上の金額）を人間が事前に指定するのではなく，このような特徴量を見つけ出すプロセスも，コンピュータが行うことが特徴となる。「ディープラーニング」を用いるAIでは，このような特徴のため，AIが返す回答について，どのような点に着目した結果なのかが人間に理解し難い点が問題となり得る（これによって生じ得る問題については後記Ⅱ4で検討する）。

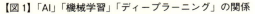

【図1】「AI」「機械学習」「ディープラーニング」の関係

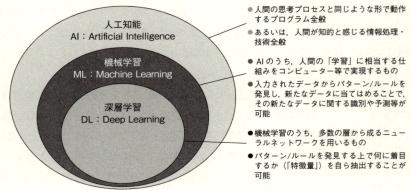

出典：総務省『令和元年版情報通信白書』83頁より引用

---

[3] 総務省『令和元年版情報通信白書』83頁。
[4] 実際にはソフトウェア自体が提供されるのではなく，当該ソフトウェアを実行しているサーバへのアクセス権を提供するに留まる（すなわち，サービスとして提供する）場合が多いが，議論の便宜のため，本稿では以下単にソフトウェアと呼ぶ。
[5] 総務省・前掲注3) 83頁。

上記の,「AI」「機械学習」「ディープラーニング」の関係を図示すると,【図1】のとおりであり,本稿ではこの整理を前提として論じる。

2 AIの適用例とその特徴

ここで,機械学習を用いたAIの適用例について,若干例を挙げて説明しよう。

AIの適用例として既に知られているところとして,例えば,医学分野においては,AIによる画像診断ないしその補助が実用化されている。すなわち,X線写真やCTスキャンによって得られた患者の画像を,ディープラーニングによって学習させたソフトウェアに解析させることにより,病変があるかないか,また,いかなる疾患かを診断させる技術が一定程度実用化されている[6]。昨今のCOVID-19(いわゆる新型コロナウイルス)の流行に際しては,肺のCT画像を解析し,COVID-19による肺炎か否かの診断を補助するソフトウェアが,2021年5月26日に薬事承認されている。

なお,同ソフトウェアにおいては,学習に用いたデータは2932例の胸部CT画像であると報告されており,AIの開発に当たっては,必ずしも数万,数十万件に及ぶ大量のデータが必要とされるものではない。

また,金融分野においても,例えば,インターネット上でのクレジットカードを用いた決済について,不正利用でないかを検知するAIが実用化されていることが知られている[7]。ここでは,過去の取引の情報と,そのうち不正利用であった取引の情報とをAIに学習させることで,不正利用か否かをAIによって検出している。

以上で例として挙げたAIに共通しているのは,CTスキャンで見えた病変がCOVID-19によるものかどうか,あるいは取引がクレジットカードの不正利用なのかどうか,といった従前であれば経験を積んだ人間がいわばカンに基

---

[6] 令和3年5月26日厚生労働省医薬・生活衛生局医療機器審査管理課「COVID-19肺炎の画像診断支援プログラムの承認について(富士フイルム株式会社申請品目)」(https://www.pmda.go.jp/files/000240929.pdf)[最終アクセス日:2024年4月6日]。

[7] LINEヤフー株式会社「不正決済を防ぐ!機械学習とパトロールで被害を減らす」(https://auctions.yahoo.co.jp/recommend/topics/20220121/1100/)[最終アクセス日:2024年4月6日]。

づいて判断していたプロセスを，AI が代わりに判断するという点である。

　もっとも，AI の返す判断については，その性質上常に確率的なものとならざるを得ず，AI は○○である可能性が高いとは判断し得るが，その回答には常に間違いが紛れ込む可能性が残る。例えば，上述のクレジットカードの不正利用を探知する AI では，「検知システムの判定データを機械学習でスコア化して，指定スコア以上を不正と判定するようなルールを作っています」と説明されている[8]。すなわち，AI はあくまで不正利用である可能性を示すスコアを回答するに留まり，スコアを具体的にどのように利用するか，どの程度のスコアであれば不正利用として決済を差し止めるかの判断は，人間に委ねられている。

　また，前述の AI による画像診断においても，Computer AIded Detection (CAD) すなわち，AI による画像解析は医師が病変に気付くきっかけに止め，診断自体は医師が改めて読影した上で行う例が専らのようである。

　以上述べた現状の AI の性質に照らすと，業務を補助させるために AI を導入する際しては，人間が AI の返した判断を参考にして行動したものの事後的に AI の判断が間違いであったことが判明した場合を想定し，その場合の救済策も同時に検討する必要がある。

　さて，ここまでに検討した現状の AI が有する性質，特に，現状の AI がいわば人間が従前の経験に基づいて判断していたプロセスを，従前のデータを分析（学習）することで模倣するものであることに照らすと，税務分野で業務を補助するために AI を導入し得る用途として，どのようなものが考えられるだろうか。税務分野における主なプレイヤーである，課税庁と，納税者のそれぞれについて検討してみたい。

---

8) LINE ヤフー株式会社・前掲注 7)。

II 課税庁側での AI 導入の可能性

1 現状の検討

　課税庁側の業務については，既に一定の範囲で AI が業務の補助として導入されていることが公表されている。

　まず，税に関する納税者からの一般的な質問について回答する業務に関しては，国税庁が「ふたば」と称するチャットボット（対話形式でユーザの質問に回答する人工知能）を提供しており[9]，また 2024 年 3 月 26 日には，総務省とデジタル庁の主導により，「Govbot」と称する，国・地方共通相談チャットボットの提供が開始している[10]。

　もっとも，これらのサービスは，AI を用いていると表明されてはいるものの，筆者が試用して確認した限りでは，ユーザの入力を既存の Q＆A に当てはめて案内するものに留まっており，本稿で検討の対象としている機械学習を用いた AI とは性質を異にするように思われる。実際，総務省の Govbot に関する資料では自由検索欄への入力について「AI が入力した内容に関連する問いを一覧で表示」すると説明されており[11]，AI はあくまでユーザの入力を分析して既存の質問に当てはめる目的にのみ利用され，AI がユーザの入力に応じた回答を生成するものではないと思われる。

　これに対し，上記 I 2 で検討した AI を用いた確率的な分析，すなわち AI が「○○である可能性が何ポイントぐらいある」と回答し，人間が AI の回答を検討した上で判断するという方法は，課税庁ではどのように用いられているのだろうか。

　課税庁側でのこのような AI の導入については，2021 年に国税庁が公表した資料において，「申告内容や調査事績，資料等の情報のほか，民間情報機関や

---

[9]　国税庁「チャットボット（ふたば）に質問する」（https://www.nta.go.jp/taxes/shiraberu/chatbot/index.htm）［最終アクセス日：2024 年 10 月 11 日］。

[10]　総務省「国・地方共通相談チャットボットの提供開始について」（https://www.soumu.go.jp/main_content/000937075.pdf）［最終アクセス日：2024 年 10 月 11 日］。

[11]　総務省・前掲注 10) 2 頁。

外国政府から入手する情報など，膨大な情報リソース」を分析することによって，高リスク対象を抽出できるようにすることが表明されている[12]。また，同じく国税庁が 2023 年に公表した資料においては，「AI・データ分析の活用」の例として，「申告漏れの可能性が高い納税者等を判定し，その分析結果を活用することで，効率的な調査・行政指導を実施し，調査必要度の高い納税者には深度ある調査を行う取組」を行っていることが表明されている[13]。

【図 2】国税庁資料における AI を用いた分析のイメージ
◆データ分析の結果を活用し効率的な調査・行政指導や深度ある調査を実施

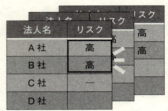

出典：国税庁 2023 年 6 月 23 日「税務行政のデジタル・トランスフォーメーション――税務行政の将来像 2023」21 頁

上記の【図 2】に国税庁の資料に記載された，同システムのイメージ図を抜粋したとおり，同システムは，納税者について申告漏れのリスクを評価し，確率的な判断を下すものであり，本稿で検討する AI にほかならない。

他方，これ以上に踏み込んだ AI，例えば，税務調査で対象者から聴取した質疑の結果を分析し，回答の真偽を推測するような AI については，現時点で公開されている資料からは，実用化されているとの情報はない[14]。

2　AI に基づく税務調査①――一般的許容性

さて，このような，調査対象者を選定する AI を用いて税務調査の対象を選

---

12)　国税庁 2021 年 6 月 11 日「税務行政のデジタル・トランスフォーメーション――税務行政の将来像 2.0」20 頁。

13)　国税庁 2023 年 6 月 23 日「税務行政のデジタル・トランスフォーメーション――税務行政の将来像 2023」21 頁。

14)　なお，前掲注 12)及び 13)の資料によれば，納税者への接触方法（電話，臨場，文書）を提案する AI も検討されているとのことであるが，下記で検討するような問題は少ないと思われるため，本稿では検討を割愛する。

定することによって，納税者との関係で問題を生じ得るとすると，どのような場合であろうか。

まず第一には，公的機関が AI を用いて対象者となる納税者を評価すること自体が許容されるかが，対象者のプライバシーとの関係で問題となり得る。

現時点において，この点について我が国には立法された規則はなく，判例の集積ないし今後の立法を待つほか無い状態にあるが，現状で公的機関による AI の利用に関する規則として先行している EU（欧州連合）の規則[15]を参照して検討することは可能と思われる。しかしながら，EU の規則においても，AI の利用法として禁止されるのは，公的機関が自然人をある種の情報に基づいて評価する場合に限られており[16]，法人を対象とする場合は当該規制の範囲に含まれていない。このため，税務当局が「申告漏れの確率が高い法人」を AI によって判定すること自体は，少なくとも，法人税については仮に EU の規則を前提としても問題を生じさせるものではないと思われる。

また，EU の規則は，法執行機関が用いる AI であって，個人を評価して犯罪に及ぶ可能性を評価するもの（原文は "offending" であり逋脱犯はともかく，通常の税務調査が対象とするような経費性をめぐる見解の相違があるにすぎない事案は含まれないようにも思われる），ポリグラフ等のように個人の精神状態を評価するために用いられるもの，証拠の信用性の評価に用いられるもの等については，ハイリスク AI として，一定の規制に服することを求めている[17]。しかしながら，ここでも規制の対象とされているのは，個人を対象とした利用に限られており，少なくとも法人を対象とした税務調査においては，問題を生じさせるものではないと思われる。

他方，先に触れた，税務調査における回答者の回答の真偽を分析する AI については，正にこの規定にいうポリグラフ等のように個人の精神状態を評価するために用いられるものに該当し得るところであり，我が国の法律上も一定の

---

15) Proposal for a Regulation of the European Parliament and of the Council laying down harmonised rules on artificial intelligence (Artificial Intelligence Act) and amending certain Union legislative acts.
16) 前掲注 15) Article 5, paragraph 1 (c) 参照。同号は "certain natural persons or whole groups thereof" を対象とした AI のみを対象としている。
17) 前注 15) Annex III 6. 参照。

問題が生じる余地はあるように思われる。もっとも、このようなシステムについては未だ現実のものとはなっておらず、本稿では将来生じ得る問題として指摘するに止める。

3　AIに基づく税務調査②——納税者の権利侵害の可能性

さて、税務当局がAIを用いて調査対象を選定すること自体が問題となり得る場合は限られるとして、具体的な用い方について、納税者との関係で問題が生じる場合はどのようなものがあるだろうか。例えば、税務当局がAIの出力結果に依拠して、ある納税者について申告漏れの可能性が高いと判断し、税務調査を行ったが実際には何ら申告漏れは存在しなかったという場面が考えられる。そもそも、納税者にとって、税務当局が何を端緒として税務調査を実施したのかは、通常明らかにならない可能性が高いという点を措くとしても、このような場合に、納税者に対して何らかの救済が必要となるだろうか。

税務調査においては、国税通則法が国税庁等の職員に対し、一般的な調査権限を認めており（税通74条の2第1項柱書）、判例[18]も「その実施の細目については、権限ある税務職員の合理的な選択に委ねられているものと解され、調査の理由や必要性の具体的な告知も法律上一律の要件とされていない」と解している。このため、これまで議論されてきた、「税務調査の違法」（及びそれが課税処分の違法性に関係するか否か）という論点は、もっぱら税務調査を実施する現場で違法な調査が行われた事例であり、税務調査が空振りに終わったとしても、空振りとなる税務調査を実施したこと自体が調査対象者の権利に対する違法な侵害となり得るかについては論じられてこなかった。

では、この点につき、AIを導入した場合には違いが生じるだろうか。さしあたり議論のため、税務当局が調査を実施した理由は納税者に明らかとなっていることを前提とし、納税者が、合理的な理由を欠いた税務調査が違法であったとして国家賠償訴訟を提起した、という事例を想定する。この場合、税務当局が、「原告が提出した申告書等の書面をAIに入力して分析させたところ、原告は申告漏れの可能性が高い納税者であると出力されたため、調査を実施し

---

18)　最決昭和48年7月10日刑集27巻7号1205頁。

た」という理由を示すだけでは，裁判所も含めた第三者が一切判断の合理性を検証できない。このため，税務調査に当たっては広範な裁量が認められていることを前提としてもなお，当該納税者を調査することが「税務職員の合理的な選択」の範囲に収まるかも判断できず，結局当該調査は違法とみるほかないように思われる。この場合には，税務当局は，当該 AI の出力が最低限信用できるものであることを示す必要があり，例えば，AI が当該納税者と同程度のスコアを示した場合に，調査の結果実際に申告漏れが発見された確率等を示す必要があるとも考えられる。

ところで，AI を利用することなく税務職員が対象を選定した場合には，この例のように，なぜ当該職員は当該納税者を調査対象としたのか，当該職員が税務調査を行った場合にどれだけの割合で納税漏れが発見できたかを示す必要があるとは考えられておらず，AI を用いた場合だけ特別な裏付けを求める必要はないようにも思われる。

しかしながら，人間が過去の案件に基づく経験知に基づいて判断する場合と，過去の案件を入力（学習）させた AI が判断する場合とを比較すると，税務職員の場合には，その職位によって調査対象の選定に関して一定の専門的知見を有する者であることが保証されているのに対し，AI の場合には，単に「国税庁が開発した AI である」という外形的事実だけからは，税務職員のような一定の専門的知見（に相当する出力の妥当性）が備わっているか否かが明らかにならないという差異があり，AI を用いた場合にのみ判断の合理性を裏付ける根拠を求めることには理由がある。

他方，今述べた設例と異なり，税務当局が，AI の出力を参考としつつ最終的には税務職員の判断によって調査対象を選定したという，より現実的な設例においては，上記のとおり税務調査が空振りに終わったこと自体は調査を違法なものとはしない以上，納税者との関係で特段の問題が生じることはないと思われる。

以上述べたことからすると，仮にこのような AI による調査対象者の選定が問題となり得るとすれば，AI に何らかの偏見（バイアス）があり，特定の業種であることや（法人の場合には代表者の）国籍等を理由として対象を選定した場

合に，そのような対象の選定が許されるかについては，AIの活用と倫理の問題として論じられているところである。特に，税務職員が属人的な経験知に頼って調査対象を選定していた場合には問題とされていなかったバイアスが，AIを用いて選定した場合には問題になるかについては興味深い問題があるように思われるが，本稿の範囲を超えるため，ここでは問題の可能性を指摘するに止める。

4　AIに基づく税務調査③──犯則調査等の司法審査との関係

　他方，犯則調査においては，対象者に対し，一定の強制力をもって調査を実施するものであり，裁判所による司法審査が必要とされており（税通132条），AIの出力が，司法審査の資料たり得るかが問題となり得る。この点については，犯則調査と同様に権利を侵害する処分を行うに先だって司法審査が要求される刑事手続も含め，AIの出力が司法審査の材料たり得るかに的を絞った検討はなされていないように思われる。

　この点，刑事裁判においては，コンピュータの解析結果について，結果の妥当性については慎重な審理が必要であるとしても，証拠能力自体は認められており[19]，令状審査の資料としても，AIの出力結果であること自体を理由として不適格と考えるべき理由はないように思われる[20]。しかしながら，上記Ⅰ1で述べたとおり，ディープラーニングを用いたAIは，回答に当たってどのような点に着目したかが人間に理解し難いため，裁判官に対し，令状審査に必要なだけの水準の合理性を示せるかには疑問も残る。

　もっとも，仮に裁判所がAIの出力結果に信用性を認めて犯則調査を許可し，調査が実施されたが実際には犯則事件はなかったという場合を想定しても，犯則調査が空振りに終わったこと自体が，調査の実施を違法とするとは解されて

---

[19]　高橋郁夫ほか編『デジタル証拠の法律実務〔第2版〕』（日本加除出版，2023年）470-471頁。

[20]　高橋ほか編・前掲注19) 469-470頁。ただし，同書469-470頁によれば，実務上，現在刑事訴訟で証拠として利用されているのは，「スーパーインポーズ法」等のコンピュータの出力を参考としつつ専門知識を有する人間が画像に写った人物と被告人との同一性を鑑定する方法に限られており，AIを用いた解析結果は，捜査段階での使用に留まっているようである。

いない以上，AIによる分析結果を資料としたこと自体によっては納税者との関係で特段の問題は生じず，そのような誤りを生じるAIについて，将来的に司法審査がどのように判断するかの問題が残るに留まると思われる。

以上で検討したところに対し，AIの解析結果を根拠として課税処分が行われた場合はどのように解すべきだろうか。この場合には，課税庁の行為が直接に納税者に義務を課すことになるから，AIの出力に誤りがあった場合には，課税処分が違法となると解すべきように思われる。もっとも，例えば「AIがあなたは少なくとも〇円の申告漏れがある可能性が非常に高いと判断した」というだけの理由で通常の課税処分を行うことは想定できないから，この点が問題になるとすると，推計課税（所税156条，法税131条）を行う場合に限られると思われる。

推計課税においては，現在でも純資産増減法，比率法，効率法，消費高法等の様々な方法が，合理的な範囲でいずれも許容されている。このため，課税庁が合理性を立証し得る限り，AIを用いた推計課税，すなわち，既存の納税者について申告書や事業規模，立地等の様々なデータと正しい税額とを学習させたAIを開発し，当該AIに推計課税を実施する納税者のデータを入力して分析させることで，推計税額を取得する方法も許容され得るようにも思われる。もっとも，この点についても現時点でそのようなAIが実用化されている，ないし開発中であるとの情報は明らかになっておらず，将来的な問題の可能性を指摘するに止める。

以上述べたとおり，課税庁側でのAIの活用については，既にAIの活用が進んでいる税務調査の対象とする納税者を選定する場面においては，対象者に対する権利侵害が小さいことから，AIの出力が事後的にみて誤りであったために対象の選定を誤ったとしても，特段の救済が必要となる場面は生じないように思われる。

また，課税庁は専門的知見を有する組織であり，AIをあくまで補助として使い，その出力を参考として人間の職員が判断する，というプロセスを取ることが容易であることからも，上記で触れたAIのバイアスの問題を除けば，AIを導入することによって，納税者との関係でこれまでにない問題が生じる可能性は乏しいように思われる。

他方,現時点で実用化されていない,回答の真偽の判断や,税額の推計と言った高度な分析を加えるAIについては,別異な問題が生じる可能性があり,これらが導入された際については更なる検討が必要と思われる。

Ⅲ　納税者側でのAIの利用

1　我が国における申告書作成へのコンピュータシステムの利用

以上述べたところに対し,納税者側において,税務分野でAIを活用する場面としてはどのようなものが考えられるだろうか。

まず,上記Ⅱで触れた課税庁側でのAIの活用と異なり,納税者が申告書を作成する等自身のために利用する限り,AIを判断の補助として活用すること自体が許容されない,あるいは何らかの制限を受けることは考え難く,検討すべき論点は,AIの出力に誤りがあった場合,それに従って納税者に生じた不利益をどうするかに限られる。

また,納税者ではなく,その委任を受けた税理士が補助としてAIを用いることも考えられるが,この場合にはAIの使用自体が,委任契約において許諾をとる必要はあるとしても問題となることはないように思われる。出力結果の過誤についても税理士本人が責任を負えば済む問題であることから,特段の問題は生じないように思われる。

ここで,より広い視点から,AIを用いたソフトウェアに限定せず,納税者の側ではどのようにコンピュータシステムを活用しているのだろうか。また,納税者が使用するコンピュータシステムが出力を誤った場合はどのように扱われているのだろうか。

現状を概観すると,現在,我が国においては,e-Taxによる電子申告は相当程度普及しており,令和4年度時点で,法人への課税では,法人税で約270万件中91.1%,法人の消費税で約190万件中90.3%と,非常に高い割合で電子申告が履践されている。さらに,個人課税においても,所得税で約1700万件中65.7%,個人消費税でも約89万件中69.9%と,3分の2前後は電子申告が履践されており[21],税務申告に当たっては,コンピュータシステムの利用が相当程度普及していると言えよう。

ここで，e-Tax の利用に当たっては，ユーザである納税者が国税庁の提供するシステムに直接アクセスして電子申告を行う方法（いわば，公営の方法）と，ユーザである納税者が民間企業の提供する会計ソフトと e-Tax を連携させ，当該ソフト内から電子申告を行う方法（いわば，民営の方法）とが存在する。現時点において，e-Tax によって申告されている件数のうち，公営の方法によるものと民営の方法によるものとの割合については公表されているデータがなく，明らかではない。

　このうち，公営の方法については，国税庁がシステム内で提供する機能は，申告書作成のために最小限必要な範囲に限られており，具体的には，所得の額を入力すると自動的に税率表を当てはめて税額を計算する程度に留まっている。このため，システムに瑕疵が生じるおそれ，及びかかる瑕疵によって申告書の内容に誤りが生じるおそれは乏しいと思われる。

　これに対し，民営の方法については，各事業者によって提供するサービスの内容が異なり得るものの，一定程度「親切な」機能があり，納税者が適用を受けられる可能性がある控除項目を提案してくれる等の機能が備わっている。

　では，このようなソフトウェアの機能に誤りがあり，納税者の申告が結果として過少申告，ないし過大申告となった場合についてはどう考えるべきであろうか。

2　米国における「TurboTax の抗弁」

　この点については，米国の連邦税においては，我が国よりも先行して上記の民営の方法に相当する，申告書作成ソフトウェアを利用して申告書を作成する方法が普及しており，いわゆる「TurboTax の抗弁」としてこの点が既に争われているため，先行する米国の裁判例を検討する[22]。

　米国においては，古くは 2000 年の Bunney v. CIR 事件[23]において，申告書

---

21)　国税庁「令和 4 年度におけるオンライン（e-Tax）手続の利用状況等について」2 頁。
22)　「TurboTax の抗弁」については，その名称の由来となった事件を含め，岡村忠生「租税手続のデジタル化と法的課題」ジュリスト 1556 号（2021 年）53 頁において詳細な検討が加えられている。本稿の内容も，同論文の検討によるところが大きい。
23)　Bunney v. C. I. R., 114 T. C. No. 17 (2000).

作成ソフトウェアの出力に従って申告したことが，加算税[24]を免除すべき理由となるか，との形で争われており，この論点に関するリーディングケースとされている。

もっとも，当該事案は，夫婦が離婚した後，納税者・申立人である元夫が自身の IRA（individual retirement account）から資金を引き出して元妻に支払った場合に，引き出した額の全額が所得を構成するのか，あるいは元妻に支払った後の残額だけが所得を構成するか否かが争われた事案であった。この事案においては，申告書作成ソフトウェアが納税者に対し，「この欄には，残額だけを記入すれば良い」といった誤った指示を与えた例ではなく，単に納税者の入力が誤っていた事案であったため，ソフトウェアの瑕疵と納税者の責任との関係に関する事案とすることが正当かには疑問がある。

また，この事案では，納税者の主張も，"Form 1040 is a 'complicated return', and he utilized a tax software program to prepare his return." というに留まり，裁判所も納税者の主張を退けている[25]。

これに対し，2007 年の Thompson v. CIR 事件[26]は，航空技術者（自ら航空機を飛ばすのではなく，航空機の設計等を行う業務に従事する者）であった納税者（申立人）が，商業操縦士の免許を取得した費用が，必要経費として控除できるかが争われた事案であった[27]。裁判所は，商業操縦士としての免許を取得した費用は申立人が新たな業務に就くための資格を得るために投じたものであったと認定し，費用の控除を認めなかったものの，加算税については，申告書作成ソフトウェアを利用したことにより，連邦税法に従うための合理的な努力を行

---

[24] 米国連邦税では，26 U. S. Code § 6662. により，納税者の過誤による過少申告について 20％ のペナルティ（加算税）が課される。これに対し，納税者の側が "he made a reasonable attempt to comply with the provisions of the Internal Revenue Code, and that he was not careless, reckless, or in intentional disregard of rules or regulations." との要件を満たすことを立証した場合には，当該加算税は免除される（26 U. S. Code § 6662. (C)）。

[25] ただし，判決は，結論としては，従前行政庁が採用していた実体法上の解釈が，裁判所の採用したものと異なっていたという，本文とは別の論点により過少申告について正当な理由を認め，加算税を免除した。

[26] Thompson v. C. I. R., T. C. Memo. 2007-174.

[27] 米国連邦税法上の必要経費に関する規定（26 U. S. C. A. § 162, I. R. C. § 162）は，解釈上，新たな業務に就くための技能向上に要した費用は控除できないとされている（26 C. F. R. § 1. 162-5, Treas. Reg. § 1. 162-5 (b) (3)）。

ったとして，免除を認めた。

　判決文の記載からは，納税者が具体的にどのようなソフトウェアを利用したのか，また当該ソフトウェアがどのように入力を案内した結果，納税者が当該費用を必要経費に含めるに至ったかは全く明らかではない。しかしながら，この裁判例では，納税者が申告書作成ソフトウェアを適切に使用したこと自体を理由として摘示し，それ以上の特段の事情を認定することなく加算税の免除を認めており，ソフトウェアの誤った（あるいは紛らわしい）記載に従ったことが，過少申告の正当な理由に当たると考えているように思われる。

　なお，以上で述べた裁判例は，いずれも申告書作成ソフトウェア自体に瑕疵があったことが明らかな事案ではなく，ソフトウェアの瑕疵についての明確な先例ではないが，この点については，以下のとおり，そもそも納税者の救済が図られているため，紛争となっていないことが推測される。

　すなわち，米国においては，IRS（Internal Revenue Service. 米国連邦歳入庁）が申告書作成ソフトの提供事業者と協働するIRS Free Fileと呼ばれる枠組みにおいて，おおよそ年間所得が79,000ドル以下の納税者に対しては，無料の申告書作成ソフトウェアが提供されている[28]。IRS Free Fileにおいて提供されるソフトウェアはいずれも[29]，その利用契約上，ソフトウェアの税額計算が税法に合致していることを保証しており，万が一ソフトウェアに瑕疵があり，税額の計算に誤りが生じた場合には，それによって納税者が負担した加算税及び利息の額を補償する旨が定められている。このため，仮にソフトウェアの瑕疵によって過少申告が生じた場合にも，納税者が救済される仕組みとなっている[30]。

---

[28] https://www.irs.gov/filing/free-file-do-your-federal-taxes-for-free ［最終アクセス日：2024年10月11日］。

[29] IRSのウェブサイト（https://apps.irs.gov/app/freeFile/browse-all-offers/）によれば，1040.com, 1040Now, FreeTaxUSA, OnLineTaxes, TaxAct, ezTaxReturn, TaxSlayer, FileYourTaxesの8事業者が認証されている。

[30] 例えば，FreeTaxUSAの利用規約（https://www.freetaxusa.com/freefile2023/guarantee）［最終アクセス日：2024年10月11日］では，"Accuracy Guarantee"との節において上記が規定されており，他の事業者の提供するソフトウェアにおいても同様である。

3 我が国におけるソフトウェアの瑕疵とユーザの救済

　他方，我が国においては，これまでに，申告書作成ソフトウェアの瑕疵ないし表示のわかりにくさによって申告額を誤り，加算税を負担することになったとして，国税通則法 65 条 5 項にいう正当な理由が存すると主張した事例は不見当である。

　この点に関しては，我が国の租税法規が，加算税を免除すべき「正当な理由」について，米国よりもはるかに厳しい基準を設けていることが理由ではないかと推察される。すなわち，我が国の裁判例は，納税者が，資格を有する専門家である税理士を信頼し，申告を委任したにもかかわらず税理士の過誤により過少申告が生じたという場合であっても，納税者との関係では加算税を免除すべき正当な事由に当たるとは判断していない。この点に照らせば，申告書作成ソフトウェアを信頼した結果過少申告となった場合についても，国税通則法 65 条 5 項にいう正当な理由が認められるとは考え難く，これまで争われていないのではなかろうか。

　ところで，申告書作成ソフトウェアの瑕疵ないし表示のわかりにくさによって納税者に生じた加算税の負担については，課税庁に対して加算税の取消しを求めるのではなく，納税者が加算税を負担した上で，企業に対し，ソフトウェアライセンス契約の債務不履行によって加算税相当額の損害が生じたとして民事訴訟を提起すれば救済として足りるようにも思われる。

　ところが，実務的には，我が国において提供されている著名な申告書作成ソフトウェアは，いずれも利用規約上，申告に誤りがあり，ユーザである納税者に負担の生じた場合でも，事業者に対し全面的な免責を認めている[31]。このため，我が国の現状では，申告書作成ソフトウェアに瑕疵があった場合には，納税者は行政訴訟においても，民事訴訟においても救済されないこととなる[32]。

---

[31] 「『弥生オンライン』基本利用規約」(https://www.yayoi-kk.co.jp/users/d_file/agreement_yol.pdf)［最終アクセス日：2024 年 10 月 11 日］21 条，「freee 利用規約」(https://www.freee.co.jp/terms/)［最終アクセス日：2024 年 10 月 11 日］23 条。ただし，このような全面的な免責規定の有効性，特にユーザが消費者契約法にいう消費者に該当する場合（例えば，給与所得者が個人所得税の納税のために用いる場合）の有効性については疑問が残る。

4　申告書作成ソフトウェアへのAI導入の可能性

　以上では，AIの場合に限らず，一般的に納税者がコンピュータシステムを利用し，問題が生じる場合について検討したが，申告書作成ソフトウェアへのAIの導入（そして，それによって問題が生じる）場面はどのようなものが考えられるか。

　まず，最も技術的な困難が少なく，かつ既に実用化されているものとしては，レシート・領収書を撮影した画像を，AIによって光学文字認識するサービスが挙げられる。ここでは，AIは，単に学習したデータに基づいて，レシートに記載された文字をデータ化しているに留まる。例えば，このプロセスでAIが判断を誤り，金額を15,000円と記載したレシートを，18,000円のレシートと認識したとする。この場合，ユーザである納税者が，その数値をそのまま信用した場合，経費が3,000円過大に計上され，同額の過少申告が生じることとなる。しかしながらこの事例では，ユーザである納税者がAIにレシートを読み込ませる際に十分な注意を払い，AIが認識した金額がレシート・領収書の記載額と一致しているかを確認すべきであったと判断するのが通常ではないかと思われる。

　これに対し，ソフトウェアが自動で仕訳まで行う場合はどのように考えるべきであろうか。現時点ではおそらく実用化されていない範囲ではあるが[33]，上記の例とは異なり，レシートの画像とユーザの行動履歴等とを併せて分析することで業務に関連するレシートかを判断するという場合を考える。この場合にも，AIの判断が誤っており，正しくは経費性のない支出を経費として記帳した場合には，過少申告が生じることとなる。上記3で論じたとおり，我が国の裁判例における「正当な理由」の解釈に照らせば，このような場合にも「正当な理由」は認められないと思われる。もっとも，この場合には納税者におい

---

32) なお，税理士が加入する損害賠償責任保険においては，理由は明確ではないものの，加算税に対する賠償責任については保険金を支払わない旨約款に定められている。このことは，納税者が税務過誤によって被った加算税の負担が，民法上の損害賠償の対象となることを裏側から示しているといえよう。

33) なお，「AI税理士」との商標で提供されるサービスが株式会社AIファースト・スターによって提供されており，ネットバンキングと連携して自動で所得計算を行う機能があるようにも宣伝されているが，サービスの詳細な内容については本稿執筆時点では公開されていない（https://ai-zeirishi.jp/）［最終アクセス日：2024年10月11日］。

てAIの出力を確認して正しいか確かめるためには，納税者に経費性を判断する能力が要求され，税理士に税務業務を委任した場合に問題状況が近づくように思われる[34]。

5 コンピュータシステムに起因するトラブルの特殊性

では，AIの回答に誤りがあった場合，これに従った納税者は，ここまでの検討結果を踏まえると，特に自らの能力では回答の当否を判断できないような高度な分析を行うAIについては，救済されないことになる。

この点に関する興味深い事例として，2021年分の所得税の確定申告につき，2022年3月15日の申告期限の直前である同月14日から同月15日にかけて，e-Taxのシステムがアクセス不能となった事件が指摘できる。この事案は，回答が誤っていたのではなく，システム障害によってそもそも納税者がアクセスできなかったという，納税者側に全く落ち度のないことが明らかな事案ではあるが，国税庁が，これによる申告の遅延について，一律に申告・納付期限の延長を認める扱いとしたことが公表されている[35]。この取扱いは，あくまで申告期限の延長を認めたものにすぎず，システムの障害を国税通則法65条5項にいう「正当な理由」として扱う余地を認めたものかは明らかではない。

しかしながら，ここで留意すべきなのは，従前，委任を受けた税理士にミスがあり，過少申告が生じた場合に「正当な理由」を否定した裁判例には，意図的に過少申告した上で税務当局から指摘がなければそのまま，仮に指摘されても業務を委任した税理士のミスであったとして「正当な理由」があるとの弁解が認められるのであれば，本来の税額からマイナスはないという機会主義的な行動を誘発する恐れがあった。

これに対し，まず申告の遅延については，国税庁のシステムに限らず，民間

---

34) この設例のように税法の適用に関して回答するAIについては，これを提供することが税務相談（税理士2条1項3号）に該当し，税理士業務の独占（税理士52条）に抵触しないかも問題となり得る。
　この点に関しては，類似した問題である，弁護士法上の非弁行為の禁止に関して法務省が「AI等を用いた契約書等関連業務支援サービスの提供と弁護士法第72条との関係について」と題するガイドラインを公表しており，税理士法との関係でも参考となると思われるが，本稿の範囲を超えるためここでは問題点を指摘するに止める。
35) 国税庁「3月14日から発生したe-Taxの接続障害への対応等」。

のシステムに障害が生じた場合であっても，申告期限の一定程度近くに障害が生じ，他の方法で申告書を作成し直すことが現実的でない等，当該納税者の責めに帰せない事情が生じた場合には，遅延がやむを得ない事情による，ということが客観的に確認しやすいから，柔軟に期限の延長を認める余地があるように思われる。

　他方，AIの判断に従って申告した結果過少申告が生じたという場合についてはどうだろうか。この場合にもAIの判断を納税者に有利になる（先ほどの例で言えば，経費性を緩やかに認める）ように設計するという機会主義的な行動を誘発する恐れは税理士の場合と変わらないようにも思われる。しかしながら，AIの場合には，回答の正確性を十分な母数をもって計測することができる（すなわち，数十万人のユーザがこの機能を用いて申告しているが，経費性の判定を誤ったと指摘されたのは〇件に留まる，というデータが得られる）ため，別異に解する余地があるようにも思われる。

　そうすると，あくまで政策論とはなるが，前述した米国のIRS Free Filingの枠組みのように，我が国においても国税庁が一定の申告書作成ソフトウェアを指定した上で，当該ソフトウェアが相当程度の確実性を持って判定した分についてはペナルティは課さないといった対応で，納税者による申告書作成業務の省力化を推進することも考えられるのではないか。

IV　おわりに

　以上検討したとおり，税務分野へのAIの導入については，課税庁側では問題となり得る点は少なく，既に導入されているものも含め，今後も順調に導入が進む可能性が高いように思われる。これに対し，納税者側については，少なくとも専門知識のない納税者がAIを活用するに当たっては，回答に誤りがあった場合の救済，及び税理士法上の業法規制との関係で越えるべきハードルが多いように思われる。したがって，現時点での結論としては，リーガルテックが弁護士資格のない，企業の法務部における契約書の調査等に期待されているのとは異なり，税務分野に導入し得るとすれば税理士が自らの業務の効率化のために，参考として導入するに留まらざるを得ないのではないかと思われる。

12 メタバースと課税[1]

太　田　　洋

I　はじめに

　皆さま，こんにちは。西村あさひ法律事務所・外国法共同事業の弁護士の太田でございます。本日はよろしくお願いいたします。本日は，「メタバースと課税」というテーマで，お話をさせていただきたいと思います。このテーマをなぜ選択したかと申しますと，一昨年の2022年9月7日に政府税調の有識者ヒアリングにおいて，デジタル化の進展に伴う課税への影響という題目でプレゼンをさせていただく機会がございましたので，今回はその発展形ということで，このテーマを選択させていただきました。1時間半という短い時間ですが，お付き合いいただければと思います。

II　Web 2.0/3.0と課税

1　Web 2.0による課税への影響

　最初に，概観ということで，Web 2.0/3.0と課税についてお話をさせていただきます。

　昨今，ブロックチェーン技術の発展に伴い，Web 3.0ということがいわれていますが，現在のBEPS 2.0に対応しているのは，むしろWeb 2.0の世界なわけです。Web 2.0というのは，単にインターネットで情報を読むだけではなくて，個々のユーザーがインターネットを介して，自ら情報発信をできるという世界ですけれども，このWeb 2.0による課税への影響は色々なものがあります。例えば，ボーダーレス化により，グローバル・ベースで課税負担の

---

[1]　本稿は，筆者が，2024年4月12日，公益社団法人日本租税研究会の会員懇談会において行った講演の記録に，一部加除修正を加えたものである（レジュメは省略）。

極小化を狙った動きが進んでいますが，サイバー空間の拡大によって物理的な制約から解放されたことで，特に脱税による「たまり」を暗号資産に代えた場合等における税務調査も困難化しています。さらには，価値の源泉が，特許・ノウハウなどそれ自体として有用性を持つものから，パーソナルデータのように，それ自体では価値をもたず，その集積・解析によって価値が生み出されるものにシフトしていることに伴って，GAFAMと呼ばれるプラットフォーマーが大きく台頭してきているという点も無視できません。今はまだパーソナルデータが価値の源泉ですけれども，今後，5Gの普及がもう少し進めば，IoTデータといったものも価値の源泉になってくると思われます。こういったことが相まって，消費者の側で生成されたWebの閲覧履歴やクッキー，機器の動作履歴といったものがビッグデータとして集積・分析され，それ自体が非常に大きな価値を生み出すものになり，価値の創造地が，従来の供給者の所在地国から，消費者の所在地である市場国へと移転してきた。これが，BEPS 2.0の動きが生じる背景になっているのは，皆さまご案内のとおりです。

このような世界では，所得の発生や稼得への貢献要素が，ボーダーレスに世界中に分散することになります。また，物理的なものというよりはむしろ無形の情報が価値の源泉になるわけですが，それらは簡単に国境を越えて移転させることができますので，所得の発生や稼得をtaxable eventとして所得課税をしていくという従来の方法では，課税ベースが大きく浸食されていかざるを得ません。こういったことから，所得の発生や稼得に比して捕捉が容易である消費をtaxable eventとして消費課税を行う方が課税の公正性を確保できるのではないかという考え方が強くなってきているというのが，現在の世界における課税を巡る議論の大きな潮流であると思われます。そういった意味で，今後，市場国における「消費」を正面から捉えた課税が重要性を増してくるものと思われます。

2　市場国における「消費」を捉えた課税へ

そこで，市場国における消費を捉えた租税としてはどのようなものがあるかということが問題となりますが，大きく分けると，それには，デジタルサービス税（DST）と付加価値税（VATないしGST）があります。

第 2 章　デジタル課税の諸相

　　デジタルサービス税は，ご案内のとおり，性質は所得税に類似しています。BEPS 2.0 の Pillar 1（Amount A）についての国際合意が成立するまでの間に，約 40 か国でこのデジタルサービス税が導入されていたわけですが，ただ，これもご案内のとおり，BEPS 2.0 の国際合意によって，多国間条約発効日ないし 2024 年末のいずれか早い日までは，DST の新規導入は禁止されることとなっていましたが，この合意は既に失効しています。もっとも，当該合意の失効に拘らず，いずれにせよ既存の DST は，多国間条約の発効後に廃止されることになっています。なお，この Pillar 1（Amount A）に関する多国間条約の締結目標が，当初目標とされていた 2022 年半ばから，現時点で 2024 年 6 月にずれ込んでしまっているという点についても，皆さま，ご案内のところかと思います（条約の署名式は，報道によれば，米国で反対が根強く，7 月以降にさらに延期されたとのことである）。

　もう 1 つ，デジタルサービス税の他に，デジタルなサービス提供について課税を行う枠組みとしては，付加価値税（VAT）があります。これについても，どのようにその徴税の執行を行うかが大きな問題となっていたわけですが，現在，あり得べき徴税の 1 つの方法として，プラットフォーマーをターゲットに課税をするという仕組みが広がってきています。この点で特に進んでいるのは EU です。EU ではインバウンドの B to B の場合にはリバースチャージ方式が採用されている一方，B to C をどうするかということが，かねて問題となっていたわけですけれども，現在は，2021 年 7 月 1 日に発効した電子取引 VAT パッケージの下で，インバウンドの B to C については，プラットフォーマーである電子的マーケットプレイス・インターフェース等を原供給者からの「みなし供給者」として位置付け，このプラットフォーマーに対して（仕向地国の）VAT の申告納税義務を課すことで，課税の実効性を担保するということになっているわけです。

　さらに，B to B 取引についても，インバウンドの取引についてはリバースチャージの仕組みが従来からあったわけですけれども，それだけではなく，域内の B to B 取引も含めて，包括的に，プラットフォーマーを「みなし供給者」として消費国における VAT の申告納税義務を負わせるという形で，EU では整備が着々と進んできているわけです。

このように，特に無形・デジタルなサービス提供についても，サービス提供のハブとなっている電子的なプラットフォームの運営業者に申告納税義務を負わせることで，課税の実効性を確保しようという動きが広がってきています。このEUの方式と同様に，例えば，タイやオーストラリア，台湾などでも，既に，インバウンドのB to C取引での電子的役務提供取引について，国外の事業者の代わりに電子的プラットフォーム運営業者を「みなし供給者」とすることで，電子的プラットフォーム運営業者にVATやGSTの申告納税義務を負わせています。

　この他にも，チリやベトナムなどでは，国内事業者に加えて，電子的プラットフォーム運営業者に対してVATの申告納税義務を課すと同時に，それらの者が義務を履行しない場合には，国外事業者への支払仲介者（クレジットカード会社その他のIntermediary Payment Service Provider）に対して源泉徴収義務を課しています。これは，プラットフォーマーそれ自体よりも，金融当局等の監督下にある支払仲介者の方がカネの流れを捕捉しやすいという点に着目した仕組みであるといえます。

　先ほど申しあげましたとおり，BEPS 2.0の国際合意では，デジタルサービス税については新規導入が禁止されていますけれども，他方で，VATについては，恐らく新規導入が禁じられていないと理解されているようですので，このようなVATないしGSTの課税は，今後さらに拡大していく可能性があると思われます。

3　インバウンドの電子的役務提供取引と課税

　次に，日本の消費税について見て参ります。皆さまご案内のとおりかと思いますが，電子的役務の提供者が国外事業者である場合，今までの方式は，基本的にEUに倣った方式に近かったと思いますが，①インバウンドのB to B取引については，リバースチャージ方式により，サービスの受け手である国内事業者に申告納税義務を課す代わりに，当該役務提供について仕入税額控除を認めることとする一方，②インバウンドのB to C取引については，国外事業者について，任意の事業者登録を要求し，事業者登録を行った事業者が申告納税を行うこととして，サービスの受け手である消費者は，国外事業者が事業者登

録を行っている場合にのみ、役務提供について仕入税額控除ができるという形にしてきたわけです。ちなみに、インボイス制度の導入に伴って、登録国外事業者制度は、2023年10月1日から適格請求書保存方式（インボイス制度）に移行され、同年9月1日時点で登録国外事業者である者であって、同日において「登録国外事業者の登録の取消しを求める旨の届出書」を提出していない者は、同年10月1日付けで適格請求書発行事業者の登録を受けたものとみなされていることは、皆さまご案内のとおりです。もっとも、これについては、かねてより、国外事業者による任意の申告納税に任せることで徴税の実効性を確保できるのかということが問題となっていたわけです。

　もちろん有力な国外事業者、例えばAmazonのような大企業が電子的役務提供を行っているような場合であれば、大企業であるだけに、任意の登録であっても、これを自主的に行うことは一定程度期待できるわけですけれども、そこまで大企業とはいえない国外事業者については、任意なのであれば登録もしないということも多いように思われます。現状、国外事業者が自主的に適格請求書発行事業者として登録しなければ、徴税の実効性が確保されない仕組みになっているわけで、2022年の政府税調の有識者ヒアリングにおける私のプレゼンテーションでも、プラットフォーマーに申告納税義務を負わせる方式の導入が急務ではないかと申し上げていたところです。

　このような状況の下、令和6年度税制改正において、日本で初めてプラットフォーム課税制度が導入されました（消税15条の2第2項）。閾値となる役務提供に係る対価の額の合計額は50億円超ということで、もう少し低くてもよかったのではないかと個人的には思いますが、プラットフォーマー側での色々なシステム対応等にも配慮された結果なのだろうと推察しています。このプラットフォーム課税制度では、役務提供に係る対価の額の合計額が1年間で50億円超のプラットフォーム事業者で国税庁長官が指定した者を「特定プラットフォーム事業者」と定めて、国外事業者がデジタルプラットフォームを介して消費者向けに電気通信利用役務を提供し、かつ、当該役務の提供の対価を、特定プラットフォーム事業者を介して収受している場合には、その特定プラットフォーム事業者をサービス提供者とみなして（同条1項）、当該国外事業者に代わって特定プラットフォーム事業者が消費税の申告納税をするという制度になっ

ています。この制度の施行は 2025 年 4 月 1 日です。現在は役務提供に係る対価の額の合計額が 1 年間に 50 億円超の場合にしかこのプラットフォーム課税制度は適用されないわけですが，今後は，さらに適用範囲を広げていくことが期待されます。

4　アフター・コロナで加速するデジタル化・AI 化と課税問題

　以上がこれまでの流れであったわけですけれども，2020 年から 2022 年末ぐらいまでの間，コロナ禍の下で，デジタル化・AI 化が非常に進展してきました。また，これはあまりコロナ禍とは関係ないと思いますが，2023 年辺りから ChatGPT を含めた AI の性能が飛躍的に向上してきて，今後 AI 化が進むことによる色々な問題が起きてくると思います。

　それはさておき，コロナ禍が経済や社会に及ぼした影響ということでみると，特にリモートワークの浸透が大きいように思われます。リモートワークの浸透により，世界中どこにいても仕事ができることになりましたので，今後は，従来のような多額の金融資産を持つ富裕層だけでなく，サラリーマンのように会社に雇用されている専門職・事務職も，軽課税国に逃避・移住する動きが出てくることが懸念されます。他方で，デジタル・ノマドと呼ばれるような，リモートワークで自分の好きな国に行って働きたい人たちも世界的に増えてきており，各国でその争奪戦が始まっていることを受けて，2024 年 4 月 1 日から，日本でもデジタル・ノマドについてのビザ制度がスタートしています。これは，出入国管理の面で規制緩和をして，日本にデジタル・ノマドを呼び込もうという施策なわけですが，他方で，デジタル・ノマドとなって日本から出ていく人も今後増えていくように思われますので，このようなデジタル・ノマドとなった日本国籍の保有者に対する課税の実効性をどのように確保するかという点が，今後は問題になるように思われます。

　その他，コロナ禍を経て現在進行形で非常に進んでいるものとしては，ペーパーレス化があります。リモートワークが浸透して，DX が急務であるという認識が企業の間で広がったことで，オフィスにおける紙の使用はかなり減ってきている一方，Docusign や GMO サインなどの電子契約プラットフォームの利用が浸透してきています。これによって，「紙」の契約書等の作成について

課される印紙税の税収は，今後大きく落ち込むことが予想されます。

　さらに，これはコロナ禍とは直接関係していないとは思いますが，5G（やさらには今後の 6G）の本格的な普及に伴って，IoT（Internet of Things）によって収集された膨大なデータが今後非常に大きな価値を生み出してくるものと思われます。Amazon が，家庭用ロボット掃除機ルンバを販売する iRobot の買収を企図していましたが，EU の競争当局によって駄目出しをされて最終的には買収を断念したわけですけれども，これも，ルンバを通じて各家庭の中における部屋や家具等の配置といった情報を収集することが可能である点に着目した動きであるといわれています。このように，IoT によって収集された様々なデータが非常に大きな価値を生んでくることが，今後考えられるわけです。

　これと並んで，コロナ禍で注目されるようになったものがメタバース（仮想現実）です。コロナで家から出られないので，巣ごもりで家にいて，こういった仮想現実の世界で色々な消費活動・経済活動を行うことが増えてきたわけです。Facebook が社名を Meta Platforms に変えてメタバースビジネスに大きく舵を切ったということも，メタバースがビジネスとして大きく注目されるきっかけとなったようにも思われます。

5　Web 3.0/メタバースによる租税法の世界へのインパクト

　これらの動き，Web 1.0，2.0，それから Web 3.0 という話を冒頭に少し致しましたけれども，Web 2.0 の世界では，スマホと SNS の普及で，世界中の人たちが自ら情報発信でき，そうして発信された情報等をプラットフォーマーが解析することによって，プラットフォーマービジネスが非常に拡大してきたわけです。その次の Web3.0 の動きとして，2010 年代以降から，ブロックチェーン技術が進展・普及してきて，これによって，サイバー空間の中で，バーチャルな仮想資産を特定の人が「所有」できるという状況が生み出されてきました。今まではサイバー空間の中での「所有」を担保することが原理的にほとんど不可能であったために，このようなことは考えられませんでしたが，サイバー空間の中における「モノ」の「所有」が観念できるようになると，今までリアルな世界を基盤として構築されてきた租税法の世界，国際課税の世界に対して，根本的な見直しが迫られることになります。そのような意味では，メタ

バースもまた，ブロックチェーン技術がもたらした租税法に変革を迫るイノベーションの1つであるわけです。ブロックチェーン技術に基づくイノベーションとしては，ビットコインやイーサリアムなどの暗号資産が広く使われるようになってきた点も挙げられますが，それのさらに先を行く世界が見えてきているわけです。

Ⅲ　メタバースとは何か

1　メタバース（Metaverse）とは何か

　メタバースとは何かという点についてはっきりした定義はないのですが，大まかに「アバターと呼ばれる自分の分身を介して入り込む3次元の仮想世界」といえるかと思われます。この言葉自体は，「Meta」，すなわち「超える」という言葉と「Universe」を組み合わせた造語で，元々は，米国のSF作家が1992年に発表したサイバーパンク小説である『スノウ・クラッシュ』に登場する仮想空間サービスの名称であったわけです。それが転じて仮想空間（バーチャルリアリティー）そのものの名称として用いられるようになったというのが「メタバース」という言葉の由来です。

　先ほども申し上げましたとおり，コロナ禍によって，2020年から2022年にかけて，自宅に閉じこもらなければいけない日々が続いたため，自宅にいながらにして楽しめるものとして，狭義のメタバースそのものではないものの，広義の意味ではメタバースといってよいものとして，日本では，「あつまれ どうぶつの森」等が非常に流行りました。そして，世界的には，「Fortnite」ですとか，「Roblox」，「The Sandbox」といった，主にゲームを楽しむことができるメタバースや，バーチャル空間の中でコンサートを開くといった，メタバースでのバーチャルイベント等が急速に拡大してきました。そういった状況を受けて，2021年にGAFAM――最近ではこれにNVIDIAを加えて「GAFAM＋N」と呼ばれることも多いようですが――の一角を占めるFacebookが，社名をMeta Platformsに変更したことが，メタバースビジネスの高い成長性・将来性を象徴するものといわれています。

　Metaがどのような形でメタバースビジネスを展開しようとしているかとい

第2章　デジタル課税の諸相

いますと、ユーザーがメタバースの世界に「没入」するためには、まずは3次元仮想世界に入っていくためのヘッドセットが必要ですが、Metaは、そのためのヘッドセットとしてMeta Quest——現在はMeta Quest 3が最新バージョンですけれども——を発売しています。そして、Meta Questを通じて没入できるメタバースとして、Horizon WorldsというVRのプラットフォームを構築し、この中に入って活動するユーザー等に様々な形で課金して収益を上げるというビジネスモデルを作り上げています。Facebookですと、アバターを使うわけでもないですし、実名登録ですので、3次元の仮想世界に没入していくということはありません。従って、Facebookは、ある意味でスマホのスクリーン上の2次元の世界におけるSNSであるわけですが、それを3次元に拡張したHorizon Worldsをプラットフォームにして、その中でユーザー等が行う様々な活動に課金して収益を上げるというプラットフォーマービジネスを、Metaは次の経営の柱としていこうとしているわけです。

　最近非常に話題になったのは、Appleの動きです。Appleは、2023年Apple Vision ProというVRヘッドセットを発表・販売しています。Appleは、仮想現実（バーチャルリアリティー：VR）だけというより、拡張現実（AR）や、複合現実（MR）のビジネスを重視する方針ではないかといわれていますが、このApple Vision Proは、現実（リアルワールド）にデジタルコンテンツを重ねて表示できる点が、MetaのMeta Questと違うところです。さらに、日本でも、NTTドコモがARグラスなどを今後販売する予定であると既に発表していますが〔注：本書脱稿時には既に発売中〕、VRヘッドセットやARグラスといったデバイス面では、そのような動きが起きています。

2　メタバースの将来性

　ビジネスとしてメタバースがどれだけ将来性があるかということに関しては、例えば、総務省の令和5年版情報通信白書に資料があります。これによれば、メタバース市場の市場規模は2022年には655億ドルでしたが、2030年にはこれが一気に拡大し、9,366億ドルと1兆ドルに迫る規模となり、ユーザー数も7億人に達すると予測されています。

　日本のメタバース市場は、2022年の時点では1,800億円超であったわけで

12 メタバースと課税

すが，2026年には1兆円を超えるのではないかといわれています。ある統計[2]によればメタバースの種類ごとのユーザー数の推移と今後の予測としては，一番多いのがeコマースで，次がゲーム，その次がHealth and Fitnessですが，この辺りが今後市場を牽引していくことになるように思われます。

3 メタバースの特質

　メタバースの特質としては，まず，ブロックチェーン（分散型台帳）上に構築されるという点が挙げられます。そして，そのメタバース内でアイテムや「不動産」を作って，NFTとして，世界に一つだけのものとして取引するわけです。これはブロックチェーン上で記録が可能なので「取引」もできるわけですが，ブロックチェーン技術を使うと，比喩的にいえば，あたかも不動産登記簿のような形で改竄不能な形で取引が記録されていくために，「所有」も観念できることになるわけです。NFTとは，Non-Fungible Tokenの略で，日本語では非代替性トークンと呼ばれますが，これによって，仮想空間の中で，バーチャルな「不動産」や「刀」とか「盾」といったアイテムを，仮想資産として取引できるようになります。このメタバースは，現実世界との関係でいえば，複数のサーバーやストレージ等によって構築されています。

　メタバースは仮想現実ですので，世界中どこからでもアクセスでき，その中で，アバターを介して色々な人と交流できるわけですけれども，アバターは世界中から集まりますので，ボーダーレス性が1つの特徴であるといえます。こういった特徴があるが故に，先ほど申し上げたMetaが提供しているHorizon Worldsのように，単一の法人である事業者が運営する必然性はないわけで，DAO（Decentralized Autonomous Organization）と呼ばれる自律分散型の組織――比喩的にいうと昔のギリシャのポリスのような全員参加の直接民主制的な組織――によって運営することも可能です。DAOについては，法的な裏付けも進んできていまして，米国では，既にワイオミング州とテネシー州で既にDAO法が施行されています。2021年7月1日に施行されたワイオミング州のDAO法では，DAOについては，一般的な会社組織と異なり，その組織運営をメン

---

2) https://www.statista.com/outlook/amo/metaverse/worldwide#global-comparison 参照。

321

バーによる人的管理型にするか，事前に設定されたプログラムに基づくアルゴリズム管理型にするかを選択できるものとされています。日本でも，2024 年 4 月 22 日から，「合同会社型 DAO 社員権トークン」という特定のトークンについて，金融商品取引法上，通常の合同会社の社員権と同等の規制をすることを目的とする「金融商品取引法第二条に規定する定義に関する内閣府令の一部を改正する内閣府令」が施行されることが予定されています〔注：同日施行済〕。

　課税との関係で，メタバースについてまず問題となるのは，その匿名性の高さです。通常の e コマースですと，物の売買は当然ながら実名で行うわけですが，メタバースはアバターを介して 3 次元仮想世界に没入するものであるところ，このアバターには匿名性があることが通常です。

　また，メタバースでは，通常，メタバース内だけで使える仮想通貨が用いられ，これによってメタバース内におけるアイテムの取引等が行われる点も，後で触れるように課税上の問題を生じさせます。この点，メタバース内の仮想通貨ではなく，同じブロックチェーン技術を用いたビットコイン等の暗号資産を決済に使えばよいのではないかと思われるかもしれません。確かに，原理的にはもちろんビットコイン等を使うことも可能ですが，VR（仮想現実）内において決済をする場合にはレスポンスの速さが非常に重要でして，ゲームの最中に時間のかかる決済プロセスが入ると，ゲームがそこで中断されてしまって面白くないということで，決済を高速化するために，メタバース内の仮想通貨でとりあえず決済しておくというのが通常のようです。そういったメタバース内の仮想通貨として，Second Life であれば Linden，Fortnite であれば V-Bucks，Roblox であれば Robux，The Sandbox であれば SAND，Decentraland であれば MANA といったものが使われています。

　メタバースと似た言葉として，VR とか AR とか MR などという用語があります。このうち，仮想現実＝VR（Virtual Reality）は，先ほど申し上げましたように，サイバー空間内における 3 次元仮想世界を指します。これに対して，拡張現実＝AR（Augmented Reality）とは――皆さまもイメージしやすいものとしては，Pokémon GO とかスマホ上の画像に猫耳を付けたりする SNOW もこれに該当するかと思われますが――目の前の現実の風景や顔の画像にデジタル情報を重ね合わせて構築されるものをいいます。このように，AR は，デジタル

情報がリアルな世界の風景にただ重ね合わせて表示されているだけですけれども，そこからさらに進んで，デジタルオブジェクトが単に表示されるだけでなく，手などを使ってそのデジタルオブジェクトを直感的に操作できるものが複合現実＝MR（Mixed Reality）です。MRは，ARと比べるとデジタルオブジェクトを操作できる点が異なりますので，例えば，車の整備をどうするかを研修で教えるときにMRを使うとか，遠隔手術をするためにMRを使うといったことが現に行われています。このVR，AR，MRを全部総称してXRと呼んでいます。なお，Apple Vision ProはこのVR，AR，MRの3つ全てに対応できます。

メタバースとこれらの言葉がどういう関係にあるかということについては，メタバースという言葉自体の定義がやや不明確であるため，曖昧です。例えば，XR技術を用いた仮想空間ビジネス全体をメタバースビジネスと呼ぶこともあるようです。ただ，今回は，最狭義のもの，即ち，VR＝3次元仮想空間の中で閉じた世界について生じる課税問題について，お話ししたいと思います。

4　メタバースの実例

ここから，幾つかメタバースの具体例をご紹介してまいりたいと思います。まずは，最初期に登場したメタバースで，「早すぎたメタバース」と呼ばれることもあるものとして，Second Lifeがあります。「早すぎた」というのはどうしてかといいますと，Second Lifeは2003年8月から運用を開始していまして，日本企業でもトヨタや東芝が参入したり，海外企業ではDELLとかReebokが出店したりということで，早くから世界的に話題になっていました。2006年には，Duran DuranがSecond Life上でコンサートを行って話題を集めたわけですけれども，少し時期が早すぎて，一時大きく話題になったものの，現在では利用者数も減って，細々とサービスが継続されている状態のようです。

現在非常に流行っているものとしては，Epic Gamesが提供しているFortniteがあります。これは，2017年にリリースされたシューティングゲームでして，基本ゲームは無料にした上で，外見変更のためのアイテムであるスキン（コスチュームアイテム）や武器などを追加パックとして販売することで収益を得るというビジネスモデルです。2023年発表のデータでは，総ユーザー数は5

億人で、月間アクティブユーザーが 7,000 万人といわれています。Epic Games はまだ上場していないユニコーンですが、上場したら顕在化するであろう株式時価総額は 2022 年 4 月の時点で推計 4 兆円ともいわれています。Fortnite には幾つかのモードがあって、クリエイティブというモードでは、クリエイターが自ら街やコースといったようなもの、Epic Games が提供していないオリジナルなものを制作できます。ただ、その場合、プラットフォームとしては Fortnite を使っているわけですから、クリエイターにはアイテムショップからの純収益と Fortnite での収入額の 40% だけが分配され、残りの収益はプラットフォーマーとしての Epic Games に入るという仕組みになっているようです。

　次は VRChat です。これは、同人的なバーチャル＆リアルアイテム市場を作るようなメタバースでして、VR 機器への対応が早かったといわれています。

　その次は Roblox です。これも基本的にゲームなのですが、先ほどの Fortnite は Epic Games が提供しているゲームが基本ゲームであるのに対して、この Roblox は、Roblox のプラットフォームの中で、外部のコンテンツクリエイター（サードパーティー・クリエイター）が制作した仮想ゲームをプレイすることが可能です。現在の 1 日当たりのアクティブユーザー数は 7,150 万人といわれています。サードパーティー・クリエイターは、ゲーム内で使用できるアイテムを制作して販売することもでき、その決済は、法定通貨への換価も可能なメタバース内の仮想通貨である Robux で行われます。

　次の The Sandbox ですが、これは、ボクセルと呼ばれる角張った要素で世界観を表現するというもの——レゴみたいな感じがしますけれども——でして、ユーザーが制作・作成したアイテムやゲームをその中で販売することもできますし、このメタバース内における「土地」を売買したり、「土地」の入場料を取ったりすることも可能です。購入できる「土地」の区画は、16 万 6,464 区画だけのようですので、この「土地」自体に希少価値もあります。このメタバース内では独自通貨として SAND というものを使うことになっています。

　次が Decentraland です。これは、イーサリアムのブロックチェーンを利用して作られたプラットフォームで、このプラットフォームを使うと、ユーザーは「土地」を購入して、資産をゼロから形成できますし、「都市」全体を作成

することもできるとされています。このメタバース内には，東京の原宿をアレンジしたVRショッピングモールである*Metajuku*（メタジュク）というものがありまして，色々な企業が仮想店舗を出しています。JP Morganが*Metajuku*の中にラウンジを出店したとか，このファッション地区の土地が250万ドルで売れたとして，かなり話題になりました。

最後が，MetaのHorizon Worldsです。Metaは，ゲームだけではなくて，もっとビジネスユースなどもできる総合的なメタバースを目指していて，先ほど申し上げましたように，この世界に入っていくにはMetaが販売するVRヘッドセット（現在はMeta Quest3）を利用することが前提となります。従って，VRヘッドセットの販売でも収益を上げられるわけです。このヘッドセットを使うと，バーチャル会議室のサービスに入ってアバターとして会議をすることもできるというのが「売り」です。ただ，Metaのメタバースビジネスはかなり苦戦が続いておりまして，既に赤字を約1兆円出したとも報じられています。もっとも，Metaは依然としてこの事業にかなり力を入れています。

5 プラットフォーム・ビジネスとしてのメタバース

今お話ししたところからお分かりいただけるとおり，メタバースはゲームとの親和性が高く，MMOG（Massively Multiplayer Online Games）と呼ばれるオンラインゲームとかなり似ています。もっとも，オンラインゲームは，ゲーム提供者が自前で制作したコンテンツを消費者に対して提供して，そのコンテンツで遊ぶ際に課金をするというビジネスモデルであるのに対して，メタバース・プラットフォーマーのビジネスモデルは，自分自身がコンテンツを提供して課金することに加えて，外部のコンテンツクリエイター（サードパーティー・クリエイター）が，そのプラットフォームを使って，自分なりにカスタマイズした仮想世界を実現し，そこから上がる収益から相当割合の分配を受けるということで，全体的に収益を上げていくというものです。つまり，「仮想世界プラットフォーム」を提供して，基本的にはそのプラットフォームの利用料で収益を上げるというのがメタバース・プラットフォーマーのビジネスモデルです。これは，分かりやすくいうと，AppleのiPhoneというプラットフォームを用いたビジネスと同じです。AppleのiPhone上には色々なアプリがあり，そのほ

第2章　デジタル課税の諸相

とんどは外部のアプリ制作会社が販売しているわけですが，Apple は，その販売を，自らのゲートウェイである App Store 以外では許さず，App Store での販売に際してかなり高い「さや」を抜いて高い収益を上げています。メタバース・プラットフォーマーのビジネスモデルは基本的にこれと同じです。プラットフォームを提供し，プラットフォーム上で外部のサードパーティーにビジネスを展開してもらい，そのビジネスを通じて得られた収益の相当部分をプラットフォーマーがプラットフォーム利用料として吸い上げる，というビジネスモデルです。

6　メタバース・プラットフォーマーのビジネスモデル

　従って，ビジネスモデルとしては，自社が構築し，提供するメタバースというプラットフォームにいかに多くのユーザーが「来て」くれるかが重要です。Apple の iPhone のように，皆が使っているということが大きな価値を持っています（ネットワーク外部性）ので，ユーザーを呼び込むために，基本部分は無料で利用可能とした上で，アイテムやスキンと呼ばれる，外見を変えられるセットを有料で消費者に販売し，さらに，サードパーティーがそのプラットフォーム上で仮想世界を制作することができる環境を提供して，サードパーティーが売り上げた中から手数料を徴収する，というビジネスモデルです。

　サードパーティー（コンテンツ・クリエイター）はどうやって利益を上げるかというと，提供されたプラットフォーム上の環境を利用して仮想世界を制作し，ユーザーに色々課金をして，ユーザーから徴収した利用料とアイテムの販売料等の中からプラットフォーム手数料をプラットフォーマーに対して支払って，残りの収益を得ることで，利益を上げるわけです。

　プラットフォーマーがいかに儲かるかということですが，Horizon Worlds の場合，クリエイターから徴収する手数料は 47.5% です。Meta のホームページ[3]の説明を読むと，1 ドル販売したら 0.53 ドルがクリエイターに行くと書いてあるわけですが，きちんと計算すると，正確には 47.5% の手数料が徴収されることになるといわれています。

---

[3]　https://www.meta.com/ja-jp/help/quest/articles/horizon/create-in-horizon-worlds/fees-for-horizon-worlds-purchases/ 参照。

AppleのiOSはiPhoneを動かしている基本ソフトですけれども、そのiOS上のApp Storeでサードパーティーがアプリを販売するときの手数料は30％といわれていますし、YouTubeでライブを行ったりする際の「投げ銭」についても、YouTubeを運営しているGoogleがその「投げ銭」から徴収する手数料は30％といわれています。Metaは、それよりも高い手数料を徴収しているわけで、ひとたびこのプラットフォームを皆が使うようになれば、プラットフォーマーは莫大な収益を上げられるというビジネスモデルです。

Ⅳ　メタバースの課税問題

1　はじめに

　メタバースの課税問題について考える前提として、この後ご紹介するChristine Kim教授の論文の中で提示されている世界観について見てみたいと思います（後掲の【図】を参照）。ここでは、メタバースの世界があって、リアルワールドがその外にあります。メタバースの世界の中でも、原理的には複数のメタバース（例えばメタバースAとメタバースB）を1つのメタバース・プラットフォーマーが提供するということもあり得ます。このメタバースAの中で展開されているゲームで使われるアイテム同士（例えば刀と盾）を交換するということもありますが、それ以外に、このメタバースAにおける「土地」とメタバースBにおける「土地」を交換するということも考えられます。しかしながら、最終的に、そのメタバース内で収益を上げたとして、現実世界でその上げた収益を使おうと思うと、リアルワールドにおいてキャッシュアウトしなければいけないということになります。リアルな世界にキャッシュアウトされれば、そこで当然課税が生じるわけですが、今回は、メタバース内のみで閉じた取引（Case 1であればメタバースAの中だけ、Case 2であればメタバースAとメタバースBとの間での取引）について、課税問題をどう考えるべきかという点についてお話ししたいと思います。

2　メタバースの課税問題

　メタバースの課税問題としては色々なものが考えられます。とりあえず、今

【図】メタバースと現実世界との関係についての模式図

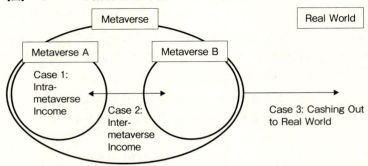

出典：Young Ran (Chriistine) Kim, *Taxing the Metaverse*, 112 GEORGETOWN LAW JOURNAL（Apr., 2024）at 38

　日は個別の問題にはそれほど立ち入らず，もう少し大きな状況での話をしたいと思っていますので，個別の問題については基本的に論点を指摘するにとどめます。

　まず前提ですが，わが国では，メタバース内の仮想資産（NFT）は，二次流通（作ったものを直接販売するのではなく，作られたものがその後転々流通する場合）との関係では，譲渡所得の基因となる資産に当たるので，メタバース内の仮想資産（NFT）を譲渡した場合にはその譲渡損益は基本的に譲渡所得となります。そして，仮想通貨については，日本の租税法令では，それが資金決済法上「暗号資産」として定義されたものに当たるかどうかで線引きがされていて，資金決済法上の「暗号資産」に該当すれば，その譲渡損益は雑所得になるとされています。以上がわが国の租税法令上の前提です。

　メタバースは，バーチャルリアリティー（VR）ですので，サイバー空間にしか存在しません。こういったメタバース内の取引について，国際課税の問題を考えると，あるメタバースが存在するとして，それについて，何を nexus として，どの国が課税権を有するのかは，非常に大きな問題となり得ます。考え方は色々あり得ますが，メタバースはサーバーとストレージ等で構築されているわけなので，3次元仮想世界用のサーバーが物理的に所在している国に課税権があるのか，各種アイテムその他の仮想資産を販売している人の所在地国に課税権があるのか，それとも，仮想資産をオリジナルで作った発行者・管理

者の所在地国に課税権があるのか，はたまた，メタバース・プラットフォーマーの本社所在地国に課税権があるのか，といった様々な考え方があり得ます。これに付随・関連して，メタバース内の取引等で創造された価値の源泉地はどこかという問題についても，今申し上げたそれぞれの考え方に対応する考え方があり得ます。

　その他の論点としては，例えば，日本の消費税との関係では，その課税の可否は，日本国内において事業者が行った資産の譲渡等に当たるかどうかで決まるわけですけれども，仮想資産の譲渡が国内において行われたかどうかという判定（内外判定）は，一体どのように行うのかということが問題となります。これにも色々な考え方があり得て，取引はメタバース内で行われているわけですから，内外判定は，メタバース用の3次元仮想世界のサーバーが物理的に所在している国を基準に行うという考え方もあり得るでしょうし，譲渡対象がアイテムその他の仮想資産の「著作権」そのものだとすると，「著作権」の譲渡であるとして，その販売者の所在地国を基準に行うという考え方もあるでしょう（消税4条3項1号括弧書，消税令6条1項7号）。また，アイテムその他の仮想資産（NFT）の譲渡に伴って，著作権者との間の契約で特段の定めがない場合には，その仮想資産のオリジナルのデザイン等の制作者の著作権は，その制作者に帰属すると考えられますが（著作61条2項参照）[4]，それはさておくとして，内外判定は，その仮想資産の発行者・管理者が所在している国を基準に行うという考え方や，メタバース・プラットフォーマーの本社所在地国を基準に行うという考え方もあり得ます。

　今，アイテムその他の仮想資産（NFT）について，オリジナルのデザイン等の著作権はその制作者に帰属するという話をしましたけれども，それら仮想資産（NFT）の課税関係を考えるに際しては，それら仮想資産（NFT）は，そもそも私法上はどのようなものなのかということが問題となります。

　この点，メタバース内のアイテムその他の仮想資産（NFT）は，無形の財ですので，有形物と違って，契約関係の束で成り立っているものと考えざるを得

---

[4]　渡邉涼介「NFTの法律問題」法律のひろば75巻7号（2022年）43頁，長瀬威志ほか「NFTと法律関係 第1回　NFTの仕組みと私法上の整理」NBL1202号（2021年）66頁参照。

ませんが，一般的には，それら仮想資産（NFT）は，私法上，そのデザイン等についての著作権の利用許諾権を前提に成立した，当該仮想資産（NFT）の保有者と当該仮想資産（NFT）の発行者・管理者ないしはメタバース・プラットフォーマーとの関係における，ある種のデジタルサービスの利用権であると考えられているようです5)。なお，NFTに表現されたデザイン等についての著作権は，その著作権者との間で特に契約していない限り，仮想資産（NFT）に関する権利には含まれないという点に注意する必要があります（著作61条2項）。

　以上を前提に，仮想資産（NFT）を巡る課税関係を具体的に考えてみます。まずは，メタバース内におけるアイテムその他の仮想資産（NFT）を自ら第三者に販売した場合（いわゆる一次流通の場合）の課税関係については，その「譲渡」は，わが国の租税法でいうところの，「著作権」の譲渡ないし「その他これに準ずるもの」の譲渡に当たるのか（この場合には，日本の所得税法の下では，「譲渡者」の所得は「譲渡所得」ということになる），それとも当該仮想資産（NFT）についての利用権の設定に過ぎないのか（この場合には，日本の所得税法の下では，「譲渡者」の所得は「雑所得」ないしは「事業所得」ということになる）という点を，日本の租税法の下における取扱いを例にとって，検討してみます。この点，それら仮想資産（NFT）の私法上の性質について，先ほど申し上げましたように，ある種のデジタルサービスの「利用権」であると考えるのであれば，一次流通の場合には，それら仮想資産（NFT）の「販売」は，私法上，購入者に対する当該仮想資産に係る「利用権の設定」であると解されますので，当該「販売」による所得は，日本の所得税法上は，「雑所得」ないしは「事業所得」ということになると考えられます。他方，その仮想資産（NFT）が，その後転々流通（いわゆる二次流通）していく場合には，当該仮想資産の転売者が得る所得は，当該仮想資産に係る「利用権の譲渡」に基づく所得ということになり，日本の所得税法上は，「譲渡所得」と解されることになります6)。

---

5)　AMTメタバース法務研究会「メタバースと法　第5回　メタバースと税務」NBL1231号（2022年）78頁，島田真琴「現代アート・NFTアートと著作権」ジュリスト1572号（2022年）71頁参照。

6)　延平昌弥ほか『事例で学ぶ 暗号資産・NFT・メタバースの会計税務Q&A70選』（清文社，2023年）211-212頁，AMTメタバース法務研究会・前掲注5)78頁参照。

12　メタバースと課税

　これに関連して，メタバース内でアイテムその他の仮想資産（NFT）が譲渡される場合には，その仮想資産（NFT）に表現されたオリジナルのデザイン等の制作者（＝著作権者）は，一般的に，いったん自らが販売した（いわゆる一次流通）の後でも，それがその後転々流通（いわゆる二次流通）していく際に，流通段階ごとにマージンを得ることができる仕組み（いわゆる追及権を保有するような仕組み）になっていることが多々あるといわれていますが[7]，このような場合には，その著作権者に対して支払われるマージンが，「国内において業務を行う者から受ける」「著作権……の使用料」として国内源泉所得（所税161条1項11号ロ）に該当するのか（該当する場合，源泉徴収義務を譲渡者に課すことができる）という問題が生じます。

　また，例えば，アイテムの販売者から租税を徴収すべきとなった場合，アイテムの販売者は，通常，匿名のアバターを通じて販売を行っており，どこの国の誰かも分かりませんので，課税の実効性をどのように担保すべきかが問題になります。IPアドレス等を辿ることができれば，アバターの背後にいる人（又は法人）がどの国のどこに所在しているか辿れるわけですが，最終的にそのデータを持っているのはプラットフォーマーですので，メタバース・プラットフォーマーに源泉徴収義務を課すのが一番実効的ではないかと思われるわけです。そうすると，先ほど少し申しましたけれども，電気通信利用役務の提供に関しては，令和6年度税制改正で，インバウンドのBtoC取引であっても，消費税のプラットフォーム課税制度でカバーする仕組みができましたので，立法論的には，これを応用して，メタバース・プラットフォーマーへの源泉徴収

---

[7]　日本の著作権法上は，このような追及権は認められていないが，欧州を中心とする諸国の著作権法では，このような追及権が認められていることがある。なお，（NFTに表現されたデザイン等についての著作権と区別される）仮想資産（NFT）それ自体に関する権利について，そのような追及権が認められるか否かは，かかる仮想資産（NFT）取引のプラットフォームの規約等で定められることになる。この点，2017年に設立され，長年，業界トップとして君臨してきたNFTマーケットプレイスOpenSeaは，NFTの二次流通に際して，その売却益の一部をロイヤリティとしてNFTクリエイターに還元してきた（追及権を認めてきた）ものの，そのようなロイヤリティ徴収のないBlurに業界トップの座を奪われた。その結果，OpenSeaは，2023年9月1日付けで，ロイヤリティ徴収を終了したと報じられている（Maria Gracia Santillana Linares「苦境のNFT市場を襲う『ロイヤリティ消滅』と米規制強化」Forbes JAPAN（2023年10月12日15：00）（《https://forbesjapan.com/articles/detail/66618》にて閲覧可能）。

課税を行うことも考えられるように思われます。

V　メタバース内取引への課税提案

1　Young Ran Kim 教授によるメタバース内取引への課税提案

　メタバース内取引への課税については，Yeshiva 大学の Young Ran (Christine) Kim 教授による論文[8]がありますので，本日はそれについてご紹介したいと思います。前提が日本の状況とやや違っているところがあるのですが，米国では，前提として，仮想現実内で閉じた世界の中におけるアイテムの交換等については taxable event にならないというのが，学説上，一般的であるようです。暗号資産に関しては，ミシガン大学の Avi-Yonah 教授がそういった主張をされていますし（Avi-Yonah 教授らは，暗号資産への課税について，暗号資産の相場変動性（ボラティリティ）の大きさからくる帳簿価額算定の不安定性を理由に，現実世界の法定通貨又は資産・サービスへの交換時まで課税しないことを提案している。See Reuven S. Avi-Yonah and Mohanad Salaimi, *A New Framework for Taxing Cryptocurrencies*, University of Michigan Public Law Research Paper No. 22-014 (March 31, 2022)），一般的にそのように考えられています。つまり，あくまで，仮想現実の外の現実世界にキャッシュアウトされた時点で初めて課税対象になるというのが，米国における一般的な考え方のようです。日本では恐らくこれと違う考え方が一般的であるようですが，この米国における考え方と共通で問題になる部分もありますので，Young Ran (Christine) Kim 教授によるメタバース内取引への課税提案について，以下ご紹介したいと思います。

　Kim 教授の問題意識は，このメタバース内の経済活動で得られる収益を外の世界にキャッシュアウトされない限り課税から排除してしまうと，巨大なタックスヘイブンを創出することになりかねないのではないかという点にあります。例えば，メタバース内の *Metajuku* に買った「土地」について含み益が生じた場合は，当該「土地」をメタバース内に保持していれば課税が繰り延べら

---

[8]　*See* Young Ran (Christine) Kim, *Taxing the Metaverse*, 112 GEORGETOWN LAW JOURNAL (Apr., 2024), Cardozo Legal Studies Research Paper No. 724, *available at* https://ssrn.com/abstract=4549974.

れる一方で，含み損の方は外の世界にキャッシュアウトすると実現損が生じ，節税に使うことができます。従って，仮にメタバース内の経済活動から得られる収益を課税から排除してしまうと，巨大な税務上の裁定取引の機会が起きてしまうのではないかということです。そもそも論として，メタバース内の経済活動で得られる収益は，いわゆるヘイグ＝サイモンズの定式化による包括的所得概念の下では課税上の所得に該当するはずです。にも拘らず，その課税がメタバース内で閉じている限り永遠に繰り延べられることとなれば，巨大なタックスヘイブンのような世界が創出されてしまうのではないかというのが，Kim教授の問題意識でした。

　日本では，（課税の実効性はともかくとして）メタバース内でアイテムその他の仮想資産を交換すると，基本的には taxable event になると考えられているようですが，それでも，その仮想資産を保有したままでずっと交換しないでいれば，その含み益には課税がされず，課税繰延べが生じることになるので，このKim教授の議論は，日本でメタバース内取引についての課税を考える際にも参考になり得ると思われます。

　なお，米国では，先ほど申し上げましたとおり，メタバース上の「土地」や「不動産」その他の仮想資産は，法定通貨（fiat currency）やリアルな財を対価として処分したときにだけ利得が「実現」したものとして課税され，メタバース内の仮想資産を他の仮想資産と交換しても，利得の実現がないため非課税（課税繰延べ）と解するのが一般的であるようです。これは，3で後述するとおり，実現主義（のうちの一種の考え方）に基づくものですが，実現主義は，ご案内のとおり，評価益は大きく変動するので不確定であるとか，評価益の計測が困難であるとか，実現しないと納税資金を得られないのでその段階で課税するのは酷であるといった諸々の理由から支持されているわけですが，かねてから，利得が実現するまでは無限に課税繰延べができる点が問題ではないかと指摘されています。他方，実現主義の逆が時価主義課税ないし値洗い課税，つまりMark-to Market の課税なわけですが，これには実現主義とはちょうど裏表となる形のメリット・デメリットがあると指摘されています。

2 ULTRA（Unliquidated Tax Reverse Account: 未実現課税保留勘定）方式

　Kim 教授による提案は，メタバースがこういった形で巨大なタックスヘイブンになってしまうと，さらに貧富の格差が拡大しかねないので，少なくともメタバース内取引については実現主義を廃止して，Mark-to-Market の課税を導入すべきというものです。そして，Mark-to-Market の課税を実現する方法として，ULTRA（Unliquidated Tax Reverse Account: 未実現課税保留勘定）方式——これはジョージタウン大学の Brian Galle 教授や David Gamage 教授などが超富裕層の資産課税との関係で提唱している方法です[9]が——を，メタバース内取引への課税に応用すべきであると提言しています。この Mark-to-Market の課税が導入されれば，メタバース外の世界にキャッシュアウトするまで永遠に課税繰延べができてしまうという問題が解消されることになるからです。

　では，この ULTRA 方式とはどのようなものなのかということが次に問題となりますが，これは非常によく考えられていて，大要，次のようなものです。即ち，納税者の持っている資産——これは，富裕層課税との関係ではリアルな資産を，メタバースに応用する場合には納税者が持っている仮想資産を，それぞれ意味しています——について，政府に名目上のエクイティ持分を与え，その原資産（underlying asset）が売却されたときに，その売却価額の一定割合——つまり，そのエクイティ持分の割合に相当する額——を，政府が受領できるようにすればよい，というものです。

　この方式のどこが優れているかというと，元々この方式が提唱されるに至った，富裕層に対する資産課税（資産保有税）の文脈で考えると分かりやすいので，それで説明致します。この方式の下では，毎年，納税者の保有する純資産額に対して，X%（例えば1%）のエクイティ持分が政府に付与され，これが年々累積していくものとされます。もちろん，これは純資産額に対する名目的持分なので，ULTRA の持分が既に設定されている場合には，それを差し引いた残りのネットの部分についてだけそのような持分が設定されることになるのですが，例えば，1% の資産保有税ですと，その名目上の持分が毎年1% ずつ

---

9)　*See* Brian Galle, David Gamage & Darien Shanske, *Solving The Valuation Challenge: The Ultra Method For Taxing*, 72 Duke Law Journal 1257.

累積的に設定されていくわけです。そして，最後に，その原資産が処分されたときに，政府は，その処分価額に累積された ULTRA の持分割合を乗じて算出された金額に相当する資産保有税を受領できるものとされます。そうすると，政府にその税収が入ってくるのは，最終的にこの原資産が処分されるときであって，これを納税者側からみると，キャッシュとしてその税を支払わなくてはならないのは原資産が処分されるときなので，納税資金の支払いに困るという問題は生じません。

　他方で，ULTRA はエクイティ持分なので，実質的には，政府がそれによって得ることができる税収の「収益率」は，納税者自身の内部収益率（IRR）に等しいわけです。従って，ULTRA 方式を採用すると，資産の評価の問題，つまり，毎年毎年資産が実際にはどの程度の価値であるのかを評価する必要がなく，政府は，最後にその資産を売却してリアルな貨幣価値が実現したところで，その一定割合を，エクイティ持分を換価した価額として受領する，という点がポイントです。

　また，納税者がその資産を担保として借入れ等をすると，実質的に一部キャッシュアウトができているのと同じ状態が実現できてしまうわけですが，そのような裁定取引を防ぐために，納税者が原資産を担保として借入れをした場合にはみなし処分とされて，その段階で，その借入れ額について ULTRA の持分割合に対応した額が税として徴収されるものとされています。

　そして，納税者は，このような ULTRA 方式による課税に対して不服がある場合には，代わりに，その資産の評価益について直ちに課税せよと申し出ることができるものとされています（選択制）。ただし，この評価益課税を選択する場合には，納税者は，課税庁が評価した評価益の額を異議なく受け入れることが前提とされています。このように，ULTRA 方式の代わりに，課税庁による資産の評価に応じて評価益課税を受けることも選択できるものとされています。

3　メタバース内取引への課税についての ULTRA 方式の利用

　Kim 教授は，この ULTRA 方式を用いてメタバース内取引について課税をしてはどうかと提案しているのですが，仮にこの ULTRA 方式による課税が

難しいという場合でも，少なくとも先ほど申し上げた【図】の Case 2，つまりメタバース間取引がなされる場合（メタバース内の仮想資産が法定通貨と交換可能な仮想通貨と交換される場合も含まれます）には，「実現」があったものとしてキャピタルゲイン課税を行うべきであって，課税の執行については，プラットフォーマーに対する源泉徴収課税を採用すればよいのではないかとしています。

現実世界で ULTRA 方式に基づく課税を実施しようとすると，各納税者が持っている資産全てについて，潜在的に課税当局が名目的なエクイティ持分を保有するという状況になりますので，執行が大変ですが，メタバースの場合には，メタバース上の仮想資産の取引は全てブロックチェーン上に記録されているので，Kim 教授は，メタバース内取引についてであれば，ULTRA 方式による課税を現実的に実現できるのではないかとしています。

なお，プラットフォーマーに源泉徴収課税の納税義務を負わせるといっても，サーバーの所在地国における課税とすると，プラットフォーマーにメタバース運営用のサーバーの所在地を簡単に軽課税国に移動されてしまいます。また，居住地国課税としてアイテム等の仮想資産の販売者に課税することとした場合には，販売者がどこに所在しているかが問題になりますが，IP アドレスの場所で特定しようにも，VPN などを使うと IP アドレスの場所は簡単に偽装ないし判別困難にすることができるので，結局課税できなくなってしまいます。従って，課税の実効性を担保するためには，結局，プラットフォーマーの本社所在地国が，プラットフォーマーに対して源泉徴収課税をするしかないように思われます。

Kim 教授の提案はここで終わっているわけですが，仮にこのプラットフォーマーに対する源泉徴収課税によってメタバース内取引への課税を実施すると，メタバース・プラットフォーマーは Meta をはじめとしてほとんど米国に所在していますので，米国にしか税収が落ちないということになってしまいます。この点が，やはり米国の大学の先生による提案だなぁという感が致します。従って，日本を含めた米国以外の国際社会の側からすると，BEPS 2.0 の Pillar 1 のような枠組みの中で，市場国に源泉徴収した税額の割り付けをすることを考えるべきではないかと思います。

4 ULTRA方式による富裕層に対する資産課税

　ULTRA方式による課税は，一見荒唐無稽に思われるかもしれないのですが，実は，バイデン政権が構想を打ち出している富裕層の最低課税法案で，Billionaire Minimum Income Tax Act（BMIT）と呼ばれているものがあるのですが，この中に，このULTRA方式による課税が組み込まれています。米国では，法案は連邦議会の議員が提出しますので，バイデン政権が提唱する課税に係る法案であっても，民主党の議員が提出することになるわけですが，連邦議会下院に提出されている法案にもULTRA方式は一部組み込まれています。ただし，リアルな資産全てについてULTRA方式を適用することは，実際上非常に難しいので，市場における価値が付いておらず，かつ，フォーミュラによる税額の算定も難しいような，価値が非常にvolatileな資産に限って，このULTRA方式を適用するという形で法案化されています。このULTRA方式を使えば，実質的には，Mark-to-Marketの課税に近いものが実現でき，「実現」を先送りすることによる課税繰延べの問題にも対処可能であるということです。

　このように，現実世界ですと，純資産を毎年正確にトラックして，それにエクイティ持分を割り付けていくことは実際上非常に難しいわけですが，メタバースの場合には，ブロックチェーン上に取引が全て記録されているはずですので，メタバース・プラットフォーマーに取引をきちんとトラックさせれば，ULTRA方式による課税も実現できるとも考えられ，その意味で，このKim教授による課税提案はなかなか興味深い提案であると思います。

5 メタバース内での取引の課税問題（日本の場合）

　では，日本ではどのように考えるべきかという点ですが，まず，①メタバース内でのみ使用可能な仮想通貨を課税上どのように考えるかという問題と，②メタバース内における仮想資産を，メタバース内でのみ使用可能な仮想通貨を対価として売買したときに課税上どのように考えるかという問題の2つを考える必要があります。

　このうち，①の問題については，先ほど申し上げましたように，わが国の場合には，メタバース内のみで使用可能な仮想通貨については，それが資金決済

法上の暗号資産に該当するかどうかで課税上の取扱いが決定されます。

　ただ，Robux や SAND など，多くのメタバースにおけるメタバース内仮想通貨は，法定通貨と最終的には交換できるようになっています。そうすると，金融庁の事務ガイドライン（第三分冊：金融会社関係　16暗号資産交換業者関係）（最終改正令和5年3月24日）及び令和5年3月24日付け金融庁「コメントの概要及びコメントに対する金融庁の考え方」からすると，不特定の者を相手方として1号暗号資産（ビットコインやイーサリアムが典型）と相互に交換できるものは2号暗号資産に該当しますので，法定通貨やビットコインないしイーサリアムに換金できるメタバース内の仮想通貨であれば，この事務ガイドライン上は，日本では1号ないし2号の暗号資産に該当することになると考えられます。

　米国では，実現しなければ所得を構成しないということが Eisner v. Macomber 事件の連邦最高裁判決（Eisner v. Macomber, 252 U. S. 189（1920））で確立していますし，また，仮想通貨同士の交換の場合における非課税の範囲が若干広く，連邦内国歳入法典（Internal Revenue Code: IRC）の1031条では，同種の資産とだけ交換がなされる場合には損益を認識しないという non-recognition の規定があるためか，メタバース内で閉じた取引の場合には，外の世界でキャッシュアウトしなければ課税がされないと一般に考えられています。しかし，日本では，Macomber 事件の最高裁判決や連邦内国歳入法典1031条に相当する規律はいずれも存在しないためか，一般に，メタバース内における仮想資産をメタバース内の仮想通貨等を用いて売買した場合には，仮想資産の売り手はその値上がり益について譲渡所得課税に，仮想資産の買い手は支払った仮想通貨の値上がり益について雑所得課税に，それぞれ服することになるように思われます。もっとも，このような結論で果たして本当によいのかということが問題となり得ます。この点，筑波大の栗原克文教授などは，メタバース内における暗号資産に該当しないような仮想通貨と仮想資産との交換であれば，課税は生じないとの見解を示しています[10]が，そのような考え方は十分あり得るように思います。

　この場合の理屈をどう考えるかということなのですが，日本では，判例上，

10）　栗原克文「メタバース，NFT，暗号資産の取引をめぐる税務上の課題」税理65巻14号（2022年）153頁参照。なお，延平ほか・前掲注6）214-215頁も参照。

実現主義の下では，金銭その他の換価可能な経済的価値の流入があったときに利得が実現すると解されています。従って，暗号資産に該当しないメタバース内仮想通貨を受領したとしても，経済的価値の流入があったとはいえないので，メタバース内仮想通貨の交付についても雑所得課税は生じないし，それと交換されている仮想資産についても譲渡所得課税は生じない，と解することができれば，現状の米国における課税上の取扱いとほぼ同じ状態になります。もっとも，現状の米国における課税上の取扱いとほぼ同じ状態になると考えた場合，今度は，Kim 教授が指摘するように，メタバース内の仮想資産を保持し続けることによって課税を永久に遅らせることができるという課税繰延べの問題が深刻になってきます。現在，日本では，一般的に，メタバース上の仮想資産同士を交換しても譲渡所得課税に服するといわれているわけですが，お互いにアバターが行っている取引について，課税当局がどうやって課税を執行するのかという問題がありますので，最終的に課税を執行できるようにするためには，いずれにしろ，メタバース・プラットフォーマーに源泉徴収課税をするようにしないと難しいと思われます。

VI　参考文献について

最後に本講演の参考文献ですが，今日のタネ本といいますか，元々の論文はこの Kim 教授の論文（前掲注8）参照）ですけれども，その他の文献等〔注：本稿脚注に掲げた文献〕も大変参考になると思いますので，適宜ご覧いただければと思います。私の方からの話は以上とさせていただきたいと思います。ご清聴，誠にありがとうございました。

◇監修者紹介◇

中 里　　実（なかざと　みのる）（監修，巻頭言，[1]）
1978 年　　東京大学法学部卒業
現　在　　東京大学名誉教授，西村高等法務研究所所長
〈著　作〉
『財政と金融の法的構造』（有斐閣，2018 年），『デフレ下の法人課税改革』（有斐閣，2003 年），『タックスシェルター』（有斐閣，2002 年），『キャッシュフロー・リスク・課税』（有斐閣，1999 年），『金融取引と課税──金融革命下の租税法』（有斐閣，1998 年），『国際取引と課税──課税権の配分と国際的租税回避』（有斐閣，1994 年），Japanese Law: An Economic Approach（with J. Mark Ramseyer, University of Chicago Press, 1998），『法人税の研究（租税法論集 I）』（有斐閣，2021 年），『所得税の研究（租税法論集 II）』（有斐閣，2022 年），『課税理論の研究（租税法論集 III）』（有斐閣，2023 年），『国際課税の研究（租税法論集 IV）』（有斐閣，2024 年），その他

◇編著者紹介◇

太 田　　洋（おおた　よう）（編著，[1][2][12]）
1991 年　　東京大学法学部卒業
1993 年　　司法修習修了（45 期）
2000 年　　ハーバード大学ロースクール卒業（LL. M.）
2000〜2001 年　デベボイス・アンド・プリンプトン法律事務所（ニューヨーク）勤務
2001〜2002 年　法務省民事局付（任期付任用公務員）（法務省民事局参事官室にて，平成 13 年・14 年商法改正・商法施行規則の立案作業に関与）
2005〜2008 年　京都大学法科大学院非常勤講師
2013〜2016 年　東京大学大学院法学政治学研究科教授
2021 年　　経済産業省「デジタル経済下における国際課税研究会」委員
2022 年　　経済産業省「最低税率課税制度及び外国子会社合算税制のあり方に関する研究会」委員
2024 年　　経済産業省「日本企業の海外展開動向を踏まえた国際課税制度のあり方に関する研究会」委員
　　　　　　財務省税制調査会「経済社会のデジタル化への対応と納税環境整備に関する専門家会合」外部有識者メンバー
現　在　　弁護士，ニューヨーク州弁護士，西村あさひ法律事務所・外国法共同事業メンバーパートナー，日本取締役協会幹事，株式会社リコー社外監査

役，日本化薬株式会社社外取締役

〈著　作〉

『新株発行・自己株処分ハンドブック』（共編著，商事法務，2024 年），『敵対的買収とアクティビスト』（岩波新書，2023 年），『企業取引と税務否認の実務〔第 2 版〕』（共編著，大蔵財務協会，2022 年），『新株予約権ハンドブック〔第 5 版〕』（共編著，商事法務，2022 年），『租税法概説〔第 4 版〕』（共著，有斐閣，2021 年），『バーチャル株主総会の法的論点と実務』（共編著，商事法務，2021 年），『デジタルエコノミーと課税のフロンティア』（共編著，有斐閣，2020 年），『個人情報保護法制大全』（共編著，商事法務，2020 年），『M&A・企業組織再編のスキームと税務〔第 4 版〕』（編著，大蔵財務協会，2019 年），『M&A 法大全（上）（下）〔全訂版〕』（共編著，商事法務，2019 年），「組合に係る課税関係についての若干の考察」金子宏＝中里実編『租税法と民法』（有斐閣，2018 年）所収，『BEPS とグローバル経済活動』（共編著，有斐閣，2017 年），『種類株式ハンドブック』（共編著，商事法務，2017 年），「関連企業間取引の税務否認を巡る近時の裁判例」中里実ほか編集代表・増井良啓＝太田洋＝吉村政穂編『現代租税法講座(3)企業・市場』（日本評論社，2017 年）所収，『クロスボーダー取引課税のフロンティア』（共編著，有斐閣，2014 年），「有利発行に関する課税問題」金子宏＝中里実＝ J. マーク・ラムザイヤー編『租税法と市場』（有斐閣，2014 年）所収，『タックス・ヘイブン対策税制のフロンティア』（共編著，有斐閣，2013 年），『移転価格税制のフロンティア』（共編著，有斐閣，2011 年），『国際租税訴訟の最前線』（共編著，有斐閣，2010 年），「金銭債権の回収不能に基づく貸倒損失——劣後債権についての貸倒損失認識時期の問題を手掛かりとして」金子宏先生古稀祝賀記念論文集『公法学の法と政策（上）』（有斐閣，2000 年）所収，その他

吉村　政穂（よしむら　まさお）（編著，16）

　1999 年　　東京大学法学部卒業
　現　在　　一橋大学大学院法学研究科教授

〈著　作〉

「出資者課税——『法人税』という課税方式（1）〜（4・完）」法学協会雑誌 120 巻 1 号・3 号・5 号・7 号（2003 年），「地方団体の課税権と統一市場」金子宏編『租税法の基本問題』（有斐閣，2007 年）所収，「国際課税における金融口座情報の共有体制の確立」金子宏＝中里実＝ J. マーク・ラムザイヤー編『租税法と市場』（有斐閣，2014 年）所収，その他

伊藤　剛志（いとう　つよし）（編著，19）

　1999 年　　東京大学法学部卒業
　2000 年　　司法修習修了（53 期）
　2007 年　　ニューヨーク大学ロースクール卒業（LL. M.）

◇監修者紹介・編著者紹介・執筆者紹介◇

2007～2008 年　　シンプソン・サッチャー・アンド・バートレット法律事務所（ニューヨーク）勤務
2016～2019 年　　東京大学大学院法学政治学研究科客員准教授
現　　在　　弁護士，ニューヨーク州弁護士，弁護士法人西村あさひ法律事務所法人パートナー

〈著　作〉
「外国子会社合算税制の趣旨・租税法規の限定適用による納税者救済の手法について」租税研究 886 号（共著，2023 年），『企業取引と税務否認の実務〔第 2 版〕』（共編著，大蔵財務協会，2022 年），『租税法概説〔第 4 版〕』（共編著，有斐閣，2022 年），「法人税法 68 条と更正の請求」中里実ほか編『租税判例百選〔第 7 版〕』（有斐閣，2021 年）所収，『デジタルエコノミーと課税のフロンティア』（共編著，有斐閣，2020 年），「外貨建取引と為替差損益の課税」金子宏＝中里実編『租税法と民法』（有斐閣，2018 年）所収，「公正処理基準に従った収益の計上――流動化取引の裁判例の考察」中里実ほか編集代表・増井良啓＝太田洋＝吉村政穂編『現代租税法講座（3）企業・市場』（日本評論社，2017 年）所収，『BEPS とグローバル経済活動』（共編著，有斐閣，2017 年），その他

中村　真由子（なかむら　まゆこ）（編著，14）
2006 年　　東京大学法学部卒業
2008 年　　東京大学法学政治学研究科法曹養成専攻修了
2009 年　　司法修習修了（新 62 期）
2016 年　　ニューヨーク大学ロースクール卒業（LL. M. in Corporation Law）
2017 年　　ニューヨーク大学ロースクール卒業（LL. M. in International Taxation）
2017～2019 年　　外務省国際法局経済条約課（任期付公務員）
現　　在　　西村あさひ法律事務所・外国法共同事業弁護士，ニューヨーク州弁護士

〈著　作〉
『企業取引と税務否認の実務〔第 2 版〕』（共著，大蔵財務協会，2022 年），『デジタルエコノミーと課税のフロンティア』（共著，有斐閣，2020 年），『BEPS とグローバル経済活動』（共著，有斐閣，2017 年），『クロスボーダー取引課税のフロンティア』（共著，有斐閣，2014 年），『金商法大系 I 公開買付け(1)』（共著，商事法務，2011 年），「源泉徴収制度の合憲性」中里実ほか編『租税判例百選〔第 7 版〕』（有斐閣，2021 年）所収，その他

◇執筆者紹介◇

(研究者)
長戸　貴之（ながと　たかゆき）（5）
　2010 年　　東京大学法学部卒業
　2012 年　　東京大学大学院法学政治学研究科法曹養成専攻修了
　現　在　　学習院大学法学部教授
〈著　作〉
『事業再生と課税――コーポレート・ファイナンスと法政策論の日米比較』（東京大学出版会，2017 年），Pillar 2 as a De Facto New Revenue Allocation Mechanism, Tax Notes International Vol. 112 No. 1 pp. 23-37（2023），その他

藤岡　祐治（ふじおか　ゆうじ）（3）
　2010 年　　東京大学法学部卒業
　2012 年　　東京大学大学院法学政治学研究科法曹養成専攻修了
　2014 年　　ハーバード大学ロースクール卒業（LL. M.）
　現　在　　一橋大学大学院法学研究科准教授
〈著　作〉
「所得の発生と通貨」増井良啓ほか編『市場・国家と法――中里実先生古稀祝賀論文集』（有斐閣，2024 年）所収，「為替差損益に対する課税：貨幣価値の変動と租税法(1)～(6・完)」国家学会雑誌 130 巻 9＝10 号（2017 年），131 巻 1＝2 号・3＝4 号・7＝8 号・11＝12 号（2018 年），132 巻 1＝2 号（2019 年），その他

(弁護士)
増田　貴都（ますだ　たかと）（7）
　2014 年　　東京大学法学部卒業
　2016 年　　司法修習修了（69 期）
　2023 年　　ニューヨーク大学ロースクール卒業（Flora S. and Jacob L. Newman Award for distinction in the LLM International Tax program, David F. Bradford Memorial Prize for the best paper in the field of taxation）
　2024 年　　ウィーン経済大学卒業（LL. M. in International Tax Law）
　現　在　　西村あさひ法律事務所・外国法共同事業弁護士
〈著　作〉
The Global Minimum Tax-Selected Issues on Pillar Two (co-authored, Linde Verlag Ges. m. b. H., 2024), The Compatibility of the UTPR and Japan's Tax Treaties, Tax Notes International Vol. 114 No. 8 pp. 1127-1145 (2024), Japan Introduced Full VAT

Liability Regime to Digital Platforms, IBFD International VAT Monitor Vol. 35 No. 3 pp. 104-108（2024年），「国際租税分野の規範形成とOECD・途上国・国連」租税研究888号（2023年），『企業取引と税務否認の実務〔第2版〕』（共著，大蔵財務協会，2022年），『デジタルエコノミーと課税のフロンティア』（共著，有斐閣，2020年），『M&A・企業組織再編成のスキームと税務〔第4版〕』（共著，大蔵財務協会，2019年），その他

佐藤　英典（さとう　ひでのり）[11]
2013年　東京大学法学部卒業
2015年　東京大学法科大学院修了
2016年　司法修習修了（69期）
現　在　西村あさひ法律事務所・外国法共同事業弁護士
〈著　作〉
『債権法実務相談』（共著，商事法務，2020年），"The Product Regulation and Liability Review-Seventh Edition: Japan"（共著，Law Business Research，2020年），『デジタルエコノミーと課税のフロンティア』（共著，有斐閣，2020年），『企業労働法実務相談』（共著，商事法務，2019年）

西　海人（にし　かいと）[10]
2014年　東京大学法学部卒業
2016年　東京大学法科大学院修了
2017年　司法修習修了（70期）
現　在　西村あさひ法律事務所・外国法共同事業弁護士
〈著　作〉
"Practical Law Global Guide 2021: Tax on corporate lending and bond issues-Japan"（共著，Thomson Reuters，2021年），『新株発行・自己株処分ハンドブック』（共著，商事法務，2024年）

秋元　秀仁（あきもと　ひでひと）[3]
2012年　筑波大学大学院ビジネス科学研究科企業法学専攻博士前期課程修了
2016年　玉川税務署長
2019年　国税庁長官官房監督評価官室長
2021年　高松国税局長
2022年～　西村あさひ法律事務所税務顧問
2024年～　青山学院大学大学院非常勤講師
現　在　税理士，西村あさひ法律事務所・外国法共同事業税務顧問，（株）ブイキューブ社外取締役／監査等委員，青山学院大学大学院非常勤講師，国税

庁税務大学校講師，財務省「新BEPS研究会」委員
〈著　作〉
『詳細　グローバル・ミニマム課税の実務』（税務研究会出版局，2024年），『逐条解説　法人税関係通達総覧』（共編著，第一法規，2024年～），『DHC　会社税務釈義』（共編著，第一法規，2024年～），『DHC　コンメンタール法人税法』（共編著，第一法規，2024年～），『連結納税基本通達　逐条解説〔二訂版〕』（共編著，税務研究会出版局，2013年），「グルーバル・ミニマム課税の導入と課税実務における課題・留意点」（租税研究，2023年），「グローバル・ミニマム課税における実務上の留意点と課題」（国際税務，2023年～），「租税事件の論点からアプローチする実務国際課税」（国際税務，2023年～），「アフターコロナにおける税務行政の在り方に関する一考察～感染症対策や企業行動の変化等を踏まえた納税環境整備及び調査・徴収業務体制の検討と課題～」（税大ジャーナル，2021年），「外国子会社合算税制における税務」（国際税務，2014年～），「国際税務訴訟における論点を踏まえた実務の次なる課題」（税大ジャーナル，2013年），「外国子会社配当益金不算入制度導入後の改正タックス・ヘイブン対策税制における租税条約適合性」（税大ジャーナル，2011年），「外国子会社配当益金不算入制度における税務」（国際税務，2009年～），その他

西村高等法務研究所　理論と実務の架橋シリーズ

デジタルエコノミーと課税のフロンティアⅡ
Frontiers of Taxation on Digital Economy Ⅱ

2024 年 12 月 25 日　初版第 1 刷発行

監修者	中里　実
編著者	太田　洋・吉村政穂・伊藤剛志・中村真由子
発行者	江草貞治
発行所	株式会社有斐閣
	〒101-0051 東京都千代田区神田神保町 2-17
	https://www.yuhikaku.co.jp/
印　刷	株式会社三陽社
製　本	牧製本印刷株式会社

落丁・乱丁本はお取替えいたします。定価はカバーに表示してあります。
©2024, M. Nakazato, Y. Ota, M. Yoshimura, T. Ito, M. Nakamura. Printed in Japan
Printed in Japan ISBN 978-4-641-22872-6

本書のコピー，スキャン，デジタル化等の無断複製は著作権法上での例外を除き禁じられています。本書を代行業者等の第三者に依頼してスキャンやデジタル化することは，たとえ個人や家庭内の利用でも著作権法違反です。

[JCOPY]　本書の無断複写（コピー）は，著作権法上での例外を除き，禁じられています。複写される場合は，そのつど事前に，(一社)出版者著作権管理機構（電話03-5244-5088，FAX03-5244-5089，e-mail:info@jcopy.or.jp）の許諾を得てください。